The Invisible
Handcuffs Of
Capitalism

The Invisible Handcuffs of Capitalism by Michael Perelman Copyright © 2010
by Monthly Review Press Korean Translation Copyright © 2014
by aboutabook Publishing Co.

이 책의 한국어판 저작권은 Corea에이전시를 통한
Monthly Review Foundation과의 독점계약으로 어바웃어북에 있습니다.
신저작권법에 의해 한국 내에서 보호를 받는 저작물이므로 무단 전재와 복제를 금합니다.

The Invisible Handcuffs Of Capitalism

무엇이 우리를 무능하게 만드는가

마이클 페럴먼 지음 | 김영배 옮김

어바웃북

prologue

우리를 무능하게 만드는, 우리 손에 채워진 보이지 않는 수갑

뉴저지에 사는 두 아이의 아버지인 패트릭은 3년 전 어느 날 10년 동안 근속해온 은행으로부터 해고 통보를 받았다. 리먼 사태로 인해 미국 은행들마다 불기 시작한 대대적인 구조조정의 칼날이 패트릭에게도 덮친 것이다. 어제까지 멀쩡했던 은행원 패트릭은 갑자기 실직자 신세가 되었다. 실직 이후 수년 동안 여러 금융회사의 문을 두드렸지만 그를 받아준 데는 단 한 곳도 없었다. 당장 생계도 생계지만 몇 년 전 은행 대출로 구입한 주택은 패트릭을 파산의 궁지로 몰아넣었다. 흰색 와이셔츠에 붉은 체크 넥타이를 매고 맨해튼의 마천루 사이를 누비던 이 뉴요커는 지금은 온갖 허드렛일을 마다하지 않는 파트타이머가 되었다. 불과 몇 년 사이에 패트릭은 무능한 가장, 신용불량 미국 시민으로 전락한 것이다. 세상 사람들은 패트릭이 그렇게 된 것이 평소 자기계발에 게을렀던 그 자신 때문이라고 한다. 실직에서 온 불행은 온전히 패트릭 스스로가 짊어져야 할 그만의 문제라는 것이다. 과연 그럴까? 그는 정말로 무능한 것일까? 만일 그렇다면 무엇이 그를 그토록 무능한 사람으로 만든 것일까?

**그것은 절대
사라지지 않는다**

이 책은 자본주의가 세상에 끼치는 해악을 독특한 관점에서 이야기한다. 소득 분배의 불평등 같은, 시장의 문화적·사회적·생태적 또는 윤리적 결함들에 대해서는 이미 많은 책에서 다뤘다. 또 어떤 책들은 경제 위기의 반복으로 이어지는 자본주의의 불안정성을 강조하기도 했다.

이 책은 그와 달리 접근한다. '생산을 조직하는 효율적인 방식의 창조'라는, 자본주의 그 자체의 원리에 초점을 맞추고 있다. 이 책은 특히 지금까지 대체로 무시돼온, 시장의 비효율성이란 문제에 집중한다. 경제학자와 (고용주를 포함한) 자본가들이 노동, 노동자, 노동 조건을 제대로 고려하지 않은 데 따라 경제를 질식시키는 사태로 만든 문제를 깊이 다룬다.

노동, 노동자, 노동 조건에 대한 주류 경제학자들의 무관심은 결코 우발적인 게 아니었다. 이는 최소한 애덤 스미스Adam Smith, 1723~1790 시절부터 시작돼 몇 세기 동안 이어진 장구한 노력의 결실이었고, 시장에 대한 비판을 막아내는 단단한 이데올로기로 구축되었다.

어떤 주류 경제학자들은 대범하게도 비판적으로 이 문제를 바라봤지만, 곧바로 냉대를 받았다. 그 때문에 대부분의 경제학자들은 자기검열을 해왔고, 노동, 노동자, 노동 조건을 세밀하게 들여다보는 걸 꺼렸다. 사소한 점들에 관해서는 날카로운 불협화음이 빚어졌지만, 이는 거대 사안들에 대한 사실상의 만장일치를 덮어버리는 노릇을 해왔을 뿐이다.

통상 매우 폐쇄적인 경제학계가 약간은 개방성을 띨 때가 있긴 했다. 특히 경제 위기 때 그랬다. 예를 들어 최근 지속되고 있는 '대침체'Great Recession 시기에 많은 이들은 공상적인 경제 이론이 경제 위기를 초래한 데 일조했음을 봤거나 최소한 의혹을 품게 됐다. 하지만, 그런 비슷한 '깨달음'은 과거의 경제 위기 때도 있었다. 위기가 일단 지나가면, 낡은 이데올로기가 다시 힘을 발휘한다. 마치 과학인 것처럼 또 다시 위장하고, 수학적인 모델을 도입함으로써 항상 지지를 받는 것처럼 행세한다. 역설적이게도, 이른바 주류 경제학으로 돌아가는 이런 회귀 탓에 경제는 더욱 더 위기에 취약해졌다. 미국의 작가 윌리엄 포크너William Faulkner가 〈어느 수녀를 위한 진혼곡〉Requiem for a Nun에서 썼듯이, "과거는 결코 죽지 않는다. 그것은 절대 사라지지 않는다."

동화 같은 이데올로기

종종 '근대 경제학의 아버지'로 묘사되는 애덤 스미스는 약 250년 전 '보이지 않는 손'invisible hand이란 개념을 도입했다. 이는 자본주의에 대한 무한한 신뢰를 나타내는 데 동원되는 인기 있는 은유적 표현이 됐다. 그는 시장이 자비로운 방식으로 사람들의 활동을 조절한다고 보았다. 보이지 않는 손이 공정하고도 효율적인 경제를 창출하는 쪽으로 작동한다는 걸 미루어 짐작할 수 있다는 것이었다.

시장의 규칙 안에서 사람들은 자기 뜻대로 자유롭게 행동할 수 있다고 스미스는 주장했다. 시장이 강한 규율을 부과한다는 점을 그는 인정했지만, 그 규율은 지극히 공정하다고 주장했다. 시장이 특정인 또는 특정 그룹에 특혜를 주지 않는다는 뜻에서였다.

스미스의 주장은 상당한 권위와 설득력을 지녀왔다. 또 그는 자신이 직접 대학에서 가르치기도 했던 과목인 수사법修辭法에 매우 능했기 때문에 확신에 찬 어조로 경제를 자율적인 시스템으로 묘사할 수 있었다. 그 과정에서 자신의 주변 가까운 곳에서 이미 진행 중인 경제 체제의 극적인 변화를 조심스럽게 배제시켰다. 하지만, 경제 시스템을 바람직한 사회적 산출 쪽으로 유도해준다는 스미스의 '보이지 않는 손'이란 개념이 득세한 이유는 따로 있었다. 모든 사람들의 생존에서 바탕을 이루는 토지와 원재료, 자본을 소유한 이들의 요구와 그 개념이 딱 맞아떨어졌기 때문이었다.

스미스의 후학들은 더 정교한 이론을 창안해냈음에도 불구하고 여전히 스미스 경제학의 기본 요소들을 주장한 점에서는 다르지 않았다. 특히 자본주의 경제의 주요 특징으로 개인적인 상거래(사고팔기)를 강조했다는 점에서 그랬다. 개인적이지 않고 항상 사회적인 과정일 수밖에 없는 '생산' 그 자체와 '생산에 직접 참여하는 사람들'(노동자)은 분석에서 배제됐다.

경제의 틀을 이런 식으로 짜 맞추는 독단적인 주장은 노동과 노동자, 노동 조건에 대한 근본적인 의문을 제기하는 시도를 원천 봉쇄한다. 예를 들어, 경제학자들은 노동자를 임금 또는 실업(일자리 시장에서 이루어지는 구매자와 판매자 간 거래의 부재)의 규모라는 차원에서만 보게 된다. 취업한 노동자라는, 인간 존재 속에 담긴 실제적인 내용은 무시된 채 사라져 버린다. 심지어 경제학자들이 노동자의 기술을 눈여겨보는 경우에도, 그것을 단지 상품의 차원으로 깎아내린다. 기술을 '인적자본', 즉 원하는 구매자에게 팔리는 일종의 상품으로만 여기는 것이다.

이런 협소한 시장주의 관점에서는 사회적 관계가 드러나지 않는다. 노동자들은 일터에 '서식하는' 존재일 뿐이다. 그들은 가족과 한 계급, 그리고 한 사회 속에서 살아간다. 이런 관계맺음이 무시된다면, 경제를 제대로 이해하는 실질적인 진보를 위한 잠재력은 완전히 무無로 돌아간다.

이성에서 벗어난 이데올로기

주류 경제학의 이념적 승리는 비판을 회피하는 데 유효했음에도 불구하고, 그게 자본가들과, 정부 내 그들의 우호세력에게 축복만은 아니었다. 경제학이 고용주 쪽의 세력을 비판의 외풍으로부터 막아주는 반면, 그들을 최면에 빠뜨려 진실이 아닌 것들을 믿게 만들어놓았다. 그들 또한 노동과 노동자, 노동 조건을 무시해왔고, 이는 나쁜 경영과 나쁜 정책으로 이어졌다. 권력을 쥔 사람들도 속아 넘어가, 강한 경제의 기초를 이루는 생산적인 활동의 중요성을 무시하게 됐다.

'이념적인 욕구와 생산적인 필요 사이의 갈등'이란 주제는 이 책 전반에 흐르고 있다. 경제학의 이데올로기는 경제를 운영하는 사람들의 개인적인 욕구와 만났다. 이들 '산업의 우두머리'는 그들의 권위가 자신의 재능과 노력의 산물이라고 기꺼이 믿었다. 노동자들을 능력 있는 존재로 만드는 방안은 자본가들의 존재 이유와 권위를 깎아 내리는 위협 요소가 되었다. 따라서 그들은 자신들의 태도를 정당화하는 것과, 노동자들의 잠재력을 개선시키는 것 사이에서 선택을 강요받았을 때, 주저 없이 전자前者를 꼽았다. 노동자들은 늘 무능한 존재로 전락했다.

스미스의 상상 속에 등장하는 조화로운 경제 대신, 현실 세계는 고용주와 노동자들의 이해관계가 날카로운 불협화음을 빚어내는 곳이다. 이데올로기가 부분적으로는 이런 갈등의 속성을 덮어버릴 수 있지만, 뿌리까지 뽑을 수는 없다. 그 대신 겉보기에는 숨겨진 갈등이 속으로 곪아, 사회 전반에 독소를 퍼뜨렸다. 자본주의적 사회관계의 이런 유독성 탓에 기업이나 공적 기구들은 고분고분하지 않은 노동자들에게 자기네 뜻을 관철시키는 강경책을 구사해왔다. 하지만, 노동을 통제하려는 시도는 사업장 안에서 적대감을 고조시킨다. 동시에 그런 강경책은 효율적인 현대 경제에서 필수 요소로 거론되는 '정보의 자유로운 흐름'과 '상호 존중'을 파괴하는 나쁜 기류를 만들어낸다. 또한 체제 옹호자들로 하여금 그 체제의 장점을 합리화하는 더 정교한 논리를 고안하도록 압박한다.

이와 대조적으로, 합리적인 경제 체제는 노동자들에게 도움의 손길을 내밀 것이다. 이는 단지 더 높은 생활수준을 제공한다는 차원에만 머무는 게 아니다. 더 중요한 게 있다. 노동자들 모두가 자신의 잠재력을 개발하는 온전한 기회를 갖도록 보장하는 일이다. 노동자들 스스로 무능하다는 자괴감에서 벗어나게 하는 일이다.

노동자들의 잠재력을 무시하는 것은 일터에, 그리고 사회 전반에 막대한 손실을 끼친다. 애덤 스미스의 '보이지 않는 손'에 따른 조화로운 조정과 배치된다. 이른바 '보이지 않는 수갑'이다. 이는 노동자들의 눈을 멀게 한다. 자본주의가 어떻게 노동자들의 잠재력을 옥죄고, 그들의 삶의 질을 떨어뜨리는지를 깨닫지 못하게 방해한다.

한 나라 경제가 기술적으로 더욱 발전된 모습을 띠게 될수록, 보이지 않는 수갑의 파괴적 속성은 더 강해진다. 노동과 노동자, 노동 조건에 대한 비극적인 무시 탓에 경제와 사회 모두 고통을 당한다. 온건한 정치적 개혁과 더 인간적인 경영 계획이 이런 문제를 치유할 수 있을 것처럼 보일 수도 있다. 하지만 이런 노력들은 잘 해봐야 별로 눈에 띄지 않는 미미한 개선을 이룰 수 있을 뿐이다. 보이지 않는 수갑은 노동자들의 발전을 저해하고, 그에 따라 경제를 질식시킴으로써 세상이 빈곤에서 벗어나지 못하게 만든다.

이 책은 시장경제가 최극단으로 진화한 미국 사회에 집중하고 있다. 확실히 지금의 미국 경제 체제에서는 격분을 불러일으키는 일련의 법적 논쟁점들이 별로 없다. 세계 최강의 경제는 여기에 바탕을 두고 있다. 하지만 이 경제 체제는 그 나라 국민들의 가장 절실한 필요를 채워주는 데 무력하다. 부당해고, 지독한 가난, 적정 수준에 한참 미달하는 건강보험, 기후 변화, 환경오염 등 갖가지 문제들이 만연해 있다.

정책 결정자들은 이런 문제에 충분한 관심을 기울이지 않는다. 그들이 이런 문제를 다룰 때, 결국에는 사람보다는 시장을 키우는데 전력을 기울인다. 하지만, 그들에게는 놀랍게도, 미국 사회의 상대적인 경제력은 여전히 약해지고 있는 것으로 보인다. 이런 맥락에서 노동자의 시각으로 경제를 바라보는 것은 매우 중요하며 이를 부정해서는 안 된다. 오늘날, 세계가 이러한 위협에 직면한 상황에서, 사회는 인간의 잠재력 같이 귀중한 자산을 낭비할 수 없다. 이 책은 보이지 않는 수갑을 풀어야 한다는 긴급한 필요성을 조명하자는 목적으로 기획되었다. 지금껏 제대로 활용되지 않은 노동자들의 잠재력을 세상 밖으로 이끌어내기 위한 것이다.

수염 난 노예

주류 경제학은 우리 앞에 닥친 긴급한 과제들을 해결하는데 '무능(!)'하다. 그리고 주류 경제학자들은 미쳐버릴 지경의 획일성을 조장하는 데 항상 앞장선다. 그들은 종종 열띤 토론을 벌이지만, 협소한 틀을 벗어나지 못한다. 몇몇 경제학파들이 학계의 변두리에 존재함에도, 이들은 전반적으로 그 규율에 별 영향력을 행사하지 못한다. 예를 들어 수십 년 동안 미국 아이비리그 경제학과들 가운데 주류 사상으로부터 벗어난, 그리 과격하지도 않은 학자마저 고용한 예가 없다.

개별적인 일부 경제학자들은 지구온난화 같은 특정 사안들에 대해 시장근본주의에 동의하지 않는 수가 있기는 하다. 또 어떤 이들은 정부 지출이 고용 창출을 위한 상거래 규모를 늘린다는 역할을 한다는 것을 수용하기도 한다. 특히 위기를 겪는 와중에서 그렇다. 하지만, 전반적으로는 이와 다르다. 경제학계는 강고한 집단을 형성해, 생산 과정을 희생시키면서까지 시장 거래를 우선해야 한다는 주장을 편다. 심지어 경제가 명백한 혼란에 빠져있을 때마저도 그렇게 한다. 그 결과 노동과 노동자, 노동 조건에 얽힌 문제들은 관심권에서 사라져 버린다.

상거래를 강조하는 한 가지 목적은 그 '수갑'이 보이지 않는다는 점을 확신시키는 것이다. 하지만, 이런 선택은 뜻하지 않는 결과를 낳는다. 노동과 노동자, 노동 조건에 대한 연구를 배제시킴으로써, 경제학자들은 경제의 밑바탕인 생산 시스템을 볼 수 있는 시야를 상실했다. 이에 따른 폐해는 이들 경제학자가 파괴적인 경제 흐름을 인식하지 못하는 데 머물지 않는다. 이는 사업 및 정치 분야의 지도자들로 하여금, 사람들의 잠재력을 제한함으로써 경제의 기반을 갉아먹는 조처를 내리도록 압박한다.

경제학의 독단주의는 바위만큼이나 단단함에도, 상황이 비관적이지만은 않다. 사후에 더 유명해진 사회 개혁가 제이콥 리스Jacob Riis, 1849~1915(네덜란드 태생의 미국 사회운동가, 신문기자로도 활동하면서 뉴욕 슬럼가의 다큐멘터리 사진을 남겨 사회기록사진이라는 새로운 장르를 개척한 인물)는 낙담에서 벗어나는 처방전을 이렇게 상기시켰다.

"밖으로 나가 망치로 바위를 깨는 석공을 본다. 아마 100번은 더 쳤을 것임에도 바위에는 틈새 하나 보이지 않는다. 하지만, 101번째 충격 때 바위는 둘로 갈라질 것이다. 그 101번째 충격이 온전히 바위를 가른 게 아님을 나는 안다. 그 전에 모든 게 이미 진행되고 있었다."[1]

이 책의 목적은 그런 여러 번의 망치질 중 하나로 구실하는 일이다. 지속되는 망치질이 경제 발전을 가로막는 독단적 견해의 득세에 끝내 균열을 일으켜 사람들의 잠재력을 키우고 활용하도록 할 것이다. 이 책은 경제의 작동 방식 따위를 묘사하지 않는다. 노동자의 잠재력이 낭비되고 있음을 인식하는 게 그보다 훨씬 중요하다.

미켈란젤로Michaelangelo Buonarroti, 1475~1564의 작품 중에 '노예들'The Slaves로 알려져 있는 게 있다. 40년 전 피렌체에서 미완성 상태인 이 작품들을 봤을 때 나는 깊은 인상을 받았다. 이들 조각품은 '다비드'David상 또는 시스틴Sistine 대성당의 벽화에서 볼 수 있는 실물 같은 섬세함과 세밀함을 보여주지는 않는다. 하지만, 4개의 거대한 조각상의 '불완전성'이라는, 바로 그 점이 힘의 주요 원천이다. 그 조각상들은 교황 율리우스의 무덤 앞에 배치될 목적으로 제작되었다. 그 중 〈깨어나는 노예〉The Awakening Slave는 여전히 바위 안에 갇힌 채 막 잠에서 깨어나는 모습이며, 힘 있는 육체를 묘사한다. 한 때 반질반질한 대리석 바위 속에 꽁꽁 숨겨져 있다가 여기에서 벗어나려 갖은 애를 다 쓰는 모습을 하고 있는 〈수염 난 노예〉The Bearded Slave (371쪽)의 작품 효과는 훨씬 더 극적이다.

상사의 바보 같은 명령이나 기업의 어처구니없는 요구에 염증을 느낀 이들은 모두 각성 쪽으로 한발 다가선다. 이런 깨달음이 일단 효과를 내기 시작하면, 내부에서 꿈틀대는 '수염 난 노예'를 감지할 수 있다. 많은 경제학자들 또한 내심으로는 '수염 난 노예'처럼 규율을 둘러싼 자기검열로부터 벗어나려 애쓰고 있다고 나는 생각한다.

자본주의 사회 또한 '수염 난 노예'와 마찬가지로 어떤 공통점을 지니고 있다. 내적인 잠재력을 덮어버리는 게 인위적이라는 사실을 빼면 말이다. 낭비와 비효율이라는 보이지 않는 층으로 사회를 뒤덮어 버리는 게 자본주의적 통제이다. 이 책에는 이런 사례들이 많이 담겨 있다. 망치로 불필요한 것을 쪼아내면 경제 체제는 더 생산적으로 바뀐다. 낭비와 비효율이 기존의 통제 시스템을 유지하는 목적에 복무하는 정도보다 그 효과가 훨씬 더 클 것이다.

망치질이 충분히 이뤄지면, 기존 시스템의 불합리성은 만천하에 드러날 것이다. 풍성한 사회적 관계로 얽혀 누구도 반대할 수 없는 인도적인 경제 체제의 가능성이 처음으로 시야에 들어오고, 마침내 자본주의를 대체한다. 이는 미켈란젤로의 조각상보다 더 아름다울 것이다.

어떤 불가사의한 사회과학

이 책은 경제학자들을 완전히 동질적인 집단으로 묘사하고 있는데, 그게 전적으로 옳지는 않다. 소수의 비주류 경제학자들은 자본주의 체제에 비판적인 태도를 견지한다. 노벨상을 받은 이들을 비롯해 이보다 훨씬 더 많은 전통적인 경제학자들도 자본주의 체제의 특정한 결점들을 인정하게 됐다. 비록 보이지 않는 수갑의 본성을 체계적으로 이해하지는 못했지만 말이다.

예를 들어, 행동경제학(가상의 이상적인 인간이 아닌, 현실의 실제적 인간의 행동을 연구하는 경제학)과 신경경제학(신경과학, 경제학, 심리학을 결합시켜 인간의 비합리적인 행동을 설명하려는 시도에서 출발한 새로운 학문)을 연구하는 학자 집단의 연구물은 사람들이 실제로 어떻게 의사결정을 하는 지에 관해 좀 더 현실적인 분석법을 개발하는 쪽으로 관심을 불러일으키고 있다. 인간 행동에 관한 경제학자들의 기본 가정들이 전적으로 비현실적이라는 게 이런 연구 성과에서 드러난다. 이런 학자들 중 한명인 심리학자 대니얼 카너먼Daniel Kahneman은 노벨경제학상(2002년)을 받기도 했다. 그럼에도 이런 학자 집단의 비판적 통찰은 경제학계에서 다수를 차지하는 이들을 변화시키는 데 무력하다. 이들보다 앞서 등장했던 제도경제학자들(소스타인 베블런Thorstein Veblen, 1857~1929의 후예 : 사회의 경기 규칙이라고 할 수 있는 법과 제도의 영향을 연구하는 학자 집단)의 세대에 훨씬 못 미쳤다.

과학적 증거에 집착하는 경제학계의 완강한 저항은 규율에서 비롯돼 오랫동안 이어진 연대와 결속을 반영한다. 심지어 논쟁적인 경제적 토론을 불러일으키는 거시 경제학계에서조차 이견을 찾아보기 어렵다. 폴 크루그먼Paul Krugman은 자신의 교재에서 "지난 70여 년 동안 경제학자들이 그렇게나 많은 점에서 의견의 일치를 이룰 수 있었다는 건, 현대 거시 경제학의 불가사의"라고 말하기도 했다.[2]

불가사의한 그들의 믿음은 하나의 신앙이 되었다. 그들의 신은 당연히 '시장'이다. 그 신앙이 사이비라는 사실에 수많은 사람들이 공감을 하게 되는 날, 이 책은 더 이상 쓸모없는 종이뭉치에 불과하게 될 것이다. 그렇게 된다면 나는 아마도 유쾌한(!) 실직자가 될지도 모르겠다.

'보이지 않는 수갑'을 푸는 10개의 열쇠

제1장 '세상에서 가장 추한 손'은 에드먼드 버크Edmund Burke, 1729~1797에서 조지 W. 부시George W. Bush에 이르기까지 다양한 원천에서 비롯된 맹신적 시장 옹호를 둘러싼 토론으로 시작한다. 그런 부류의 사람들에 따르면, 시장에서 맺어지는 관계는 효율성 뿐 아니라 자유와 정의 같은 더 고차원적인 가치도 보장한다. 시장에 대한 의문을 제기하는 게 진실한 그 신앙인들에게는 신성모독이나 마찬가지다. 하지만, 더 적절한 시장 신학은 그리스 신화에 뿌리를 두고 있다. 바로 첫 장에 소개돼 있는 가학적인 변태, 프로크루스테스의 전설이다.

제2장 '프로크루스테스 침대에 누운 사람들'에서는 시장의 음울한 측면인 '노동자 옥죄기'를 면밀히 들여다봄으로써, 이념에서 벗어나 현실로 돌아가는 것으로부터 시작한다. 이 장에서는 일터에서 적용되는 직접적인 규율과, 명백한 통제 형태를 모두 그린다. 노동자로 하여금 해고될까 두려워하도록 하는, 미국 중앙은행 연방준비제도이사회의 의도적인 실업 조장 같은 게 그런 예이다. 앨런 그린스펀Alan Greenspan은 연준 의장 재직 당시 이를 노동에 충격을 주는 것이라고 말했다. 그러한 정책들은 역설적이다. 정책 결정자들이 고임금이나, 개선된 노동 조건, 환경보호, 심지어 삶의 질 등 모든 사회적 목적들을 일자리 창출이라는 전제보다 뒷자리에 놓아야 한다는 듯이 가장하는 것을 감안할 때 말이다.

제3장 '그들의 학문이 우리의 불행을 방조했다'에서는 주류 경제학이 노동과 노동자, 노동 조건에 무관심한 것을 정당화시켜온 과정을 분석한다. 이 장은 왜 경제학에서는 노동을 '여가의 결핍'일 뿐이라고 여기게 됐는지를 설명한다. 또 경제 이론이 어떻게 노동자들을 석탄이나 철강 따위에 비교할 만한 추상적인 투입물로 전락시켰는지도 아울러 보여준다. 이런 시각은 특히 파괴적이다. 경제학의 관념화는 노동자들의 성장을 가로막아 이들의 시각이, 현실 속 인간의 잠재력을 인정하지 않는 경제학자 집단에 의해 형성되기 때문이다.

제4장 '소비하는 자와 투자하는 자만이 존재하는 세상'에서는 매일 매일 이어지는 삶에 영향을 끼치는 협소한 시장주의의 충격을 다룬다. 또 일터에서 보낸 엄청난 양의 시간과, 일터 밖에서도 이어지는 사람들의 행동에 대한 통제의 실태를 들여다본다. 이런 통제 장치들은 생산성을 떨어뜨린다. 사람들 자신의 재능과 역량을 발전시킬 기회를 가로막기 때문이다. 또 이 장에서는 주류 경제학이 노동자들로 하여금 경제학자들의 시각에 자신을 끼워 맞추도록 어떻게 설득하는지를 보여준다. 주류 경제학의 가르침에 따라 노동자들은 자신을 개별적인 소비자로 인식하며, 자신의 노동을 단지 여가의 상실로 보게 된다. 실제로 노동자들은 동료들과 맺는 관계와, 노동을 무시하는 것으로 여겨진다.

제5장 '국경을 넘는 프로크루스테스 괴물들'은 국제 경제로 분석을 간략하게 이어간다. 이 과정에서 미국 이외 나머지 대부분의 나라들이 왜 시장 친화적 정책을 위한 미국의 요구에 따를 수밖에 없는지를 낱낱이 고발한다.

제6장과 7장은 애덤 스미스한테서 물려받은 경제적 시각을 돌이켜봄으로써, 그 주제를 역사적인 관점에서 다룬다. 제6장 '시작부터

잘못된 어떤 경제학자의 가르침'에서는 애덤 스미스의 분석법을 살펴본다. 사회는 진화해 완전한 시장 기구의 형태에 이른다는 게 스미스의 생각이었다. 이런 열렬한 이념적 연구 속에서 스미스는 시장에 매우 우호적인 눈길을 보냈다. 시장은 조화롭고, 공정하며, 효율적이고, 모든 이들에게 성공의 기회를 제공한다는 식이었다. 이런 방식으로, 스미스는 시장을 수호하기 위한 이념적 기초를 제공했다.

제7장 '노동을 파는 상인이라는 정체성'에서는 일터의 규율을 받아들이도록 노동자를 성공적으로 강제할 수 있다는 전제 위에 서 있음을 스미스가 어떻게 깨닫게 됐는지를 보여준다. 그 시절, 새로운 임금 조건을 수용하는 것 말고는 별다른 선택지가 없는 사람들을 더욱 옥죄기 위해서는 때때로 폭력적인 조처들이 필요했다. 심지어 사람들이 임금 노동의 울타리 속에 갇힌 뒤에도, 종교에 대한 국가적인 규제까지 포함해 사람들의 삶 깊숙이 통제가 이뤄져야 함을 스미스는 깨달았다. 간단히 말해, 자유에 관한 온갖 긍정적인 미사여구에도 불구하고, 스미스의 궁극적인 관심은 사람들을 통제해 고분고분한 노예로 만드는 것이었다.

제8장 '측정될 수 없는 가치는 쓸모없는가?'에서는 한 나라의 경제 발전을 잘 보여주는 간소한 척도처럼 돼 있는 국내총생산GDP 개념을 살펴본다. 애덤 스미스의 이론에서처럼 국내총생산이 시장을 가능한 한 최대로 밝게 조명해주는 간편한 상황들에 어떻게 초점을 맞추는지 보여주면서 이 개념의 진화를 다시 살펴본다. 경제 이론 속에 등장하는 사례와 똑같이 국내총생산은 노동과 노동자, 노동 조건을 깔개 밑으로 쓸어 넣어 숨겨버린다. 사회적 관계라는 매우 중요한 개념도 함께 쓸려 들어간다. 경제적 성공을 측정하는 그러한 잣대를 사용함으로써, 국내총생산이란 개념은 파괴적인, 시장 친화적인 정

책 틀을 강화하는데 동원됐음을 파헤친다.

제9장 '우리를 무능하게 만드는 것들'은 이 책의 핵심이다. 자본주의적 규율이 국내총생산에 포함된 상거래의 규모를 늘린다는, 상상 속의 협소한 목적을 달성하는 일에서조차 비생산적인 것으로 드러나는 숱한 방식들을 조사한다. 예를 들어, 순전히 재정적인 동기에 의해 이끌려 가는 통제 불능의 관료주의는 사람들을 고무시키기는커녕, 효율적으로 조직화하는 데도 쓸모가 없다. 이런 관료주의는 단순히 관리상의 실수로 볼 수 없다. 앞으로 살펴보겠지만, 이는 진전된 시장경제의 자연스런 결과물이다.

현대 시장경제를 지배하는 거대 기업의 결점은 두 갈래로 나뉜다. 첫 번째 것은 현대 자본주의 체제에서는 매우 자연스러운 노동 통제에 따른 파괴적인 효과이다. 더 흥미로운 두 번째 결점은 지금의 생산 조직이 노동을 낭비할 뿐 아니라, 노동자들의 잠재력을 저해해 그들을 무능하게 만들어 버린다는 점이다.

마지막 장 '희망이란 진정 존재하는가?'에서는 더 나은 삶을 일구기 위해 힘을 합쳐 일하는 사람들에게 열려있는 미래의 가능성에 관한 실마리를 제공한다. 이런 제안은 현재 득세하고 있는 견해들에 정면으로 어긋난다. 하지만, 세상이 노동을 지나치게 통제하는 시도를 멈추지 않는다면, 현재의 관행으로부터 혜택을 보는 사람들의 이익은 물론, 사회 전체에도 해를 끼칠 것이다.

감사의 말

이 책을 통해 블란체 피어먼Blanche Pereman과 더불어 협업한 것은 내게 행운이었고 환상적이었다. 그의 인내심과 뒷받침 덕분에 주류 경제학에서 노동과 노동자, 노동 조건을 소홀히 대한 원인과 결과라는 문제에 끈기 있게 매달릴 수 있었다. 마이클 예이츠Michael Yates에게도 감사를 표한다. 그는 단순히 편집자 역할에 머물지 않고, 더 치열하고 더 명료하게 사고하도록 끊임없이 나를 자극했다. 이 책의 품격은 온전히 그의 몫이다. 에드워드 로우얼데스Edward Roualdes는 하와이에서 보내기로 한 휴가를 반납하고 원고 집필을 도와줬다. 내 생각이 불분명할 때 그는 옆에서 나를 꼭 붙들어 주었다. 데이비드 워드David Ward 또한 편집 과정에서 세세한 조언을 아끼지 않았다. 값진 조언을 해준 나의 동료 리처드 포나룰Richard Ponarul과 사미르 닛산Samir Nissan에게도 고맙다는 말을 전한다. 초기 작업 때 큰 도움을 준 에디터 마르고 크로우펀Margo Crouppen에게도 감사를 표한다.

contents

- 프롤로그 : 004
  우리를 무능하게 만드는, 우리 손에 채워진 보이지 않는 수갑
- 감사의 말 019

Chapter 01 세상에서 가장 **추한 손**

- 영혼을 변화시키는 어떤 과학 027
- 또 다른 신학 029
- 보이지 않는 수갑의 실체 031
- 강철 침대에서 일어날 수 있을 것인가? 034

Chapter 02 **프로크루스테스의 침대에** 누운 사람들

- 일자리! 일자리! 일자리! 039
- 일! 일! 일! 043
- 빌 왓슨의 목격담 045
- 괴이하고 복잡 미묘한 존재 050
- 평범한 당신의 일자리마저 위협하는 그들의 머니게임 053
- 케인스의 묘사 056
- 가학성 변태 통화주의 058
- 하나가 잘못 돼야 만사가 잘 된다 061
- 유령처럼 떠도는 공포 063
- '네 일은 네가 책임져라'라는 무책임 069
- 치명적인 비용 070

Chapter 03 그들의 학문이 **우리의 불행을** 방조했다

- 공정하지 못한 과학 — 075
- 불편한 진실들 — 080
- 노동자가 제대로 대접받던 적이 있었던가 — 083
- 갈등의 시작 — 086
- 경제학에 닥친 도전 — 090
- '효용'이라는 개념 뒤에 숨어 — 093
- 이론적 장애물 — 098
- 과학적 허세 — 102
- 브랜드 이미지만 바꾸는 꼼수 — 105
- 자기 눈을 스스로 가리는 — 107
- 노동자들은 대체 어디에 있는가? — 115
- 비현실적인 현실주의 — 121
- '과학적 경영'이라는 이름으로 — 125
- 제본스의 죄 — 131
- 독점에 관한 어리석은 혼돈 — 136
- 스티글러의 질책 — 140
- 시카고대학 대학원생의 의도하지 않은 배신 — 144
- 어처구니 없는 무관심 — 149
- 정보의 불순한 이면 — 153
- 이율배반적인 창의성 — 156

Chapter 04 **소비하는 자와 투자하는 자만이** 존재하는 세상

- 소비를 위해 일하는 사람들? — 161
- 스미스의 가벼운 질책 — 165
- '여가'란 헛되이 써버린 시간? — 167
- '리얼' 올리버 트위스트 스토리 — 171

contents

- 왜곡된 불변의 논리   177
- 자신들만이 번영을 이끈다는 망상   179
- 현실이 된 성경의 한 구절   183
- '자유'라는 거짓말   185

Chapter 05   국경을 넘는 **프로크루스테스 괴물들**

- 덜 노골적인 제국주의   189
- '페니 자본주의'라는 조소   193
- 황금 구속복 입히기   196
- 황금 구속복 벗기   200

Chapter 06   시작부터 그릇된 **어떤 경제학자의 가르침**

- 인도주의를 가장한 권위주의   205
- 점점 커지는 스미스에 대한 찬사   208
- 거친 사랑   212
- '거래'라는 이름으로   214
- 신분을 높일 수 있다는 그릇된 희망   219
- 캐런 컴퍼니 이야기   220
- 핀 제작소 이야기   224
- 퍼거슨의 죄   229
- 오로지 '효율'   231
- 떠밀려나기 시작한 사람들   233
- 스미스의 간과   234
- 교환의 속뜻   237
- 개인주의에 관한 단상   239

Chapter 07 '노동을 파는 상인'이라는 정체성

- 계급의 가마솥 243
- 노동의 타락 245
- 자유롭지 못한 자유의지 248
- 군대 규율, 시장 규율 250
- 무엇을 위한 규율인가? 256
- 계급 전쟁 258
- 노동자들의 명예를 훼손한 스미스 261
- 스미스 유산의 변질 264
- 사이비 과학의 탄생 266
- 상인으로서의 소임? 269

Chapter 08 측정될 수 없는 가치는 쓸모없는가?

- 'GDP' 함정 273
- 정확한 수치는 오히려 부당한 과학임을 입증한다 276
- 결혼한 하녀들의 역설 278
- GDP가 무시하는 것들 280
- 핵심을 빠트린 대안들 286
- 유다이모니아 288
- 행복을 측정한다는 것 291
- GDP의 정치학 294
- 로빈슨 크루소의 통찰 296
- 심각한 결함 300

Chapter 09 우리를 무능하게 만드는 것들

- 노동에 얽힌 사회적 관계 — 303
- 마천루에 앉아있는 사람들 — 306
- '금융'이라는 이름으로 — 311
- 이윤을 위한 먹이사슬 — 314
- 그들이 노동자의 뇌에 바라는 것 — 317
- 어리석은 공포 — 320
- 살아있는 기계 부품 — 324
- 미묘한 저항 — 329
- 슈베이크의 후예들 — 332
- '준법 투쟁'이라는 아이러니 — 334
- 합리성을 가장한 낭비 — 337
- '마케팅'이라는 기만 — 339
- '감시 노동'이라는 신조어 — 342
- 누가 누구를 감시한단 말인가 — 345
- 의도된 교훈 — 349
- 금전 등록기의 기가 막힌 유래 — 351
- 괴이한 존재가 몰고온 비극 — 354
- 절망스런 통화주의 공학 — 358
- 뜻하지 않은 충격 — 360
- 자산가격의 역설 — 362
- 부도덕한 피조물 — 364

Chapter 10 희망이란 진정 존재하는가?

- '자유'라는 이름으로 — 369
- 자체 투옥 — 373
- 바보들의 능력주의 — 376
- 능력 혹은 계급? — 378

- 구부러진 목재 382
- 케인스와 마셜의 그릇된 기대 385
- 특권층의 저항 390
- 간주곡 394
- 스트라빈스키의 지적 397
- 베네수엘라 젊은 음악가의 성취 401
- 누구를 위한 국가인가? 403
- 노동이란 정확히 무엇인가? 407
- 권위 속에 빠져 있는 미치광이들 410
- 인적자본의 막다른 길 412
- 벼룩, 토끼 그리고 코끼리 415
- '품위 자본'이라는 농담 418
- 동화 같은 마무리는 없다 420
- 에필로그 423

- 옮긴이의 글 427
- 참고문헌 430
- 인명색인 460

일러두기

1. '인명'은 처음 등장하는 부분에서만 한글과 영문을 동시에 표기하고, 사망한 자는 출생과 사망 년도를 함께 표기하였다. [예] 애덤 스미스 Adam Smith, 1723~1790
2. 번역 과정에서 의미가 다의적으로 해석될 우려가 있는 단어는 원서의 영어를 병기하였다.
   [예] 일 work, 일자리 job, 향유 enjoyment
3. 단행본, 정기간행물, 영화, 음악, 미술 작품 등은 모두 〈 〉로 묶었다.
4. '옮긴이 주'는 해당 단어 옆에 괄호로 묶고, '옮긴이 주'라고 별도로 표기하지 않았다.
   [예] 골디락스 Goldilocks (영국의 전래동화에 등장하는 금발머리 소녀의 이름, 동화에서 골디락스는 곰이 끓인 세 가지 수프 중에서 뜨겁지도 차갑지도 않은 것을 먹고 기뻐하는데 이를 경제 상태에 비유해 과열되지도 냉각되지도 않는 호황을 의미)
5. 참고문헌은 영문 그대로 표기하고 한글로 번역하지 않았다.
6. 영문의 한글 표기는 원칙적으로 외래어 표기법에 따랐다.

chapter 01
세상에서 가장
추한 손

영혼을 변화시키는 어떤 과학

경제학자들은 불가사의해 보인다. 시장의 결함을 고치자는 제안을 거부할 때 그들은 매우 탁월하고 똑똑하다. 경제적 결핍을 채우는 어떠한 조처들도—시장의 힘을 훨씬 더 확장하는 조건반사적인 치유책 말고는—경제적 효율성을 방해할 뿐이라며, 독단적인 이 시장 옹호자들은 경고한다. 심지어 시장의 문제점을 인정하는 몇몇 경제학자들 또한 근본 원인은 틀림없이 사람들의 개인적 결함이라고 주장한다. 시스템보다는 사람한테 원인이 있다는 것이다.

시장에 대한 이런 맹목적인 집착은 일종의 종교다. 또 다른 종교의 상당수 추종자들처럼 경제학자들은 자신의 세계관을 받아들이지 않는 이들에게 관용을 베풀지 않는다. 역대 영국 수상 중 가장 보수적이었고, '철의 여인'Iron Lady으로 널리 알려져 있는 영국의 첫 여성 총리 마가렛 대처Margaret Thatcher, 1925~2013는 한 때 이렇게 언급한 적이 있다. "경제학은 수단이다. 그 목적은 영혼을 변화시키는 것이다."[1] 정신적인 고양을 위한 이런 주장은 시장만능주의(신자유주의)라는 극단적인 사고방식을 낳았다. 그 속에서는 공공 정책이 뒷전으로 밀려 시장의 이익에 굴복할 수밖에 없다.

시장이 내적으로 폭발하고, 마침내 붕괴되는 지경에 이르면, 상당수 근본주의자들은 시장에 대한 자신의 신념을 임시로 포기한다. 그들은 정부에 지원을 요청한다. 물론, 자신의 이익만을 위해서는 아니며, 시장을 다시 건강하게 만들기 위

주류 경제학자들은 경제가 삐거덕거리는 원인은 시장 시스템 때문이 아니라 그 시스템 안에 끼어있는 사람들 때문이라고 한다. 사진은 찰리 채플린의 영화〈모던 타임즈〉의 한 장면

해서다. 일단 위기가 지나가 버리면, 시장에 대한 그들의 신념은 다시 살아난다. 진화론을 주창한 영국의 생물학자 찰스 다윈Charles Darwin, 1809~1882이 말한 바 있듯이, "무지는 지식을 낳기보다 확신으로 이어지는 수가 많다."² 시장근본주의의 완고함은 신학적 견해를 반영한다. 시장은 그 자체로 목적이다. 어떤 목적 달성에 필요한 수단에 머물지 않는다. 심지어 시장에 대한 매우 사소한 도전조차 이단으로 몰리기 십상이다. 18세기 영국에서 가장 유명한 정치가로 꼽히는 에드먼드 버크는 시장에 대한 이런 신학적 옹호를 위한 분위기를 주도했다. 그는 확신에 찬 어조로, "상거래에 관한 법률은……자연법이며, 따라서 신의 법칙이다"라고 선언했다.³ 〈시장과 도덕 저널〉The Journal of Markets and Morality (1990년에 설립된 미국 액튼 연구소Acton Institute에서 1년에 2회 발간하는 학술지)같은 출판물은 이런 신학적 전통을 지속적으로 조장한다.

에드먼드 버크

기업과 정치 지도자들은 시장을 위해 틀에 박힌 장황한 찬사를 그리 고상하지 않은 시각에서 일상적으로 늘어놓는다. 효율성과 번영은 말할 것도 없고, 자유와 민주주의, 그리고 정의 따위의 고결한 용어들을 놓고도 언쟁을 벌인다. 조지 W. 부시는 1999년 대통령 선거에 처음 출마했을 당시, '무역과 시장은 자유'라고 간략하게 선언하며, 더 단순한 공식을 제공했다.⁴

자유, 민주주의, 또는 시장에 이바지하는 다른 긍정적인 가치를 사람들이 향유하는 것을 반대할 수 있는 사람은 아무도 없음은 물론이다. 근본주의자들은 이런 질문을 한다. 사회 조직의 꼭대기를 대표하는 경제 시스템에 어리석게도 왜 도전하는가? 로널드 레이건Ronald Reagan, 1911~2004이 일컬었던 '시장의 마술?'을 신중치 못한 세금이나 규제들이 막지 않았다면, 기존의 경제 시스템은 적어도 사회 조직을 대표했을 법했다는 것이다.

하지만, 성인들은 마술을 믿어서는 안 된다. 레이건의 환상적인 미사여구에도 불구하고 시장은 냉혹한 공사감독관이다. 스톱워치를 사용해 노동자의 작업을 초단위로 쪼개는데 일생을 바친 것으로 유명한 '과학적 관리의 아버지' 프레드릭 윈슬로우 테일러Frederick Winslow Taylor, 1856~1915 (과학적 관리법인 '테일러 시스템'을 창안한 미국의 경영학자)는 현대적인 상황에 대해 좀 더 현실적인 의견을 내놓는다. "과거에는 인간이 우선이었다. 미래에는 시스템이 우선돼야 할 것이다."5

프레드릭 윈슬로우 테일러

이 시스템이 진실로 인간의 본질적인 욕구를 채워줄까? 나는 그렇지 않다고 생각한다. 왜 그런지 같이 들여다보자.

또 다른 신학

또 다른 신학, 옛 그리스 신화를 떠올려 보자. 다마스테스Damastes라는 노상강도가 아티카Attica (그리스의 주 가운데 하나로, 수도 아테네를 포함한 주변 지역)에 있는 엘리우시스Eleusis (아티카 지방의 한 도시) 주변 거주민들을 공포에 떨게 했다. 사람들은 그를 '프로크루스테스'Procrustes, 또는 '잡아 늘이는 자'The Stretcher라고 불렀다. 그는 방심하다 자신의 손아귀에 떨어진 여행객들로 하여금 강제로 강철 침대에서 밤을 새우도록 했다. 그는 손님들을 가학적으로 죽였다. 키 작은 사람은 침대 크기에 맞게 잡아 늘이고, 키 큰 사람은 그 침대 길이에 맞도록 팔다리를 잘랐다. 그의 정신병적 가학증은 주변 마을을 황폐하게 만들었다.

029

프로크루스테스의 침대에서 고문을 당하는 장면을 묘사한 일러스트

프로크루스테스의 공포 지배를 끝장낸 것은, 아테네Athens 왕으로 등극하게 되는 영웅, 테세우스Theseus였다. 프로크루스테스는 자신이 저질렀던 일 그대로 자신이 당했다.

신학적 표현이 경제학 책에서는 잘 맞지 않는 것처럼 보일 수도 있다. 하지만, 경제학적 언어는 너무 심하게 비틀어져 그것을 낯선 맥락 속에서 재구성하는 게 오히려 더 적절한 듯하다. 현대 경제 체제는 사람들에게 명령에 복종할 것을 요구한다. "시스템이 최우선이어야 한다"는 테일러의 표현은 결국, 그런 뜻을 담고 있다. 그의 스톱워치는 사실상, 프로크루스테스의 침대에 달린 나사못을 단단히 조였다.

결코 과격하지 않았던 독일의 사회학자 막스 베버Max Weber, 1864~1920는 프로크루스테스 세상의 냉혹한 정신을 생생한 언어로 포착했다. "시장에서 이뤄지는 관계맺음은 인간 사회에서 가능한 실제적인 삶에서 가장 비인격적인 것이다……이런 절대적인 비인격화는 모든 인간관계의 기본적인 형태에 정면으로 어긋난다."[6]

"오늘날 자본주의 경제 질서에 따른 세상은 무시무시한 괴물 같은 우주이다. 개인은 그 속에서 태어나고, 사실상 그것을 위해 존재한다. 적어도 한 개인으로서, 인간은 그냥 주어진, 불변의 단단한 그 껍질 속에서 살아갈 수밖에 없다. 그 질서는 경제 활동의 규범인 '시장'에서 맺어지는 관계망에 사로잡힐 때까지 개인을 강요한다."(베버의 유명한 표현으로 '강철 새장'iron cage이 있다. 실제로는 덜 시적인 표현인 '강철만큼이나 딱딱한 껍질'shell as hard as steel을 썼는데, 오역됐다.)[7]

당대의 온갖 미사여구는 이런 시장 강제를 보여주기에 딱 좋은 사례를 제공한다. '개혁'이란 단어는, 시장에서 제대로 성과를 거두지 못하는 것을 막아주는 보호 장치들을 제거하는 일과 동의어가 됐다. 사람들의 필요에 시장을 맞추기보다는 사실상 사람들이 시장에 맞춰 살아야만 한다. 프로크루스테스주의는 시장 규율을 받아들이도록 사람들을 압박할 목적의 실행 체계이다.

막스 베버

보이지 않는 수갑의 실체

프로크루스테스주의와 시장을 연관시키는 게 많은 독자들의 귀에 거슬릴 법하다. 하지만, 그것은 실제로 수세기 동안 경제학에 숨어있는 한 부분이었다. 사람들은 잠재적으로 위험한 열정에 이끌리기 때문에, 시장이 이들의 충동을 해소할 수 있는, 사회적으로 유익한 출구를 제공했다고 초창기 다수 경제학자들은 믿었다.[8] 예를 들어 생애 첫 저서의 주제를 심리학으로 삼았던 애덤 스미스는 '보이지 않는 손'에 관한 유명한 묘사를 이렇게 소개했다. "우리가 저녁 식사를 기대할 수 있는 것은 정육점이나 양조장의 주인, 또는 제빵업자의 자비심 덕이 아니다. 그 사람들 자신의 이기심 때문이다."[9] 똑같은 맥락에서 존 메이너드 케인스 John Maynard Keynes, 1883~1946 는 이렇게 썼다. "자신의 은행 잔고를 바탕에 깔고서 그 돈의 힘으로 권세를 부리는 게 동료 시민들 위에 폭군으로 군림하는 것보다는 분명히 낫다. 전자는 후자로 이어지는 수단에 지나지 않는다는 비난을 받기도 하지만, 때로는 적어도 그게 하나의 대안이다."[10]

프랜시스 에지워스

영국 옥스퍼드대학의 저명한 경제학자 프랜시스 에지워스Francis Ysidro Edgeworth, 1845~1926는 열정과 시장의 연관성에 대해 상세히 설명했다. 반사회적인 행동을 막는 대안에 관해 스미스나 케인스만큼 분명하지는 않았지만, 그의 기본적인 메시지는 명확했다.

"모든 경제 주체는 오로지 이기심에 따라 행동한다는 것, 그게 경제학의 제1원칙이다. 이 원칙대로 행동한 결과는 그 행위에 의해 영향을 받는 이들의 동의를 받았는가, 아니면 받지 않고 행동했는가에 따라 두 가지 측면으로 보일 수 있다. 넓은 의미에서 첫 번째 종류의 행동을 전쟁이라고 일컫고, 두 번째 것은 계약이다."[11]

시장 밖에서 자체 힘으로 생활을 꾸려갈 수 있다면, 사람들은 임금 노동자로 고용되는 것을 자연히 싫어할 수밖에 없다고 18세기와 19세기 초반 경제학자들은 분명히 이해했다. 이들 학자는 대안적인 생계 수단을 사람들이 갖지 못하도록 강력한 조처를 내릴 것을 제안했다. 사람들이 대대로 자신의 욕구를 채우던 터전이었던 토지를 몰수하는 것 또한 거기에 포함돼 있었다.[12] 그 의도는 사람들을 극도로 궁핍하게 만들어 임금을 받기 위한 노동에 절박하게 매달리도록 하는 것이었다. 그 다음, 임금 노동이 충분히 일반화되면, 사람들은 그것을 정상으로 생각하고 당연한 일로 여긴다.

노동자들이 일단 임금 노동에 길들여지면, 경제학자들은 시장의 강압적인 측면을 무시하고, 순수한 자율 시스템으로 여길 수 있다. 그 과정에서 경제학자들은 강압 또는 비합리적인 행동에 관련된 제안을 모두 축출했다. 너무 어리석어서 시장에 전적으로 얽혀드는 것에 저항한 이들 편에 서 있었던 학자들은 물론 그와 달랐다. 여기서 〈인구론〉으로 유명한 토머스 로버트 맬서스Thomas Robert Malthus, 1766~1834 목사가 노동자와 고용주 사이의 평등한 관계를 어떻게 묘사했는지 보자.

토머스 로버트 맬서스

"나를 위해 하루 동안 일을 하는 그 사람은 내게 충분한 의무를 다한다. 나 또한 마찬가지로 의무를 다한다. 나는 그가 원하는 것을 갖고 있으며, 그는 내가 원하는 것을 갖고 있다. 우리는 원만하게 교환했다. 가난한 사람은 깨어있는 독립성 속에서 꿋꿋하게 걸어간다. 고용주의 마음은 힘을 가졌다는 의식에 사로잡히지 않는다."13

그럼에도 맬서스는 냉혹한 조처를 권유하는 것을 마다하지 않았다. 노동자들이 너무나 궁핍해 그들 앞에 놓여있는 원만한 협상안을 수용하는 것 말고는 다른 선택을 할 수 없도록 해야 한다는 것이었다.

사람들로 하여금 임금 노동을 당연한 것으로 여기는 지점까지 사회를 변화시키는 데 필요했던 잔인한 조처들은 막대한 해를 끼친 게 분명했다. 하지만, 시장을 중심으로 한 삶을 사람들이 정상적인 것으로 일단 받아들이면, 프로크루스테스의 침대는 시야에서 사라지기 시작한다. 시장에서 초래되는 부정적인 결과가 계속 이어지더라도 점점 더 알아차리기 어렵게 됐다. 심지어 그 시장 시스템으로부터 해를 입는 사람들조차도 대부분 그것을 자연스러운 것으로 곧바로 수용하게 됐다. 사람들이 마치 자발적으로 보이지 않는 수갑을 찬 것과 다를 바 없었다.

이런 수갑과, 뜻하지 않은 결과는 눈에 잘 띄지 않는다. 하지만, 사람들에게 끼쳐진 피해는 결코 하찮은 게 아니다. 앞으로 우리가 살펴보게 되는 바, 자본주의에 뒤따르는 소외와 불안, 그리고 무력감의 원인이 보이지 않는 채로 남아있는 한, 분노가 곳곳에 퍼져 일상화된다. 프로크루스테스주의자들은 시스템을 더 강화해 이런 분노를 분산시키는 기법을 익혀왔다.

또 다른 종류의 피해가 한 가지 더 있다. 사람들한테서 이윤을 더 쥐어짜내려는 프로크루스테스의 구상은 전적으로 자기기만적인 것으로 판명났다. 그것이 사회의 건강과 생동감을 위협했다. 이와 더불어 애초 의도했던 바로 그 경제의 발전 또한 무위로 돌아가고 말았다.

**강철 침대에서
일어날 수 있을 것인가?**

베버―적어도 그 오역된 베버―식으로 말해 시장은 프로크루스테스의 침대처럼 작동한다. 왜 누구나 기꺼이 그런 침대에 눕게 되는 것일까? 제3장에 담겨 있는 사업장에서의 사망과 질병에 관한 논의에서 볼 수 있듯이 그 시스템에 붙어 생계를 꾸려가는 이들은 잔인한 운명으로 고통을 받는다. 하지만, 그 시스템은 거기에 자발적으로 적응하지 않으려는 이들을 가차 없이 처벌한다. 이 때문에 사람들은 이런 세상을 자연스러운 것으로 여기게 되고, 공공연한 프로크루스테스의 통제는 보이지 않는 수갑으로 대체된다.

때때로 프로크루스테스주의자들이 자신의 역량을 과대평가해 우쭐대거나 시스템이 고장을 일으킬 때, 그 수갑은 다시 한 번 존재를 밖으로 드러낸다. 자본주의가 확고하게 구축되기 전에 그랬던 것처럼 사회의 어떤 요소들이 시장의 요구에 맞서 저항한다. 또 다른 요소들은 저항할 준비를 갖춘 것처럼 보인다. 그에 따라 프로크루스테스식의 획일주의를 주장하는 이들도 자신의 의지를 관철시킬 태세를 갖춘다. 필요할 경우 폭력적인 억압도 불사한다. 예를 들어 우루과이에서 그러한 억압이 절정으로 치달았을 때, 언론인 에두아르도 갈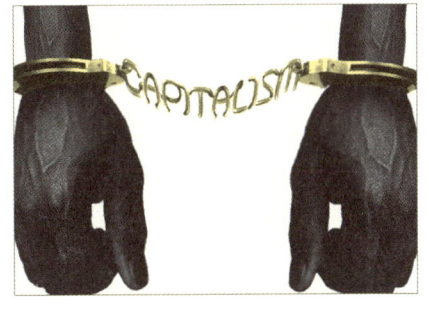
레아노 Eduardo Galeano 는 이렇게 말했다. "가격이 자유롭게 움직일 수 있도록 하기 위해 사람들이 감옥에 갇혔다."[14]

비합리적인 사디스트(가학증 환자), 프로크루스테스 ─ 뚜렷한 이유 없이 숙주를 파괴하는 기생충 ─ 와 달리 자본주의 경제를 통제하는 이들은 합리적이다. 오로지 돈 버는 것에만 집중한다. 이 극단을 향해 프로크루스테스주의자들은 국가로 하여금 독점적인 힘을 행사해 모든 사람들을 일렬로 줄 세우라고 요구한다. 그 와중에도 현대의 경제 체제는 가장 합리적일 뿐 아니라 가장 자유롭다고 목청껏 소리친다. 마침내 사람들은 원하는 곳에서 일하고, 원하는 걸 구입할 수 있는 선택권을 자유롭게 행사한다. 그리고 (일에 관한 것을 빼고는) 아무도 누구에게 명령하지 않는다.

자본주의 시스템의 논리는 만고불변이라고 업계 지도자와 정치인, 경제학자들은 재빠르게 설명한다. 그들은 프로크루스테스식의 합리성에 의문을 제기하는 이들을 심하게 나무란다. 그들 스스로는 일반적으로 프로크루스테스주의의 냉혹한 요구로부터 면제돼 있음에도 불구하고 말이다. 이런 태도 때문에 프로크루스테스와, 보이지 않는 수갑의 영역 사이에 생겨 나 있는 경계선은 더욱 더 흐릿해진다. 노동을 절약할 수 있게 해주는 현대적인 기술의 확산에도 불구하고, 노동 시간은 그다지 줄어들지 않는 이유를 누가 어떻게 합리적으로 설명할 수 있겠는가? 시장 효율화와 더불어 작업 안전성의 감소와, 임금의 감축을 누가 어떻게 조화롭게 풀이할 수 있을까? 이런 상황들이 노동시장의 자연스러운 기능에서 비롯된 것인가, 아니면 프로크루스테스주의자들의 의도적 조작에서 생겨난 것일까?

궁극적으로 시장은 프로크루스테스처럼 획일성을 띠고, 주변 환경을 파괴한다는 것을 우리는 보여줄 것이다. 유력한 대안들이 분명 존재한다. 그 대안들이 실현 불가능한 공상처럼 보일 수도 있다. 하지만, 그건 획일적 경제 체제를 옹호하는 이들이 어떠한 대화도, 심지어 대화의 가능성조차도 받아들이지 않는 고집을 부리고 있기 때문이다. 마가렛 대처가 "대안은 없다"고 단호하게 선언했듯이 말이다. 강철 침대는 제자리에 그대로 계속 남아있어야 한다. 누구든 획일적 경제 체제의 명령을 수용하는 법을 배워야 한다. 자발적으로, 보이지 않는 수갑을 차기 위해서다. 그 일에서는 선택권이 없다. 시장의 논리에 대드는 것은 자살행위나 마찬가지다. 적어도 경제적인 의미에서는 말이다.

앞으로 보게 되겠지만, 진실은 그와 다르다. 프로크루스테스식의 획일적인 이데올로기는 비인간적일 뿐 아니라 불합리하기도 하다. 상황이 어떤지 같이 한번 들여다보자. 우선, 시장을 비판적으로 평가해보자. 그 다음 우리 스스로 더 긍정적인 쪽으로 방향을 잡아보자. 시스템을 최우선으로 삼아야 한다는 관념에서 벗어난 뒤에야 사회가 사람들의 잠재력을 활용하고, 좀 더 충만한 삶의 방식을 창조할 수 있다.

가난하기 때문에 무능하다는, 혹은 무능해서 가난하다는 생각으

로 더 이상 자기 자신을 학대하지 않을 것이다. 충분한 지성과 용기, 그리고 상상력과 더불어 우리는 품격 있는 경제 체제를 구축할 수 있다. 그것은 반ℝ획일적인 경제 체제이다. 그 속에서 생산 시스템은 마침내 가장 긴급한 사회적 요구를 충족시켜주는 쪽으로 맞춰질 것이다.

chapter 02
프로크루스테스의 침대에 누운 사람들

일자리! 일자리! 일자리!

프로크루스테스식의 획일주의에서 나타나는 뒤집힌 우선순위를 가장 강력하게 뒷받침해주는 것은 일자리 걱정이다. 시장의 엄격한 명령보다 사람들의 긴급한 필요를 우선하는 정책은 모두 일자리 상실로 귀결될 수밖에 없을 것이라는 식이다. 일자리 창출 약속은 거의 모든 경제 정책들에서 현란한 미사여구로 치장된다. 산업계는 세금 우대와 환경 보호 의무 경감, 그리고 다양한 특혜 조처들을 요구한다. 부자들은 모두 일자리 창출을 명분으로 내세워 세금 감면을 요구한다. 심지어 일자리 창출의 증거가 약하거나 없을 때조차도 그렇게 한다.[1]

일자리 창출에 관한 그들의 공언과 달리, 거대 기업 - 일자리 카드를 써먹으면서 부당하게 많은 몫을 차지하는 사업체 - 들이 실제로는 일자리를 거의 만들어내지 못한다. 2000년에 발간된 한 보고서를 보면, 일자리가 이례적으로 많이 증가했던 그 해 끝 무렵 세계 200대 기업들은 전 세계 노동력의 단지 0.78%만 고용했다. 반면, 이들 기업의 매출은 세계 경제 활동의 27.5%를 차지했다.[2] 거대 기업이 일자리, 특히 좋은 일자리 창출에 이바지하지 못한다는 사실은 그리 놀랄 일이 아니다. 미국의 증권가 월스트리트에서는 일자리를 창출하는 기업보다, 일자리를 없애는 기업을 더 우대한다. 업계 지도자들에게는 일자리보다 이윤이 최우선이다. 하지만, 거대 기업들은 일자리 창출이라는 헛된 희망에 바탕을 두고 있는 보조금을 뜯어내는데 대단히 능숙하다. 보조금 액수를 보면, 일자리 1개당 10만 달러를 넘는 경우도 드물지 않다. 그런 일자리라고 해봐야 단명에 그치거나 심지어 존재

하지 않는 경우에도 그렇다.³ 예를 들어 항공회사 노스웨스트 에어라인스Northwest Airlines (1926년 설립된 미국 민간항공사, 2008년 10월 델타항공에 합병)가 미네소타 주에서 철수하겠다고 위협했을 때 주 정부는 1,500개 일자리와 얽혀있는 수리 시설을 짓는 용도로 8억2,800만 달러를 그 회사에 지원했다. 협정이 일단 맺어지자, 그 회사는 거래의 일부로 2억7,000만 달러에 이르는 긴급 대출을 받아냈다. 그로부터 오래지 않아 그 수리 시설 구축과 일자리 제공은 보류됐다고 회사는 발표했다.⁴ 2005년 파산에 이른 뒤 그 회사는 동정심을 발휘하는 면모를 보여줬다. 경영진은 해고 노동자들에게 어려운 시절을 견뎌내며 살아남는 법을 담은 안내 책자를 제공했다. 거기에는 "당신이 좋아하는 것이라면 쓰레기통에서 끄집어내는 걸 부끄러워하지 말라" 따위의 값진(?) 조언이 들어 있었다.⁵

설사 일자리가 만들어진다고 해도 일자리의 질은 형편없이 낮다. 정책 결정자들이 간과하고 있는 점이다. 거대 기업들의 상당수 일자리는 건강보험 보장은 물론 생존에 필요한 임금조차 지급히지 않는다. 세계 최대 유통업체 월마트Wal-Mart의 최고경영자CEO가 인정한 바, 월마트의 상근 노동자도 월마트 봉급으로는 가족을 부양할 수 없는 실정이다.⁶ 그 결과 수백만 명의 종업원들은 정부 지원에 의존할 수밖에 없다. 2003년 7월 캘리포니아 주 의회 여성의원 샌디 리에버Sandy Lieber는 월마트로부터 입수한 피고용인 지원금 관련 문서를 공개했다. 메디케이드Medicaid (저소득층 대상의 미국 의료보험), 식료품 할인 구매권, 그리고 기타 공공 서비스를 받기 위한 신청을 할 때 고용 입증 서비스를 어떻게 이용하는지를 보여주는 내용이었다. 미국 '민주당 교육 및 인력 위원회 사무국'Democratic Staff of the Committee on Education and the Workforce에 따르면, 직원 200명을 거느린 월마트 점포는 미국

납세자들에게 1년에 42만750달러의 비용을 초래한다. 중앙 및 지방 정부에 피고용인 1명당 2,103달러 이상의 부담을 지우는 셈이다.[7]

거대 기업들에서 좋은 일자리를 제공한다는 증거가 빈약함에도, 임금을 올리거나 노동 조건을 개선하려는 법제화 시도를 기업 쪽은 '일자리 파괴'라고 공격한다. 이런 교활한 용어를 사용함으로써 그 같은 좋은 정책들을 우직하게 옹호하는 이들과는 어떠한 논의도 하지 않고 대화의 길을 차단한다. 일터에서 벌어지는 사망 사고를 막기 위한 효과적인 규제가 없다는 점을 감안해 '일자리 파괴'job killer 보다는 '혁신적 일자리'killer job 에 더 많은 관심을 둬야 한다는 것이다. 이런 식의 대안 제시가 지금의 정치 환경에서는 추진력을 얻을 수 없다. 프로크루스테스 경제의 교훈에 감히 의문을 제기하는 이들은 공적인 자리에서 자신의 의견을 밝히는 기회를 결코 얻지 못하기 때문이다.

지난 30년 동안 미국에서 고용이 꾸준히 늘었음에도, 물가 상승을 감안한 시간당 실질임금은 1972년에 가장 높아 8.99달러였다. 이는 1982년 기준으로 측정된 것이다. 2007년에는 시간당 임금이 8.32달러로 떨어졌다. 높은 보수를 주는 육체노동 일자리는 해마다 사라졌다.[8] 그 다음, 품위 있는 사무직 노동의 일자리도 똑같은 아픔을 겪었다. 이 두 갈래의 흐름은 실질 임금의 증가 없이 이례적으로 긴 35년 동안 이어졌다.

게다가 일자리는 점점 더 불안해졌다. 수십 년 전에는 대다수 사람들이 오래 지속되는 경력을 쌓았다. 그들은 합리적 견지에서 확신을 느낄 수 있었다. 자신의 업무를 잘 수행하기만 하면, 같은 고용주와 더불어 일을 해나갈 수 있고, 또한 더 좋은 자리로 승진할 수 있었다.

오늘날 기업들은 이제 공공연히 노동자들을 내다버릴 수 있는 상품으로 여긴다. 조직 감축과 외부 조달, 그리고 공장 폐쇄는 일상적인 행사처럼 돼버렸다. 〈월스트리트저널〉이 우연히 주목하게 됐던 사실이 있다. "같은 고용주로부터 지속적인 보수를 받는 지속적인 직업, 즉 상용직 개념의 일자리는 폐기돼야 한다"고 다수의 경영이론가들이 주장한다는 점이었다.9 미국 최대 통신회사인 AT&T가 4만 명의 노동자들을 해고한다고 발표한 직후, 인사 담당 부사장으로 인력 감축을 책임지고 있던 제임스 메도우스James Meadows는 직업 이동성에 관한 기업 쪽의 생각을 이렇게 설명했다.

"AT&T에서, 비록 대부분의 우리 임시직 노동자들은 우리 회사 울타리 안에 있음에도, 우리는 임시직 노동력의 전반적인 개념을 넓혀야만 한다. '일자리'job가 '사업'project으로 대체되고 있다. 따라서 '업무의 영역'field of work은 늘어나는데도 사회에는 실직자들이 늘어난다. 일거리가 없는 게 아니라 일자리가 없다……사람들은 스스로 자신을 고용한 것으로 봐야 한다. 이 회사에 자신의 기술을 팔러 온 떠돌이 행상인이나 마찬가지다."10

메도우스의 솔직한 발언은 일자리 창출에 얽힌 기업 쪽의 공공연한 이해관계에서 드러나는 천박함을 잘 보여준다. 메도우스와 같은 사람들에게 기업은 많은 기회를 제공해주는 존재이다. 사람들이 이런 기회를 활용할 수 없다면, 뭔가 잘못된 일이 벌어지고 있는 것이다. 충분한 기회들이 활용되지 않고 있다면, 어떤 간섭이 시장의 원활한 작동을 저지하고 있는 것으로 본다. 프로크루스테스의 획일주의를 조장하는 이들은 그 시스템이 일반인들을 다루는 방식에 대해서는 절대 문제삼지 않는다.

일! 일! 일!

일자리job는 경제 정책 논의에서 핵심을 차지함에도 불구하고, '일' 그 자체의 속성에 대한 고려는 거의 이뤄지지 않고 있다. 결국, 일work은 골치 아픈 의문을 제기한다. 기술의 진보와 더불어 사람들은 왜 여전히 그렇게 열심히 일해야 한다는 말인가? 영국의 시인이자 화가 윌리엄 블레이크William Blake, 1757~1827의 '음울한 악마의 맷돌'dark Satanic Mills (블레이크의 서사시 '밀턴'에 나오는 표현으로, 인간의 삶을 맷돌로 갈아버리듯 망가뜨리는 산업혁명을 지칭) 시대에 일했던 이들에 견줘 가장 현대적인 노동에서 요구되는 육체적인 부담은 가벼워졌음에도, 자본주의 전 단계 사회에서 이뤄진 노동은 오늘날의 노동보다 확실히 유리한 점을 지니고 있었다. 시장이 득세하기 전에, 사람들의 연간 노동 시간은 상대적으로 짧았다. 추수 기간에 노동 시간이 길고 노동 강도도

블레이크의 서사시 구절인 '음울한 악마의 맷돌' 시대로 표현될 만큼 노동 착취가 악명 높았던 산업혁명 시절을 그린 일러스트. 지금의 노동 조건이 그 당시보다 개선됐다고 단언할 수 있을까?

셨지만, 그 외에는 대체로 자유 시간이 많았다. 16세기와 17세기 초반 영국에서 일요일을 포함해 일하는 날들 가운데 약 3분의 1은 여가로 보냈다고 영국의 경제학자 조앤 더스크Joan Thirsk는 추정했다.[11] 수없이 많은 종교적 휴일들이 노동의 속도를 조절한 것은 유럽 전반에 걸친 현상이었다. 칼 카우츠키Karl Kautsky, 1854~1938 (독일의 역사가이자 경제학자, 마르크스의 유고 〈잉여가치학설사〉 편찬·간행)의 추정에 따르면, 중세 시대 로워 바바리아Lower Bavaria (독일 바바리아 주의 7개 행정구역 중 하나)에서는 연간 휴일 수가 204일이었다.[12] 간단히 말해, 현대적인 기술은 사람들을 노동의 부담으로부터 해방시켜주는 데 그다지 많이 쓰이지 않았다. 되레 사람들로부터 더 많은 노동을 뽑아내는데 쓰였다.

현대적인 기술이 끔찍한 일자리들을 많이 없애긴 했다. 미국에서 위험한 지하 광산에서 일하는 사람들은 상대적으로 적다. 하지만 현대적인 일자리의 상당수는 노동자들을 위험으로 몰아넣는다. 감지하기 힘들만큼 더 미묘하긴 해도 치명적인 조건이란 점에서는 동일하다. 반도체 생산을 위한 이른바 '청정실'에서 노동자들은 자신을 둘러싸고 있는 유독 화학물질로부터 적절한 보호를 받지 못한다. 도리어 노동자들의 몸에 묻은 불순물로부터 실리콘(반도체 원료)을 보호하기 위해 방진복bunny suit (상·하의가 붙어 있는 토끼 모양의 먼지 방지용 옷)을 입는다.

일사리와 노동은 뚜렷하게 대비된다. 많은 사람들이 열악한 조건에서 오랜 시간 일한다. 반면, 수백만의 사람들은 일자리를 찾아 헤맨다. 성공적인 경제 시스템이라면, 더 적은 수의 사람들을 더 강도 높게 일하도록 만드는 기술을 창조하기보다는, 노동을 더 쉽게 해주는 쪽으로 기술을 발전시키는데 강조점을 둬야 하는 것 아닐까? 왜 성공적인 경제 체제는 노동을 덜 고통스럽게 하는 쪽으로 기술을 활용하지 않을까? '고상한 사회'에서 이러한 의문들은 거의 제기되지 않는다.

뒤에서 설명하겠지만, 현대 경제학은 프로크루스테스 같은 획일적 강요를 일삼음으로써 노동의 속성에 관한 의문 제기를 차단하는 방식으로 세상을 틀에 가둔다. 경제학은 사람들을 1차원적인 소비자들로 격하시킴으로써 노동의 가치를 떨어뜨린다. 그 소비자들은 제한된 예산을 사용해 개인적 취향에 맞는 상품 묶음들을 선택함으로써 자신의 '효용'utility – 향유enjoyment 대신 사용된 경제학자들만의 괴상한 용어 – 을 극대화한다는 것이다. 이런 틀 속에서는 노동이라는 것은 효용의 상실에 지나지 않는다. 소비로부터 효용을 획득하기 위해 여가를 희생시키는 선택을 하기 때문이다. 사실상, 시계가 노동 조건의 유일한 지표로 자리매김하게 됐다.

빌 왓슨의 목격담 역설적이게도, 일자리 창출을 위한 신성한 탐색 작업을 벌이는 기업들을 돕도록 세금 감면과 보조금 지급을 요구하는 목소리를 옹호하는 업계의 요란하고 지속적인 북소리에도 불구하고, 고용주들이 실제로는 실업 상태의 대규모 노동자 집단을 필요로 한다. 실업률이 낮고, 해고의 공포가 진정될 때, 노동자들의 협상력은 커진다. 실업 상태의 대규모 노동자 집단을 고용주들은 자신의 협상력을 높이는 귀중한 도구로 여긴다.

사람들은 대부분 지시 받는 걸 좋아하지 않고, 상당한 독립성을 주장하는 자연스런 성향을 띠고 있다. 그렇기 때문에 사업장을 감독하는 이들로부터 존중을 받지 못할 때면 반항하게 된다. 특히 비슷한 일자리를 다른 데서 쉽사리 찾을 수 있다고 노동자들 쪽에서 확신할 때 그렇다.

실업률이 이례적으로 낮았던 1960년대 후반, 프로크루스테스 같은 획일적인 권위는 거의 힘을 쓰지 못했다. 예를 들어보자. 1968년, 사회학자 빌 왓슨Bill Watson은 디트로이트 자동차 공장에서 1년에 걸친 연구 작업을 벌였다. 그곳에서 그는 노동자들이 경영진에 당차게 도전장을 내미는 몇몇 극적인 사례들을 목격했다. 한 예로, 노동자들은 형편없이 설계된 6기통 모델의 자동차 생산을 반대해 저항 운동을 벌였다. 경영진 쪽에서 생산과 디자인의 개선을 위한 종업원들의 제안을 거부하자, 노동자들은 맞대응에 나섰다. 교묘한 방법으로 부품들을 어긋나게 조립하거나 일부를 빼버렸다. 감독 부서의 노동자들도 몇몇 조립 라인의 노동자들과 연대해 불량 전동기 비율을 끌어올렸다.

그 과정에서 노동자와 감독자 들은 특정 자동차들을 둘러싸고 언쟁을 벌였다. 긴장감이 점점 높아졌다. 노동자들은 한발 더 나아가 불량 전동기들을 자동차에 장착해놓고 후에 경영진으로 하여금 그것들을 제거하도록 압박했다. 조업 단축에 따른 일시적 해고를 틈타 경영진이 6기통 조립 라인과 감독 운영 부문을 공장의 다른 쪽 끝으로 옮겼을 때에야 그 같은 갈등은 끝났다.

두 번째 사례로, 그 회사는 돈을 아끼기 위해 그 해에 이미 반품된 부품들로 엔진을 제조하려는 시도를 했다. 전동기 점검 담당 노동자들이 거세게 항의했지만, 경영진은 불량 전동기를 수용하라고 감독관들을 괴롭혔다. 전동기 점검 담당자들이 다른 노동자들에게 고충을 털어놓았고, 그 뒤 이들은 힘을 합쳐 국제적인 태업(사보타지)에 나섰다. 점검 업무 담당자들은 전동기 4개 가운데 3개꼴로 불합격 판정을 내리고 반려하기로 의견을 모았다. 공장 전체가 문을 닫을 때까지, 전동기 재고가 기하급수적으로 불어나 무더기로 쌓였다. 재고 문제를 처리하기 위해 회사는 생산에 들인 10시간보다 더 많은 시간을 허비해야 했다. 경영진이 전동기 점검 담당자들을 우두머리 감독자 사무실로 불러들였을 때 이들은 능구렁이처럼 경영진의 이익이란 관점에서 행동하고 있을 뿐이라고 항의했다.

왓슨의 세 번째 사례는 그 중 가장 인상 깊은 것이다. 모델 교체 기간에 경영진은 6주에 걸쳐 재고목록 작성 계획을 세우고, 그 일에 50명만을 투입했다. 이들 노동자는 해고를 당해 일을 하지 않더라도 봉급의 90%를 받을 수 있는 상태였다. 그들은 기회를 놓치지 않았다. 재고목록 작성 업무를 6주보다 훨씬 짧은 3~4일 만에 해치우려고 시도했다. 그들은 서로 가르치고 배우면서 특정한 기술들을 익혔다. 이를 통해 이미 구축돼 있는 서열 및 작업 분류 시스템에 얽매이지 않고 작업에 소요되는 시간을 잘게 쪼갰다.

경영진은 거칠게 반응했다. 그런 식으로 일하는 것을 중단하라고 노동자들을 압박했다. 노동자들이 합법적인 지휘와 훈련 및 의사소통 절차를 위반하고 있다는 주장이었다. 노동자들 스스로 자신의 업무를 조직하는 기회를 얻었더라면, 예정된 시간보다 10배 빨리 그 일을 마칠 수 있었다고 왓슨은 주장한다. 하지만, 경영진은 노동자들 스스로 자신의 업무를 조직하는 것을 중단시키기로 결정했다. 그 일이 더 신속히 완료되고, 경영진은 조기 완료 덕에 돈을 아낄 수 있었음에도 말이다.[14] 시장의 힘은 효율적인 선택으로 이어진다는 생각이란 게 뭔지, 참!

왓슨은 그 사업장에서 벌어진 '호스 투쟁'hose fights에 노동자들이 어떻게 나서고, 어떻게 투쟁 전략을 짜 엔진에서 부품 막대가 터져 나오도록 했는지를 아울러 묘사했다. 노사 관계 갈등 시스템에 얽힌 비용이 얼마나 큰지를 이런 사건들을 통해 알 수 있다. 왓슨이 묘사한 특정한 관리자들은 이례적으로 근시안적이었다고 누가 말할지 모르지만, 그 밖의 것도 위태로운 지경에 있었다. 경영진의 요구를 맹목적으로 수행하는 것을 넘어 노동자들이 뭔가 이바지한 게 있음을 인정하는 것은, 경영진의 지배를 확고히 하기 위한 전반적인 분위기를 훼손한다. 그 결과, 관리자들은 그들의 권위를 침해하는 모든 일에 본능적으로 저항하기 일쑤다. 그 권위가 생산성을 얼마나 크게 저해하는지는 중요하지 않다.

왓슨의 이야기는, 스스로 자신의 활동을 조직하는 기회를 얻는 것으로부터 노동자들이 느꼈던 강렬한 기쁨과 흥분의 감정을 전해준다. 그 사업장에서 벌어진 태업을 '더 많은 자유 시간을 확보하기 위한 압박'이라고 왓슨은 찬사를 보냈다. 그는 이렇게 설명했다.

"동료들과 같이 지내는 시간을 충분히 확보한 것과, 카드 게임이나 독서를 하고 또는 다른 영역 노동자들의 업무를 지켜보기 위해 공장 주변을 돌아보는 따위의 활동을 즐기게 된 것이, 노동자들에게는 중요한 성취였다. 그것은 노동자들 스스로 대부분의 시간을 조직해야 한다는 느낌을 갖게 할 뿐 아니라 사업장에 이미 존재하는 적대감을 드러내 보여주기도 한다."

이런 조직화는 업무를 추진할 때 공동 행동을 할 필요성에 부응하는 것이다. 이런 관계맺음은 태업을 실행에 옮기거나 물품을 수집하고, 또는 노동 시간을 즐거운 행사로 변화시키는 데 이바지하는 게임과 시합을 구현하는 기능도 한다.[15]

왓슨의 경험은 특별나게 독특한 것이 아니었을지도 모른다. 1980년대에, 미국의 자동차 산업은 공장 지대의 공간 20%와 노동자들의 작업 시간 중 25% 가량을 이미 저질러진 실수를 교정하는 데 할애해야 했다.[16] 업계 쪽에는 활용할 수 있는 두 가지 선택권을 갖고 있었다. 노동자들에 대한 감독을 강화할 수도 있었고, 종업원들에게 자신의 업무에 대한 더 강한 통제권을 줌으로써 적극적으로 참여하도록 할 수도 있었다. 첫 번째 선택은 많은 비용을 초래했을 뿐 아니라, 노동자들을 소외시켜 또 다른 형태의 태업을 조장했다. 감독을 더 강화하는 식의 그런 선택이 보여주는 바, 당시 자동차 업계는 왓슨이 이미 경험했던 그런 태도를 견지했었던 것 같다.

왓슨이 묘사한 그 행동이야말로, 반항적인 노동자들을 통제할 확고한 장악력의 필요성을 보여주는 증거라고 주장할 수도 있다. 하지만, 노동자들의 그러한 저항은 터무니없거나 수용 불가능한 행동의 산물이었다고 보기는 어렵다. 그보다는 노동과 자본의 관계 속에 본래부터 존재하는 갈등에 대한 프로크루스테스식의 획일적인 반응에 맞서는 노동자 쪽의 자연스러운 반응이다.

경영진이 노동자들의 현장 업무 지식을 활용하지 않는 고집을 부린 것 때문에 회사가 얼마나 많은 것을 잃고 있는지 상상해보라. 하지만, 만일 현장 지식을 활용했다면 부작용을 초래하는 프로크루스테스식의 획일적 위계질서는 약화됐을 법하다. 관리자들은 그 질서 속에서 특권을 누리며 자신을 부하 직원들보다 우월하다고 여기고 있는 데 말이다.

사실상 경영진보다는 노동자들의 인식이 더 적절하다. 우리가 자본주의의 맹목적 믿음에서 일단 벗어나 보면, 시장의 효율성이 사람들을 위한 최적의 삶을 제공해준다는 것, 그게 이 생산양식을 정당화해주는 궁극적 논리다. 자본주의는 능력지상주의라는 것, 즉 가장 유능한 사람이 권위 있는 자리에 오른다는 것은 효율성에서 빚어진 환상의 일부이다. 결과적으로 권위의 합법성을 주장하는 게 자본주의에서 중요한 일로 부각된다.

적절한 권위의 유지는 오래된 문제이다. 마키아벨리Niccolo Machiavelli, 1469~1527의 〈군주론〉은 아마도 그 주제에 관한 고전적인 글이다. 그 책 17장은 공포의 대상보다는 사랑의 대상이 되는 게 더 나은 것인지를 묻고 있다. 마키아벨리는 "사랑의 대상보다는 공포의 대상이 되는 게 더 안전하다"고 결론지었다.[17] 그의 결론은 중세의 군주만큼이나 자본주의 시대의 경영진에도 똑같이 해당한다. 이런 의미에서 프로크루스테스 같은 획일주의가 자본주의 시대의 일터에서 일정 부분 필수 요건이다.

왓슨의 경험에서 비롯된 통찰력의 핵심은, 노동자들 스스로 경영진 몰래 자신들을 어느 정도까지 조직화 해낼 수 있느냐는 점이다. 그들의 목적이 이윤을 거두는 것이었다면, 그들의 노력은 아마 기업가 차원에서도 충분한 자격을 갖췄다고 볼 수 있었다. 리더십에 통상적으로 관련된다는 공식적인 자격 요건들을 제대로 갖추지 못했던 노동자들로부터 으레 기대됐던 것을 훨씬 뛰어넘는 수준이었다.

**괴이하고
복잡 미묘한 존재**

산업계 지도자들은 빌 왓슨과 그의 동료들 같은 노동자들이 경영진에 공공연히 도전했던 이유를 간파했다. 노동자들은 해고당하는 것을 그다지 두려워하지 않았다. 실업률이 매우 낮았기 때문이다. 상당히 높은 실업률을 유지하는 게 전략적으로 자기네한테 유리하다는 걸 업계 지도자들은 잘 안다. 물론, 그들은 그런 터무니없는 동기를 결코 인정하지 않는다. 왓슨의 동료들에게 일자리를 잃는다는 것은 그리 위협적이지 않았다. 당시에는 똑같이 매력적인 일자리들이 많이 있었기 때문이다. 일자리를 찾는 게 어려운 곳에서는 노동자들이 임금 인상 요구를 비롯해 경영진을 불쾌하게 만드는 방식으로 행동하는 일이 드물었을 법하다.

미 중앙은행인 연준을 희화화한 3D 그래픽

제2차 세계대전 종료 이후부터는 '적절한' 수준의 실업을 유지하는 책임이 미 중앙은행인 연방준비제도이사회(연준)에 넘어왔다. 공식적으로 연준은 두 가지 임무를 띠고 있다. 인플레이션(물가급등)을 막고, 완전 고용을 달성하는 것이다. 사실, 연준은 완전 고용을 강력히 차단함으로써 인플레이션에 맞서 싸우는 데 집중한다.

이론상으로는 대통령의 지명과 상원의 인준을 받은 7명의 연준 이사들이 그 시스템을 운영하지만, 연준은 사실상 비잔틴 제국(로마 황제 테오도시우스 1세의 사망 이후 동·서로 분열된 중세 로마제국 중 동로마 제국, 330~1453년) 같아서 복잡 미묘하고 바꾸기 힘든 존재이다.

"헌법상 연준은 매우 이상한 '괴짜'이다." 인민주의 populism (정책의 현실적합성보다 대중의 인기를 중시하는 정치 행태)를 표방했던 텍사스 주 의원 라이트 팻맨 Wright Patman 의 의견이다. 〈은행가들〉 The Bankers 을 비롯해 금융에 관한 탁월한 저서들을 많이 남긴 저자 마틴 메이어 Martin Mayer (미국 뉴욕시 태생의 논픽션 작가)는 한발 더 나아가 이렇게 말했다. "어떠한 근거법도 없다. 사적인 동시에 공적이고, 행정부 성격을 띤 동시에 입법부 성격을 띠고 있으며, 중앙정부 같기도 하고 지방정부 같기도 한 혼합체로서, 이보다 더 괴이하고 복잡 미묘한 존재는 상상

조차하기 어렵다."¹⁸

연준에 더해 12개 지역은행들은 각각 총재를 두고 있다. 그 총재는 은행가들이 선출한다. 이들 지역은행 총재는 은행 부문의 이해관계를 직접 대표하면서 막강한 힘을 휘두른다. 연준의 주요 정책 결정 기구인, 연방공개시장위원회 FOMC 는 7인의 연준 이사와 4개 지역은행 총재들, 그리고 뉴욕연방준비은행 총재 등 12명으로 구성된다. 이 위원회는 통화 정책 – 시중의 자금 사정을 넉넉하게 하거나 부족하게 만드는 것 – 에 관한 핵심적인 의사 결정을 내린다.

공개시장위원회의 의사 결정은 경제 전반에 강력한 영향을 끼친다. 위원회가 화폐 공급을 제한함으로써 자금 줄을 조이면 이자율이 높아진다. 그에 따라 기업들은 건물, 공장, 시설 따위에 쓸 돈을 꾸는 걸 꺼리게 된다. 뿐만 아니다. 높아진 이자율 탓에 소비자들은 신용(현금 아닌 외상)으로 자동차나 주택을 구입하는 것을 주저하게 된다. 소비자들의 월 할부금 규모는 이자율에 달려 있기 때문이다.

대출 부담 증가 탓에 소비자들의 구매가 위축되고, 기업들의 투자도 쪼그라든다. 그 결과, 경기가 침체되고 실업자 수가 다시 늘어난다.

그 다음으로, 연준은 사실상 은행가들과 정부 사이의 협력을 상징적으로 대표한다. 의회의 감독을 받지 않고 자유롭게 정책을 만들어 낸다. 연준에 지워진 유일한 의무는 의장이 1년에 두 번 상원과 하원 회의에 출석하는 일이다. 만약 노동조합이 사실상 어떠한 감독도 받지 않는 채 경제 전반의 경로를 결정하는 힘을 가져야 한다고 누군가 제안한다면 어떤 대소동이 벌어질지 단지 상상만 해보라.

게다가, 다른 모든 것들이 동일하다면, 높은 이자율은 빈자에서 부자로 부富를 재분배하는 경향을 띤다. 대체로 부자는 순(純) 대여자이고, 빈자는 순 차입자이기 때문이다. 심지어 이자율이 매우 낮았던

1990년대에도, 임금 노동자의 봉급 가운데 7분의 1 이상은 대출금 이자를 갚는데 쓰였다.[19]

경기가 지나치게 침체되는 것은 기업들도 원치 않는 바이다. 지속적인 이윤 증대를 위해서는 결국 경제 성장이 필요하기 때문이다. 따라서 적절한 시기로 판단되면, 공개시장위원회가 다시 한 번 화폐의 공급을 팽창시킨다. 경제 성장의 속도를 높이기 위한 의도에서다. 그 경제 체제에서 실업이 해소되기 시작할 때까지 이는 계속된다.

이상적으로 연준은 골디락스 Goldilocks (영국의 전래동화에 등장하는 금발머리 소녀의 이름, 동화에서 골디락스는 곰이 끓인 세 가지 수프 중에서 뜨겁지도 차갑지도 않은 것을 먹고 기뻐하는데 이를 경제 상태에 비유해 과열되지도 냉각되지도 않는 호황을 의미) 경제 상태를 유지하는 것을 좋아한다. 경제 성장이 딱 알맞게 이뤄지는 상황이다. 이윤을 증가시키기에 충분할 만큼 강하면서도 노동자들을 제어할 만큼 충분히 느린 성장세이다. 기업이 경제적 성과에 흡족해할 때 언론은 연준 의장을 영웅으로 묘사하며 떠받든다. 예를 들어 언론인 밥 우드워드 Bob Woodward (워터게이트 사건을 특종 보도해 닉슨 대통령 사퇴를 불러온 인물)는 앨런 그린스펀(1987년 이후 18년 동안 연준 의장 4연임)에 관한 그의 책 제목을 〈거장〉 Maestro 이라고 달았다. 경제가 마치 그의 교향악단인 것처럼 말이다.[20] 경제가 그의 면전에서 허물어 내리자, 그린스펀의 명성도 시들었다.

**평범한 당신의 일자리마저
위협하는 그들의 머니게임**

한 가지는 상당히 확실하다. 노동자들 쪽에서 더 나은 임금과 노동 조건을 요구하는 데 자신감을 느낄 만큼 충분히 경제가 빠르게 성장하는 것을 기업 쪽에서 걱정할 때면, 연준이 개입해 화폐 공급을 줄인다는 것이다.

긴축적인 통화 정책은 공개적으로 작동하는 게 아니다. 공개시장위원회의 결정 내용과, 자기 자신의 상황을 연관 짓는 사람들이 드물다. 그게 통화라는 무기의 탁월한 강점 가운데 하나이다. 경제적으로 어려운 시기에 빠져든 것에 대한 책임이 아무에게도 없는 듯하다. 프로크루스테스가 어디에도 보이지 않는데, 어떻게 경제가 프로크루스테스 같은 획일성을 띤 것처럼 보일 수 있겠는가? 경기 흐름이 둔해지면, 회사 우두머리는 일꾼들에게 이렇게 말할 수 있다. "여보게들, 미안하네만 나도 뭘 어찌할 도리가 없네. 나도 자네들 요구를 들어줄 수 있었으면 좋으련만, 형편이 썩 좋질 않다네."

노동자들은 자신을 직접 규율하는 사람들, 즉 감독자 또는 전체 운영을 책임지는 우두머리 등에게 분노를 터뜨린다. 얼굴을 잘 드러내지 않는 각 지역 연방준비은행의 총재나 연준 이사회 이사들에게 분노를 쏟아낼 생각을 하는 노동자들은 기의 없다. 보수주의자들이 자주 물가급등(인플레이션)에 맞서는 연준의 싸움을 국가의 경제운용에서 최우선으로 여기는 건 하등 이상할 게 없다.

규율이 관여하는 한 그 시스템은 적어도 기업의 이익을 위해서는 마법처럼 작동할 것이다. 이 게임은 훨씬 더 큰 효과를 발휘하게 된다. 연준이 정치판의 소동으로부터 멀찍이 떨어져 있는 것 같은 이미지를 심어주기 때문이다. 연준은 법에 정해진 책임에 관해서만 말한다. 장기적인 성장세를 유지하고, 물가급등을 최대한 억제하며, 가격 안정을 꾀한다는 것이다. 이 모두 합리적인 것처럼 들리지만, 완전고용을 꾀한다는 의무는 싹 무시된다.

연준은 가격 안정을 임금 동결의 암호로 사용한다. 폴 볼커 Paul Volcker 전 연준 의장은 이런 의미 관계를 분명히 보여줬다. "전체 비용 중 3분의 2를 노동자들의 급여로 돌리는 우리 같은 경제 체제에서 물가급등을 억제하면서 지속적인 발전을 이루려면 명목 임금의 증가를 적절하게 제어할 필요가 있다."[21]

긴축적인 통화 정책의 목표물에 주택 또는 주식 같은 자산의 가격 상승은 포함되지 않는다. 그 대신, 자산 가격의 상승은 경제의 건강성을 보여주는 신호로 풀이된다. 이들 자산의 가격이 과도한 투기의 결과여서, 궁극적으로 경제를 불안정하게 만들 수 있음에도 불구하고 말이다. 수백만 달러에 이르는 경영자의 연봉도 이 정책에서는 관심권 밖이다.

1968년 리처드 닉슨Richard Nixon, 1913~1994 이 대통령 선거에 출마했을 때, 그는 미국에서 가장 중대한 문제로 인플레이션을 꼽았다. 대통령에 당선된 뒤 그는 경제자문위원회CEA를 구성했다. 인플레이션에 의해 상반된 영향을 받는 이들을 조사하고 확인하기 위해서였다. 그 위원회의 의장 허버트 스타인Herbert Stein에 따르면, "누군가 심각한 피해를 당하고 있었음에도 이용할 수 있는 통계치가 너무 조잡해 그것을 제대로 드러내 보일 수 없었다."[22]

물론, 스타인 박사는 19세기 초반 가장 중요한 경제학자 데이비드 리카도David Ricardo, 1772~1823 (스미스의 이론을 계승 발전시켜 고전파 경제학을 완성한 영국 학자)가 인플레이션의 해악에 관해 썼던 글을 그 누구보다 잘 이해했다.

"통화 수단의 가치 하락(인플레이션을 의미하는)은 부유한 사람들에게 더 해롭다……(중략)……통화 수단의 가치 하락에 따라 누구나 피해를 보거나 혜택을 입는다는 것은 보편적인 적용 원리일 것이다. 피해나 혜택의 정도는 재산의 구성 항목 중 화폐가 얼

데이비드 리카도

마나 되는지에 달려 있다."²³

뒤에 나오는 조사 결과가 보여주듯이, 적절한 수준의 인플레이션은 경제에 이롭다. 기업이 노동자들을 더 유연하게 다룰 수 있도록 해주기 때문이다. 기업이 임금 삭감을 요구할 때 종업원들은 발끈하며 화를 낸다. 인플레이션 덕에 기업은 임금 - 적어도 임금으로 구매할 수 있는 것 - 을 깎기 위한 은밀한 '뒷문'을 확보한다. 이렇게 하여 경영진은 임금 구조를 변경한다. 어떤 노동자들에게는 더 높은 임금으로 보상한다. 반면, 상대적으로 혜택을 덜 입는 노동자들의 실질임금을 떨어뜨린다.²⁴ 게다가, 많은 연구 결과에서 볼 수 있듯이, 인플레이션은 중간 또는 그보다 약간 낮은 계층에는 전반적으로 별 피해를 입히지 않는다. 인플레이션이 고정된 소득을 올리는 이들에게는 해를 끼침에도 불구하고, (일정 한도 안의) 인플레이션은 더 높은 경제 성장과 연관돼 더 많은 풍요를 안겨준다. 미숙련 노동자들에게는 특히 그렇다. 하지만, 인플레이션이 부자들에게는 해로운 영향을 끼친다. 금융자산의 가치를 침해하기 때문이다.²⁵

케인스의 묘사 경제학자 에드윈 디킨스Edwin Dickens는 일련의 주요 논문들을 썼다. 1950년대까지 거슬러 올라가 미 연준의 공개시장위원회의 회의록을 분석한 내용이었다. 디킨스의 연구에서 확실하게 드러나는 바, 연준의 당파적 행동은 노동자들을 더 고분고분하게 만듦으로써 경제를 부자들 방향으로 기울어지도록 돕는다. 디킨스가 보고한 수많은 사례들을 보면, 연준 회의 참석자들은 노사 협약의 시효 만료 직전에 자금 공급을 감축하는 쪽으로 투표하곤 했다. 회의록에서 볼 수 있듯이, 특정한 내용은 고용주들로 하여금 노사협상 기간 중 관대한 내용의 임금 인상 제안을 하지 못하도록 강요했다.[26]

미 연준의 정책 행위가 인플레이션에 대한 대응인지, 낮은 실업률에 대한 반응인지를 구분하는 시도를 함으로써 디킨스의 연구 성과를 정형화한 최근의 연구가 있다. 그 연구는 이렇게 결론을 내렸다. 인플레이션 방지보다는 '완전고용에 대한 근거 없는 공포'가 연준의 지도 원리였다.[27] 고임금의 위험에 대한 연준의 강박관념에 익숙한 사람들에게는 이 연구의 결론이 그리 놀랍지 않게 들릴 것이다.

이런 정책을 옹호하는 이들은 일자리 창출의 일시적인 제한을 정당화한다. 연준은 단지 과도한 성장을 제어하려는 것일 뿐이라고 주장한다. 이 학파에 따르면 연준은 단지 심각한 침체나 불황으로 이어질 수 있는 일종의 과열 상태를 방지하고 있다. 미래에 더 높고 지속가능한 성장을 위해 지금은 성장을 진정시키는 게 필요할 수도 있다. 매우 작은 성장률 증가도 누적되면 일시적인 침체를 보상하고도 남을 만큼 그 효과가 상당히 크다고 대부분의 경제학자들은 주장한다.

연준이 미리 기획했던 주기적인 속도 조절이 경제 성장을 촉진한 것은 아닌 듯하다. 국제결제은행BIS(각국 중앙은행들 사이의 협조 체제를 구축해 국제금융 안정을 꾀하기 위한 국제기구, 1930년 설립, 본부 스위스 바젤에 소재)의 연구 결과를 보면, 속도 조절에 따른 경기 둔화가 장기적인 성장을 증진시키기보다는 위축시켰다.[28] 의도적으로 설계된 경기 둔화의 극적인 효과에 덧붙여, 임금을 제자리에 묶어두려는 훨씬 더 지속적인 노력 또한 성장률을 떨어뜨리는 것으로 보인다. 경제학자들이 지속적으로 경고하는 것처럼, 경제 성장률 하락의 누적 효과는 상당히 클 수 있다. 이런 손실은 프로크루스테스식 획일주의의 또 다른 비용으로 계산해야 마땅하다.

1920년대에 존 메이너드 케인스가 노동자들에 대한 이런 식의 통화 정책에 따른 효과를 묘사했던 대목을 보자.

"돈줄을 죄는 신용 제한의 목적은……현재의 임금과 가격 수준에서 노동자를 고용할 수 있는 금융 수단을 고용주들로부터 빼내는 것이다. 엄연한 사실에 짓눌린 노동자들이 필요한 임금 삭감을 받아들일 태세를 갖출 때까지 무제한적인 실업을 조장함으로써 그 정책은 목표에 이를 수 있다."[29]

이 정책에 대한 케인스의 묘사는 그것을 프로크루스테스주의적인 계급투쟁의 형태로 정형화 했던 것 같다.

"제일 먼저 공격을 당했던 사람들은 생활수준의 하락 압력에 맞닥뜨렸다. 다른 모든 사람들 또한 철저하게 공격받을 때까지 그 생활비는 떨어지지 않을 것이기 때문이다. 따라서 그들이 자신을 방어하는 일은 정당해진다……그들은 할 수 있는 한 저항할 수밖에 없다. 그리고 그것은 경제적으로 가장 약한 이들이 흠씬 두들겨 맞아 땅바닥에 널브러질 때까지 이어질 전쟁임에 틀림없다."[30]

케인스는 이렇게 결론을 지었다. "그럼에도 불구하고 그것은, 인도적이거나 사려 깊은 사람이라면 누구나 마땅히 피해야 할 정책이다."[31]

**가학성
변태 통화주의**

임금에 맞선 연준의 싸움은 격렬해질 수 있다. 폴 볼커는 연준의 통제권을 장악한 직후인 1979년, 인플레이션을 단단히 묶어두기 위한 새로운 운영 절차와 결정을 발표했다.

처음에 상당수 힘 있는 사람들은 반신반의했다. 엄청난 피해자들을 양산할 게 틀림없는 그 계획을 볼커가 과연 추진할 수 있을지 의심스러웠던 것이다. 〈월스트리트저널〉 1면 기사 "통화주의적 처방 : 연준의 '치료법'은 경제를 짓누름으로써 단기적으로 고통을 안겨줄 것이라고, 분석가들은 말한다"는 이런 정서를 대변했다. 그 신문은 이렇게 기록했다.

"연준이 종합적인 목표에 진정으로 집착할 수 있을지 회의를 품었던 이들 중에는 앨런 그린스펀도 있었다……실업률이 치솟기 시작하는데도 통화 당국이 '새로운 정책에 집착하는' 불굴의 용기를 지닐 수 있을지에 대해 그는 의심스러워했다."[32]

그 즈음 볼커는 그 신문의 사설 담당 편집인과 부편집인, 그리고 특집부장을 뉴욕연방은행으로 초청해 점심 식사를 같이 했다. 아마도 그 기사에 대한 반응이었던 것 같았다. 볼커는 손님들에게 "바닥에 온통 피가 흥건해도, 당신네들은 나를 지지할 것인가?"라고 물었다. 부편집인은 긍정적으로 대답했다. 그는 훗날 자랑스럽게 회고했다. "정말로 대단한 출혈이 있었다. 달러의 건전성을 지킨 대가로, 과다한 빚을 진 남미의 차입자와 미국의 농민들이 곤경에 빠졌기 때문이다. 하지만, 우리는 물러서지 않았다."[33]

볼커의 군대식 비유법(〈월스트리트저널〉 간부들에게 사적으로 표현했던)은 비밀을 무심코 드러냈던 셈이다. 인플레이션을 통제하려는 노력은 사실상 계급 투쟁이나 마찬가지다. 그것은 '가학성 변태 통화주의'라고 불러 마땅할 듯하다. 볼커 자신은 정말로 피를 쏟게 할

폴 볼커

의도를 갖고 있었다. 그는 자신의 의도를 다른 방식으로 드러낸 적이 있었다.

"볼커는 주머니에 작은 카드를 넣고 다녔다. 거기에는 주요 노동조합들에 의해 성사된 임금 인상 합의안의 경과가 적혀 있었다. 가끔 그는 전국 곳곳에서 다양한 사람들을 불러 모아 당시 진행 중인 노사협상 상황에 대한 의견을 청취하곤 했다. 미국자동차노동조합UAW의 요구 사항은 무엇인가? 노조원들의 생각은 무엇인가? 볼커는 임금 하락을 원했다. 그것은 빠르면 빠를수록 좋았다. 거칠게 표현하자면, 연준은 노동 계급을 깨부수기로 작심했던 것이다."34

볼커는 자금 공급선을 극단적으로 조였다. 이로 인해 미국은 대공황 이후 최악의 경제 침체를 면치 못했다. 부수적인 피해가 너무 거대해질 때 볼커는 긴축의 강도를 늦췄을 뿐이다. 미국 은행들에 막대한 규모의 돈을 빚지고 있던 멕시코는 파산 위기로 내몰렸다. 이는 미국의 금융 시스템까지 위협했다. 씨티뱅크Citibank는 사실상 파산 상태였다.

국제통화기금IMF 조사부의 이사 마이클 무사Michael Mussa는 훗날, 볼커의 성취에 대해 애정을 듬뿍 담아 회고했다. 무사는 군대식 표현을 이어받아 '인플레이션 악마'를 격파한 볼커의 승리에 찬사를 보냈다.

"인플레이션에 맞서 싸우기 위해 긴축적인 통화 정책을 유지하는 것과, 경기 침체에 대항하는 전투를 벌이기 위해 확장적인 통화 정책을 견지하는 것 사이에서 고통스런 선택의 기로에 맞닥뜨렸을 때 인플레이션에 맞서 싸우는 쪽의 선택을 할 것임을 연준은 보여줘야 했다. 달리 말해, 연준은 신뢰성을 확보하기 위해 피를, 많은 피를, 다른 사람들의 피를 기꺼이 흘릴 것이라는 의지를 과시해야 했다."35

흥미롭게도, 이 전쟁에서 '가상의 적'인 노동자들은 그의 회고록에 거론돼 있지 않다. 미국 농민과 남미 국가들에게 끼쳐진 부수적인 피해는 언급했음에도 말이다. 국가가 노동자들을 적군으로 취급할 만큼 그들이 무슨 일을 저질렀던 것일까? 근근이 입에 풀칠할 정도로 낮은 급료의 인상을 원했던 게 그토록 비난받아 마땅한 사악한 행위였던 것일까?

연준은 힘 있는 계급의 이익에 복무한다. 그것의 역할은 노동 계급의 이익에 맞서 자본을 보호하는 것이다. 노동 규율을 유지하기 위해 연준은 노동자들을 실업의 공포로 떨게 하기에 충분할 만큼 높은 실업률을 유지해야 하는 임무를 띠고 있다.

하나가 잘못 돼야 만사가 잘 된다

노동 계급에 대한 공격을 주도하는 이들의 살기 어린 충동과, 기업의 엘리트들에게 적용되는 느슨한 규율 체계를 단지 비교만 해보라. 하버드 경영대학원 명예교수 마이클 젠센 Michael Jensen 은 주요 기업들에 대한 방대한 조사를 통해 주요 경영진을 위한 계약 사항들의 94%가 불만족스러운 업무 탓에 퇴직수당 없이 해고될 수 있는 위험으로부터 경영자들을 보호하는 내용임을 발견했다. 놀랄 만하게도, 그 계약 사항들의 44%에 들어있는 보호 장치는 사기나 횡령으로 기소된 이들에게도 적용되는 것이었다.[36] 이는 국가적인 스캔들임에 틀림없다. 워렌 버핏 Warren Buffett 은 그의 주주들에게 이렇게 말했다.

"노동자의 해고가 최고경영자에게는 특별히 풍성한 급여로 이어질 수 있다. 정말로 그는 단 하루 자신의 책상을 정리하는 동안, 미국의 한 노동자가 평생 화장실 청소하는 일로 번 것보다 더 많은 돈을 벌어들일 수 있다. '하나가 잘 되면 만사가 덩달아 잘 된다' Nothing succeeds like success 는 격언은 잊어라. 오늘날 경영진의 접견실에서 회자되고 있는 법칙은 '하나가 잘못 돼야 만사가 잘 된다'Nothing succeeds like failure 는 것이다."37

버핏이 옳았다는 것을 스탠리 오닐Stanley O'Neal (미국의 투자은행 메릴린치 회장 역임)이 머지않아 증명했다. 2007년 그의 회사가 해당 분기에 약 80억 달러의 손실을 입었다는 잠정적인 수치를 발표한 뒤 메릴린치Merrill Lynch 는 떠나는 그에게 주식과 스톡옵션 그리고 다른 퇴직 수당을 포함해 1억6,150만 달러를 지급했다. 보상 분야의 한 전문가는 "나도 1억6,000만 달러를 받고 회사를 떠날 수 있도록 그렇게 나쁜 성과를 냈으면 좋았을 텐데"라고 조롱했다.38 경제 위기가 터졌을 때, 오닐의 후계자와, 또 다른 일군의 실패한 경영자들도 비슷한 보상을 받아 챙겼다.

스탠리 오닐

가학성 변태 통화주의는 통화 규율의 문제가 아니다. 다수 경제학자들이 그렇게 주장했을 뿐이다. 그것은 사실 '계급 규율'의 문제이다. 일찍이 1960년대에 보수 성향의 해리 존슨Harry Johnson 시카고대학 교수는 그 학교의 보수적인 견해에 지배되던 학술지에 쓴 글에서 통화 정책의 계급 편향성에 대해 충격적일 정도로 정직한 평가를 내놓았다.

"한 가지 중요한 관점에서 볼 때, 인플레이션의 회피와 완전고용의 유지는 각각 매우 유용하게 자본가와 노동자 계급 사이에서 충돌하는 계급 이익으로 간주할 수 있다. 그 충돌은 그 사회에 형성돼 있는 상대적인 정치력의 시험(테스트)에 의해서만 해결될 수 있다. 또 그런 해결책에는 사회복지의 개념을 짓밟는 것에 대한 언급 따위는 없다."39

유령처럼 떠도는 공포

실업률은 새로운 일자리를 찾을 수 있는 난이도에 관한 대략적인 정보를 제공한다. 한편으로, 바람직한 일자리를 잡을 수 있는 가능성은 얼마나 될까? 최근의 경제적인 흐름 탓에 그런 전망은 점점 더 비관적으로 변하고 있다. 오늘날 노동시장에서, 많은 급여를 받는 양질의 일자리를 잃는다는 것은 통상적으로 아래로 추락하는 이동성을 뜻한다. 미래에는 훨씬 더 나쁜 일자리에 만족하며 살아야 한다는 것이다.

실업이 사람들의 심리에 막대한 타격을 준다는 건 놀라운 일이 아니다. 실업과 더불어, 미래에 바닥으로 추락할 것이라는 위협은 노동자 본인은 물론 가족 전체에게 굴욕을 의미한다. 프롤로그에서 소개한 패트릭의 경우처럼 말이다. 지극히 정상으로 여겨지는 소비 수준에도 이를 수 없다는 건, 가족 구성원들 모두에게 쓰라린 경험일 수 있다. 지금껏 매우 익숙했던 수준 정도의 소비마저 할 수 없게 될 때, 어린 아이들과 배우자는 곤혹스러운 고통을 겪는다.

이혼이나 별거보다 실직에서 비롯되는 심리적 압박이 더 크다.[40] 사람들은 이혼이나 별거의 아픔을 딛고 일어설 수 있지만, 실업에 따른 심리적 상처는 오랫동안 사라지지 않는다. 심리학자들의 연구 결과를 보면, 팔다리를 잃은 사람들은 자신의 상태에 대해 자연히 불행해 하지만, 일정 기간 뒤, 이전의 행복 수준을 회복한다. 하지만, 실직자들은 그렇지 않다. 최근 행복이란 주제에 천착하고 있는 영국의 저명한 경제학자 리처드 레이어드 Richard Layard 는 이렇게 말했다.

"실업은 매우 특별한 문제이다. 더욱이 그것은 초기에 그랬던 것처럼 실직 1년이나 2년 뒤에도 상처를 입힌다. 그런 의미에서 당신은 그것에 익숙해질 수 없다. 심지어 일터에 다시 복귀했을 때라도, 당신은 여전히 심리적 상처 탓에 실직의 공포를 안고 산다."[4]

심리학자들은 또한 앞으로 경험할 법한 일을 미리 앞질러 무서워하는 공포감이 실직이란 사건 그 자체보다 더 나쁠 수 있음을 안다. 노동자들이 실직에 대한 강한 공포를 느끼는 한, 실업으로 넘어가는 낮은 문지방만으로도 노동자들을 고분고분하게 만들기에 충분할 것이다.

이런 심리적 인지는 1990년대 후반 경제 정책을 수립하는 데 중요한 역할을 수행했다. 그 당시 경제는 성장하고 있었다. 저금리는 우선 '닷컴 버블'을 부추겼다. 그 거품이 꺼진 뒤에는 주택 버블로 이어졌다. 실업률은 바닥을 기고 있었다. 임금은 오르고 있었지만, 오직 적당한 수준에서 묶였다. 그렇기는 하지만, 기업들은 실업률이 위험할 정도로 낮은 수준을 향하고 있음을 걱정했다. 하지만, 미 연방준비제도이사회 의장 앨런 그린스펀은 이자율 인상을 거부했다. 낮은 실업률에도 불구하고 실업에 대한 공포감 그 자체로 임금을 묶어두기에 충분하다는 사정을 알았던 것이다.

공포감을 키운 한 가지 중요한 요소는 '세계화의 효과'였다. 실업을 조장하기 위해 연준의 힘을 동원할 필요가 없음을 그린스펀은 간파했다. 실직자 집단이 팽창을 거듭해 미국 밖에서 수억 명에 이를 정도였다. 강경한 요구 조건을 내거는 노동자들은 생산시설을 나라 밖으로 옮길 것이라는 고용주의 위협에 맞닥뜨리기 일쑤였다. 이런 상황에서 고임금과 노동규율 약화에 직면할 위험성은 미미했다. 그린스펀은 이런 깨달음에서 저금리를 유지해도 된다고 확신했다. 주가와 집값의 상승은 그에게 걱정거리가 아니었다.

그린스펀의 확신은 〈동물농장〉으로 유명한 영국의 작가 조지 오웰 George Orwell, 1903~1950 의 이른바 '유령처럼 떠도는 실업의 공포'를 반영한 것이었다. 오웰의 표현을 보면 이렇다. "노동자는······그것 없이는 인간은 삶을 이어갈 수 없는 필수적인 최소 수준만을……요구한다. 충분한 먹을 것, 유령처럼 떠도는 실업의 공포에서 벗어날 자유, 자신의 아이들이 정당한 기회를 얻을 것이라는 확신."42 그린스펀은 자신의 통화 정책 전략을 비슷하지만 좀 더 거친 용어로 설명했다. '정신적 충격을 받은 노동 계급'이

조지 오웰

라고 그가 일컬었던 상태를 무뚝뚝하게 언급했던 것이다. 그가 언급하고 있던 게 실직 노동자들에 대한 타격은 아니었다. 그보다는 오히려 실업의 가능성을 무서워하는 고용된 노동자들에 대한 심리적 타격을 일컫고 있었다.

심리적 타격이란 사람들에게 심각한 기능 장애-잠재적으로 치명적인 결과를 동반하는-의 고통을 초래하는 상태를 말한다. 만약 그 발언자가 그린스펀보다 덜 유명한 사람이었다면, 외상 후 스트레스 장애와 실직 위협 사이의 연관성은 믿지 않을 수도 있다.

그린스펀은 정신적 충격을 당한 노동자를 "변화무쌍한 경제 체제 속에서 실직 불안을 느껴 한발 물러서 소폭의 임금 상승이라도 받아들이고 마는 사람"으로 보았다. "그린스펀은 기업 지도자들과 얘기를 나눴다. 그들은 자기네 회사 노동자들이 별 말썽을 부리지 않고 있으며, 이직할 수밖에 없는 경우 보유 기술을 써먹을 수 있을지 걱정하고 있다"고 말했다.43

경기 호황 중의 임금 동결과 더불어 1990년대 후반에는 불평등도가 급격히 높아졌다. 1997년 국회의원 패트릭 케네디Patrick Kennedy의 문제 제기에 대해 그린스펀은 불평등의 확산 원인을 기술과 교육 탓으로 돌렸다. 자기 책임이 아니라는 변호였다. 그는 공개 석상에서

애매모호한 화법의 진수를 보여준 인물이었다.

"그것은 저 또한 불편하게 느끼는 사안입니다. 그 문제를 다루기 위해 통화 정책으로 뭘 할 수 있는 건 전혀 없습니다. 생각건대 그 사안은 우리의 책임 영역 바깥에 있습니다."44

그린스펀이 공개적인 발언에서 '정신적 타격을 입은 노동자'라는 표현을 썼을 것이라고 나는 믿지 않는다. 그는 늘 단어 선택에 신중했다. 그는 모호한 언어를 구사하는데 완벽했던 전설적인 존재였다. 더욱이 덜 선동적인 그의 단어들조차 똑같은 메시지를 전달했다. 예를 들어 그는 의회에 출석해 이렇게 증언했다. "급여 증가율은 여전히 뚜렷할 정도로 낮다. 노동시장 상황과 함께 역사적인 관계에서 예측됐을 법한 수준보다 저조하다. 보상 증가에 대한 이례적인 제한이 최근 몇 년 동안 뚜렷했다. 주로 그것은 더 커진 노동자들의 불안에서 비롯된 결과였던 것으로 보인다."45

노동자들에게 닥친 상황에 대한 그린스펀의 평가는 옳았다. 그 평가를 뒷받침할 것들을 다수 확보하고 있었던 그는 이렇게 보고했다.

"경기 침체의 골짜기에 빠져 있던 1981년 즈음, '국제조사연구'ISR라는 기관에서 파악한 바, 노동자들 중 12%가 실직을 걱정하고 있었습니다. 두 세대, 즉 60년 만에 가장 팍팍한 오늘날의 노동시장에서는 37%가 실직 사태를 걱정하고 있습니다. 이 또한 동일한 기관에서 최근에 분석한 결과입니다."46

임금 증가 없는 저실업 상태의 혜택을 제대로 인식한 공직자로 그린스펀이 유일하지는 않았다. 연준 이사였던 에드워드 켈리Edward W. Kelley Jr.는 공개시장위원회 회의에서 '우리가 지금 누리고 있는 좋은 결과들'에 관해 발언했다. 그는 계속해서 이렇게 말했다.

"이른바 심리적 타격을 입은 노동자와 얼마나 많은 관련성이 있는

지를 저는 모릅니다. 미국의 노동자들이 마땅히 받아야 할 보상의 증액 없이 얼마나 오래 잠잠한 채로 남아있게 될까요? 고용 사정이 지금처럼 좋을 때, 우리가 그 분야에서 영구적으로 유쾌한 결과를 얻을 수 있으리라 기대할 수는 없다고 생각합니다. 우리가 지금처럼 매우 높은 수준의 효용과 상대적으로 낮은 물가 상승률을 향유하고 있는 행운의 거시경제 상황을 설명해주는 매우 핵심적인 사항은 바로 이 점입니다."47

경제학자들은 또한 노동 쪽에 어떤 일이 벌어지고 있었는지를 깨달았다. 투기적인 버블(거품)을 확인하는 그린스펀의 발언 이후 오래지 않아, 노벨경제학상(1970년)을 수상한 미국의 이론경제학자 폴 새뮤얼슨Paul Samuelson, 1915~2009은 보스턴연방은행 후원으로 열린 회의에서 "미국의 노동자들은 열악한 일자리를 수용하는 새로운 유연성과 새로운 인내력으로 우리를 놀라게 하고 있다"고 말했다.48

조업 중단은 노동 계급이 얼마나 효과적으로 길들여지는지를 보여주는 양적인 측정치를 제공한다. 1966년과 1974년 사이에, 1천 명 이상을 거느린 기업의 조업 중단은 250건 아래로 떨어진 적이 없다. 1974년에 424건으로 가장 많았으며, 평균 352건에 이르렀다. 그 뒤 조업 중단은 급격히 떨어지기 시작해 2003년 14건으로 최저 수준을 기록했다. 이어 2007년 21건으로 서서히 늘었다.49 그 뒤 경제 위기가 맹위를 떨치자, 많은 노동자들이 임금과 복지 혜택의 대대적인 삭감을 받아들여야만 했다.

낮아진 임금 탓에 소비자들의 수요가 위축됐다고 예상할지도 모르겠지만, 〈소비자조사저널〉Journal of Consumer Research의 연구 결과를 보면, "사람들은 심리적 불안 상태에서 벗어나기 위해 물건을 사들이는 일에 나섰다." 상당수 가구들이 생활수준을 유지하기 위해 과중한 빚을 져야 했다. 이 빚은 실직의 공포감을 강화했다.

보잘 것 없는 임금을 받는 열악한 일자리를 노동자 쪽에서 기꺼이 수용했기 때문에 기업 쪽에 돌아가는 배당액은 크게 늘었다. 이는 (빚을 통해) 추가적인 수요를 창출했다. 반면, 노동자들의 실직 공포감은 더 커졌다. 게다가 노동자들은 불안감 탓에 끊임없이 더 낮은 일자리를 찾아 나설 수밖에 없었다. 이 때문에 고용주들은 대체 인력을 뽑거나 유지하는 데 들이는 비용을 아낄 수 있었다. 무엇보다도, 고용주들은 연준에 경기를 진정시켜달라고 요청할 필요 없이 풍성한 성과를 향유할 수 있었다.

1951년부터 1971년까지 연준 의장으로 재임했던 윌리엄 맥치즈니 마틴William McChesney Martin은 파티가 시작될 때 '펀치볼'(음료 그릇)을 치워버리는 게 연준의 임무라고 말하곤 했다. 정신적 타격을 입은 노동자들 덕에 연준은 더 이상 경제에 감시의 눈길을 둘 필요가 없게 됐다. 그 대신 연준은 펀치볼을 치우기는커녕 낮은 이자율로 대못을 박아 테이블에 고정시켰다. 금융 시스템에 대한 관리 감독도 억제했다. 이는 그린스펀 시대에 접어들어 연속적인 버블을 부추겼다. 경제학자들이 임금 지불 수준에 기울였던 관심의 극히 일부만이라도 생산 과정에 대한 노동 계급의 공헌 쪽으로 돌렸더라면, 아마도 정책 결정자들은 생산 시스템에 대해 더 많은 관심을 쏟았을 것이고, 걷잡을 수 없이 커지는 버블을 내버려 두지는 않았을 것이다.

버블의 붕괴는 결국 세계 곳곳에 깊은 상처를 남겼다. 노동은 자본에 도전할 수 없다고 그린스펀은 확신을 가졌음에도 불구하고, 대다수 경제 전문가들은, 곧 닥칠 수 있는 재앙에 주의를 기울일 수 없을 정도로 노동 계급을 길들여야 한다는 강박증에 시달리고 있었다.

투기적인 과욕 또는 다른 어떤 계산 착오가 부정적인 상황을 초래해 기업 이익 – 특히 금융 부문 – 에 대거 해악을 끼칠 때, 연준은 십중팔구 구조조정에 뛰어들어, 기업 이익을 지키는 일에 돈을 퍼붓는다. 노동자들에 대한 가학적이고 변태적인 태도와는 극명하게 대비된다. 기업을 구조하는 동안 노동자들은 십자가에 매달려 말라 죽어가도록 방치된다.

'네 일은 네가 책임져라' 라는 무책임

공공 정책은 노동자들에게 더 깊은 상처를 남겼다. 1970년대 이후 미국 정부는 사회 안전망을 갈기갈기 찢어버렸다. 복지 및 공공주택 같은 지원 정책은 빠른 속도로 흘러간 옛 노래로 변해가고 있었다. 설상가상으로, 정부는 일자리를 갖지 못한 이들의 삶을 더 어렵게 만드는 법들을 만들어내고 있다. 예를 들어, 어떤 도시들에서는 음식 배급망을 조직한 이들이 허가를 받지 않은 채 일군의 가난한 사람들을 거둬 먹이는 일을 범죄시하고 있다. 그러면서도 시 당국자들은 배급에 필요한 허가증 발급을 거부하고 있다.

노동자들은 실직에서 비롯된 혹독한 결과에 얽힌 이런 부정적인 신호들을 인식하고 있다. 바이든Biden (2008년 대통령 선거에서 오바마의 러닝메이트로 출마해 당선) 미국 부통령의 수석 경제고문은 이처럼 규율에 옭아매는 상황의 실상을 묘사하기 위해 '요요YOYO 경제'라는 표현을 만들어냈다. "네 일은 네가 책임져라"You're On Your Own 는 말이 노동자들에게 쏟아진다는 뜻이다.[51]

감옥 또한 일터의 규율을 강화하는 데 이바지한다. 미국은 현재 200만 명 이상을 감옥에 가둬놓고 있다. 어떤 죄수들은 사회에 심각한 위협을 가하는 존재이다. 하지만, 대부분은 그렇지 않다. 마리화

나와 태만한 노동윤리의 연관성을 고려할 때, 이 마약물질에 관련된 가혹한 처벌은 아마도 규율을 유지하려는 노력과 얽혀 있다.

고의적이건 아니건, 죄수와 부랑자들의 운명은 그 자체로 엄중한 경고음을 낸다. 그 대상은 실직당한 자신의 처지를 깨달은 사람들만이 아니고, 실제로는 주로 프로크루스테스식의 획일적인 삶의 방식에 감히 저항하는 이들이다. "일자리를 잃지 않은 것에 감사해 하라. 그렇지 않으면 저 불행한 사람들의 운명을 너도 겪을 수밖에 없을 것이다."

치명적인 비용   정신적으로 타격을 입히는 짓이 노동 계급을 규율하는 데 유용함에도 불구하고, 높아진 스트레스 수준은 노동자들의 건강 관련 비용을 늘린다. 실직은 노동자들의 사망률 증가로 이어진다.[52] 집단적으로 해고를 당한 젊은 노동자들에 대한 연구 결과에서, 실직에 따른 치명적인 영향을 확인할 수 있다. 이들 노동자의 사망률은 다른 부문에 있는 같은 또래들보다 지속적으로 15~20% 높았다.[53]

실직을 걱정하는 공포감은 스트레스를 낳는다. 이에 따른 영향은 노동자 자신에만 그치지 않고 다른 사람들한테도 전달된다. 노동자들에 끼쳐진 정신적 타격에 따른 우울증과 분노, 질병에는 가족과 주변인들도 함께 빠져든다. '몹시 화를 냄' going postal 이란 최근의 표현에서 실직자의 심리적 상처가 가족 밖의 사람들에게까지 얼마나 큰 해악을 끼치는지 알 수 있다.

가학적이고 변태적인 통화주의는 다른 방식으로 건강을 위협한다. 이런 부류의 프로크루스테스식 획일주의에서 목적으로 삼는 바는 가난한 사람들을 희생양으로 삼아 부자들을 돕는 일이기 때문에, 그게 가난과 불평등을 확산시킨다는 사실에 놀랄 사람은 아무도 없다. 영국 노팅엄대학 의과대 교수인 리처드 윌킨슨Richard Wilkinson은 건강에 끼처지는 불평등의 부정적인 효과를 찾아내는 사회역학rich literature 분야에서 선구자로 통하는 인물이다.[54] 여기서 다시, 불평등이 사회 전반에 걸쳐 퍼뜨리는 스트레스가 인과관계의 핵심 고리이다. 이 스트레스는 가난한 사람들은 물론 부자들에게도 해를 끼쳐, 자본주의의 부작용을 보여주는 더욱 명백한 증거를 제시한다. 심지어 자본주의의 잠재적인 수혜자의 잣대로 보더라도 그렇다.

심리적 상처가 가난한 이들은 물론 부자들에게 해악을 끼침에도 불구하고, 경제를 옥죄는 가학성 통화주의에 따른 초기의 충격은 저임금 노동자들의 일자리에 타격을 가한다. 이에 따라 그럭저럭 하루를 살아가는 사람들은 극도로 궁핍한 상태로 내몰린다. 스트레스 관련 질병에 덧붙여, 가난한 이들은 가까운 곳에서 좋은 음식을 구하지 못한 채 비위생적인 환경에서 한데 뒤엉켜 사는 수가 많다. 가난 탓에 양질의 의료 보호를 받기 어려워 건강이 위협을 받는다.

아이들에 대한 악영향은 더 비극적이다. 최근 신경학 분야의 연구 결과를 보면, 가난은 아이들 뇌의 전두엽에 영향을 끼친다.[55] 뇌에서 이 부위는 문제 풀이 능력과 창조성을 키우는데 중요하다. 뇌의 이 부분에 대한 손상은 뇌졸중에서 비롯된 것과 유사하다고 전문가들은 보고했다.

슬프게도, 자본주의 사회에서 노동자들을 규율하려는 냉혹한 시도들 탓에 생겨나는 막대한 손실은 별 관심을 끌지 못하고 있다. 2000년대 후반, 경제가 지속적으로 침체에 빠져들어 담보물 압류 건수와 실직자 증가 수치가 거의 같았다. 하지만, 공적인 관심은 그만큼 높지 않았다.

언론은 부동산시장의 붕괴와 그에 따른 연기금의 몰락 탓에 사람들이 입은 손실에 훨씬 더 많은 관심을 쏟았다. 〈월스트리트저널〉에 대서특필된 한 웹사이트, '그린스펀의 보디 카운트'Body Count는 부동산 거품 붕괴에 연관된 사망률을 계산하고 있다. 하지만, 심리적 상처에 따른 건강 효과는 도외시한다.[56] 담보물 압류는 비극이지만, 실업이나 지속적인 실직 공포 또한 마찬가지다.

초창기의 조직 형태 또한 비인간적인 결과와 결함들을 안고 있었다. 노예제가 광범위하게 퍼져 활용되고 있던 시절을 떠올려보기만 해도 알 수 있다. 심지어 노예제가 식민지 국가들에서 득세하기 전에도, 영국의 정부 당국은 고용돼 있다는 증거를 제대로 내놓지 못하는 자국 국민들을 가혹하게 처벌했다. 1572년 법령은 14세 이상의 거지들을 무자비하게 채찍질하고, 벌겋게 단 인두로 왼쪽 귀에 낙인을 찍도록 했다. 이런 가혹한 형벌을 피하려면, 누군가에게 2년 동안 고용돼야 했다. 18세 이상으로, 구걸 행위를 반복해, 법을 어긴 이들은 누군가에 고용당하지 않으면, 사형에 처해질 수 있었다. 세 번째로 법을 어긴 경우 자동으로 사형에 처해졌다.[57] 노동력을 조직하는 그 잔인한 방식에 대해 어떤 사람들은 꺼림칙함을 느꼈음에도 불구하고, 대개 그 같은 관습은 정상적일 뿐 아니라 금전적으로 이롭기도

했다. 그러한 잔인한 조처들은 경제 발전을 가로막을 뿐이라는 사실을 사람들은 오랜 시일 뒤에야 깨달았다. 비슷한 점으로, 노예제에 얽힌 문제는 몇몇 노예 소유자들의 잔인성과 가학성이라기보다 그 시스템의 결함이라는 걸 사

람들이 깨달은 것도 한 참 뒤의 일이었다.

과거의 강압적인 시스템은 인도주의적인 양심의 가책 때문이 아니라 그것의 태생적인 비효율성 때문에 종말을 고했다. 예를 들어 부분적으로, 애덤 스미스는 노예제처럼 공공연한 강압주의에서 비롯되는 반생산적인 속성에 바탕을 두고 시장주의 사회를 옹호하는 주장을 폈다.

스미스가 옳았다. 더 교묘한 시장 강압주의가 잔인한 프로크루스테스식의 조처들보다 더 효율적이다. 하지만, 그는 통찰력을 더 깊이 발전시키는 일에서는 실패했다. 가혹한 조처들이 육체적인 잔인성을 띠든 아니든 궁극적으로는 자멸하고 만다는 걸 깨닫지 못했다. 시장 중심의 프로크루스테스식 획일주의 또한 똑같은 운명을 맞고 있다.

먼 훗날, 사람들은 현 시대를 돌아보면서 의아함을 떨치지 못할 것이다. "노동을 조직하는 지금의 시스템에 내재된 태생적인 불합리성을 왜 그렇게 늦게서야 깨달았을까?" 하는.

몽롱한 잠에서 깨어나도록 해야 하는 책임이 부분적으로는 경제학자들에게 있음에도, 다음 장에서 볼 수 있듯이, 그들은 노동과 노동자, 노동 조건을 고려하지 않음으로써 자신의 본분에서 벗어났다.

chapter 03
그들의 학문이
우리의 불행을
방조했다

공정하지 못한 과학

경제학자들은 자신의 학문 분야를 '선택의 과학'이라고 정의했다. 그 바탕에는 정교한 – 비현실적임에도 불구하고 – 이론이 깔려 있다. 소비자들이 어떤 상품을 구입할지를, 어떻게 결정하는지에 관한 이론이다. 다른 사람들이나 광고로부터 받는 영향 같은 요소들은 경제학자들의 이론적인 분석 대상에서 대체로 제외된다.

경제학자들은 그 '선택의 과학'을 노동 현장에까지 확장해 적용한다. 고용주와 종업원의 관계 맺음은 자발적인 합의였다는 가정 위에서 경제학자들은 자신의 이론을 구축했다. 개별 노동자는, 한 시간의 노동에 따라 가능해진 소비가, 한 시간에 이르는 여가의 포기보다 더 가치 있는지 여부를 결정하는 존재로 여겨진다.

이런 논리 구조 안에서는 노동 현장에서 벌어지는 일은 노동자와 경제학자들 모두에게 관심 밖의 문제이다. 노동자들의 열망이나, 그들의 삶에서 차지하는 다른 측면들 또한 마찬가지다. 설상가상으로, 그 이론은 각 노동자와 고용주를 개인으로 취급해, 계급에 바탕을 둔 모든 세력을 배제한다. 그 대신 개별 노동자들은 각각 여가를 위한 시간을 쓰는 것과, 상품을 구매할 수 있게 해주는 임금을 받는 것 사이에서 선택만 할 뿐이다.

노동과 노동 조건을 자신의 이론에서 배제하기 위해 경제학자들이 음모를 꾸민 건 결코 아니었다. 생산에 관련된 것과, 생산을 가능케 하는 노동자들에 대해 그들은 공공연히 적대감을 표시한다. 영국의 경제학자 리오넬 로빈스 Lionel Robbins, 1898~1984 는 경제학을 공부하기 위한, 그의 표현대로라면 '경제학의 주제 범위를 정하기 위한' 적절한 길을 다룬, 막강한 영향력을 지닌 책을 펴냈다. 거래에 바탕을 둔 경제학의 경로에서 벗어나 노동과 노동자, 노동 조건 쪽으로 방향

조셉 슘페터

을 맞추는 학자들을 그는 경멸했다. 조셉 슘페터 Joseph Alois Schumpeter, 1883~1950 (오스트리아 태생의 미국 경제학자, 기업가 주도의 '혁신'이 확산될 때 경기가 호황 국면에 진입하고 그런 혁신이 폭넓게 퍼져 더 이상 새로운 가치를 지니지 못할 때 경기 불황이 생긴다고 주장)와 더불어 고만고만한 이른바 생산이론이란 것들 – 다양한 형태의 농민 소유권, 사업장, 조직, 산업심리학, 기술 교육을 둘러싼 지루한 논의들 – 에서 풍기는 견디기 어려운 따분함에 우리 모두는 애석한 감정을 느낀다고 밝혔다.[1] 주류 경제학자들 중 로빈스의 이런 태도에 직접적으로 도전장을 내미는 이는 없다.

대신 그들은 같은 방향으로 대거 몰려갈 강력한 동기를 갖고 있었다. 첫째, 그들은 전문가 지위를 획득하기 위해 분투하고 있었다. 이 목적을 향해 그들은 단순화한 선택 모형을 수학적으로 표현해 그들의 이론을 과학적인 것처럼 보이게 만들 수 있었다. 둘째, 자본주의를 불공정한 것으로 여기고, 노동자의 처우 문제를 특히 중시하는 비평가들에 맞대응하는(또는 더욱 더 교묘하게 회피하는) 이론을 구축하려고 그들은 전념하고 있기도 했다. 이런 이론 안에서 경제학자들은 불공정이나 착취에 관한 어떤 비판이라도 옆으로 멀찍이 제쳐둘 수 있었다.

사려 깊은 경제학자들은 노동 현장을 이렇게 취급하는 현실에 대해 의구심을 드러냈다. 예를 들어, 보수적인 '시카고학파'(미 시카고대학을 중심으로 형성된 시장 중심의 경제학 흐름, 정부의 적극적인 역할을 강조하는 '케인스 학파'에 대립적인 관계)를 형성시킨 저명인사 프랭크 나이트 Frank Knight, 1885~1972는 이렇게 경고했다.

"어떤 의미에서든 시간은 양자택일 또는 희생의 척도가 아니다

……어떤 용도로 썼건 시간의 사용은 희생이다. 우선은 그것을 위한 다른 용도들이 있었다는 단지 그 이유 때문이다. 그것은 실질적인 희생이다. 이는 매우 중요하다. 속담 속에 나오는 '물에 빠진 사람'처럼 가족을 부양할 수 있는 구체적인 뭔가를 손에 쥐어야만 하는 우리 인간들은 '지푸라기' 하나라도 움켜잡는다."[2]

나이트의 독자들은 노동자보다 장차 물에 빠져 허우적거릴 경제학자에 대해 더 많은 동정심을 느낄 지도 모른다. 경제학자들은 노동자의 노동 조건을 파악하기 어렵도록 애매모호하게 만들기 위한 시도를 하고 있었다.

경제학자들이 노동자들에 대해 전적으로 무관심한 건 아니었다. 노동자들이 자신의 시간 가치를 높이기 위해 더 많은 교육을 받도록 적절한 조언을 받을 수 있다는 점에 대해서는 경제학자들도 동의했다. 여기서 또한 개인의 책임에 방점이 찍힌다. 앨런 그린스펀은 불평등의 뿌리에 해당하는 원인으로 교육의 부족을 꼽았다. 노동과 자본 사이의 관계맺음에 관한 경제학자들의 이론 속에 교육은 들어있지 않다는 사실에 주목하라. 그 대신, 노동자는 마치 자본가인 것처럼 취급된다. 경제학자들이 '인적자본' human capital (412쪽)이라고 일컬었던, 바로 그것을 축적하는 존재로 여겨진다.

노동과 노동자, 노동 조건의 부재 탓에 경제 이론에는 커다란 구멍이 뚫려 있다. 어떠한 경제 문제 분석에서든 노동 조건을 포함시킨 가장 두드러진 이유는 아마도 산업현장에서 생긴 재해 사고의 충격적인 수치에서 비롯된 듯하다. 1969년 조지 슐츠 George Schultz 미 노동부 장관의 증언을 다시 떠올려 보라. 시카고대학 노동경제학자이자 총장이었던 슐츠는 훗날 재무부 장관, 국무부 장관을 역임한 뒤 세계 최대 건설회사인 벡텔 Bechtel 회장으로 일하기도 했다. 슐츠는 닉슨 행정부 시절의 산업재해 사건의 심각성에 관해 증언하고 있었다. 그는 해마다 1만4,000명의 노동자들이 산업재해로 목숨을 잃고 있다는 사실을 의회에 알렸다. 그는 이 수치를 전후맥락에 맞춰 이렇게 말했다. "지난 4년 동안 베트남에서 죽은 미국인들보다 노동 현장에서 사망한 미국인들이 더 많습니다."³ 슐츠의 비교는 계급투쟁의 개념에 새로운 의미를 더했다.

조지 슐츠

미 의회는 슐츠의 증언 직후인 1970년 '직업 안전 및 건강법'을 제정했다. 그렇게 했음에도, 2006년까지 대략 35만 명이 사업장에서 목숨을 잃었다. 위험 직종에 종사하는 이들이 줄어들고 서비스 직종에서 일하는 이들이 늘어나고 있음에도 불구하고, 직무 관련 사망률은 터무니없을 정도로 높은 수준을 유지하고 있다. 질병통제센터 Centers for Disease Control 는 노동절 기념 연례 성명서에서 이렇게 밝혔다.

"사기업 부문에서 매일 대략 1만1,200명의 노동자들이 직무와 관련해 이런저런 부상을 입거나 질병에 걸린다. 그 결과, 그 중 절반 이상은 이직을 하거나 일정 업무에서 제한을 받거나, 또는 장시간 결근을 할 수밖에 없다. 매일 대략 9,000명에 이르는 노동자들이 직무 관련 부상 탓에 응급실에서 치료를 받고, 이들 중 200명 정도는 입원하고 있다."⁴

부상에서 비롯된 죽음보다는 덜 극적인 직업병에서 초래된 사망 건이 산업재해 사고로 생겨난 것 – 1992년 한해 약 6만 명 – 의 10배 정도에 이른다.⁵ 예를 들어 지난 10년 동안 400명의 석탄 광부들이 일터에서 비명횡사했다. 같은 기간 1만 명의 광부들이 직무 관련 질병, 특히 진폐증에 걸렸다.⁶

미 정부가 그런 자료를 표로 작성하지는 않았음에도 불구하고, 미 공중보건협회American Public Health Association가 1990년에 추정한 결과를 보면, 독성물질 노출에서 비롯된 신규 직업병 사례가 35만 건에 이르렀다.[7] 더 최근의 연구에서 내놓은 추정치를 보면, 캘리포니아 주 1곳에서만 해도 20만 명의 사람들이 직장에서 화학물질에 노출됨에 따라 만성 질환 진단을 받았다. 이는 미리 예방할 수 있는 질병이었다. 그 결과, 4,400명이 추가로 조기 사망했다. 이런 질병들은 직·간접적으로 대략 14억 달러에 이르는 비용을 초래했다. 어린이와 노동자들에게 끼쳐진, 화학 및 오염 물질 관련 질병에서 비롯된 직접적인 의료비는 모두 10억 달러를 웃돌았다.[8]

노동과 노동자, 노동 조건을 배제하기 위해 노동시장의 속성을 분석하는 틀을 새로 짜는 일에서 경제학자들이 성공을 거둔 배경에는 언론과 법규가 있었다. 노동 현장에서 벌어지는 사망 사건이나, 열악한 작업 환경의 만연에 언론매체들은 그다지 주의를 기울이지 않았다. 직무 중의 사망 사건에 대한 법적 처벌은 대단히 미미했다. 안전 관련 법규를 '기꺼이' 어김으로써 직무 중 노동자의 사망을 초래한 데 따른 최고 수위의 처벌이라는 게 6개월 징역형이었다. 연방정부 소유의 토지에서 자라는 야생 당나귀를 공격한 것에 대한 처벌 수위의 절반이었다.[9]

이런 상황에서 고용주들은 유지비용을 깎아 노동자들을 위험한 채로 내버려두는 게 유리함을 알게 됐다. 전직 법무부 소속 검사는 이렇게 한탄했다. "1970년 이후 기소된 범죄는 68건에 불과합니다. 총 42개월 동안의 복역으로 이어진 범죄는 연평균 2건도 되지 않습니다."[10] 갖가지 사건들에 연루된 기업들의 사정을 감안할 때 이처럼 느슨한 방치는 매우 충격적이다.[11] 더욱이 공식 자료는 산업 현장에서 노동자들에게 끼쳐진 피해를 실제보다 축소하기 십상이다. 미시간 주의 경험에 바탕을 둔 최근의 추정 결과를 보면, 사용 가능한 정부 자료에서 직무 관련 상해와 질병의 60~70%는 누락돼 있다.[12]

프로크루스테스식의 획일적 경제 체제에는 노동과 실직에 관한 독특한 '병리학'이 존재한다. 실직이 개별 노동자들의 건강에 해로운 결과를 초래하지만, 불황이 실제로는 사망률을 낮출 수 있다는 것이다.[13] 고용된 데 따른 스트레스가 실직당한 데 따른 스트레스보다 크다!

경제학자들은 사실 노동 계급의 고통에 관심을 기울이지 않는다. 적당한 물가 상승이 채권소유자들에게 가하는 위험에 대한 신경질적인 경고에 견줘 볼 때 특히 대비된다.

불편한 진실들

열악한 노동 조건에서 비롯된 스트레스가 전체 주민들에게 영향을 끼칠 수 있는 것처럼, 노동자들의 면전에 노출된 유독 물질 또한 마찬가지로 그럴 수 있다. 기업들이 노동 현장 여기저기에 방치해놓은 위험 물질은 잠재적으로 치명적인 오염원에서 검출되는 유독성 잔류 물질을 늘리고, 이는 일반 대중들에까지 해를 끼친다.

'보팔Bhopal(인도 중부 마디아프라데시 주 주도) 참사'는 가장 비극적인 사례다. 1984년 12월 보팔에 있던 미국 종합 화학회사 유니언 카바이드Union Carbide 자회사의 농약 공장에서 메틸 이소시안산염이란 유독 가스 40톤을 누출해 빚어진 그 사고로 2,500~5,000명의 주민이 사망했다. 이 재앙에서 목숨을 잃은 대다수는 그 공장에서 일하지 않았던 사람들이었다. 웨스트버지니아 주의 캐너와밸리Kanawha Valley에 있는 '베이어 크라프사이언스 인스티튜트'Bayer CropScience Institute 공장에서 보팔 사고를 능가할 정도로 아주 위험한 폭발 사고가 터졌음에도 불구하고 미국은 그 정도 규모의 참화를 겪지 않았다. 보팔 공장의 생산물과 똑같은 화학물질을 만들고, 한 때 동일한 회사 소유로 돼 있던 그 공장은 안전인증 제도를 오래 운영한 역사를 갖고 있었다. 의회 보고서에 따르면, 2명의 노동자를 죽음으로 몰아간 폭발 사고는 "화학물질을 담는 2.5톤짜리 용기를 총알처럼 튀어나갈 '위험한 발사체'로 변환시켰으며, 이는 부근에 놓여있던, 치명적인 메틸 시안산염 탱크를 파괴할 수도 있었다."[14]

그런 재난이 발생했을 때, 노동자들이 갑자기 최전선에 등장했다. 희생자라기보다는 그 피해에 대한 궁극적인 책임을 져야 할 범죄자인 것처럼 여겨지는 분위기였다. 작업장의 안전성 개선을 효과적으로 추진할 기회를 별로 갖지 못한 노동조합과 감독자들을 무력화시키기 위해 고용주들이 약 40년 동안 집요하게 시도했던 사실은 거론되지도 않았다.

비행기 조종사 체슬리 슐렌버거 3세Chesley B. Sullenberger III (공군 조종사 출신, 2009년 1월 US에어웨이 1549편을 몰던 중 엔진 작동불능 상황을 맞아 침착한 대응으로 승객 155명 전원의 목숨을 구해 '허드슨강의 기적'이란 찬사를 받았던 주인공)에 대한 처우는 매우 예외적인 사례였다. 그는 자신의 노력에 대해 대중의 찬사를 받았다. 새떼와 충돌한 자신의 비행기가 방향을 잃자, 그는 인구 밀집 지대를 벗어나도록 비행기를 몰아 기적적으로 허드슨강에 착륙시켰다. 단 한 명의 사망자도 생기지 않았다. 갑작스럽게 그의 얼굴 모습이 모든 언론에 등장했다.

2009년 2월 24일 의회에 모습을 드러냈을 때, 슐렌버거는 또 다른 종류의 난제에 대해 증언했다. 12일 전 버팔로Buffalo에서 발생한 '콘티넨털 커넥션Continental Connection(미국 민영항공사인 콘티넨털에어라인스의 브랜드명) 비행기 3407'의 비극적 충돌 사고로 목숨을 잃은 이들에게 조의를 표한 뒤, 그 비행기의 기장은 이렇게 불평했다.

"출입문 관리팀들을 순환 근무시키면서……항공사 종업원들을 현금입출금기ATM처럼 함부로 사용했습니다. 미국 국적의 항공사를 위해 일하는 사람들을 경제적으로 극단적인 곤경 상태에 방치했습니다. 그것은 제 동료들의 공통적인 특징, 전문성, 그리고 헌신성에 대한 믿기 어려울 정도의 대우였습니다. 그들은 그 산업에서 여전히 꽤 높은 수준의 직무를 수행할 수 있는데 말이지요. 제가 경험한 바, 제가 사랑하는 이 직종에 머물러 있기로 결정한 게 저와 제 가족들에게는 커다란 재정적 손실을 끼쳤습니다. 제 급여는 40% 가량 깎였습니다. 항공 수당 같은 제 연금의 지급은 중단되고 100분의 1 가치 밖에 안 되는 연금지급보증공사PBGC의 보증으로 대체됐습니다……비행기 조종사라는 직업에 훌륭하고 똑똑한 이들이 계속 매력을 느껴 몰려들지, 저는 걱정스럽습니다."[15]

콘티넨털 커넥션 비행기 3407 승무원의 경험은 슐렌버거의 경고를 확인시켜줬다. 승무원들 중 부조종사는 시애틀에서, 뉴저지 주 뉴어크Newark에 있는 기지로 통근했다. 그녀의 한 해 급여는 1만7,000달러를 밑돌았다. 당분간, 그녀는 조종사로 일하면서 커피숍에서 부업을 계속해야 했다.[16]

주조종사 또한 통근자였다. 그는 돈을 아끼기 위해 뉴어크공항에 있는 승무원 휴게실에서 잠을 잤다. 전날 비번이었음에도 불구하고, 그는 2~3시간쯤 되는 휴식시간 사이사이에 가끔씩 끼어있는, 늦은 밤과 이른 아침에 걸린 비행 일정 주간을 소화해내고 있었다.[17] 연방교통안전위원회National Transportation Safety Board에 따르면, 해당 비행기를 운행했던 그 회사는 뉴어크를 주요 근거지로 삼는 조종사 137명을 고용하고 있었다. 그들 중 93명은 통근자로 확인됐다. 여기에는 400마일 이상 거리를 통근하는 49명과, 1,000마일도 더 떨어진 곳에서 거주하는 29명이 포함돼 있었다.[18]

승무원과 승객들의 생명을 앗아간 그 사고 뒤, 그 조종사에 많은 비난이 쏟아졌다. 그를 고용했던 회사는 너무나 느슨한 운영을 해왔기 때문에, 단기간에 그친 언론의 혹평을 묵묵히 참아냈다. 불행히도, 슐렌버거의 경고는 곧 잊혀질 것이다. 통근자의 비행기 운행에서 비롯되는 손실과 더불어, 회사 쪽은 노동자들을 쥐어짬으로써 얼마간의 추가 이윤을 계속해서 더 거둬들일 것이다. 이런 방식이 다른 사람들을 위험에 빠뜨릴 것임을 사람들이 깨달을지는 몰라도, 사람의 기억은 오래 가지 못한다.

**노동자가 제대로
대접받던 적이 있었던가**

현대 기술이 생산에서 중요성을 띠기 전에는, 노동에 대한 고려가 경제적인 사고방식에서 대단히 중요했다. 초기의 '정치경제학자들'(당시의 경제학자들은 이렇게 알려져 있었음)은 노동의 양을 늘리는 정책을 옹호했다. 노동량 증가에 따라 국가가 더 풍요로워질 것이라고 봤던 것이다. 직접적이든 간접적이든, 이들 경제학자는 시골에 있는 전통적인 직종으로부터 사람들을 몰아내는 정책을 지지했다. 그러한 조처는 사람들로 하여금 자기 자신의 필요를 채우기 위한 물건을 생산하지 못하게 방해하고, 임금을 받기 위한 노동에 종사하도록 강제했다. 이들 경제학자는 인간적으로 감내할 수 있는 한 노동일수를 최대로 연장하는 것을 지지하는 데 만장일치를 이뤘다.

이런 견해에 따라 초기의 다수 경제학자들은 경제적인 성공을 노동 시간의 잣대로 측정했다. 경제학이 더 정교해졌을 때조차 이런 노동 중시의 견해들이 지속됐으며, 데이비드 리카도의 1817년 저작 〈정치경제학 원리〉Principles of Political Economy에서 정점을 찍었다.

이들 경제학자는 또 노동이 자연스럽게 가치의 척도로 선택될 것이라는 지극히 상식적인 생각을 따랐다. 생산물의 화폐 가격은 시간의 경과에 따라 심하게 출렁거리고, 화폐 그 자체의 가치는 인플레이션 또는 디플레이션과 더불어 변한다. 결과적으로, 매우 창의적이었던 17세기 영국의 경제학자 윌리엄 페티William Petty, 1623~1687(노동가치설을 제창한 고전학파의 선구, 274쪽)와, 심지어 애덤 스미스(스미스의 경우 지속적이지는 않았음에도)도 경제적인 조건에 상관없이 '한 시간의 노동'은 '한 시간의 노동'이라고(으로 측정된다고) 주장했다. 그리하여 노동은 다른 대체 수단에 견줘 좀 더 정확한 측정 기준을 제공했다.

더욱이 경제학자들한테는 경제를 구성하는 광범위한 일련의 요소들을 모두 감안할 단순 명료한 방법이 필요했다. 시장경제에서 매매된 모든 상품들에 공통적으로 들어있는 한 가지가 바로 직·간접적인 노동 투입이다. 이런 이유 때문에 초기의 경제학자들은 노동을 가치의 척도로 활용했다.

이런 거친 노동 가치 기준이 노동의 중요성을 인정했음에도 불구하고, 경제학에서는 여전히 노동 조건을 무시했고, 노동자의 복지에 부합하지 않는 조처들을 부추겼다. 이런 무심한 태도는 놀라운 게 아니었다. 경제학자들은 노동자의 일상적인 경험에 낯설었다. 뿐만 아니라, 그러한 문제들을 파악하기 위해 노력을 기울이지도 않았다. 노동자들은 모두 '짐을 진 짐승'보다 나을 게 없는 존재로 여겨졌다. 어떤 점에서 애덤 스미스는 노동자들을 '일하는 가축'으로 생각했다.[19]

경제학자들이 이 노동 척도를 어떻게 이용했는지는 페티의 연구 성과에서 알 수 있다. 한 나라의 총생산(오늘날 우리는 이 척도를 국내총생산GDP이라고 부르는)을 계산해내려는 초기 단계의 시도를 할 때인, 1692년 페티는 토지와 노동의 결합에 그 근원을 두고 있는 모든 생산을 추적했다. "모든 생산물의 가치는 두 가지 자연적인 척도, 토지와 노동으로 평가돼야 한다." 그런 다음 페티는 토지 가치를, 그것을 구입하는데 필요한 노동 햇수로 측정하자고 제안했다. "한 해 동안에 이뤄지는 '이용 및 향유'usus fructus 의 가치 또는 임대료(로마법에 따라 제3자의 재산을 한 해 동안 사용할 수 있는 권리)를 파악하면서 들었던 의문점은, 자연적인 단순 임대 수수료 가치에 상응하는 구매력(우리가 흔히 말하듯이)을 갖추는 데는 몇 해의 노동이 투입돼야 할까"라는 점이었다.[20] 젊은 시절, 페티는 노동의 속성을 탐구하는 일에 깊이 파고들었다. 그는 상세한 거래의 역사를 기록하는 학회 프로그램의 주요 발기인이었다. 뿐만 아니라, 세계를 주도하는 과학자 집단인 영국왕립학회British Royal Society 의 설립자들 중 한명이었다. 노동자들이 이용하는 과학적 원리를 배우고, 효율을 높이기 위해 다양한 거래의 성과를 정확하게 기록하자는 게 그의 생각이었다. 야심차게 추진됐던 그 프로젝트는 버려졌고 이후 300여 년 동안 미완성인 채로 남아 있었다.

그 '거래의 역사 프로젝트'The History of Trades Project 는 경제학에 값진 영향을 끼쳤다. 하지만, 페티와 달리 초창기의 다른 경제학자들은 노동에 바탕을 둔 자신의 이론 속에 숨어있는 복잡한 문제들을 간과했다. 그들에게 노동은 단순히 노동에 지나지 않았다. 기술 또는 노동 강도에 대한 의견 차이는 그들의 분석 대상에서 제외됐다. 페티 또한 훗날 이런 견해에 빠져 들었다.

노동에 대한 관심은 시야에서 전적으로 사라져가고 있었다. 정치경제학자들은 고용주와 노동자들 사이에서 점점 강해지는 날카로운 대립을 말끔히 해명할 필요성에 점점 더 민감하게 반응하고 있었다. 리카도에 수십 년 앞서 스미스는, 생산보다는 '상품의 순환'이란 관점에서 세상을 바라보는, 경제학의 방법론을 구축하기 위한 준비 작업을 이미 완료한 상태였다. 스미스의 영향은 결정적인 퇴행으로 이어졌다. 스미스의 시도가 득세하면서, 경제학의 바탕을 노동에 우선적으로 두는 리카도의 접근법은 썰물처럼 힘을 잃고 모두 흔적 없이 사라졌다.

노동 가치 척도에 대한 일시적인 찬성을 넘어 노동과 노동자, 노동 조건을 세심하게 고려하는 일을 회피했다는 점에서 스미스는 일관성을 지니지도 않았다. 예를 들어 그가 "모든 것의 실질 가격, 즉 그것을 얻고자 하는 사람들에게 실제로 물리는 비용은 그것을 획득하는 일에 따르는 노고와 곤경의 정도다"라고 말했을 때는, 노동 조건의 방향에 가볍게 동의를 표시한 것이었다.[21] 런던의 목수들은 약 7년 동안만 역량을 최대로 발휘해 일할 수 있을 뿐이라고 말하면서, 그는 노동에 따라 노동자들에게 초래된 비용을 주의해서 살폈다.[22] 그러한 언급 때문에 그는 실제 모습보다 덜 이념적인 것처럼 보인다.

갈등의 시작 현대 경제학 이론의 상당 부분은 19세기 후반 서로 치고받는 '논쟁의 시대'에서 발전했다. 현대적인 기술과, 점점 더 군대 성격을 띠게 된 노동자 기구가 새로운 종류의 경제 이론을 수립해야 할 전략적 필요성을 요구하고 있을 때였다.

일단 기업들이 화석 연료의 잠재력을 성공적으로 활용하기 시작하자, 노동 시간의 합계로 생산량을 측정하자는 초기의 견해는 이상해 보였다. 19세기 후반 곳곳으로 퍼져나간 철도는 새롭게 발흥하는 기술의 상징이었다. 철도는 경제 전반에 걸쳐 급속한 기술의 변화를 가능하게 만들었고, 또한 필요로 했다.

철도는 미국을 단일 경제 체제로 통합시켰다. 한 저명한 역사가는 철도 보급 이전의 미국을 '고립된 섬나라 사회'라고 묘사했다.[23] 철도 덕분에 농업이 서부로 확산됐다. 유명한 경제학자이자 예일대 총장이었던 아서 트위닝 해들리 Arthur Twining Hadley, 1856~1930는 철도 보급 이전에, 선박으로는 밀을 200마일 이상 운송할 경우 경제적으로 손해였다고 추정했다.[24]

농업의 확대는 순차적으로 2차 산업을 위한 시장을 키웠다. 1830년 한해 말굽 편자 및 기타 농기구들의 소모량은 선철(무쇠) 10만 톤에 해당했다. 당시 미국 전체의 선철 소비량은 20만 톤이었다.[25]

철도 건설에 따라 막대한 연료의 공급이 필요해졌고, 현대적인 철

철도는 미국을 단일 경제 체제로 통합시켰다. 철도 보급 이전 미국은 '고립된 섬나라 사회'에 지나지 않았다. 철도 산업의 발전은 거대 자본의 출현을 이끌면서 주식시장에서 투자자들을 모으는 촉매제가 됐다. 하지만 금융자본이 융성하는 것과는 반대로 임금 노동자의 주머니는 더욱 피폐해졌다.

강 산업의 형성에 시동을 걸었다. 1860년대에 철도는 미국에서 생산된 철의 절반을 소비했다. 1880년에 이르면, 미국 철의 4분의 3이 철로에 쓰였다.[26] 헨리 애덤스 Henry Adams, 1852~1921 (미국의 경제학자로 산업에 대한 국가적 통제의 필요성 주장, 철도 적정요금 산정방식 확립에 기여)는 20세기 초반에 이렇게 썼다.

"철도가 도입된 그 순간부터 인간의 삶이 화려해졌다……왜냐하면 그 때문에 모든 시스템이 새롭게 창조돼야 했기 때문이다. 자본과 은행, 광산, 용광로, 정비소, 발전소, 기술 지식, 기술 인력 등. 이와 더불어 새로운 규모에 적합하고 새로운 조건에 맞는 사회 정치적 관습과 사상, 제도의 틀을 계속해서 다시 짜는 일도 불가피해졌다. 1865~1895년 세대는 이미 철도에 저당 잡혔다. 그 세대 자신보다 그것을 잘 알 수 있는 사람은 아무도 없었다."[27]

농업 분야에서 그랬던 것처럼, 이전에는 공장들이 운송비 부담 때문에 자기 지역 시장에서 멀리 떨어진 곳에서는 물건을 팔 수 없었다. 전국적인 철도망 건설과 함께, 거대 공장들은 이제 자체 생산물을 먼 곳에다 내다 팔 수 있게 됐다. 더욱이 철도 덕분에 산업체들은 석탄 같은 주요 투입물에 쉽게 접근할 수 있었다.

철도는 돈을 벌 수 있는 새로운 길을 활짝 열어 젖혔다. 철도증권은 뉴욕증권거래소를 주도했다. 공직에 올라앉은 부도덕한 운영자들을 부유해지도록 해준 막대한 공적 지원에도 불구하고, 장거리 철도에 투입된 자금은 몇몇 동업자들이 모을 수 있는 금액을 훨씬 능가했다. 이 거대한 투자를 조직했던 사람들은 주식시장으로 발길을 돌려야 했다. 해당 산업체의 일상적인 운영에는 관여하지 않는 대규모 투자자들의 세계에 다가가기 위해서였다.

다른 산업체들도 사업 운영 규모의 확대에 따른 자금을 조달하기 위해 곧 주식시장의 문을 두드렸다. 팽창하는 시장과, 금융에 접근할 수 있는 권리의 확대 덕분에 각 설비마다 배치된 임금 노동자들의 숫자로 따질 때, 1869~1889년 사이에 미국의 평균적인 공장 규모는 두 배로 커졌다.[28] 이런 새로운 환경에서, 기업들은 대규모 집단의 노동자들을 엄청나게 큰 공장으로 끌어 모으기 시작했다. 이런 새로운 공장들에서는, 노동이 아닌 현대적인 장비가 생산 과정을 주도적으로 이끄는 발전 동력인 것처럼 보였다. 스미스 시대에는 상상조차 할 수 없을 정도의 막대한 산출물을 노동자들이 만들어내고 있음에도 불구하고, 그들의 임금은 늘어난 생산성에 전혀 부합하지 않았다.

이 새로운 산업의 형태에 드리워진 그림자 속에서 계급 전선은 뚜렷해지고 있었다. 전통적으로 노동자들은 독립적인 기능인으로 출발함으로써 부유해질 기회를 잡아, 자기 권한을 확보한 소규모 고용주가 되었다. 현대적인 산업체에서는, '정비소 바닥'에서 '사무실 중심부'로 건너가는 게 비현실적이다. 극한의 인내심을 갖고 있다 해도 마찬가지다.

충분한 돈을 물려받은 이들에게는, '산업'보다 '금융'이 성공으로 이어지는 더 직접적인 길을 제공했다. 투자자와 부도덕한 투자 기획자들은 엄청나게 부유해졌다. 노동 과정에서 직접적인 관련을 전혀 맺지 않았음에도 불구하고 말이다. 미국의 노동자들은 자기 주변 세상에서 생겨나는 소득 격차에 점점 더 큰 분노를 느꼈다. 그들은 쥐꼬리만큼 작은 급여를 받으려고 길고 고된 노동에 시달렸다. 동시에 급격하게 늘어나는, 현대적인 생산성의 열매는 거의 일방적으로 공장 소유자와 투자자들한테 흘러들어갔다. 어마어마한 부를 당당히 드러내놓고 과시하는 이들 공장 소유자와 투자자는 자기네 부를 생성 가능하도록 만들어 준 노동자들의 가난을 비웃는 것 같았다.

노동자들은 자신을 억눌린 다수로 인식하기 시작했다. 국가가 일상적으로 '주 방위군'National Guard과 경찰을 통해 그들의 시위를 폭력적으로 탄압했음에도 이들은 용감하게 자신의 불만을 드러냈다.

권력자들은 불안의 징후에 맞닥뜨렸다. 가난한 농부들은 기업 쪽의 과도한 탐욕에 맞서 저항 운동을 벌이면서 조직적으로 뭉칠 수 있음을 보여줬다. 이들의 대중 운동이 19세기 후반 남부와 중서부 지역의 의회 및 주지사 선거에서 승리를 거두는 성공적인 파장을 일으켰을 때 미국 전체가 큰 충격에 빠졌다.

경제학에 닥친 도전

경제학자들 또한 심각한 이론적 도전에 직면했다. 1867년 칼 마르크스Karl Marx, 1818~1883가 노동자들의 권리를 옹호한 책, 〈자본론〉을 출간했다. 마르크스는 노동에 바탕을 둔 가치 분석 틀을 이용할 때는 전통적인 경제학 이론을 따랐다. 하지만, 그는 경제학자들이 자기 자신의 이론에서 비롯되는 논리적 귀결을 살펴보는데 실패했다고 주장했다. 노동자들은 자신의 노동으로 생산된 열매를 향유하는 것으로 여겨졌다. 하지만 시장의 법칙에 따르면(그리고 노동자들이 삶에 필요한 생산 수단을 소유한 자본가들을 위해 일해야 했음을 고려하면), 노동 계급은 자신의 소비재를 생산하는 데 필요한 시간보다 더 오래 일해야 했다. 이윤과 이자, 임대료를 창출하는 잉여분의 노동 시간은 '착취'에 해당한다.

마르크스가 제기한 도전적인 과제를 더욱 긴급하게 만든 정치적 사건들이 터져 나왔다. 극적인 반란은 1871년 파리코뮌Paris Commune (1871년 3월 28일부터 5월 28일 사이에 파리 시민과 노동자들의 봉기에 의해 수립된 혁명적 자치 정부)에서 절정을 이뤘다. 마르크스의 책이 세상에 모습을 드러낸 지 불과 4년만이었다. 코뮌의 파리 장악은 노동자 주도의 혁명 가능성을 과시함으로써 전 세

칼 마르크스

계를 충격에 빠뜨렸다. 영국의 부르주아지(자본가 계급)는, 당시만 해도 런던에 거주하고 있는 무명의 독일인 망명객이었던 마르크스를 그 반란 사건에 엄청난 영향을 끼친 인물로 간주했다.[29] 코뮌의 형성 이후 불과 수개 월 만에, 영국의 언론인 존 라에John Rae, 1796~1872는 대중들에게 이렇게 경고했다(그는 1895년 저작 〈애덤 스미스의 삶〉Life of Adam Smith으로 잘 알려져 있다).

"칼 마르크스의 존재가 별로 알려지지 않은 이 나라에서 그가 지난 30년 동안 살고 일했다는 것은 흥미롭고 의미 있는 정황입니다. 그의 말은 온 세상에 침투됐습니다. 일부 지역에서는 반향을 일으키고 있으며, 각국 정부들로서는 그를 죽일 수도 없고 살릴 수도 없을 것입니다. 하지만, 그의 말이 공표된 바로 이곳 영국에서는 그 소리를 거의 들을 수 없습니다."[30]

존 라에는 훗날 이 에세이를 〈현대 사회주의〉Contemporary Socialism란 책에 포함시켰다. 이는 케임브리지대학의 유력한 경제학자 알프레드 마셜Alfred Marshall, 1842~1924(신고전학파 또는 케임브리지학파의 창시자)에게 깊은 인상을 남겼다. 마셜은 새롭게 바꾼 정치경제학 강의 프로그램을 수강하는 학생들을 위한, 비교적 짧은 추천 도서 목록에 그 책을 집어넣었다.[31]

경제학자들 가운데 두드러졌던 마르크스의 명성에 대한 그의 평가는 부분적으로 오해를 사기도 했다. 예를 들어, 1879년 매사추세

츠 주 출신 미국 진보혁신당Radical Republican 상원의원 조지George는 마르크스 주도의 국제노동자협회International Working Man's Association(사회주의 계열 노동자 및 사회주의 단체의 국제적인 조직, 흔히 줄여서 '인터내셔널'이라고 일컬었음)의 모임을, 남북전쟁 기간(1861~1864년) 중 영국을 '남부 연합'the Confederate 조직에 가세하지 못하도록 꽁꽁 묶어둠으로써 미 연방the Union의 보존에 결정적으로 이바지한 요인으로 여겼다.

"유럽·미국 국제노동자협회International Association of European and American Workingmen는 상대방을 서로 존중한다는 기치를 내걸었습니다. 그것은 세계 각국 사이에서 관계를 구축하고, 사람과 사람 사이에 형성된 동지애를 확인했습니다. 이는 일반적인 노동자 유대에서 벗어나 훨씬 거대하고, 훨씬 더 강력하며, 어떤 밀착 관계보다 훨씬 더 끈끈했습니다. 국민을 국가에 결속시키는 유대 관계를 능가할 정도였습니다. 미국은 그 숭고한 성취에 감사를 표시하면 안 되는 마지막 나라입니다."32

게다가 미국경제학회American Economics Association를 결성한 젊고 똑똑한 미국의 경제학자들은 전부 독일에서 공부했다. 그들은 마르크스에 익숙했을 뿐 아니라 그를 매우 존경했다. 예를 들어 걸출한 이력을 막 쌓기 시작한, 23세의 아서 트위닝 해들리는 이렇게 썼다.

"내가 마르크스의 견해에 동의하지는 않음에도 불구하고, 최근 들어 그에 대해 큰 관심을 갖게 됐다. 그의 저서는, 근래 50년 동안에 나온 정치경제학 분야의 그 어떤 책보다 더 고차원적인 과학적 목적을 지니고 있는 것으로 내게는 비쳐진다. 리카도처럼 그도 인위적인 격언이 아니라, 자연적인 법칙을 모색한다. 그의 주장 가운데 상당 부분은 리카도의 견해를 적절하게 발전시킨 것이었다고 나는 생각한다. 사회주의자들이 치명적인 오류를 일부 지니고 있음에도, 그 혼자만은 다른 이들에 견줘 뚜렷한 차이를 지니고 있다."[33]

해들리 말고도 이런 견해를 드러낸 경제학자들은 많았다. 이들 학자는 거듭 반복되는 철도 기업들의 파산에 영향을 받지 않을 수 없었다. 서로 다투다가 결국 파산에 이르고 마는 그 업체들을 통제하는 조처를 그들은 옹호했다. 이런 현상을 설명해주기에는 주류 경제학보다 마르크스 경제학이 훨씬 더 적절했다. 이들 경제학자는 마르크스를 인정하지 않은 채, 경쟁의 참화로부터 철도 산업을 보호하는 정부의 규제 뿐 아니라 트러스트와 담합(카르텔), 독점도 옹호했다.

역설적이게도, 이들 경제학자는 철도 산업보다는 주류 경제학을 방어하고 세련되게 다듬고 있었다. 그들은, 간섭받지 않는 시장경제가 정당하고도 효율적이라는 것을 '증명'하는 논문과 교재를 발간했다. 그들은 정치 및 산업계 지도자들과 다른 경제학자들을 위한 사실상 한 종류인 경제학과, 노동자들을 위한 또 다른 종류의 경제학을 창안했다. 왜 그들이 시장을 수용해야 하는지를 설명하는 내용이었다.

언론의 외면 속에서 이어진 수십 년 동안의 세월 뒤에, 엄청난 관심이 마르크스의 이론을 공격하는 쪽으로 쏟아졌다. 당시 주요 경제학자들은 노동자들의 고충에 등을 돌렸다. 그리고 자본주의 시스템이 공평하지는 않음에도 불구하고 최소한 정당하기는 하다는 것을 '증명'하는 방식으로, 노동자들의 저항에 맞서는 해법을 제시했다.[34]

'효용'이라는 개념 뒤에 숨어

1870년대 3명의 두드러진 경제학자들 – 영국의 윌리엄 스탠리 제본스 Stanley Jevons, 1835~1882 와 스위스의 레온 왈라스 Leon Walras, 1834~1910, 오스트리아의 카를 멩거 Carl Menger, 1840~1921 – 이 독자적으로 새로운 종류의 경

윌리엄 스탠리 제본스

제학을 창안했다.

그들의 이론 속에서, "새로운 출발점은, 생산자 지위를 가진 사람과 사람 사이의 사회 경제적 관계가 아니라, 사람과 완성된 제품 사이의 심리적 관계로 변했다."[35] 제본스의 표현대로, "그 이론은 마음의 상태를 탐구한다고 상정한다."[36] 경제 시스템은 개별 기업과 소비자의 집합체로 비쳐진다. 각각의 경제 주체는 초기에 자본 또는 재산을 지니고 있어서, 자발적인 교환을 위해 그것을 사용하는 것으로 여겨진다. 판매자와 구매자 양쪽 모두 교환을 완료함으로써 더 부유해질 것이라고 생각할 때 비로소 거래가 이뤄진다. 이 새로운 이론이 노동과 노동자, 노동 조건의 배제를 어떤 식으로 강화했는지를 제본스는 이렇게 설명했다. "가치는 항상 효용(45쪽)의 정도에 달려 있고 노동은 그 문제와 무관하다. 효용을 통할 때만이 예외다."[37] 우리가 앞으로 보게 되겠지만, 노동의 역할에 대한 사소한 양보에 대해서까지 제본스는 신랄하게 비난했다.

그에 따라, 시장의 냉혹한 규율에 종속된 사업체는 전능한 소비자의 명령에 복종하는 선택 밖에는 할 수 없게 됐다. 제본스는 그 이유를 이렇게 설명했다.

"자본가도 상인처럼 중개인에 불과하다. 그는 소비자를 위해 준비된 상품을 확보해, 그 가격에 해당하는 비용 청구서를 제시한다…… 이른바 노동과 자본 사이의 갈등은 환상에 불과하다. 진정한 갈등은 생산자와 소비자 사이에 있다. 자본가인 고용주는 생산 시스템의 일부이다. 그는 자연스럽게, 자기한테서 물건을 사려는 소비자와 갈등을 겪는다. 하지만 노동자의 몫을 떼어가는 행위를 하게 되는 그의 기능은 노동 계급과 얽힌 갈등을 격화시킨다. 그에 따라 자본가는 시달림을 당하고 경제적 투쟁에 따른 막대한 타격을 입게 된다. 반면, 소비자는 똑똑해 궁극적으로 늘 승리한다."[38]

이 이론 안에서는 실제적인 생산 과정보다는 내부관찰introspection – 이 경우에는, 소비재에 대한 소비자들의 객관적인 평가 – 이 경제를 이끈다. 어떤 경제 체제에서나 그래야 하듯 생산은 계속된다. 하지만, 이 체제 안에서는 생산이 뒷배경에서 그렇게 이어진다. 어찌됐건 기업들은 자기네 기술과 소비자 선호도를 감안해 노동과 자본, 그리고 원료(생산 요소들)를 결합해 소비자들의 입맛에 맞는 다양한 상품들을 생산해내는 것을 경제학자들은 당연한 것으로 여긴다.

현대 경제학자들은 여기서 한발 더 나아가, 사업장 내 노동자와 고용주 사이의 불균형을 권력의 행사라기보다 자발적인 협약으로 취급한다. 훌륭한 두 경제학자 – 한 명은 신입생을 대상으로 한 저자의 경제학 강의에서 강사였다 – 는 고용주와 종업원의 관계를 고객과 상인의 관계에 비유했다.

"어떤 두 사람 사이에서 계약을 맺는 일상적인 시장으로부터……기업은 명령을 내릴 힘을 약간이라도 확보할 수 없다. 권위도, 어떤 다른 규율 행위도 할 수 없다……그[고용주]는 해고하거나 소송을 제기할 수 있을 뿐이다. 이는 마치 내가 상인으로부터 물품 구매를 중단함으로써 그를 해고하거나, 결함투성이 물건을 배달한 데 대해 소송을 제기할 수 있는 것과 똑같다……노동자를 관리하거나, 지휘하거나, 또는 다양한 직무에 배치하는 것에 대해 말하는 데, 이는 실제 모습을 현혹시키는 기만적인 것이다. 실제로는 양 당사자에게 수용 가능해야 하는 조건의 계약을 둘러싼 재협상에 고용주가 지속적으로 관련됨을 뜻할 뿐이다. 종업원에게 저 서류를 정리하기보다는 이 편지를 인쇄하라고 말하는 것은, 내가 상인에게 저 브랜드의 빵보다 이 브랜드의 참치 제품을 팔라고 말하는 것과 같다."39

개별적인 최종 소비자가 상인을 '해고'하겠다며 단순히 협박함으로써 심리적 상처를 주는 것 같지는 않다는 생각이 이들 경제학자의 머릿속에서는 일어나지 않는다.

다른 경제학자들은 이런 사고방식을 훨씬 더 불합리한 수준으로 끌고 간다. 노동자들이 명백하게 강압적인 조처들을 더 선호한다고 주장하는 것이다. 어떤 사람은 이런 주장을 내놓기도 했다. "공장 규율은 성공적이었다. 노동자들이 자유롭게 일하는 방식보다 그게 그들로부터 더 많은 노력의 땀을 강압적으로 뽑아냈기 때문이다······ 경험적인 증거에서 볼 수 있듯이, 오로지 규율만이 노동자의 노력을 늘림으로써 성공을 거뒀다. 실질적으로는 노동자들이 자본가들을 고용해 더 열심히 일하도록 했다."40

또 다른 경제학자 클라크 나르디넬리Clark Nardinelli는, 공장에서 일하는 어린 아이들이 자신의 고용주들로 하여금 자기를 매질하도록 자발적으로 선택했다고 공공연히 말했다. 나르디넬리의 말을 들어보자. "경쟁적인 산업에 속해있는 한 기업이 이제 신체적인 처벌 제도를 채택했다면, 그 기업에 대한 어린이 노동의 공급 가격은 상승할 것이다. 그 아이는 매질을 당한 데 따른 불쾌함을 상쇄할 보상을 받는 것이다."41 비슷하게, 1949년 혁명 이전 중국에서 강가를 따라 목재 선박을 끌어당기는 사람들은 게으름을 피우지 못하도록 자신을 매질하는 감시자를 고용하는데 동의했다고 홍콩 출신 경제학자 스티븐 체웅Steven Cheung은 주장한다.42

이런 과장된 분석을 활용해 경제학자들은 자본주의를, 갈등에서 벗어난 조화로운 시스템이라고 설명한다. 아마도 양 당사자는 교환 행위를 통해 자신들의 상황을 개선한다. 그런 개선을 기대할 수 없다면, 서로 외면하고 떠나버릴 수 있다. 영국 태생의 미국 경제학자 아바 러너 Abba Lerner, 1903~1982가 언급했듯이, "하나의 경제적 거래는, 해결된 하나의 정치적 문제이다."[43] 아마도 양 당사자는 각각 외면하고 떠나 버릴 수 있는 대안을 갖고 있기 때문에, 거래 행위 속에서 각자의 상황을 개선한다.

이런 이야기 속 어디에서도 착취는 발견되지 않는다. 노동도 찾아 볼 수 없다. 잠재적인 노동자들은, 작업 개시 이전에 임금을 받기 위해 협상하고, 작업 종료 이후에는 임금을 수취하는 모습으로만 비쳐질 수 있을 뿐이다. 일이 끝난 뒤, 그들은 소비자 역할을 수행하기 시작할 준비를 갖추게 된다. 노동 현장에서 벌어지는 일은 경제학의 경계 밖으로 떨어진다.

불행히도, 경제학자들은 여전히 한 가지 문제를 안고 있었다. 그들은 소비의 기호 또는 즐거움을 측정할 수 없었다. 그런 이유 때문에 경제학자들은 지루하게 들리는, '효용'이라는 측정 불가능한 용어 뒤로 물러앉았다. 경제학자들은 효용을 양적인 측정 수단이라고 상상한다. 이것을 통해 소비자들이 사과를 먹는 데 따른 만족도와, 교향악을 감상하는 데 따른 즐거움의 정도를 비교할 수 있다는 것이다.

경제학자들은 효용을 측정할 수 없는 자신의 무능력을 문제로 여기지 않는다. 그 대신 소비자를 합리적인 존재로 가정한다. 소비자는 앞에 놓인 많은 선택지들의 상대적인 효용을 잘 알고 있다는 것이다. 이런 모형의 가정들을 고려할 때, 소비자들이 감당할 수 있는 가격에서 원하는 것을 생산자 쪽에서 제시하지 않는다면, 잠재적인 소비자들은 달러당 더 높은 효용을 제공하는 다른 상품을 구입할 것이다. 자기네 제품을 팔아야 하는 필요성에 비춰볼 때, 생산자는 선택의 여지없이 소비자들의 바람 – 값싸고 질 좋은 상품 – 을 채워주기 위해 필사적인 노력을 기울여야 한다. 이런 시장 명령을 어기는 생산자는 누구라도 시장 밖으로 쫓겨날 것이다.

경제 이론에 구축된 가상의 세계 속에서, 효용은 오직 시장에 있는 상품을 구입하는 방식으로만 발생한다. 노동과 노동자, 노동 조건은 이 이론에서 설 자리를 사실상 잃고 만다. 딱 한 가지 예외만 있다. 노동자들이 노동에 종사함으로써 여가를 포기한다는 사실을 이 이론은 인정한다. 상실된 여가의 효용 – 노동의 비효용 – 은 실제적인 노동의 경험과는 무관한 독립적인 성격을 띤다. 사지를 절단당하거나 목숨을 잃는 게 노동에 포함됨에도 불구하고 말이다.

여가 또한 노동처럼 생산적일 수 있고, 성취감을 심어주는 노동은 여가보다 더 많은 효용을 실제로 창출할 수 있다는 것을 경제학자들은 결코 깨닫지 못한다. 그 이론 속에서 이는 전혀 중요하지 않다. 경제학자들의 단순한 가정에 따르면, 노동은 여가의 상실에 지나지 않기 때문이다.

이론적 장애물

이 새로운 이론 – 신고전파 – 이 나타나고 있을 당시만 해도, 경제학은 그리 높은 지위를 누리지 못했다. 제본스는 영국과학진흥협회 British Association for the Advancement of Science 의 '섹션 F' Science and Statistics (과학과 통계) 회의에서 침울한 회장 연설과 더불어 불평을 늘어놓았다.

"정치경제학자보다 더 초라한 자리를 차지하고 있는 사람은 없습니다. 특정한 지식과 추론 사이에서 개척 지대를 일구고 있는 정치경제학자의 노고는 사방팔방에서 조롱받고 거부당하고 있습니다. 만일 정치경제학자가 인간 본성의 확실한 법칙에 도달해, 그것을 무시하는 데서 생겨나는 해악을 지적하면, 충분한 상식을 갖춘 것으로 자부하는 집단으로부터 대대적인 공격을 받습니다. 정치경제학자는 추론을 할 때 너무 추상적이라고 비난받습니다. 인간 심성의 복잡함을 간과하고, 인간의 자애로움을 너무 낮게 평가한다는 비판도 나옵니다. 하지만 정치경제학자의 동기는 인도적입니다. 그가 비정한 인간혐오자로 모든 측면에서 비난받는 사태를 피한다면, 그는 행운아입니다."44

제본스의 발언 이후 3년만인, 1873년 세계적인 경제 위기가 시작돼 경제학의 명성은 더 깊이 가라앉았다. 오랫동안 런던의 〈이코노미스트〉The Economist 편집장이었던 월터 배젓Walter Bagehot, 1826~1877은 이렇게 썼다.

"정치경제학은 전적으로 만족스럽지 않다. 그것은 대중의 마음속에서 죽은 채로 남아있다. 그것은 이전과 똑같은 관심을 불러일으키지 못하고 있을 뿐 아니라, 그 속에는 똑같은 확신도 없다. 젊은이들은 그것을 공부하지 않는다. 그게 그들 가슴에 뼈저리게 와 닿는다거나, 펄펄 살아 숨 쉬는 그들의 생각에 부합한다고 느끼지 않는다. 새로운 과학은 새로운 탐구 방식들과 더불어 최근 몇 년 전에 생겨났다. 그리고 젊은이들은, 자신의 아버지 세대가 파악했던 것처럼, 새로운 과학과, 이들 새로운 사고 및 새로운 도구의 관계가 무엇인지를 알고 싶어 한다. 그것에 대해 거의 알지 못한 채 그들은 이렇게 묻는다. 이 '과학'이 자체적인 주장처럼, 우리가 알고 있는 과학에 부합하거나, 우리가 도전장을 던질 때 그것을 견뎌낼 내성을 갖춘 것일까?"45

헨리 바늄 푸어Henri Varnum Poor, 1812~1905의 의견을 감안해보라. 푸어는 현재 위기의 중심부에 서 있는 신용평가기관들 중 하나인 스탠더드 앤 푸어스Standard & Poor's 공동 설립자이자 금융업자였다. 본래 푸

헨리 바늄 무어

어의 회사는 당시 미국에서 압도적인 산업이었던 철도의 상황에 대해 알려주고 있었다. 푸어는 그 당시 대중의 마음속에 들어있는 경제학의 지위를 묘사했다.

"정치경제학자들은 보통의 인류애적인 감정을 갖지 못한 – 사실상 생체 해부 옹호자들보다 나을 게 없는 – 냉혈 동물로 여겨져 왔음을 나는 알고 있다. 이른바 '심령론'Spiritualism (죽은 사람의 영혼이 영매靈媒를 통해 산 사람과 의사소통을 할 수 있다는 믿음)의 거대 분파처럼, 정치경제학이 사기인 것으로 드러난다면, 일반 대중들은 마음속으로 더 행복해 할 것이라고 나는 믿는다."46

프랜시스 애머사 워커Francis Amasa Walker, 1840~1897도 경제학의 상태에 대해 비슷하게 부정적인 평가를 내렸다. 워커는 19세기 마지막 10년 중 미국에서 가장 유명했던 경제학자였다. 그의 이력에는 남북전쟁 중 장군과, 1870년과 1880년 센서스census (정부 차원의 총인구조사)의 총책임자, 매사추세츠공과대학 총장, 미국경제학회 초대 회장(7년) 등의 자리들이 포함돼 있다. 워커는 1879년 유명한 논문을 발간했다. 노벨경제학상 수상자(1987년)인 로버트 솔로우Robert Solow의 표현인, "현실의 인간들 중 경제학자들은 왜 악취 속에 있는 것처럼 보였을까?"47

워커는 '앵글로색슨 경제학'(앵글로색슨 종족 중심의 미국과 영국에서 득세하는 시장 자율 중시 경제학)이 '대륙의 전통'(시장 자율보다 정부의 역할에 상대적인 강조점을 두는 분위기)에 등을 돌렸다고 애통해 했다. 경제학이 너무 추상적인 것으로 변질돼 아무런 해법도 제시하지 못한다고 그는 비판했다. 이른바 과학이라고 하는 이것이 부유해지는 방법을 알려주는 데 아무런 도움을 줄 수 없다는 사실을 사업가들은 간파했다. 게다가 노동시장의 자유방임주의laissez-faire를 주장하는 독선적인 태도는 과학 그 자체를 위한 공감과 대중의 존경을 모두 상실했다. 특히 노동 계급 쪽에서 그랬다. 워커의 결론은 이랬다. "특정 경제학파는 매우 심각한 위기를 겪고 있다……인도주의에 대한 관심은 위험한 게 아니다.

프랜시스 애머사 워커

인간 존재의 행복을 바라며 후원하는 이들이 그런 이유 때문에 특별한 걱정이나 불안을 느낄 이유는 없다."[48]

경제학자들이 모든 방면에서 어떤 식으로 도전을 받았는지를 워커의 불만이 설명해준다. 경제학자들은 현실 세계의 관심사로부터 동떨어져 있는데다 너무 추상적이라고 비평가들은 꼬집었다. 사업가들은 현실적인 충고를 제공하지 않는다고 경제학자들을 매섭게 꾸짖었다. 반면, 노동자들은 경제학자들이 자본과 노동의 싸움판에서 자본을 편든다는 것을 인식했다.

가장 잔혹한 타격은 1877년에 닥쳤다. 영국의 유전학자이자 우생학優生學의 창시자인 프랜시스 골턴Francis Galton, 1822~1911이 정치경제학을 영국과학진흥협회British Association for the Advancement of Science 로부터 추방시키자는 제안을 한 때였다. 수년 전 제본스가 연설했던 바로 그 협회였다. 노동과 노동자, 노동 조건을 배제하는 방식으로 현대 경제학을 구축한 중심 인물인 알프레드 마셜은 그런 적대적인 환경 속으로 발걸음을 옮겼다.

과학적 허세

마셜이 강의했던 케임브리지대학에서 "교수들의 강의는 대체로 장식용으로 여겨졌다."⁴⁹ 마셜이 거기서 가르치는 일을 시작했을 때, 정치경제학 분야의 학생들은 도덕 철학 또는 역사 과목에서 시험을 치렀다. 순수 경제학은 그 시험에서 극히 일부만 차지했다. 설상가상으로, 경제학 시험에는 수학 및 고전학 시험에 인정되는 위엄과 찬사가 따라주지 않았다.⁵⁰

더 나쁜 점으로, 정치경제학의 범위는 정해진 규율의 경계선도 없이 광범위했다. 총리 지명을 받은 현대 역사 분야의 칙임勅任 교수the prime minister's appointment to the Regius Professorship in Modern History인 존 로버트 실리John Robert Seeley, 1834~1895는 이런 문제의 전형적인 예를 보여줬다. 그가 취임 기념 강연을 통해 자기 직분의 정책적 역할을 강조할 때였다. 그는 자신의 역사학과 범위 안에 정치경제학이 들어있다고 확신했다.⁵¹ 처음에는 마셜도 실리의 견해를 받아들였다. 그 자신도 역사적인 연구에 몰두했던 것이다. 하지만, 마셜이 케임브리지대학에서 자신의 취임강연을 했을 때인 1885년에 이르러, 변화를 겪었다. 마셜은 정치경제학 연구를 위한 위신을 따내는 일에 사로잡혔다. 이런 노력의 핵심은 그 학과 학생들을 위한 별도의 시험 과정 개설을 대학 당국으로부터 승인받는 일이었다. 영국의 한 경제학자는 1887년에 이르러, 미국 독자들에게 이렇게 설명했다.

"마셜 교수의 사적이고 간접적인 영향력은 그의 책보다 훨씬 더 광범위했습니다. 영국에서 경제 관련 직위의 절반을 그의 제자들이 차지하고 있습니다. 영국에 개설돼 있는 일반적인 경제 관련 강의에서 이들 제자 그룹이 차지하고 있는 몫은 이보다 훨씬 더 큽니다."⁵²

마셜은 자기 학과의 강의를 정식화하기 위한 '성전'聖戰을 벌이기 시작했다. 이 목적을 향해 그는 1879년 아내와 공동으로 펴낸 책의 제목 〈산업 경제학〉The Economics of Industry 에서 새로운 용어, 경제학economics을 사용함으로써 정치경제학political economy에 반짝반짝 빛나는 광택을 더하려고 애썼다. 이 저서에서 그들은 자기네 동기를 부분적으로 설명했다. "정치적 관심사는 일반적으로 국가 전체보다는 일부분의 관심을 의미한다.53 훨씬 더 과학적으로 들리는 표현, 경제학은 과학science과 가까운 관계를 맺을 것으로 기대된다. 경제학자들이 모방하려고 애썼던 게 물리학physics이었다."

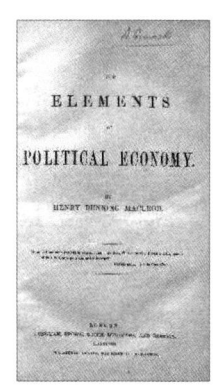

'economy'란 단어를 책의 제호에 사용한 매클레오드의 저서

  책 제목에 '경제학'을 처음으로 사용한 경제학자는 마셜이 아니었다. 덜 유명한 저서의 지은이 두 명이 이런 점에서는 마셜을 앞섰지만 오랫동안 잊혀져 있었다. 둘 중 첫 번째 저자는 일리노이대학 총장이었던 줄리언 스튜트밴트Julian M. Stutevant였다. 그는 1877년 경제학이란 용어를 사용한 것 말고는 달리 쓴 게 거의 없어 그 학문에 아무런 흔적을 남기지 못했다.

  두 번째는 1887년의 헨리 매클레오드Henry Dunning Macleod, 1821~1902였다. 경제학계를 이끄는 학자들 중에서는 아무도 매클레오드의 저서에 주목하지 않았다. 그 저서의 문체가 기이하고 겉만 번드레한데다 일관성마저 띠지 못했다.54 매클레오드가 신용과 경제 발전에 관해 일부 흥미로운 연구를 했음에도 불구하고, "인정받는 경제학의 울타리 바깥에서 외롭게 머물러 있었다"고, 다소 동정적인 한 작가가 그에 대해 언급했다.55 그럼에도 불구하고 매클레오드는 그 학문에 이름을 지어줌으로써 경제학 역사에 지울 수 없는 흔적을 남겼다.

  하지만, 마셜은 경제학이란 용어를 매클레오드의 저서보다는 그의 논문에서 따온 것 같다. 그 논문의 매력은 경제학이란 과학을 생산보다는 교환 속에 논거를 두는 동시에 물리학 과목에 연결을 꾀하기 시작했다는 점이었다. 매클레오드가 자신의 책에서 설명했듯이, "경제학은 교환 가능한 수량의 관계를 지배하는 법칙을 다루는 과학이다."[56] 매클레오드는 또한 경제학과 물리학의 친밀성을 강조했다.

매클레오드는 영국의 저명한 물리학자 제임스 클러크 맥스웰James Clerk Maxwell, 1831~1879에게 편지를 썼다. 물리학과 경제학의 공통점을 담은 내용이었다. 맥스웰은 조심스럽게 답변했지만, 그의 펜에선 빈정댐이 배어나왔다. "우리는 같은 배를 타고 있습니다……경제학을 물리학으로 격하시키는 대신, 저는 물리학 초보자들에게 장부기입(부기)의 원리를 깨닫게 해주려 애쓰고 있습니다."[57] 매클레오드 혼자만 물리학자들에게 다가가려고 했던 게 아니었다. 1860년대에 이미 새로운 에너지 물리학physics of energy이 물리학계의 논의에서 주요 상징(메타포)이 되고 있었다.[58] 경제학자들은 물리학에 활용하는 수학을 도용해 곧바로 경제학에 이용했다. 이런 노력에 대해 한 비평가는 이렇게 말했다. "솔직히 말해, 신고전학파의 조상들은 물리학의 방정식을 베껴 썼으며, 변수들에 붙어있는 이름만 살짝 바꿨다."[59] 경제학자들의 연구는 안타깝게도 너무 미흡했음을 물리학자들은 알아차렸다. 부분적으로는 경제학자들의 이론 모델이 무제한적인 성장을 허용하고 있기 때문이었다. 반면, 경제학자들의 모방 대상인 물리 시스템은 물질과 에너지의 보존 같은 제약 요인들 탓에 일정한 한계를 지니고 있다.[60]

그 학과에서 경제학자 매클레오드에 대한 관심과 배려는 부족했음에도 불구하고, 정치경제학political economy을, 교환의 과학인 경제학economics으로 재구성한 매클레오드의 지도를 받아들일 때는 마셜을 추종했다. 그 과정 속에서 경제학의 과제는 점차 좁아져, 시장에서 이뤄지는 개인적인 행위들의 집합이 이른바 경제에 어떻게 영향을 끼치는지를 연구하는 일로 바뀌었다.

브랜드 이미지만 바꾸는 꼼수

정치경제학의 브랜드 이미지를 경제학으로 바꾸는 일에서 마셜이 금방 성공을 거둔 건 아니었다. 그의 저서 〈경제학 원론〉Principles of Economics 최종판에서도 여전히 '정치경제학'이란 문구를 썼다.

"정치경제학 또는 경제학은 일상적인 삶을 영위하는 인간을 연구하는 학문이다. 그것은 개인적이고 사회적인 행위의 일부가, 행복에 필수적인 물질적 요건들의 보유 및 사용과 대단히 긴밀하게 얽혀 있다는 점을 세밀하게 들여다본다."[61]

하지만, 마셜은 결국 경제학 강의를 변모시키는 데 성공을 거두었다.[62] 마셜의 영향력을 다룬 책에서 이 점에 관한 결론이 나와 있다.

"마셜의 두드러진 성취는······동료들의 눈길을 경제학의 목표에 고정시키는데 성공했다는 점이다. 이는 전략적인 기교와 유창함, 집요함 덕이었다. 경제학의 범위와 정확성, 그리고 예측의 신뢰도는 자연과학에 비견될 만했다."[63]

이 목표는 명백하게 경제학자들을 멀찍이 피해나갔다. 마셜은 경제학에 대변혁을 일으키기에 이상적으로 부합했다. 겉보기에는 혁명적인 성격을 지니지 않았기 때문이었다. 케임브리지대학의 후배 경제학자는 이렇게 언급했다. "마셜은 확실히 위대한 도덕 군자였다. 하지만, 왠지 그 도덕은 항상, 존

알프레드 마셜

재하는 것은 뭐든지 대체로 옳다는 식이었다."⁶⁴ 또 다른 논평자는 마셜이 '안전한 그리고 살살 달래는 경제학'을 만들어냈다고 기록했다. 그가 특히 옛 경제학과 새 경제학 사이의 연속성을 보여주려 시도했기 때문이었다. 이는 '정치경제학 또는 경제학'이라는 그의 언급에 이미 암시돼 있었다. 동시에 그 학과에 대한 두 가지 비판 - 그게 너무 추상적이고, 사람들의 실제 관심사에서 너무 동떨어져 있다는 - 에 응답을 하는 동안, 마셜의 설명 방식은 그 학과를 훨씬 더 과학적인 것으로 만들 수 있을 것처럼 비쳐졌다.

마셜의 모호함은 그에게 매우 유리했다. 그의 〈경제학 원론〉은 수학적인 방정식을 포함시키지 않았지만, 여전히 '엄격한' 모습을 지녔다. 경제학자들은 일반적으로 '엄격한'이란 이 용어를 수학적인 처리 방식의 동의어로 해석한다. 그렇기는 하지만, 마셜은 협소한 경제학의 울타리를 깨고 나오는 것의 중요성을 표현하면서, 서로 모순되는 언급들로 자신의 저서에 양념을 뿌렸다.

마침내 마셜은 사람들의 실제 삶을 마음속에 깊이 담아둬야 할 필요성을 강조했다. 특히 대중의 자기계발을 촉구하는 빅토리아 시대 Victorian, 1837~1901 분위기에서 나온 호소였다는 뜻에서 그렇다. 예를 들어 그의 사망 직후 발간된 짧은 글에서 그는 이렇게 언급했다.

"부는 오로지 인류의 혜택을 위해 존재한다. 그것을 '야드'라는 단위로는 적절하게 측정할 수 없다. 금 몇 온스의 등가물일 수도 없다. 그것의 진정한 잣대는 인류의 행복에 기여한 크기에 달려 있다."⁶⁶

마셜의 유산은 매우 역설적이다. 그는 세상을 뜨기 직전인 1923년 크리스마스 날 저녁식사 뒤, 아내에게 이렇게 말했다. "내가 인생을 다시 시작한다면, 심리학에 헌신해볼 생각이오. 경제학은 너무 보잘 것 없어. 이상을 갖고 헌신할 만한 게 못돼."⁶⁷

마셜이 경제학을 더 넓은 사회적 맥락 속에서 이해하는 일의 중요성을 정확히 인식했을지는 몰라도, 그 학과의 주류는 오래지 않아 마셜의 일부 견해를 눈에 띄지 않게 한 쪽으로 치워버렸다. 인도주의를 드러낸 마셜 자신의 표현은 숨 막히는 감시에서 비롯되는 프로크루스테스 경제학의 핵심을 방어했다. 사실상 수갑을 차고 있는 모습을 악수하는 것처럼 보이게 만들어 놓았다. 이런 측면에서 마셜의 저서는 경제학을 지금처럼 건조하고 인간미 없는 학문으로 변질시키는 데 결정적인 구실을 했다.

결과적으로, 오늘날의 경제학자들은 인간의 행복이나 다른 이상들 같은 관념을 고려할 필요성을 더 이상 느끼지 않는다. 인류애적인 감정에 대한 간헐적인 입발림(립 서비스)은, 인간의 행복을 독단적으로 심판하는 프로크루스테스 경제학의 지위를 깎아내리는 데 아무런 역할도 하지 못한다. 그 대신 그런 말들은 독자들을 안심시켰다. 전통적인 경제학 분석법을 수용하는 게 인류애적인 의무라는 것이었다.

마지막으로 역설적인 점 하나가 더 있다. 마셜의 분투가 대단히 강하게 느껴졌던 곳인 케임브리지 학파가 1960년대와 1970년대에 20세기의 무미건조한 경제학에 대해 가장 강력한 도전장을 던지는 활기찬 중심지로 변했다는 사실이다.

자기 눈을 스스로 가리는

경제학자들은 자기네 학문의 이론적인 진전을 자랑스러워한다. 그들은 자기네 학문이 다른 사회과학들보다 훨씬 더 진정한 과학에 가깝다면서 자축한다. 그 과정에서 그들은 가까스로 마르크스의 유령을 쫓아냈다. 그들은 또한 바로 그 경제의 본성 – 우리가 마땅히 누릴 수 있는 것을 우리 모두가 갖고 있는 - 을 '증명'하는 일에서 거둔 성공을 자축했다. 개별적인 소비자들의 선호를 만족시키는 제품을 기업이 제공할 것이기 때문에 경제가 효율적으로 작동한다는 사실을 '증명'했다고 그들은 주장한다.

그 시스템이 정당하다는 사례를 만들어내는 일에서 중심을 이뤘던 것은 노동의 배제이다. 임금은 다른 것들과 마찬가지로 자발적인 거래의 일부로 취급됐다. 노동자들이 일하러 가기 위해 여가를 포기한데 따른 '비효용'은, 그들이 벌어들이는 화폐의 '효용'보다 낮아야 한다. 그렇지 않다면, 노동자들은 고용주 쪽의 제안에 따른 협상안을 받아들이려 하지 않을 것이다.

자세히 들여다보면, 성공에 대한 대다수 경제학자들의 주장은 그리 탄탄하지 못하다. 그들의 비현실적인 가정을 받아들이더라도, 대다수 사람들이 효율성을 이해하는 그런 방식에서, 시장 시스템이 효율적임을 경제학자들은 여전히 증명할 수 없다. 그 대신 경제학자들은 효율적인 경제를, '다른 누구한테도 해악을 끼치지 않고는' 아무도 부유해질 수 없는 상태로 정의한다. 이런 제한적인 정의는 재분배에 대해서는 어떠한 배려도 할 수 없게 만든다. 이런 잣대로 보면, 매우 부유한 사람한테서 건네받은 1달러 - 그가 거의 손실로 느끼지 않을 - 를 굶주리는 사람에게 주는 것은 어떠한 개선도 이루지 못한다. 반대로, 바로 그 부자한테 10억 달러를 더 보태주는 정책은 효율성의 증대로 이어진다. 다른 사람은 아무 것도 얻지 못했어도 말이다. 아무도 더 가난해진 게 아닌데, 뭐가 문제란 말인가?

이런 예를 가공의 것으로 여기지 않도록 하버드대학 경제학 교수 마틴 펠드스타인Martin Feldstein의 의견을 들어보자. 그는 로널드 레이건 미 대통령의 수석 경제 고문이었다. 또 20세기 초반으로 거슬러 올라가는, 중요한 경제학 관련 기구인 전국경제조사회National Bureau of Economic Research를 수십 년 동안 관할하기도 했다. 〈불평등이 아닌 가난을 줄이는 것〉Reducing Poverty Not Inequality이란 제목의 논문에서 펠드스타인은, 극소수 부자들이 사회의 나머지 사람들한테 아무 비용도 초래하지 않고 1,000달러씩 받기 때문에 생겨나는 상상 속의 불평등 확대에 대한 적절한 반응을 묘사했다.

펠드스타인의 생각에는, '앙심을 품은 평등주의자'만이 사회에서 이루어진 그러한 개선을 환영하지 않을 것이다. 부자에게 다가온 뜻밖의 횡재는 효율성의 개선으로 계산된다. 그게 다른 사람들의 (비시장적인) 삶의 질을 떨어뜨림에도 불구하고 말이다. 부자들이 자신의 돈을 사용해 임대료를 끌어올림에 따라 거기 이웃해 살던 이들을 쫓아내게 되는 사태를 예로 들 수 있다. 그런 식으로 이 새로운 경제학은, 더 공정한 사회를 요구하는 대중의 면전에서 무대책을 사실상 정당화하는 과학으로 변질됐다.

대다수 경제학자들은 자기 생각에 굳건한 미시적 토대 - 경제학자들만의 전문 용어로, 내가 명백히 비현실적인 모델이라고 묘사했던 것 - 위에 구축돼 있지 않은 이론은 어떤 것이든 무시한다. 주류 경제학자들은 노동과 노동자, 노동 조건을 합당한 경제적 탐구 주제로 삼을 수 있다는 주장에 특히 위협을 느끼는 듯하다. 결과적으로, 그들의 이론적 태도에 대한 어떠한 심각한 도전도 적대적인 반응에 맞닥뜨리게 된다.

유명한 사례가 하나 있다. 1944년 리처드 레스터Richard Lester는 주류 경제학에서 주장하는 그런 방식대로 노동시장이 작동하는지에 대해 의문을 제기하는 논문을 발간했다. 레스터는 산업 현장에서 폭넓은 경험을 쌓았다. 그는 미국 '국가전시노동위원회 남부지역 섬유

분과'Southern Textile Commission of the National War Labor Board 의장으로 일했다. 정부의 공식 자료와 업계 지도자들의 조사 결과를 활용해, 레스터는 주류 경제학 이론의 가정에 부합하지 않는 증거를 찾아냈다.[69] 최저임금의 증액이 실업률 상승으로 이어지지 않는 것으로 나타났던 것이다. 그러한 결과는 신념을 갖고 있던 옹호자들을 격분시켰다.

시카고경제학파 거두이자 노벨경제학상 수상자(1982년)인 조지 스티글러George Stigler, 1911~1991가 공격을 주도했다. 스티글러의 촉망받는 제자이자, 보수주의 운동에서 중요한 인물인 토머스 소웰Thomas Sowell은 스티글러의 토론 방식을 '죽음의 경주'Demolition Derby(자동차를 타고 서로 충돌하며 끝까지 달리는 경우 이기는 파괴적인 게임)에 비유한 바 있다.[70] 이 토론은 그러한 성격을 재차 확인시켜줬다. 스티글러는 어떠한 경험적 증거도 갖추지 못한 주장을 일관되게 펼쳤다. 그러한 자신의 진술은 직감적으로 명백해 어떠한 논쟁도 용납하지 않으려는 것 같았다.[71]

자신의 전투적인 속성을 상징하듯, 스티글러는 존 스튜어트 밀John Stuart Mill, 1806~1873의 사진에 이런 설명을 붙였다. "그는 아마도 역대 가장 공정한 경제학자일 것이다. 그는 다른 사람들의 이론을 적어도 자신의 것만큼 존경을 갖고 대했다. 다른 어떤 경제학자도 그런 실수를 반복해서 범하지 않았다."[72]

스티글러와 그의 동맹자들은 자기네 동료들을 만족시키기 위해 무지막지한 욕설을 동원했다. 레스터의 자료가 자기네 이론에 부합하지 않기 때문에 그는 잘못한 게 틀림없다는 내용이었다.

정통 이론에 대한 레스터의 도전은 침묵을 강요당했다. 스티글러는 약 30년 뒤 자신의 성과를 돌이켜보면서, 오만한 태도로 이렇게 쓸 정도였다. "최저임금법은 특정한 지역 및 계층 노동자들에게 잘 숙지된 욕구를 표현한 것이었다는 생각은 경제학자들에게 심각하게 고려되지 않았다."73 이듬해, 그는 더 의기양양하게 자랑했다. "명색이 훌륭한 경제학자들 중에는 최저임금법을 옹호하는 이가 없다. 경제학자라는 전문가 집단의 통합성을 잘 보여주는 증거를 하나 든다면, 바로 그 사실이다."74

앨런 크루거와 데이비드 카드

1990년대 들어 프린스턴대학의 앨런 크루거Alan Krueger 교수와, 캘리포니아주립대학 버클리 캠퍼스의 데이비드 카드David Card 교수는 최저임금법에 관한 연구를 시작했다. 이들은 최저임금 인상이 실업률 상승으로 이어지지 않았다는 사실을 다시 보여줌으로써, 벌집을 쑤셔놓은 것 같은 대소동을 일으켰다.75 그들은 또한 패스트푸드 업계의 후원을 받는 이들을 포함한 동료 경제학자들의 격렬한 비판에 맞닥뜨렸다. 카드와 크루거 둘 다 뛰어난 경제학자였다. 카드는 미국 경제학회로부터 권위 있는 '존 베이츠 클라크 상'John Bates Clark award을 받았다. 이는 경제학자 존 베이츠 클라크1847~1938 (미 컬럼비아대학 교수 역임, 〈부의 분배〉(1899)에서 분배의 한계생산력설 수립)의 업적을 기려 2년마다 40세 미만의 탁월한 경제학자에게 주는 상이다.

카드와 크루거의 저작물은 엄밀한 조사 작업을 바탕에 깔고 있었다. 하지만, 논쟁에 맞닥뜨려, 카드는 연구 성과 중 일부를 빼놓았다. 그는 이렇게 설명했다.

"그 뒤 저는 이런저런 다양한 이유로 최저임금 논문으로부터 멀찍이 떨어져 지냈습니다. 첫째, 그 때문에 저는 많은 친구들을 잃었습니다. 예를 들어 제 첫 직장 시카고대학에서 만난 이들을 포함해, 오래 전부터 알고 지내던 사람들은 심하게 화를 내고 실망감을 표시했습니다. 우리 둘의 공동 저작물이 출간됐을 때, 우리는 경제학 전반의 대의에 등을 돌린 배반자로 변했다고 그들은 생각했던 것입니다."[76]

그들의 연구에 대해 노벨상 수상자 두 명이 〈월스트리트저널〉 사설 면에 논평을 실었다. 상대적으로 온건한 머튼 밀러 Merton Miller, 1923~2000 (시카고대학 교수, 1990년 노벨경제학상 수상)는 이렇게 반응했다. "그것은 분명히 잘 구성된 여론조사일 따름입니다. 저는 제 직분을 수행할 때 늘 두려움에 떱니다."[77] 두 번째 인물 제임스 뷰캐넌 James Buchanan (1986년 노벨경제학상 수상)은 그의 독자들을 위로했다. "다행스럽게도, 200년에 걸친 교훈을 거리낌 없이 던져버린 경제학자들은 극소수에 지나지 않습니다. 저희는 아직 군대 야영지를 따라다니는 매춘부 무리로 전락하지 않았습니다."[78] 미루어 짐작컨대, 카드와 크루거는 그 범주에 빠져 버렸다는 뜻이었다.

카드가 "연구를 진전시키고, 다른 이들로 하여금 이 분야 연구 작업에 매달리도록 하는 것은 좋은 생각이라고 본다"고 꾸준히 주장했다는 건 그리 놀랄 일이 아니다. 하지만, '경력 관리'를 중시하는 경제학자들은 누구나 그렇게 하지 말라는 충고를 받기 일쑤였다.[79] 레스터와 카드가 동료 경제학자들에게 확신을 심어주지 못한 게 연구 결과의 오류 때문은 아니었다. 대부분의 경제학자들은 그 둘의 연구 성과를 무시했다. 또는 더 나쁘게는, 그것을 즉각 거부했다. 자기네들이 품고 있는 신념에 충돌한다는 이유에서였다. 스티글러의 동료인 밀턴 프리드먼 Milton Friedman, 1912~2006 이 한번은 이런 글을 썼다. "꼭 붙들고 있는 신념을 훼손하려고 위협하는 사실들에 직면하는 것과, 오랜 기간에 걸쳐 도달한 견해를 바꾸는 것만큼 사람들에게 어려운 일이 없다. 혼란스럽지 않은, 명료한 사실 같은 건 세상에 없다."[80]

또 다른 시카고학파 경제학자 셔윈 로젠Sherwin Rosen, 1938~2001은 카드와 크루거의 연구를 진지하게 받아들이는 걸 노골적으로 거부했다. 1997년 10월, 오스트레일리아에서 발행되는 경제 전문지an economist working '크레이그 프리덤'Craig Freedom 인터뷰에서 로젠은 이렇게 인정했다.

"누군가 제게 다가와서, 제가 알고 있는 모든 게 틀렸다고 말한다면, 저로선 방어적인 태도를 취하기 쉽습니다. 아마도 그런 주장이야말로 틀린 것이라고 저는 자연스럽게 믿을 것입니다. (웃으며) 평생 투자한 것을 감안할 때……저의 투자를 감안할 때, 수년 동안 읽은 것들을 감안할 때, 그게 옳겠지요. 최저임금 인상이 고용을 늘린다고 누군가 제게 말할 때, 그것에 관한 연구가 딱 하나[아마도 카드와 크루거의 연구] 있는데, 그런 주장에 저는 매우 회의적인 태도를 취할 것입니다. 저는 그것을 믿지 않습니다!"[81]

시카고학파는 경험적인 증거를 곧바로 거부하는 특성을 지니고 있는 것으로 유명하다. 전 시카고대학 교수 디어드리 맥클로스키Deirdre McCloskey는, 자료를 사용하고 이론에 의문을 제기하는 사람들이 "나는 그것을 믿지 않는다"거나 "그것은 합당하지 않다"라는 '합창'에 어떻게 맞닥뜨렸는지, 경험담을 들려준 바 있다. "1960년대 후반과 1970년대 초반 밀턴 프리드먼 주도의 연구 모임 '시카고 화폐 워크숍'Money Workshop at Chicago은 그에 딱 맞는 사례였다."[82]

또 다른 시카고대학 교수인 멜빈 레더Melvin Reder는, 미시적인 기초에 의문을 제기하는 증거에 맞닥뜨렸을 때 시카고학파가 후퇴를 거부하는 방식에서 한발 더 나아간 통찰력을 제공했다.

"시카고학파 경제학자들은, 표준가격이론standard price theory(시장에서 결정되는 가격과 생산량·판매량의 관계를 분석하고, 가계나 기업 등 경제 주체들이 어떤 원리에 입각해 의사결정을 내리는지를 밝히는 이론, 현대 경제학의 기초)의 취지에, 경험적인 연구 결과가 부합해야 한다는 그 잣대로 자기 자신의 연구와 다른 이들의 연구를 평가하는 경향이 강하다……중요한 목적은 비非경제학자들을 전향시켜 자기네식의 사고방식을 갖도록 하는 것이다……하지만, 짐작컨대 그 패러다임(이론 틀)에서 주장하는 어떤 가정에 위배되는 답변들은 시험받는 과정에서 실패했음을 드러내는 것으로, 불이익을 당한다."[83]

매사추세츠공과대학 출신의 탁월한 경제학자, 찰스 킨들버거 Charles Kindleberger, 1910~2003는 "시카고(학파)에서 이론을 수정하는 것은 가능한 한 오래 피하는, 마지막 수단이다"고 언급했다.[84] 경제학자들은 자주 그런 고집스러운 저항을 훌륭한 과학적 태도라고 여긴다.

충분히 예상할 수 있듯이, 적지 않은 파문을 일으킨 레스터와 카드의 의문 제기는 아무런 효과를 거두지 못했다. 경제학자들의 애정을 듬뿍 받는 미시적인 이론 토대와, 시장의 효율성에 대한 그들의 신념은 난공불락으로 남아 있었다. 오늘날 경제학자들이 경제학 이론의 핵심에 의문을 제기할 수 있는 연구 저서를 출간하는 번거로움을 감수하지 않는 게 하등 이상하지 않다. 이런 환경에서 경제학자들은 노동과 노동자, 노동 조건을 다루는 불편함 없이 거래에 바탕을 둔 자신의 이론을 계속해서 활용할 수 있다. 하지만, 삶에서 매우 중요한 측면들을 그들의 이론에서 배제시킴으로써, 경제학자들은 자기 눈을 스스로 가린다. 또 그들의 충고를 따르는 이들마저 까막눈으로 만든다. 이 책에서 보여주듯이 이는 결국 일종의 비효율로 이어진다.

노동자들은 대체 어디에 있는가?

19세기 초반, 케임브리지대학 수학과 내 '아이작 뉴턴의 루카스 석좌교수'Issac Newton's Lucasian Chair(영국의 성직자이자 정치가였던 헨리 루카스의 재산 기부로 1663년에 만들어진 수학 교수직, 뉴턴의 요구를 반영해 성직 겸임) 찰스 배비지Charles Babbage, 1792~1871는 세계 최초의 컴퓨터를 설계했다. 전기의 힘이 아닌 수동 축에 의해 구동되는 복잡한 기계였다. 배비지는 괄목할만한 발명품을 완성시키지는 못했다. 하지만, 최근 들어 다른 사람들이 그의 원래 계획에 바탕을 둔 두 개의 기계를 만들었다.

이 정교한 기계에 쓰이는 부품들은 고도의 정밀성을 필요로 했다. 그것들의 생산 과정을 감독할 때, 배비지는 많은 공장들을 방문해야 했다. 그는 또한 '런던 은행 청산소'London Bank Clearing House(선물의 매도자와 매입자 사이에서 거래 이행을 보증하고 계약을 관리하는 역할 수행)와 런던에 있는 〈더 타임스〉the Times(런던에서 발행되는 영국의 대표적인 신문, 1785년 1월 창간) 같은 장소에서 노동 과정을 관찰했다. 이 경험에 바탕을 두고 배비지는 1832년 〈기계 및 제조의 경제〉On the Economy of Machinery and Manufactures를 출간했다. 이는 매우 이례적인 책이어서, 조지 스티글러로 하여금 "찰스 배비지는 경제학 발전에 크게 이바지한 수학자들 모임에 들어올 수 있는 정회원 자격을 충분히 갖췄다"고 인정할 수밖에 없도록 만들었다.[85] 배비지는 과도한 관념에 빠진 동시대 경제학자들을 비난했다. 스티글러가 찬성을 표하며 인용했던 한 구절에서, 배비지는 이렇게 꼬집었다.

"정치경제학자들은 실제 사례를 별로 활용하지 않고 이론만 과도하게 많이 채택했다는 이유로 비난

찰스 배비지

을 받아왔다. 그런 실제 사례들이 부족하다면, 기억에서 떠올려 볼 일이 있다. 불행하게도, 탁상공론을 일삼는 철학자는 공장 현장의 경탄스러운 일처리 방식에 전혀 익숙하지 않다. 상인이나 제조업자들처럼 그렇게 준비성 있게 즉각 물건을 공급할 수 있는 집단은 없다. 그 사람들은 정치경제학자들의 추론에서 근거로 삼는 날짜, 시간을 낭비하는 일도 거의 하지 않는다. 또 의심할 여지없이, 경제학자들이 잔뜩 늘려놓은 연역적 추론은 어떤 인간 집단에게도 그리 중요하지 않다. 오류투성이 추론이 그렇게 기록된 사실들에서 비롯됐을 수 있다는 건 그다지 우려스러운 일이 아니다. 사실의 결핍에서 비롯된 오류들이, 진실한 자료에 관한 불합리한 추론에서 초래된 것들보다 훨씬 더 많고 훨씬 더 지속성을 띤다."[86]

배비지의 발언에 대한 공감에도 불구하고, 스티글러는 생산 문제에 주의를 기울이는 이들에게 여전히 적대적인 태도를 보였다. 이런 점에서 그는, 생산 문제를 명시적으로 대놓고 회피하는 주류 경제학 이론의 열렬한 옹호자였다. 그로부터 50년 뒤에 현대 경제학을 태동시키게 되는 논쟁적인 지적 분위기에서, 경제학자들이 배비지의 비난을 진지하게 받아들이고, 노동 과정의 실제 속내를 고려했을 가능성은 희박했다. 참담한 노동 조건을 직접적으로 다뤄봤더라면, 그들이 그렇게 단호하게 기존 체제status quo를 효율적인 동시에 정당하다고 방어하지는 못했을 것이다.

게다가 당시 주요 경제학자들 중 누구도 노동 계급에 단단히 얽힌 경험을 해본 적이 없었다. 마르크스는 노동자들의 끔찍한 상황에 대해 상세히 기술했다. 그는 영국 정부에서 발간한 충격적인 보고서를 읽음으로써 부분적으로 그런 경험을 할 수 있었다. 또한 그는 노동 계급 조직과 광범위한 관계를 맺었다.

이런 접촉 기회를 활용한 영국의 경제학자들은 상대적으로 매우 드물었다. 마르크스가 독파했던 그 정부 기록물을 그들은 읽지 않았다. 거래와 금융 문제에 관해 정보를 제공해주는 다른 공식 기록물들은 잘 활용했음에도 말이다. 미국은 그러한 문제들을 공론화하는 일에서 더 신중했다. 하지만, 경제학자들은 여전히 선택권을 갖고 있었다. 공식 기록물이 부족했다 하더라도 블루칼라(단순 육체노동자)들을 만나 상담을 해볼 수는 있었다.

지적인 야망 또한 노동과 노동자, 노동 조건에 대한 논의의 실종에 한몫했다. 경제학을 더 과학적인 것처럼 보이도록 만들려는 강렬한 욕구에 사로잡혀, 많은 주류 경제학자들이 매클레오드의 발자취를 따라갔다. 경제적 과정이 어떻게 효율성을 극대화하게 되는지를 보여주면서, 물리학을 닮아가려고 시도했다. 효용을 극대화하기 위해서는 소비자들이 정교한 계산을 필요로 한다고 가정함으로써, 경제학자들은 탄탄한 과학적 기반 위에 서 있다고 스스로 만족해할 수 있었다.

19세기 후반에 이런 이론이 득세하고 있을 때, 대규모 공장과, 커지는 기술의 지배력에 맞닥뜨려, 노동 투입은 점점 덜 중요해지는 것 같았다. 경제 이론에서 필요한 것은 오로지, 추가적인 단위 노동이 기업의 이윤을 늘리는 한 각 고용주는 해당 노동자를 계속해서 고용한다고 가정하는 것이었다.

경제학자들은 개인의 합리성을 가정하고 그 주변에 전반적인 자기네 이론을 구축했다. 그 때문에 고용주와 노동자를 포함한 사람들이 의사결정을 실제로 어떻게 내리는지를 조사하는데 누구든지 진지한 관심을 기대할 수 있었다. 행동경제학자들로 알려진 소집단은 정말로 이런 연구 노선을 따랐다. 자체 실험 뿐 아니라 오래된 심리학 지식에 바탕을 두고, 이 행동경제학자들은 '표준적인 경제 이론의 가정에 명백히 위배되는 다양한 경험적 사실들'을 보고했다.[87]

자신의 이론에 의문을 제기한 이런 연구 조사 결과에 경제학자들이 진지하게 맞대응해 싸움을 벌였을 것으로 예상한 사람이 있을 테지만, 그런 일은 일어나지 않았다. 주류 경제학은 행동경제학의 연구 성과에 별 영향을 받지 않았다. 〈이코노미스트〉의 기사는 행동경제학에 대한 주류 경제학자들의 관심 부족을 무미건조하게 합리화하려고 시도했다.

"행동경제학은······예외적인 사례들의 묶음이라고 하면 이해하기 쉽다. 이는 합리적 선택이라는 신성한 이론 모형을 약간 수정할 뿐 본질을 전혀 건드리지 않았다. 사람들이 대개 비합리적으로 행동한다는 가정은 비합리적이었기 때문이다."[88]

역설적으로, 합리성에 대한 이런 가정에 불구하고, 대다수 보수주의자들은 기존의 소득 분배를 옹호할 때 가난한 이들의 소비 습관을 끊임없이 매도한다.

노동과 노동자, 노동 조건의 배제는 단순히 우연한 실수라고 할 수 없었다. 그것은 착취 시스템이라는 비난으로부터 자본주의를 방어하는 중요한 목적을 수행했다. 노동은 자기 본위의 극단적인 주관성을 띤 것으로 급격하게 변했다. 이런 변화 속에서 측정할 수 없는 '소비자 선호'가 경제적 분석의 중심으로 떠올랐다. 이에 따라 경제학 이론이라는 가상의 세계에서 노동의 소외 문제는 가려진다. 사회학이나 산업관계론, 또는 심리학 같은 다른 분야에서는 노동과 노동자, 노동 조건이라는 문제를 진지하게 탐구하지만, 경제학에서는 그렇지 않다.

2008년 8월 8일, '저널 스토리지'JSTOR (인문·사회과학 분야 단편 저널을 수록해 검색할 수 있게 한 비영리 온라인 시스템, 1995년 구축) 데이터베이스(자료실)에서 전자적인 방식으로 76개 경제 학술지를 검색해본 결과, 노동과 노동자, 노동 조건이 경제학 논문에서 얼마나 하찮은 주제로 밀려나 있는지를 명확히 알 수 있었다. 2004년 1월 이후 발간된 논문들 중 '노동 조건'이라는 용어를 포함한 것은 단지 12개에 불과했다. 이중 가치 있는 논문은 주류 경제학의 관심을 그다지 끌지 못하는 진보적인 학술지, 〈아프리카 정치 경제학 리뷰〉Review of African Plitical Economy에 실린 4개뿐이었다. 나머지 논문들 중 3개는 교사 확보 문제에 관한 것이었다. 또 다른 한 논문에는 사람들이 웹사이트를 통해 노동 조건에 관해 알아볼 수 있다는 견해를 담은 각주가 달려 있었다. 노동 조건을 개선하기 위해 대학 교수들도 노동조합에 가입해야 한다는 내용을 담고 있는 논문도 있었다. 세계화가 노동 조건을 개선시킬 수 있는지 여부를 다룬 서평도 하나 있었다. 2개 논문은 노동 조건을 참작한 법률을 언급했다. 한 논문에는 해외 어린이 노동자들의 노동 조건이 끔찍했다는 경험에 이의를 제기하는 내용이 담겨 있었다. 또 다른 한 논문은, 공장 노동 조건이 양호했다는, 19세기 중반 영국 경제학자의 발언을 인용했다. 진지하게 연구했다는 증거는 찾아보기 어려웠다!

내 마음에 쏙 드는 논쟁은 마틴 펠드스타인에서 비롯된 것이었다. '양심을 품은 평등주의자들'에 대한 그의 경멸은 앞서 논의됐던 바 있다. 이 논문은 사회보장제도에 대한 그의 공격 행위들 중 하나였다. 여기서, 그는 양호한 노동 조건을 '과세 대상 소득'으로 취급할 것을 제안했다.[89] 이 제안은 매우 흥미롭게 들린다. 펠드스타인이 열렬한 과세 반대자였다는 사실 때문이다. 법인세는 경제 성장을 파괴한다고 그는 가르친다. 하지만, 여기서 그는 노동 조건을, 마음에 꼭

새겨둘 노동자들의 관심사로 보는 게 아니라, 세수입의 원천으로 여기는데 주저함이 없다!

노동과 노동자, 노동 조건을 심각한 사안으로 다룬 흔적은 어떤 논문에서도 찾아볼 수 없다. 반면, 10개 미만의 학술지를 갖고 있을 뿐인 사회학 모임은 107개 논문들을 그 응답으로 내놓았다. 인적자원 경제학 또한 전통적인 경제학보다 더 많은 논문들을 펴냈지만, 그 하위 학문 분야는 기업 쪽에 훨씬 더 자주 얽혔다.

19세기 후반, 경제학자들은 정책적인 면에서 '노동 문제'를 놓고 토론을 벌였다. 이른바 '노동 문제'에 대한 그들의 관심은, 노동 계급이 그리 고분고분하지 않다는 사실에 쏠려 있었다. 그와 동시에, 노동 문제는 이론적인 학술지에서 빠르게 자취를 감추고 있었다. 예외적으로 노동시장이 공정하다고 '증명'하는 것은 남아있었다. 대신, 금융 자산 소유자도 땅 또는 공장 같은 실물 자산 소유자와 마찬가지로 똑같은 권리를 갖고 있다고 주장하면서, 경제학자들은 금융 자산을 보유한 투자자의 지위를 높이기 시작했다. 심지어 화폐가치처럼 덧없는 권리도 재산으로 인정받기 시작했다.

사회의 물질적 행복에 관한 연구라고 여겨지는 경제학이 사실상 심리학적 과정의 부분집합-덤으로 얻은 기업 영업권의 추정치 같은 문제들과 함께, 이른바 합리적이고 이성적인 소비자들의 내적관찰-임을 강조하는 것으로 판명 났다. 경제학이 고집스럽게 이런 심리학을 합리적인 것처럼 다뤘기 때문에, 실제 현장에서 나타난 사실들이 다를 때조차 결과가 효율적일 것이라고 그 학문은 가정한다.

심리학에 대한 강조에도 불구하고, 경제학은 경제 시스템을 계속 굴려가는 데 필요한 일을 하는 사람들의 정신적이고 심리적인 실제 상태에 관한 것으로부터 조심스럽게 눈길을 거둔다. 사람들이 통상적으로 정보 경제 information economy (정보를 생산하고 유통하는 하드웨어와 소프트웨어가 하나의 산업으로 정착된 경제)에 관해 얘기할 때, 노동자들의 정신적 상태가 일정한 합리성을 지니고 있었을 것이라고 누구든 기대한다!

요약하자면, 경제학의 이념적 받침대는, 프로크루스테스식의 획일주의에서 비롯되는 두드러진 비효율성을 주도면밀하게 무시하면서, 프로크루스테스 체제를 강화하는데 이바지한다.

비현실적인 현실주의

프로크루스테스 경제의 맥락 속에서, 노동자들을 연구 대상으로 다루는 것은 주류 경제학 이론에 현실주의의 분위기를 덧붙이는 것이다. '노동의 물상화' reification of labor (인간이 상품이나 기계 설비의 일부로 전락한 상태)를 둘러싼 그런 이론적 취급에 대한 나의 평가는 경제학 이론에 대한 칭찬을 뜻하는 게 아니다. 그보다는 지금의 생산 시스템에 대한 질책의 의미이다.

이런 맥락에서, 대체로 기업은 노동자들을 상호 교환할 수 있는 부품으로 취급한다. 또 최대한의 노력을 뽑아내기 위해 실직의 위협을 가하는 방식에 의존한다. 프랭크 나이트의 표현을 빌리자면, "경제적인 인간은……다른 인간 존재들을 슬롯머신인 것처럼 다룬다."[90]

이 경제학 이론의 견해에 입각해, 고용주들은 미래에 대한 더 이상의 고려 없이 노동자를 고용한다. 노동자는 휘발유 1갤런 또는 6개들이 맥주 꾸러미를 구입하는 전형적인 소비자로 취급될 뿐이다. 노동자의 역할이 이렇게 단순해짐에 따라 경제학은 훨씬 더 쉬워지고 훨씬 덜 타당해졌다.

정말로, 고용주들은 때때로 노동자를 내다버릴 수 있는 대상물로 여긴다. 예를 들어, 1855년 매사추세츠 주 공장 대리인이 어느 공장 관리인과 거래했던 일을 이렇게 보고했다.

"제가 주력 공장의 대리인에게 물었습니다. 노동자들의 육체적, 지적, 그리고 정신적인 행복을 위해 뭔가를 하는 게 그 공장주들의 관습인지 아닌지 말입니다. 그 사람이 이렇게 말하더군요. 우리는 결코 그런 일은 하지 않습니다. 저로 말할 것 같으면, 제 기계를 다루는 것처럼 사람들을 대합니다. 제가 급여를 주기 위해 선택한 것에 맞게 그 사람들이 제 일을 수행하는 한 그들을 고용합니다. 제가 그들한테서 가능한 한 모든 것을 뽑아내면서 말이지요. 제 공장의 울타리 밖에서 그들이 무엇을 하는지, 어떻게 살아가는지 저는 모릅니다. 그들은 스스로 알아서 살아가야 합니다. 제 기계가 낡고 쓸모없어질 때면, 저는 그것들을 내다버리고 새 것을 취합니다. 이 사람들은 제 기계 설비의 일부입니다."[91]

최근에 나온 찰스 슈와브Chales Schwab (카네기Andrew Carnegie, 1835~1919의 비서)의 전기문에는 1897년 홈스테드Homestead 공장에서도 유사한 태도가 나타났던 것으로 기록돼 있다. 여기 '탁월한 철강 제조업체', '세계 최고의 선도자'가 있다. 하지만, 5년전 만 해도 그곳은 미국 내 노동과 자본 사이의 피비린내 나는 투쟁의 현장이었다. 노동자들은 자기네가 노동시장에서 물건 같은 존재에 지나지 않는다는 사실을 이미 충분히 숙지하고 있었다. 슈와브의 전기 작가는 그들의 견해에 입각해 이렇게 보고했다. "슈와브의 사업체는 영혼 없는 산업 괴물이었다. 기계 설비와 마찬가지로, 인간들도 쓰고, 내다버리고, 또 대체할 수 있는 물품으로 변질됐다."[92]

뉴딜 기간 중 노동조합의 힘은, 일부 기업이 자기네 노동자들과 좀 더 오래가는 관계맺음을 인정해야 한다는 것을 의미했다. 하지만 노조 권한의 절정기 동안 경제학자들은 여전히, 노동자들을 훈련시키는 일이 반드시 경영진의 최대 관심사라고는 할 수 없다고 주장했다. 노동자들이 다른 곳에서 더 높은 임금을 받아내려고 협상할 때 훈련받은 것을 이용할 수 있기 때문이라는 이유였다. 오늘날에는 노조 운동의 그림자만 희미하게 남아 있어서, 기업에 우호적인 언론은 언제든지 내다버릴 수 있는 '1회용 노동'에 관해 공공연히 떠들어 댄다.

그 자체의 논리에 따르면, 자본주의는 자신의 기계들을 효율적으로 사용하지 않고 있다. 예를 들어 기업이 노동자들을 가능한 한 많이 훈련시킨다면 노동자들의 생산성은 높아질 것이다. 하지만, 이 자본주의 시스템 아래에서는 기업의 최우선 과제가 지속적인 이윤 증대를 실현하는 일이다. 주식을 보유한 이들의 재정적인 이익을 채워주기 위해서다. 노동자들의 기술력을 증진시키려는 노력은 단기적인 이윤을 곧바로 높여줄 수 없을 것이다.

게다가 훈련 덕분에 노동자들은 다른 사업장의 고용주로부터 더 높은 급여를 받을 수 있는 기회를 얻을 수도 있다. 그 결과, 산업계 전반적으로는 타당한 것이 개별 기업들에게는 그다지 매력적이지 않을 수 있다. 요컨대, 기업은 의도적으로 노동자들의 훈련에 대한 투자를 억제한다. 이는 자본주의 옹호자들이 경제의 목적이라고 주장하는, 장기적인 성장을 갉아먹는다.

경제학의 또 다른 기이함은 노동자의 잠재력을 간파하지 못하는 경제학자들의 무능력을 심화시킨다. 방정식 또는 도표로 표현하기 충분할 정도로 이론을 단순화하기 위해, 경제학은 통상적으로 '시간'을 고려 대상에서 제외한다. 단순한 수요와 공급 곡선에 익숙한 사람이라면, 이런 분석 방법의 명백한 사례를 봐왔을 것이다. 그것은 수

경제학의 기이함은 방정식이나 도표로 표현하는 데 걸림돌이 된다는 이유로 '시간'을 고려의 대상에서 배제하는 데서 절정을 이룬다.

요와 공급이 일치하는 상황에서 출발한다. 그 뒤 수요 그리고/또는 공급이 변하고, 이는 수요와 공급이 다시 균형을 이루는 수준에 맞추도록 가격에 영향을 준다. 시장이 어떻게 다시 이 균형을 회복하는지, 그게 얼마나 오래 갈지, 또는 사람들이 어떻게 적응하는지에 대해 말해주는 게 그 이야기 속에는 아무 것도 없다. 이 불균형은 일시적일 수 있을까, 또는 추가적인 재조정이 필요할까? 재조정은 경제의 다른 부문에 영향을 끼칠까?

대단히 중요한 사실이 한 가지 더 있다. 시간을 고려 대상에 넣을 경우, 경제학자들은 미래의 불확실성과 맞서 싸워야 한다는 점이다. 시간을 고려한 상태에서, 시장이 효율적임을 그들이 어떻게 증명할 수 있을까? 생산보다 소비를 강조하는 것은 이런 측면에서 유용하다. 소비자들은 통상 완제품을 구입한다. 이와 달리, 생산자들은 자본재에 막대한 규모의 자금을 넣어둬야 한다. 이는 아마도 상당히 오랜 기간 생산에 쓰일 수 없을 것이다. 그러는 동안 시장 상황은 변할 수 있고, 그러한 투자는 현실 적합성을 잃을 수도 있다. 기업이 완벽한 선견지명을 갖고 있지 않다면, 시장의 효율성은 달성 불가능할 것이다.

경제학은 기업의 계산 착오에 얽힌 문제들을 거의 다루지 않는다. 너무나도 빈번하게 경제학에서는 불확실한 미래를 향해 투자하는 문제를 고려하지 않고 단순히 기업의 합리성을 가정한다. 약간 더 정교한 접근법에서, 경제학자들은 일부 개별 기업들은 실수를 범할 수 있지만, 전반적으로 그런 실수들은 그다지 많지 않을 것이라고 가정해버린다.

반면, 노동과 노동자, 노동 조건에 대한 무관심에도 불구하고, 경제학자들은 노동자들에게 높은 수준의 책임을 지도록 하는 경향을 띠고 있다. 경제학자들의 마음속에 있는 프로크루스테스는 기업의 계산 착오에 잘못이 있을 때조차도 노동자들 자신의 불운 탓이라며 이들을 비난한다. 노동자들의 임금이 낮은 것은, 단지 그들 자신이 기술을 향상시키는데 실패했기 때문이라고 치부한다. 부유한 사회 구성원들이 갖는 것과 같은 교육 기회를 노동자들은 거의 누리지 못한다는 점은 무시되기 일쑤다. 특히 기업이 '합리적으로' 훈련을 보류할 때 그렇다. 경제 사정이 형편없이 나쁠 때, 정부 규제와 더불어 노동자들은 비판의 도마에 오른다. 노동조합이 효율성을 방해한다는 것이다. 더 나은 급여와 노동 조건을 외치는 노동자들의 요구가 너무 과하다는 따위의 비판이다.

'과학적 경영'이라는 이름으로

어떤 의미에서 경제학자들은 노동 과정을 무시하면서, 물결을 거슬러 헤엄을 쳐오고 있었던 것처럼 보인다. 기업 운영에서 실질적인 책임을 지고 있는 경영진은 비용의 최소화를 원한다. 노동은 기업을 운영하는 데 드는 비용이기 때문에, 가장 단순한 방법은 임금을 깎거나, 노동자들을 더 혹독하게 부려먹거나 또는 노동 비용을 절약할 수 있는 장비를 들여놓는 것이다. 경쟁적인 환경에서 노동 과정은 결국 기업 운영에서 자못 심각한 관심사로 부각된다.

적어도 전통적인 경제 이론에 따르면, 임금 삭감에 대한 강박증이 사실은 매우 불합리한 지점에 이르게 된다. 이윤 극대화를 요구하는 논리에 따르자면, 기업들은 불필요한 비용이면 무엇이든 뿌리를 뽑아버려야 한다. 하지만, 기업들에서 종종 비非노동 비용은 무시된다. 기업체들은 오로지 임금 삭감에만 골몰한다. 예를 들어 뉴잉글랜드 지역 60개 공장을 대상으로 한 조사를 바탕으로, 경제학자 마이클 피오르Michael Piore가 발견한 사실을 들 수 있다. 고용주 쪽에서는 엔지니어들로 하여금 노동 투입을 줄이는 방법을 개발하는 외곬수의 목표만을 추구하도록 한 것으로 드러났다. 전반적인 비용 최소화라는 좀 더 합리적인 잣대를 고려하는 일 따위는 없었다. 그는 계속해서 이렇게 말했다.

"사실상 예외 없이, 엔지니어들은 시간당 노동hourly labor을 불신했다. 또 그렇게 할 재량권을 갖고 있을 때마다 언제나 노동 대신 자본을 쓰는 경향을 인정했다. 한 엔지니어가 설명했듯이, 비용 비교 결과, 노동 쪽이 더 나았지만, 우리는 용의주도했고, 나로선 어쨌거나 기계화를 추구할 것이다."93

노동 절약적인 기술은 특정한 형태의 일자리를 모두 끝장내 버릴 수 있다. 또는 노동자들로 하여금 더 열심히, 더 빨리 일하도록 강제할 수 있다. 기업이 노동자들을 더 혹독하게 몰아 부칠 의도를 갖고 있는 그 정도만큼 그들의 복지-건강과 안전 문제까지는 아니라 해도-는 위기에 처한다.

산업혁명 이전, 노동 과정을 감독하는 것은 단지 관리직에 오르기 위한 도전만은 아니었다. 공장을 운영하는 이들은 숙련된 노동자들이었다. 그들은 생산 과정에 온전히 빠져 있었다. 현대적인 기술에서 더 광범위한 자본재가 필요해진 뒤, 자금을 조달할 수 있는 주요 자격을 갖춘 사람들의 손아귀에 기업 소유권이 넘어갔다. 이 점에서 볼 때, 경영진은 기술적인 지식을 전혀 또는 거의 갖고 있지 못하기 십상이다. 그 대신, 고용주들은 고도로 숙련된 노동자들의 지식에 의존할 수밖에 없었다.

지식의 결핍 탓에 경영진은 명백히 불리한 처지에 빠졌다. 산업자본가들은 숙련 노동자들의 힘을 축소시키려고 했다. 그 방법은 미숙련 노동자들 - 종종 어린이들 - 도 어려운 과제를 수행할 수 있도록 해주는 기계 장비를 찾아내는 것이었다. 그러한 변화의 하나는 19세기 미국 통조림 산업에서 일어났다. 캘리포니아 골드러시는 통조림 제품에 대한 수요의 급격한 팽창을 촉발시켰다. 1860~1880년 사이에 그 산업은 15배로 불어났다. '캡퍼'capper로 알려진 숙련 상태의 '주석 세공인'들은 그 산업에서 가장 중요한 노동자들이었다. 이들은 깡통 밀봉 작업을 책임지고 있었다. 제품의 부패 가능성 때문에 그들은 막강한 협상력을 발휘할 수 있었다. 대다수 통조림 공장주들은, 연관된 기능공과 보조 사원들을 고용하고 관리하는 계약을 맺은 우두머리 캡퍼를 고용해야 했다. 통조림 산업의 자본가들 생각에는, 캡퍼들이 고용주의 불공정한 이점을 취하기 위해 자신의 전략적 입지

숙련 기능공인 '캡퍼'들이 생산을 주도하면서 공장 소유주와 갈등을 겪었던 18세기 말 경의 통조림 공장

를 이용하고 있었다. 1887년 제임스 콕스James D. Cox가 탁월한 성능의 통조림 밀봉 기계를 발명했다. 그는 캡퍼들에 대한 유감의 뜻을 다음과 같이 기술했다.

"수작업으로 통조림 밀봉작업을 하던 그 당시, 우두머리 캡퍼가 그 일을 하는 계약을 맺고, 작업 목표를 달성하기 위해 부하 직원들에게 재료를 공급했다. 공장주조차도 그를 몹시 두려워할 정도였다. 중요한 순간에 그 캡퍼가 파업에 돌입할지 또는 급여를 받아들일지를 결정하고, 술기운에서 벗어나기 위한 시간을 공장주 생각에 필요한 것보다 더 많이 요구하는데, 토마토를 구입하고 다듬는 일이 다 무슨 소용인가? 캡퍼는 자신의 중요성을 간파했고 그 강점을 충분히 활용했다. 너무나도 자주 통조림 제조업자를 초조하게 만들고 막대한 손실을 끼칠 정도였다. 통조림 제조업자는 무력감을 느낀 나머지 기계적인 수단에 대한 적극적인 옹호자가 됐다. 잦은 실패와 막대한 손실을 통해 기계로 세부적인 마무리 작업을 할 수 있게 됐으며, 마침내 기계적인 수단을 사용할 수 있도록 완전히 채비를 갖췄다. 우두머리 캡퍼는 고압적이고 무심한 태도 탓에 자신의 퇴출 시기를 스스로 앞당겼다."94

여러 가지 종류의 일work이 그런 단순한 기계화에 저항했다. 노동 과정에 대한 더 직접적인 통제가 기업의 우선과제로 떠올랐다. 프레드릭 윈슬로우 테일러는 과학적 경영이라는 그의 구상을 소개했다. 경영진이 작업 현장에서 이뤄지는 일에 대한 세부적인 연구를 통해, 생산 과정을 통제할 수 있게 해주는 지식을 획득할 수 있고, 획득해야 한다는 생각에 바탕을 둔 것이었다.

테일러의 연구 과제는 앞서 인용했던 그의 예측에 들어있는 그 맥락이었다. "지금까지는 사람이 우선이었지만, 미래에는 시스템이 우선이어야 한다." 노동 과정에 대한 종합적인 이해력을 키우기 위한 테일러의 야망이 어느 정도였는지를 보여주는 사례가 하나 있다. 더 나은 삽질 방법, 단지 그것을 찾아내기 위해 광범위한 실험과 관찰을 한 일이었다.[95]

비록 경영진은 노동자 훈련에 관심을 두지 않았지만, 테일러는 노동자들을 이용해 경영진을 훈련시켰다. 노동자의 작업성과에 대한 세심한 관찰을 통해, 테일러는 기업을 가르칠 수 있다고 주장했다. 낭비되는 시간 또는 불필요한 나머지 순간들 없이 노동자들이 최고 수준에서 작업을 수행할 수 있게 하는 방법을 기업 쪽에 알려줄 수 있다는 것이었다. 그러한 지식으로 무장된 고용주들은 더 유리한 처지에서 노동자들에게 압력을 행사할 수 있게 됐다.

노동자들의 적 - 공장주 - 을 최종 승리자로 만드는 게 그의 목표였다는 점을 제외하고는, 테일러가 기대한 바는 핵심 요원들을 지도하는 사람에 부합하는 역할을 하는 일이었다. 노동자들과 달리, 핵심 요원들은 일반적으로 자신의 인생에서 짧은 기간 동안 그리고 단 시간에 최고 수준으로 작업을 수행한다. 인간의 몸은 최대한 지속적으로 힘을 발휘하게 설계되지 않았다. 따라서 경영진이 테일러의 권고를 성공리에 받아들일 수 있는 그 수준만큼, 노동 조건은 나빠졌다. 적어도 사상자 수라는 측면에서 볼 때, 작업이 노동자들의 육체보다 우선이었다. 하지만, 경영진은 노동자들의 육체적 안전 따위에는 별 관심을 두지 않았다. 기업의 목적은 종업원들부터 가능한 한 최대의 작업량을 뽑아내는 것이다. 사실상, 테일러의 역할은 노동자들을 교환 가능한 부품으로 취급할 수 있도록 기업을 돕는 일이었다.

하지만, 테일러는 자신을 진보파라고 생각했다. 생산을 가속화시키려는 그의 시도를 노동자들이 반대하는 데 대해 테일러는 유감을 표시했다. 노동자들의 저항이 테일러에게는 비합리적인 것으로 비쳐졌다. 테일러는, 노동자들이 더 많아진 산출량 덕분에 더 높은 급여를 받을 것이기 때문에 반드시 혜택을 입을 것이라고 믿었다.

노동 과정이 단지 직무를 수행하는 더 나은 방법을 모색하는 문제만은 아니다. 노동 과정은 사회적 관계맺음이라는 더 거대한 시스템의 일부이다. 테일러는 이 점을 결코 이해하지 못했던 것 같다. 그러한 결점 탓에 자기계발 분야에 대한 기여에도 불구하고, 테일러는 그를 고용했던 회사들을 위한 과학적 경영 업무를 혁신시키는 일에서 진정으로 성공을 거두지는 못했다.[96] 하지만, 그를 추종했던 다른 이들은 노동 위에 군림하는 통제권을 확보하는 수단을 개발하는 일에서 더 큰 성공을 거두었다.

거대한 생산 시스템에서 노동자들을 톱니보다 하찮은 존재로 만들려는 노력은 장기적으로는 필히 자기기만적일 수밖에 없었다. 첫째, 빌 왓슨이 보여줬듯이(45쪽), 노동자들은 대안을 마련할 수 있었다. 더 중요한 게 있다. 더 폐쇄적인 경영을 통해 노동자들을 방해하는 것은 훨씬 더 커질 생산성 - 아마도 과학적 경영의 목적 - 을 위한 잠재력을 소멸시킬 것이다.

그러한 의문들을 탐구할 경제학자들의 자유는 제한돼 있다. 19세기 후반 이래, 대학들은 자본주의를 지지하지 않는 것으로 의심받는 경제학자들을 정기적으로 몰아냈다. 그러한 보복에 대한 두려움은, 경제학자들로 하여금 위험 지대에 발을 들여놓지 않도록 경고하기에 충분했다. 최저임금에 관한 연구로 맹비난을 받았던 리처드 레스터와 데이비드 카드의 사례를 떠올려 보라.

노동과 노동 조건은 훨씬 더 많은 논란을 불러일으킨다. 충분히 예상할 수 있듯이, 주류 경제학의 기대치에서 벗어나 떠돌고 있는 극소

수 경제학자들은 흠결 없는 자격을 갖췄음에도 가혹한 대우를 받았다.

제본스의 죄

윌리엄 스탠리 제본스는 그러한 예외 사례에 해당했다. 그는 육체적인 노동 행위와, 노동 과정에도 다소 관심을 보였다. 과학적 경영에 관한 테일러의 연구 결과를 기대하면서, 제본스는 근육 피로와 노동 사이의 관계를 보여주는 과학적 잣대를 개발하기 위해 반복적인 운동으로 실험을 거듭했다. 제본스는 자신의 연구 결과를 경제 학술지에는 공표하지 않고, 영국 최고의 과학전문지인 〈네이처〉에 실었다.97 전통적인 경제학자들에게는 설상가상으로, 제본스가 직무 그 자체로부터 분리된, 노동자들의 효용 또는 비효용을 구체화하는 것을 이론적으로 기꺼이 고려하려 했다. 노동은 불쾌할 이유가 없으며, 특정한 상황에서는 실제로 만족감의 원천일 수도 있음을 그는 인정하게 됐다. 제본스의 말이다.

"노동은……더 나은 미래를 보고 부분적으로 또는 전체적으로 겪어내는 정신 또는 육체의 어떤 고통스런 분투이다. 노동은 특정 시점에서 기분을 좋게 할 수 있고, 더 나은 미래로 이어질 수 있다는 게 사실이다. 하지만, 그것은 제한적인 수준에서만 유쾌하게 만들어줄 뿐이다. 대부분의 사람들은 자신의 필요에 따라 마지못해 원하는 수준보다 더 오래 더 혹독하게 분투한다. 어느 노동자가 작업을 중단하는 경향을 띨 때, 그는 명백히 일종의 지루함을 느낀다. 우리의 이론 속에는 그 분투가 너무 고통스러워져 다른 고려 사항들과 비교해 균형을 잡도록 하는, 바로 그 지점이 포함돼 있다. 노동이 그 지점에 닿기 전까지는 노동에 관해 유익하고 기분 좋은 게 있다면 뭐든지 노동자에게는 좋은 순수 이익으로 간주할 수 있다. 하지만 그것은 그 문제 안에 들어가지 않는다."[98]

제본스의 시기선택은 불운했다. 그가 노동에 관한 이런 연구를 시작한 직후, 파리코뮌이 경제 이론에 대한 이념적 공세를 강화하기 시작했다. 경제학자들은 자기네 생각에 '과학적인' 경제학으로 여겨지는 것에 바탕을 둔 기존 체제의 이념적 정당화를 시도하고 있었다. 그것은 수학으로 전락할 수 있었다. 그런 이유로, 제본스의 연구 중 이 부분만큼은 뜻밖인 것으로 비쳐질 수 있다. 영어권 세계에서는 누구 못지않게 제본스는 경제 이론의 초점을 생산으로부터 이탈시켜 소비로 향하도록 한 책임을 안고 있다.

제본스 자신은 대단히 이념적이었다. 그가 자신을 그렇게 여겼다고 생각하지는 않았지만 말이다. 하지만, 그럼에도 그는 과학과 효율성의 실제적인 문제들에도 대단히 큰 관심을 갖고 있었다.

거래를 강조하는 만면, 노동을 경시하는 게 새로운 경제 이론의 옹호자들에게는 긴급한 우선순위였던 것으로 보인다. 노동 과정을 고려하는 것은 이들 경제학자의 제안에서 비롯된 단순한 분석법을 치명적으로 복잡하게 만든다는 것을 그들은 깨달았다. 게다가 상거래를 통하지 않고는, 경제적인 성과를 개선하는 어떠한 노력도 반드시 상황을 더 나쁘게 만든다는 게 그들의 신념이었다.

이런 분위기에서, 노동 조건을 고려하는 것은, 경제학의 이념적인 힘을 약화시키는 위협을 가하면서, 이념적인 고상함을 심각하게 훼손할 것이다.

경제학자들은 고용을 자발적인 거래로 취급했지만, 노동 현장에서 자발적인 행동은 사라지고 없다. 그 대신 노동은 고용주의 명령에 따라 진행된다. 고압적인 태도의 감독은 노동을 시련으로 바꿔놓았다.

그렇지 않았다면, 노동 또한 즐길만한 게 될 수도 있었다. 그 결과, 노동과 자본 간 사회적 관계는 노동을 대단히 불쾌한 것으로 만드는 데 영향을 끼칠 것이다. 제본스의 연구가 시사했던 것은, 경제학자들이 '작업 현장의 효용'을 고려해야 한다는 점이다. 노동은 가게에 있는 물건의 구입 같은 거래의 결과가 아니다.

하지만, 경제학자들이 제본스의 제안대로 연구 작업을 진행할 경우, 자신의 주제를 '과학적으로' 측정할 수 있는 방법을 상실하고 만다. 경제학자들은 소비자들이 자신의 효용을 극대화한다고 가정해버림으로써, 소비자 효용을 측정하는 일을 능숙하게 해낼 수 있었다. 이론상, 가격은 측정의 기준을 제공한다. 소비자들은 그 기준에 따라 자신의 의사 결정을 내릴 것이다. 하지만, 작업 현장의 효용은 결혼의 효용을 측정하는 것에 필적할 만큼 매우 어려운 도전적인 과제를 제기할 것이다. 작업장 내부에서는 금전적인 거래 행위가 없다.

그 문제에 대한 논의를 더 진전시켜보면, 노동 조건에 대한 면밀한 관심은 무자비하게 짓밟힌 노동 계급 구성원들의 삶과, 그들에게 닥친 열악하고 정신을 빼놓는 작업 환경에 민감한 감수성을 불러일으킬 조짐을 띤다. 노동 조건을 계량화하는 일은 어렵기 때문에, 그 주제를 다루는 것은 경제학을 더 주관적인 것처럼 보이게 만들고 결과적으로 덜 과학적인 것처럼 비쳐지게 한다는 점을 경제학자들은 알고 있다.

다른 한 요소가 제본스의 연구를 불쾌한 것으로 만들었다. 독일의 과학적인 연구 전통은 노동에 대한 그의 분석에 영향을 끼쳤다.[99] 독일의 위대한 과학자 헬름홀츠 Hermann Ludwig Ferdinand von Helmholtz, 1821~1894 는 독일에서 이뤄진 노동 에너지론 energetics of labor 연구를 위한 노력에서 중요한 인물이었다. 노동력에 관한 헬름홀츠의 개념은

마르크스의 경제학 이론의 발전을 위한 '열쇠'를 제공했다.[100]

그리 놀랍지 않은 일이지만, 주류 경제학자들은 이런 부분에서 제본스식의 접근법에 대해 특별히 고마워하지 않았다. 그 방식은 노동과정의 효용을 위해 가능한 역할을 둘러싼 그 이전의 토론에 귀를 기울이는 것이었다. 1892년 편지에서 알프레드 마셜은 이렇게 썼다. "내 생각에 제본스는 비효용을 측정하는 것……에 관해 말함으로써 막대한 해악을 끼쳤다."[101] 마셜은, 이전에 제본스가 효용과 노동 사이의 연계성을 주장한 것을 그대로 흉내내면서, 제본스를 조롱했다. 노동의 효용에 대한 고려는 들판에서 딸기를 나눠먹는 어린아이의 경우에나 적합한 얘기일 것이라고 놀리는 식이었다. 혜택이 노력에 상응하는 가치가 있는 한, 젊은이들은 계속 일을 해나갈 것이다. 하지만, '무수은無水銀 기압계'aneroid barometer (얇은 금속으로 만든 진공상자가 기압의 변화에 따라 신축하는 것을 이용한 기압계) 같이 훨씬 현대적인 제품에 있어서, 제본스의 방식은 의미를 지닐 수 없다는 것이었다.

오스트리아 출신의 한 경제학자 집단은 훨씬 더 강력한 공격을 감행했다. 제본스를 맹렬히 비난하고, 효용을 바탕으로 삼는 기존 자기네 경제학의 이론적 순수성을 독단적으로 변호했다. 이들의 경제학은 노동 조건을 의도적으로 배제시켰다. 경제학자들은 노동자들의 생산이 아닌, 소비자들의 내적관찰에 관해 생각해야만 했다. 노동 현장에 대한 고려는 받아들여질 수 없는 것이라는 주장은 곧 경제학계 전반을 휩쓸었다.[102] 제본스의 '죄'는 그의 분석이 불완전했다는 그 사실에서 생겨난 게 아니었다. 경제 이론에 관해 새롭게 태동하는 학계의 공감대에 얽힌 불완전성에 문을 활짝 열어놓았던 것, 그게 그의 죄였다.

제본스에 대한 질책은 예상한 대로였다. 오늘날 노동 조건은 경제학에 절대 포함되지 않는다. 가끔씩 과거 또는 현재의 노동 경험(인적 자본의 축적으로 객관화된)이 노동자들의 생산성에 영향을 끼친다는 것을 수용할 뿐이다. 어떤 경우든, 노동자들의 직무상 복지에 관한 직접적인 관심은 결코 논의 대상에 들어오지 못한다.

어떤 점에서는, 경제학에서 노동 조건을 무시하는 것은 역설적이다. 이미 언급한 대로, 특정한 경제 체제가 만들어내는 인간 유형에 대해 경제학자들은 대개 관심을 보인다. 예를 들어 일부 경제학자들 – 특히 매우 보수적인 경제학자들 – 은 노동 규율이 인성을 향상시킬 것이라고 주장한다.

이런 인성 향상은 엄밀하게 경제적인 복지를 넘어 인간의 도덕적이고 윤리적인 특성에까지 확장된다. 이런 신념은 복지 시스템의 '개혁'을 위한 주요한 정당화 근거다. 이는 더 많은 사람들을 노동시장으로 몰아가려는 의도에서다.

미리 예정된 복지 수혜자들은 노동자일 것으로 여겨졌다. 그들의 인적자본과 도덕적 특성은 작업 현장의 규율을 통해 향상될 것이다. 이 정책의 지지자들은, 노동시장에 추가로 유입된 노동자들이 임금 하락을 압박할 것이라는 사실을 결코 암시하지 않는다.

경제학에서 노동 현장은 마르크스가 적절히 일컬었듯이 '은폐된 생산의 거점'으로 남아있다.[103] 경제학은 공장 문으로 들어서는 노동자들과, 야적장에 모습을 드러낸 완제품을 볼 수 있다. 하지만, 공장 내부에서 벌어지는 일에 대한 경제학자들의 시야는, 이윤과 손실을 계산하는 회계 담당자의 사무실에 한정된다. 그곳에는 노동과 노동자, 노동 조건의 그림자만 임금 계산서의 형태로 존재한다. 노동자든 소비자든 실생활 속의 사람들은 부와 자본의 축적을 가능케 하는 대상물로 추락한다.

독점에 관한 어리석은 혼돈

노동과 노동자, 노동 조건이 예기치 못한 방향에서 경제학 이론의 관심권으로 진입한 것은 1954년이었다. 미국의 경제학자 아놀드 하버거 Arnold Harberger가 전통적인 경제학자들의 사고방식에 도전장을 던지는 논문을 펴낸 때였다. 하버거는 훗날 시카고대학 경제학과를 든든하게 떠받치게 된다. 그 논문은 이렇게 시작된다.

"가격 이론을 공부하기 시작할 때 우리가 초기에 배운 것들 중 하나는 독점의 주요 효과는 자원을 잘못 배분하고, 전반적인 복지 수준을 떨어뜨리며, 소득을 독점 사업자들에게 유리한 방향으로 배분한다는 것이다. 이런 사실에 비춰볼 때, 독점 연구에 쏟은 우리의 경험적인 노력이 다른 사항들에 너무 과도하게 집중돼 있다는 점은 약간 기이하다."[104]

하버거의 의도는, 자원 배분 때 시장은 매우 효율적이어서, 독점에서 초래된 어떠한 왜곡 현상도 필시 그렇게 중요하지 않다 - 기껏해야 국민총생산GNP의 0.1% 정도 - 는 걸 보여주는 일이었다. 1959년 하버거는, 칠레 경제에서 왜곡 현상을 제거하는 게 경제 성과에서 상대적으로 그렇게 중요하지 않은 개선을 이룰 뿐이라고 주장하면서, 똑같은 생각으로 돌아왔다.[105]

아놀드 하버거

본래의 논문은 계속해서 영향력을 행사하고 있다. 아마도 부분적으로는, 그가 단순한 그래프를 사용했기 때문이다. 이는 독점 사업자의 힘에서 비롯된 가격의 변화가 수요에 끼치는 영향을 보여주고 있다. 그가 사용한 그래프는 독점 사업자의 이윤 증대, 투입 비용의 감소, 소비자 가격의 상승, 그리고 상대적으로 작은 '삼각형'을 보여 준다. 하버거에게 이는 독점의 사회적 비용을 뜻한다. 심지어 오늘날 에도 사실상 어떤 경제학자라도 '하버거 삼각형'이란 의미를 곧바로 알아차릴 것이다.

기업이 독점화되는 것을 아무도 걱정할 필요가 없다는 게 하버거의 교훈이었다. 삼각형이 매우 작다는 게 그 이유다. 그의 추정에 따르면 0.1%에 지나지 않는다. 하버거는 무심코 소득 분배에 끼치는 독점의 영향을 묵살했다.

"독점이 존재할 때 생겨나는 소득 재분배를 나는 분석하지 않았다······나는 형이상학 쪽으로 더 기울어진 내 동료들이 결정하도록 [소득 재분배에 관한 문제들을] 남겨두었다."[106]

훗날(1999년) 노벨상을 받게 되는 로버트 먼델Robert Mundell은 그로부터 몇 년 뒤인 1962년에, 하버거의 삼각형을 다시 떠올렸다. 왜곡 현상에 따른 피해가 매우 작다면, "누군가 불가피하게 경제학은 더 이상 중요하지 않다는 결론을 이끌어낼 것이다!"라는 게 그의 걱정이었다.[107]

하버거의 이론 모형에 대한 더욱 심각한 도전장은 하버드대학의 저명한 경제학자, 하비 라이벤스타인Harvey Leibenstein, 1922~1994으로부터 나왔다. 하버거는 독점 사업자가 가격을 약간 올릴 때 일어나는 현상만 보았을 뿐이라고 라이벤스타인은 주장했다. 미미한 가격의 즉각적인 효과가 작을 수 있음은 인정할 수 있다. 하지만 가격 변화의 미미한 효과에 자신을 가둠으로서, 하버거는 더 넓게 보는 시야를 잃었다. 경쟁 압력의 감소가 기업들을 나태하게 만들 수 있고, 이는 중대한 결과로 이어질 수 있음을 보지 못했던 것이다. 하버거의 실수는 단지 거래 측면 - 경제학자들이 배분의 효율성이라고 말하는 - 만 봤

다는 점이었다.

반면, 라이벤스타인은 다른 결과물을 내놓는 사실상 동일한 공장들에 대한 수많은 연구들을 인용하면서, 경제의 생산 측면으로 관심을 돌렸다. 경제학자들은 어떤 사업체들의 탁월한 성과를 설명해주는 힘 - 전통적인 경제 이론 모형에서는 파악하지 못하는 힘 - 을 이해하기 위해 붙잡고 씨름할 필요가 있다는 게 그의 생각이었다.[108]

예측 불가능한 산출이 놀랍게 여겨져서는 안 된다. 어떤 유형의 경쟁적인 활동에서 나타난 성과는 예측 불가능의 정도를 보여준다. 왜 기업들은 약간씩 달라야 하는가? 라이벤스타인은 기업들이 다르지 않다는 입장을 견지했다.

라이벤스타인은 자신의 통찰력을 공식적인 이론 모형에 맞출 수 없었다. 이 때문에 그는 성과의 가변성을 'X - 효율성'이라고 불렀다. 레오 톨스토이 Leo Tolstoy, 1828~1910 의 〈전쟁과 평화〉에 빗댄 표현이었다. 그 책에는 이런 언급이 들어있다. "관찰할 수 있는 모든 측면에서 양쪽 군대는 동일할 수 있다……하지만 무형의 'X - 요소'를 쥐고 있는 한쪽 군대가 다른 쪽 군대를 철저히 쳐부순다."[109]

라이벤스타인은 독점의 전통적인 효과 세 가지 중 하나에 집중했다. 독점 탓에 자원이 잘못 배분된다는 것으로, 하버거는 이를 묵살했다. 하지만, X - 효율성은 전통적인 경제학자들에 두 가지 상반된 영향을 끼쳤다. 우선, 그것은 독점이 후생 welfare 을 줄이지 않는다는 하버거의 주장에 내포된 약점을 보여줬다. 높아진 가격이 커다란 해악을 끼치는 건 아니라 해도, 독점은 생산의 효율성을 떨어뜨린다. 라이벤스타인이 경제학자들에게 새삼 일깨운 사실이 있다. 하버거가 자신의 논문 서두에서 언급했던 '비효율적인 자원 배분'에는 생산에 활용된 자원이 포함돼 있다는 점이었다.

경제학자들로서는 독점의 해악을 알기 위해 라이벤스타인의 가르침을 받을 필요도 없다. 경제적 압박이 효율적인 생산으로 이어지는 열쇠라는 건 경제학의 핵심 개념이다. 독점력은 경쟁으로부터 벗어날 수 있는 보호망을 제공한다. 영국의 경제학자 존 힉스 John R. Hicks, 1904~1989 의 인상적인 말처럼, "독점 이윤에서 생겨나는 좋은 점들 중 최고는 '평온한 삶'이다."[110] 경제학자들이 부적절한 상황으로 추락한다는 로버트 먼델의 악몽을 경제학자들은 그리 환영하지 않을 것 같다. 하지만, 각기 다른 효율성에 대한 라이벤스타인의 주장은 훨씬 더 불편한 의미를 지니고 있다. 통화주의자에서 케인스주의자에 이르기까지 사실상 모든 경제학파들이, 모든 기업들은 극대화를 추구한다는 가정 위에 자신의 이론 모형을 구축한다.

하지만, 각기 다른 생산의 효율성에 관한 라이벤스타인의 주장은 많은 기업들 - 단지 독점 또는 과점 사업자만이 아니라 - 이 극대화를 추구하는 게 아님을 시사한다. 동일한 업체들은 동일한 산출물을 생산해야 한다. 이런 점에서 X-효율성이란 개념은 경제학에서 핵심을 차지하는 가정을 무너뜨리고, 부적절한 상황보다 훨씬 나쁜 운명으로 몰아넣는다.

라이벤스타인은 예상 밖의 반역자였다. 그는 1960년대 대학가 소요 사태에 휘말려 버클리대학에서 물러났다. 그가 의도적으로 주류 경제학에 공개적으로 도전장을 던진 건 아니었다. 하지만 그는 실수를 저질렀다. 모든 것을 단순한 방정식으로 축소시킬 수 있기를 바라는 경제학자들에게는 매우 난해하게 상황을 악화시켰던 것이다. 동시에 그는 뜻하지 않게 노동과 노동자, 노동 조건에 대한 의문을 제기하는 쪽으로 문을 활짝 열었다.

라이벤스타인의 논문은 엄청난 비판을 촉발시켰다. 그의 연구 작업에 대한 한 회고담은 이렇게 기록하고 있다.

"1969~1980년 사이에 그 논문은 사회과학인용지수Social Science Citation Index (미국의 '톰슨 사이언티픽'에서 제공하는 사회과학 분야의 학술논문 인용 지수)에서 세 번째로 자주 인용됐다. 하지만……이런 인용 중 대부분은 X-효율성을 배척하는 쪽으로 해명하는 시도에서 비롯됐다. 그 12년에 걸쳐 이 논문은 대부분의 주류 경제학계로부터 지속적인 공격에 시달렸다."[111]

2009년 12월 18일 저널 〈스토리지〉JSTOR에는 X-효율성에 대한 조회 건수가 1,351회나 등록돼 있었다. 1980년 이후부터만 따져도 884회에 이른다. 이는 그 주제에 관한 지속적인 관심을 시사한다. 그렇다면 왜 잘 알려진 현상을 묘사한 한 논문이 경제학자들 사이에 불처럼 뜨거운 폭풍을 몰고 왔을까?

스티글러의 질책

라이벤스타인을 가장 혹독하게 비판하는 사람은 조지 스티글러였다. 스티글러는 전통적인 지식에서 대담하게 멀리 떨어지려는 사람이면 누구나 못살게 괴롭힐 만반의 준비를 늘 하고 있었다. 라이벤스타인은, 신랄한 제목의 논문, 〈X-효율성의 존재〉The Xistence of X-Efficiency의 형태로 들이닥친 그런 혹독한 처사에서 벗어날 수 있는 면역성을 갖추고 있지 못했다.

조지 스티글러

어떤 관점에서 볼 때, X-효율성을 공격하는

스티글러의 맹렬함은 사람을 헷갈리게 한다. 왜냐하면 라이벤스타인의 논문이 경쟁을 막는 장벽 - 대부분의 경제학자들이 혐오하는 독점 관행 또는 규제 같은 장벽 - 이 낭비를 조장할 수 있다는 지적에 신빙성을 더해주고 있기 때문이다. 스티글러 자신도 규제를 지속적으로 비판해왔다. 그 자신이 독점 옹호자는 결코 아니었다.

이런 특이한 효율성은 환상이었다는 게 스티글러의 논점이었다. 각각 다른 기업체들은 각각 다른 다양한 판매용 제품들과, '여가 및 건강을 포함한' 비非시장 산출물을 만들어내고 있었다.[112] 스티글러가 말한 것은 노동자들이 아닌 고용주들의 여가와 건강이었다.

최고경영자들은 자신의 개인적 효용을 위해 기업의 수익성을 떨어뜨리는 행동을 정말로 자주 한다는 점에서 스티글러는 의심할 바 없이 옳았다. 최근의 조사 결과를 보면, 최고경영자의 골프 실력이 뛰어난 경우 해당 기업들의 경영 성과는 저조했다. 또 최고경영자가 기업 본부에서 멀리 떨어진 골프장에 회원으로 등록돼 있을 때 회사 전용기 운영에 따른 비용이 더 높아진다.[113]

그러한 행동은 두 가지 의문을 불러일으킨다. 첫째, 경영진의 효용을 높이는 행동이, '자본주의는 산출량 또는 전체 효용을 극대화 한다'는 생각과 어떻게 조화를 이룰 수 있는 걸까? 결국 그러한 행동의 결과는 횡령과 다를 바 없다. 둘째, 노동의 주관적인 측면이 고용주들의 삶에 의미를 지닌다면, 그러한 배려는 노동자들에게도 마찬가지로 중요할 것이다.

그런 여가 활동이 비록 고용주들만 위한 것이라 해도, 여가 또한 생산물 산출의 일부임을 인정하는 것은 이 책의 기본적인 주제를 받아들이는 방향에 부합한다. 뜻하지 않게 노동과 노동자, 노동 조건을 배려하는 쪽으로 문을 열어놓은 뒤, 스티글러는 갑작스럽게 그의 논문을 다음과 같은 경고로 결론지음으로써 그 문을 쾅 닫아버리려고 했다.

"만일 누군가 비非최적화 이론에나 필요한 무지 쪽으로 방법론적인 비약을 감행할 준비를 갖추고 있는 게 아니라면, 낭비는 유용한 경제적 개념으로 볼 수 없다. 현대적인 경제 분석 틀 안에서 낭비는 결함이다. 그게 유용한 개념이 될 수 있으려면, 우리가 결함의 이론을 마련해야 한다."[114]

요약해서, 경제학자들이 낭비를 단순한 수학적 틀 속으로 집어넣을 수 없다면, 그러한 '방법론적인 비약'을 감행해서는 안 된다고 스티글러는 선언했다. 경제학자들은 시장의 거래 측면에 본인을 가두기보다는 물건들이 만들어지는 방식을 면밀히 조사해야 할 것이라는 연구 노선을 제안한 게 라이벤스타인의 죄였다.

라이벤스타인의 사망 4년 뒤, 아놀드 하버거는 미국경제학회를 대상으로 경제 성장을 주제로 한 연설을 했다. 하버거는 자신의 1954년 논문에서 중심 항목이었던 한계 효용적 시각을 깎아내리는 것으로 시작했다. "산출량의 증가는 투입량의 증가로 설명될 것이라고 대다수 경제학자들은 기대했다. 하지만, 우리가 최선의 장면을 포착했을 때, 전통적인 투입량은 관찰된 산출량을 설명하기에 미흡했음을 우리는 알게 됐다."[115]

하버거는 통상적인 경제 분석의 그물망에서 빠져나가버리는 특징을 지닌 생산성 향상의 사례들을 많이 제공했다. 이들 사례는 대체로 라틴아메리카에서 쌓은 경험에 바탕을 두고 있었다. 가장 많이 거론한 사례에서 그는 이렇게 썼다.

"나는 중앙아메리카에 있는 의류 공장을 조사했던 일을 기억한다. 그곳 공장주는, 여자 재봉사들이 일할 때 들을 수 있는 배경 음악을 틀어주면서, 실질 비용이 20% 줄었다고 내게 알려줬다."[116]

하버거는 경제 성장을 위한 두 가지 다른 상징물, 효모와 버섯을 제시했다. "효모는 마치 공기로 가득 찬 풍선처럼 빵을 대단히 고르게 팽창하도록 한다. 반면, 버섯은 쉽게 예측할 수 없는 방식으로 하룻밤 사이에도 쑥쑥 크는 속성을 띠고 있다."[117]

전통적인 경제학이, 여성 재봉사들을 더 열심히 일하도록 했음직한 특성의 음악을 찾아내는 것과 같은 '버섯 채취'에 특별히 유용하지 않다는 점을 하버거는 스티글러 만큼이나 명확히 알았음에 틀림없다. 하버거가 깨달았듯이, 그러한 수량화할 수 없는 혁신이 대단히 생산적일 수 있다.

하버거는 특정 산업 내에서 '효모'처럼 잇따르는 기술적 변화에 대해 전통적인 분석법으로 회귀하면서, 논문의 나머지 부분에서는 '버섯'을 무시했다. 그는 인플레이션과 나쁜 규제, 보호주의로 초래된 피해에 고개를 끄덕이며, 잠재적인 비용 절감 방안을 찾아내지 못하는 후진적인 산업체들의 빈약한 성과를 비난했다. 하지만, 이런 문제가 기업체들 사이에 왜 다양해야만 하는지에 대해서는 어떤 관심도 보여주지 않았다.

결국 따지고 보면, 하버거는 노동과 노동자, 노동 조건을 다루는 데 있어 스티글러 만큼도 준비를 갖추고 있지 못했다. 흥미롭게도, 신비로운 X-효율성이란 주제를 둘러싼 토론이 복잡한 것처럼 보이는 반면, 팀 스포츠의 세계에서 사람들은 대개 X-효율성과 같은 것, 즉 선수들에 관해 딱히 뭐라고 말할 수 없는 점들을 거론한다. 겉으로 드러난 면과 통계적인 기록은 인상적이지 않음에도 어떤 선수들은 불가해한 무형의 강점을 지니고 있다는 그런 생각이다. 예를 들어 통계에 집착하는 야구의 세계에서, 유명한 감독이었던 레오 듀로셔

Leo Durocher, 1905~1991는 왜 에디 스탠키Eddie Stanky, 1916~1999를 제일 좋아하는 선수로 꼽는지를 설명했다. 듀로셔는 어느 기자에게 이렇게 말했다. "프랭크, 그 선수는 안타를 잘 치지 못해요. 잘 뛰지도 못하지요. 잘 던지는 것도 아니고. 저주받을 짓을 하지도 못합니다. 그렇지만, 그는 상대를 이기지요."[118] 겉보기에 매우 인상적인 다른 선수들은 독약으로 묘사된다. 다른 선수들에 대한 영향이 파괴적이라는 뜻에서다.

시카고대학 대학원생의 의도하지 않은 배신

노동과 노동자, 노동 조건에 관한, 세 번째 잠재적인 침입은 라이벤스타인의 논문 발표 8년 뒤, 시카고대학 대학원 학생, 리처드 탈러Richard Thaler한테서 나왔다. 제본스와 라이벤스타인에 대한 적대적인 반응과 달리, 그 학생은 이런 분석법을 실제로 끌어안았다.

오늘날 탈러는 아마도 세계에서 가장 유명한 행동경제학자이다. 그가 자신의 연구를 어떻게 설명했는지가 여기 있다.

"나는 통상적인 부류의 경제학자가 아니다. 나는 행동경제학으로 일컬어지게 된 것을 실험했다. 우리 행동경제학자들은 훨씬 더 전통적인 동료들과는 다르다. 경제에서 대리인의 특징을 묘사하는 방식에서 그렇다. 전통적인 경제학은 흔히 '호모이코노미쿠스'Homo economicus(윤리와 종교 등 외적 동기에 얽매이지 않고 오로지 자신의 경제적 이득만을 위해 행동하는 사람)라고 부르는 상상속의 생명체에 바탕을 두고 있다……현실 속의 사람들은 대차대조표의 균형을 잡는 일에서 어려움을 겪는다. 노후를 위해 필요한 저축액이 얼마나 되는지를 계산해내는 일에서는 훨씬 더 하다. 그들은 때때로 먹고 마시거나 고화질

리처드 탈러

텔레비전을 구입하는 데 돈을 왕창 쏟아붓는다…… 행동경제학은 시장 속의 '인간'에 대한 연구이다."[119]

탈러는 행동경제학자로 출발한 게 아니었다. 1974년 그는 시카고대학에서 박사학위 논문을 펴냈다. '임금 수준과, 사업장 내 사망 가능성 사이의 상관관계'를 모색한 내용이었다. 그 뒤 자신의 조언자인 미국의 노동경제학자 셔윈 로젠Sherwin Rosen, 1938~2001과 더불어 그 결과를 담은 논문을 따로 발간했다.[120] 이런 상관관계에 바탕을 두고 고임금은 사망 위험을 감수한 데 따른 보상이라고 가정하면서 그는, 노동자들이 일자리시장에서 이뤄지는 거래를 통해 자신의 목숨 값의 수준을 말하고 있는 것으로 가정할 수 있다고 제안했다. 노동자들은 사망 확률 1,000분의 1에 한해 200달러(1967년 달러 가치 기준)를 요구하고 있다고 탈러는 추정했다.

이런 방식은 아래쪽으로 심각하게 편향돼 있다. 별다른 대안을 갖고 있지 못한 가난한 사람들, 특히 이민자들은 저임금에 위험한 직업을 훨씬 더 순순히 받아들이기 때문이다. 예를 들어 노동 현장 사망에 관한 정부 보고서의 결론을 보면, "1992~2006년 사이에…… 히스패닉 노동자들의 사망률은 전체 미국 노동자들의 사망률보다 지속적으로 높은 상태였다. 또 외국에서 태어난 히스패닉 노동자들의 사망 비중은 내내 증가했다."[121] 다른 종류의 연구 작업은 대단히 다른 결과에 이를 것이다. 예를 들어 최상위권 대학 경영학석사MBA 과정을 마치고 곧 졸업할 학생들의 마음을 헤아릴 역량을 경제학자들이 갖고 있었다면, 그 학생들이 연간 작업장 사망률 1% 수준인 가상의 투자은행 업무로부터 얼마나 많은 것을 기대하는지를 조사할 수 있을 것이다. 그러한 연구가 어느 정도 가능하다면, '통계에 근거한 삶'의 가치는 농장 노동자 자리를 찾는 잠재적인 구직자 집단에 해당하는 추정치보다 훨씬 더 높을 게 확실하다.

탈러는 자신의 결론에 포함된 약점을 곧바로 깨달았다. 그의 친구들은 0.1%에 이르는 사망 확률 증가의 대가로 1백만 달러 미만의 어떠한 것도 결코 받아들이지 않을 것이라고 그에게 말했다. 역설적으로, 그 똑같은 친구들이 그 작업장의 사망 확률을 줄이는 쪽으로 일정한 소득을 포기하는 일도 하지 않으려고 했다.[122] 이런 명백한 모순에 맞닥뜨려 탈러는 곧 자신의 일에 환멸을 느꼈다. 합리성이라는 경제학의 중심 가정에 결함이 있음을 깨달은 그는 행동경제학의 방향으로 옮아갔다.

탈러가 자신의 연구에 대한 확신을 잃었음에도 불구하고, 이 분야에서 그는 거의 혼자였다. 대신 그의 연구는 업계 내 이해 관계자들과 그들의 로비스트 군단을 포함한 규제 반대자들의 목표물로 반향을 얻었다. 이들 반대자는 수많은 보수적인 싱크탱크(두뇌집단)와 다수의 보수적인 경제학자들로, 규제를 약화시키려고 지칠 줄 모르고 일한다.[123] 규제 반대론자들의 주요 전략 중 하나는 규제의 혜택이 규제의 비용보다 작다고 주장하는 것이다.

인간의 삶을 보호하는 규제의 사례에 그 점을 적용하기 위해 규제 반대론자들은 규제 장치로 방지될 수 있는 사망의 중요성을 축소하는 방법을 찾고 싶어 한다. 이러한 필요를 충족시키기 위해 경제학자들은 '통계에 근거한 삶'의 가치를 측정한 유력한 문헌을 만들어냈다.

대다수 사람들은 인간의 삶에 금전적인 가치를 입히는 것에 반대한다. 하지만, '통계에 근거한 삶'이라는 탈러의 구상은 이중적인 장점을 지녔다. 그것은 인간의 삶에 매우 저조한 가치를 부여했고 규제 반대론자들에게 번쩍번쩍 빛나는 과학적인 광채를 입혀줬다. 금전적인 가치를 할당한다는 구상이 일단 받아들여지자, 훨씬 낮은 추정치를 만들어내기 위한 연구를 할 수 있었다. 소비재에서 비롯된 죽음 뿐 아니라 노동 현장에서 벌어진 사망의 결과를 훨씬 더 축소했던 것이다.

정부 기관들은 이런 기법을 받아들였다.[124] 이런 관행은 세 갈래 전략의 한 부분일 뿐이다. 여기에는 규제의 비용을 과대평가하는 게 포함됐다. 또 규제에 쓰인 돈이 다른 영역, 예컨대 어린이 예방 접종 같은 데 활용되는 게 훨씬 더 좋았을 것이라는 제안도 들어있다. 가령 반反규제를 옹호하는 그럴 듯한 논리 중 이 세 번째 갈래 전략을 밀어붙일 때, 존 그레이엄 John D. Graham 은 어린이 예방 접종 대신 규제에 돈을 쓰는 것은 '통계적인 살인' statistical murder (한정된 자금을 더 많은 생명을 구하는 데 쓸 수 있었음에도, 일부 제한된 생명만을 구하도록 한 의사결정)이나 마찬가지라는 주장을 펴기까지 했다.[125] 그는 조지 W. 부시 대통령 시절 '정보 및 규제 문제에 관한 관리·예산국' Office of Management and Budget's Office of Information and Regulatory Affairs 의 최고 책임자로, 규제에 대한 맹렬한 반대자였다. 역설적이게도, 반(牛)규제 주창자들이 어린이 예방접종 실시 프로그램에 지지를 표명한 사례를 나는 알지 못한다. 그들은 아마도 모든 규제에 맞서 휘두를 허수아비로 예방접종을 재활용할 수 있는 방안을 선호하는 듯하다.

통계로도 드러나는 생생한 사실은 기회주의적인 작태를 잘 보여준다. 경제학자들은 어떤 유용한 결과들을 쏙 빼먹을 때를 제외하고는 노동과 노동자, 노동 조건에 관한 문제들을 면밀히 조사하는 것을 회피한다.

이런 점에서 탈러의 이력은 흥미롭다. 데이비드 카드와 매우 흡사하게, 탈러는 주류의 울타리 밖에서 서성거린 데 따른 대가를 치렀다. 그의 논문 조언자이자, 크루거의 저작을 진지하게 여기려 하지 않았던 바로 그 셔윈 로젠은 그 주장을 좋아했지만 깊은 실망감을 드러냈다. 행동경제학 분야에서 훗날 이뤄진 탈러의 연구는 하찮은 일에 그의 이력을 낭비했을 뿐이라는 것이었다. 또 다른 시카고대학 교수이자, 카드와 크루거의 연구에 매우 비판적이었던 머튼 밀러 Merton Miller, 1923~2000는 탈러와 얘기조차 하지 않으려 했다.

역설적으로, 탈러의 행동경제학은 이제 미국 민주당 진영에서 호의적인 반응을 얻고 있다. 공동 저자 캐스 선스타인Cass Sunstein과 더불어 탈러는 노골적인 규제 대신 '자유주의적 온정론'의 사상을 촉진해왔다. 예컨대 기업이 노동자들로 하여금 기업연금인 '401k'(확정갹출형 기업연금의 대표 사례, 미국의 근로자 퇴직소득보장법 401조k항에 규정돼 있는데서 비롯된 이름)에 가입하지 말고 빠져나오도록 요구함으로써 개인저축률을 높이도록 은근슬쩍 밀어붙일 수 있다고 틸러와 선스타인은 제안한다.[126] 그러한 비非강제적인 방안들은 정치적으로 매력적이다. 기업을 불편하지 않게 하면서도 긍정적인 무엇인가를 하고 있는 것처럼 보이기 때문이다. 동시에 은근슬쩍 밀어붙이는 방식은 사회적인 행동보다는 개인적인 행동을 강조하는 경향을 띤다. 존 그레이엄이 차지했던 그 자리에, 오바마 미 대통령이 캐스 선스타인을 지명했을 때 그 역설은 배가됐다.

탈러의 경험은 이 책에 적합하다. 선의의 경제학자들이 노동과 노동자, 노동 조건 - 규율에 의해 통상 금지된 영역 - 에 무단 침입하는 매우 희귀한 그런 경우에서도, 그들의 연구는 노동자들의 이익이란 측면에서 그리 유용한 것 같지 않음을 내비치기 때문이다. 그러한 연구가 노동자들의 대의를 돕는다면, 그것은 거부당할 것이다. 하지만,

만약 그것이 노동 계급에 해를 입히는 무기로 활용될 수 있다면, 경제학자들은 탈러의 주장처럼 그것을 끌어안으려고 할 것이다.

  이 경우, 경제학자들은 작업장의 안전장치를 개선하려는 노력을 억제하기 위해 인명을 구제하는 혜택을 줄임으로써 그의 연구를 이용했다. 만일 탈러가 더 강한 작업장 보호 장치를 지지하는 수치들을 제시했다면, 그는 아마도 그의 이력에서 일찌감치 학계의 싸늘한 외면을 경험했을 것이다.

어처구니 없는 무관심

노동계에 대한 경제학자들의 무관심은 대중문화 속으로 침투한다. 여기서 노동 계급은 통상적인 경제적 거래보다 관심을 덜 받는다. 일반적인 신문들은 기업 경영에 집중하는 면을 대거 확보하고 있다. 그 면의 대부분은 주식시장의 건전성을 다루는 데 할애된다. 오늘날 노동자들을 전담하는 기자를 두고 있는 신문은 거의 없다. 가끔 이념적으로 옳은 인간미 넘치는 읽을거리 외에, 노동자들에 집중하는 유일한 신문지면은 스포츠 페이지이다. 이는 '노동하는' 운동선수들에게 관심을 쏟는다. 메이저리그 스포츠 경기에 참가할 비용을 마련하는 데 어려움을 겪는 사람들인 평범한 노동자들은 언론 매체에 거의 등장하지 않는다.

  노동과 노동자, 노동 조건으로부터 멀리 떨어진 이 '거리'를 유지하는 것은 가능한 한 열심히 일하도록 노동자들을 닦달하는 데서 수익을 거두는 사람들에게는 자연스러운 반응인 것 같다. 이런 사람들의 관심은 가능한 한 가장 낮은 비용에 상품을 생산하는 것이다. 그 결과가 무엇일지는 중요하지 않다.

물론, 어떤 종류든 강요는 경제학 이론에는 잘 들어맞지 않는다. 전통적인 경제학에서는 노동시장을 철저히 '자발적인 합의' 시스템으로 묘사한다. 사전에 미리 노동자들에게 정신적 충격을 줄 필요가 없는 시스템이다. 하지만, 일단 한 노동자가 작업 현장에 들어오기만 하면, 고용주는 독재적인 권력을 자유롭게 행사한다. 일정한 어떤 한계가 존재하는 건 사실이다. 육체적인 공격은 법으로 금지돼 있다. 특정한 형태의 차별 또는 성희롱 또한 허용되지 않는다. 하지만, 그러한 법규의 강제는 드물다. 고용주들로 하여금 작업장의 안전을 유지하도록 요구하는 법조차 대개 시행되지 않는다. 노동자들을 위한 직접적인 관심은 너무나 자주, 전통적인 경제학 및 대중사회의 영역 밖으로 나가떨어진다. 그 대신 프로크루스테스주의자들은, 사람들이 동료 시민들의 곤경을 의식하지 못하게 되는 쪽으로 지적 분위기를 어떻게 해서든 만들어 낸다.

경제학자들은 이런 측면에서 도움의 손실을 기꺼이 내민다. 이들의 이론에서, 일단 고용된 노동자들은 똑같이 추상적인 토지와 자본이라는 범주와 더불어 포괄적인 생산 요소로 분류되는 '노동'으로 존재할 뿐이다. 현실적으로 말해 이런 것들은 측정될 수 없다. 해당 노동자가 받아온 교육의 기간을 잣대로 삼아 그 노동력을 측정해 볼 수는 있다. 하지만 실질적인 역량은 그와 다르다. 이런 세계에서는, 대학을 졸업한 어떤 회계사가 대학을 나오지 못한 프로야구팀 내 스타급 중심 선수를 대체할 수 있을 것이다.

이 같은 이론 속에서는, 기업이 토지와 노동, 자본의 적절한 혼합물을 구입할 것임을 우리는 자신할 수 있다. 이어 생산 과정이 효율적으로 진행될 것임도 확신할 수 있다. 그게 어떻게 일어나는지는 경제학 이론의 관심 밖이다.

노동자들이 어느 한 생산요소와는 다른 어떤 존재인 것처럼 행동할 때, 프로크루스테스주의자들은 불의에 대한 강한 반감을 갖고 행동하는 것처럼 보인다. 예를 들어, 노동조합이 임금 인상 투쟁에서 가까스로 승리했을 때 그렇다. 기업 쪽에서는, 이들 노동자가 왜 다른 저임금직 종사자들보다 더 높은 임금을 받아야 하는지 화를 내어 물으면서, 눈에 거슬리는 비교를 할 것이다.

고용주들은 가혹한 노동 조건을 대중들로부터 떨어져 숨겨진 상태로 유지하고 싶어 한다. 하지만, 대중들 또한 그런 문제들에 관해 모르는 것을 편안하게 느끼는 것처럼 보일 때가 많다. 기업과 정부, 언론, 대중 쪽에 끔찍한 노동 조건을 비밀 속에 덮어두려는 일종의 공모가 있는 것 같다.

업튼 싱클레어Upton Sinclair, 1878~1968의 소설 〈정글〉The Jungle의 초반부는 이런 현상을 설명한다. 싱클레어는 도축장의 끔찍한 노동 조건을 신랄하게 묘사해 고발했다. 시장에 출시되는 동물의 고기에 사람의 육체 일부가 주기적으로 섞이는 것도 거기에 포함돼 있다. 그 책은 대중들에게 강한 경고음을 울렸고, 의회를 움직여 해당 산업을 규제하는 법을 통과시키도록 했다. 하지만, 그 목적은 상실된 노동자들의 육체를 보호하는 게 아니었다. 그보다는 고기 공급의 안전성에 관해 소비자들을 안심시키는 일이었다. 훗날 싱클레어는 이렇게 말했다.

"〈정글〉에 관해, 대중들의 '가슴'을 겨냥했는데, 뜻하지 않게 '위장'을 맞혔다고 저

업튼 싱클레어의 소설 〈정글〉의 유니크한 일러스트레이션

는 썼습니다. 저는 작업장을 청결하게 만들고 국가 전반의 고기 공급을 개선시키는 데 도움을 주는 역할을 한 것으로 여겨집니다. 이는 대체로 오해입니다. 제가 가축 사육장 노동자들의 작업 조건을 개선시켰음을 믿으려 하는 척 하는 이들마저 전혀 없습니다."[127]

결국, 노동조합 결성이 도축장의 문제들을 개선시켰다. 하지만, 오늘날에는 노동조합 또는 정부의 규제 장치의 보호 혜택을 받지 못하는 이민자들이 그 일의 대부분을 수행한다. 오늘날의 작업 조건은 싱클레어가 묘사했던 상태보다 결코 낫지 않다. 미국의 언론인 겸 작가 에릭 쉴로서Eric Schlosser는 대대적인 인기를 끈 그의 책 〈패스트푸드 제국〉The Fast Food Nation에서 최근에 이렇게 보고했다.

"도축장에서 생겨나는 상해 비율은 일반적인 미국 공장에서 생기는 그 비율보다 약 3배나 높다. 해마다 미국에서 고기 포장 노동자들 중 4분의 1 - 대략 4만 명의 남녀 노동자들 - 이 상해 또는 직업병으로 고통을 겪는다. 이는 응급처치를 넘어선 차원의 치료를 필요로 하는 수준이다. 미 노동부 산하 노동통계국Bureau of Labor Statistics에서 집계한 그 수치는 실제로 벌어진 고기 포장 과정의 상해 사건 수를 축소한 것이라는 강력한 증거가 있다. 수천여건에 이르는 추가적인 상해와 질병은 기록에서 누락돼 있다."[128]

안락한 자리를 차지하고 있는 사람들이 다른 인간 존재보다는 자신들의 '위장'에 관해 더 많이 걱정할 수 있다는 건 그리 놀라운 사실이 아니다. 그렇긴 해도, 다른 이들, 특히 우리 모두의 삶을 뒷받침해주는 일을 하는 사람들의 복지를 무시하는 그 강도는 가히 충격적이다. 아마도 그와 달리 행동하는 것은 뼈아픈 죄책감을 만들어내는 모양이다.

뜨거운 인간애를 갖고 있는 사람들도 자기네 이웃보다는 멀리 떨어져 있는 노동자들을 동정하면서 심리적 곤경에서 벗어나는 것 같다. 미국의 대학생들은 중국과 기타 저임금 국가들의 노동 착취 현장에 있는 노동자들을 지지하는 괄목할만한 운동을 조직해왔다. 하지만, 미국 캘리포니아 주 센트럴밸리Central Valley의 뜨거운 들판에서 일하는 농장 노동자들의 곤경은 캘리포니아 주에 있는 학생들 가운데서도 더 이상 많은 공감을 불러일으키지 못한다. 우리의 언어는 이들 노동자를 농장 일꾼들로 냉정하게 물건처럼 객관화시킨다. 그들의 존재는 단순한 기계적 운동으로 축소됨을 뜻한다. 현장에서 일하는 사람들을 객관화시키는 것은 아마도 심리적 거리를 유지하는 데 필요한 것 같다. 그 결과, 객관적인 수준으로는 대중의 관심을 끌만한 정도의 곤경에 빠져 있는 사람들도 상대적으로 부유한 처지에 있는 동료 시민들의 시야 밖에서 아무 일 없는 듯 방치된다.

정보의 불순한 이면

프로크루스테스의 전설에서, 여행자들은 곧 닥칠 강철 침대의 위험을 인지하지 못했다. 그걸 알 때쯤에는 이미 너무 늦은 상태였다. 하지만 결국 그들은 자신의 끔찍한 운명을 깨달을 수밖에 없었다. 아마도 프로크루스테스 전설은 육체의 일부를 절단 당한 도축장 노동자들의 정곡을 아프게 찔렀을 것이다. 하지만, 너무나 자주 그 '침대'는 눈에 잘 보이지 않는다. 심지어 거기에 묶여 있는 사람들에게도 그렇다. 정신적 충격은 노동자들을 급진적 존재로 만들지 않았다. 그보다는 일자리 상실을 더 걱정하게 만들었다.

아마도 변화는 이미 시작됐다. 2006년에, 25세 이하 노동자들의 직업 만족도는 38.6%에 불과했다. 1987년의 55.7%보다 훨씬 낮았다.[129] 맥도날드McDonald's, 타코벨Taco Bell (패스트푸드 업체), 케이에프씨KFC, 스테이플스Staples (사무용품 업체), 델타항공Delta Airlines 같은 일부 회사들은 노동자들의 태도에 크게 걱정한다. 그에 따라 광고회사들에게 용역을 맡겨 자기네 일자리를 더 매력적으로 보이게 만들려고 한다. 맥도날드의 인사 담당 책임자 리처드 플로어시Richard Floersch는 '고용 브랜드'employment brand 구축은 '절대적으로 중요'하다고 말한다.[130] 모든 노동자들의 일자리 만족도 수준은 1987년 61.1%에서 2006년 47.7%로 상대적으로 완만하게 떨어졌다. 설사 그렇다 해도, 대략 절반 정도의 노동자들은 여전히 자신의 일자리에 만족감을 표시한다. 55세 이상 또는 연봉 5만2,000달러 이상 소득자들 다수가 특히 그렇다.[131]

그러한 만족은 다른 선택지 - 실직과 관련된 곤경 및 박탈감 - 에 견준 상대적인 것에 불과할 수도 있다. 최근의 경제 위기는 아마 일자리 만족도를 높였을 것이다. 임금은 비참할 정도로 낮은 수준이고, 노동 조건은 열악하거나 심지어 위험할 수 있다. 하지만, 다른 대안의 일자리를 가질 수 있다는 희망이 없어, 그처럼 끊임없는 고역의 삶이 자연스러운 것 같다. 일자리, 심지어 열악한 노동 조건의 저임금 일자리마저도 불만의 근원인 것 같지 않아 보인다. 그러한 견지에서 볼 때는, 왜 사람들이 그런 노동 조건에 짓눌려 있는지에 관한 질문이 제기되지 않는다.

노동 조건이 언론 매체에 등장할 때, 그것은 엄청난 재난의 맥락 속에 있기 일쑤다. 그 안에서 방점은 불행한 노동자들을 구제하게 되는 이들의 과장된 영웅담에 찍힌다. 그 경우, 우선 노동자들을 해로운 길로 몰아넣었던 어떤 과실에 대해서는 언론들이 별로 다루지 않는다.

예를 들어, 12명의 광부들이 사망
했던 2006년 세이고Sago (미 웨스트버
지니아 주) 탄광 재난의 경우에, 회사
쪽이 오랜 시일에 걸쳐 안전 관련 법
규를 위반해왔다는 사실을 언론매체
들은 대체로 무시했다. 그 대신 언론
들은 구조 작업을 다뤘다. 회사 쪽에

노동자의 목에 걸린 RFID칩이 내장된 카드는 과거 노예 발에 채운 족쇄와 다르지 않다.

서 제공한 잘못된 정보를 무비판적으로 중계하기 일쑤였다.¹³² 몇 년 뒤 정부는 계속해서 회사 쪽을 보호하고 기이한 이론을 조장했다. 벼락이 땅속으로 1마일(1.6km) 이상 깊이 뚫고 들어가 메탄 퇴적층에 불을 붙였다는 것이었다.

아마도 경영진은 작업장의 상세한 청사진과, 장비에 관한 복잡한 지식을 확보하고 있을 것이다. 하지만, 작업장에 남아있는 속성에 대해서는 거의 모른다. 그 대신 고용주들은 공격적인 감시를 통해 작업장에 관한 정보를 수집하는 데 열을 올린다. 부분적으로는 효율성을 측정하는 통계적인 정보를 수집하기 위해서다. 자료를 입력하는 사람들의 자판 누르기 또는 트럭 운전자들의 움직임 따위를 기록하기 위해 기업들은 컴퓨터를 사용한다. 그러한 추적 작업의 잠재적인 범위는 나날이 확장된다. 프레드릭 윈슬로우 테일러는 새로운 전파식별 칩Radio Frequency Identification Chip (반도체 칩을 내장한 저장 매체에 담긴 정보를 무선 주파수로 읽어내는 인식 시스템)에 기뻐했을 것이다. 이 장치는 모든 종업원들의 위치를 추적할 수 있게 해준다.

흥미롭게도 찰스 배비지는 컴퓨터보다는 현대적인 기계 장비에 관해 더 많은 예측을 내놓았다. 다음은 배비지의 말이다.

"기계 장비로부터 우리가 뽑아낼 수 있는 거대한 장점 중 한 가지는 그 장비 덕분에 대리인들의 무관심 또는 게으름, 속임수를 막을 수 있게 점검할 수 있다는 것이다."[133]

노동자와 상품들을 추적하고 감시하는 노력은 작업장 또는 소매점 창구를 넘어 일상의 삶 쪽에서도 흘러넘친다. 그곳에서 누구의 재산을 보호해야 한다는 정당한 논리는 더 이상 성립되지 않는다. 프라이버시(사생활) 보호 권리를 조롱하는, 세부적인 개인 정보의 집적은 시장에서 휘두를 수 있는 거대한 권력을 기업 쪽에 쥐어준다. 이 정보는 대단히 효과적이다. 그것은 프로크루스테스 방식으로 사용되는 것처럼 보이지 않는다. 심지어 기업들은, 개인의 재무 상태와 소비 행태 같은 개인 정보에 관한 그런 세부적인 지식이 대중들에게 더 좋은 서비스를 제공할 수 있게 해준다고 주장한다. 이윤은 기업 경영진의 마음에서 저 멀리 떨어져 있었다는 것처럼 말한다.

더욱 더 불길한 것은, 정부가 그 동일한 자료를 구하는 적극적인 고객이라는 점이다. 이들 자료는 특히 위험하다. 정부에게는 상업용 자료와, 비밀스런 도청 정보 및 컴퓨터 활용 기록, 그리고 심지어 도서관 이용 기록을 결합시킬 능력이 있기 때문이다. 그런 프로그램의 명백한 목적들 중 하나는 경제 체제의 프로크루스테스 같은 속성에 감히 대드는 이들을 감시하는 일이다. 이는 아마도 정부의 감시 작업을 경호 업무 시스템의 중심부에 배치시킨다.

이율배반적인 창의성

기업에서 수집한 막대한 양의 정보에도 불구하고, 작업장에 관한 실질적인 지식은 찾아보기 어렵다. 존중하는 마음으로 수행된 개인적 접촉 없이 쌓인 자료일 뿐이기 때문이다. 경영진이 작업 환경에 관한 중요한 정보를 실제로 갖고 있을 때조차도, 세이고 탄광의 사례에서 그랬던 것처럼, 목숨을 앗아갈 수 있는 위험을 무시하는 게 이득일 수 있다. 일터에서 벌어지는 상해와 질병, 그리고 사망 건수가 왜 그렇게 높은지 여기서 부분적으로 설명된다.

명령 체계의 맨 밑바닥에 있는 사람들과 별로 접촉하지 않는 사정을 감안할 때, 종업원들의 미개발 잠재력을 이해하지 못한다. 그 대신 경영진은 위계질서의 아래쪽에 있는 노동자들에게 무조건적인 복종과 절대적인 근면을 요구한다. 이들 노동자 중 상당수가 생산적인 노력에 더 크게 기여할 수 있는 역량을 보유하고 있다는 사실을 깨닫지 못한다. 노인들을 욕창褥瘡으로부터 보호하기 위해 전체 직원들을 헌신하도록 한 이례적인 양로원의 사례를 보자.

"그곳에 등록된 간호사, 지니 랭쉬드Jeanie Langschied는 '세탁 담당 직원들은 우리로 하여금 어떤 옷이 노인들에게 제대로 맞지 않는지, 그리고 그들의 피부를 아프게 하는지를 볼 수 있도록 도와줬다'고 말했다. 조리 담당 직원들은 영양 섭취를 높이도록 쿠키에 단백질 분말을 첨가하기 시작했다. 그들은 뷔페 식사를 추가했다. 그에 따라 노인들은 한 자리에 오래 머무는데 따라 연약한 피부가 짓눌리게 되는 상황에서 벗어날 수 있었다. 심지어 미용실 쪽은 '대기 시간을 줄이는 게 필요하다는 사실을 깨달았다'고 랭쉬드는 말했다. 또 머리를 정리하는 동안 노인들의 위치를 바꿔주어야 했다. '모든 부서들이 모든 것을 지켜보는 방식이었습니다. 그것은 곳곳으로 흐르는 정보를 놀랍도록 유용하게 만들었습니다.'"[134]

이 양로원은 통상적인 사례에서 벗어난 예외이다. 자신의 자본을 까먹으면서 살아가는 사람은 부리는 노동자들을 헌신하게 하고 그들의 역량을 키움으로써 자기 자신을 더 번성하게 할 수 있다는 사

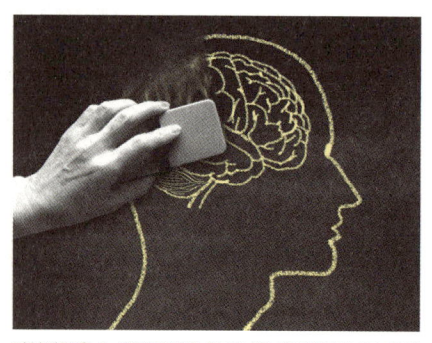

경영자들은 노동자들에게 창의성을 강요하면서도 한편으로는 "나는 네 생각 따위에는 돈을 지불하지 않아"라고 소리치며 그들의 창의성이 자신들의 자리를 위협할까봐 경계한다.

실을 이해하지 못한다. 그렇게 하는 것은 두 가지 위험성을 제기한다. 노동자들의 역량을 인정하는 것은 높아진 지위에 따르는 경영진의 몫을 위협할 수 있다. 더 위험한 것은, 달라진 경영진의 위치가 노동자들을 대담하게 만들어 프로크루스테스식의 획일주의에 도전하게 할 수 있다는 사실이다.

아주 자주, 주요 기업의 최고경영자들은 교육 시스템의 개선을 요구한다. 이런 탄원은 통상 더 많은 사유화, 이 경우 교육의 사유화를 선호한다는 이념적 표현에 지나지 않는다. 다른 경영자들은 더 좋은 교육을 받은 노동자들 덕에 더 높은 배당금을 챙길 수 있음을 인정한다. 하지만, 여기서도, 교육의 의미에 대한 이해는 제한적이다. 더 나은 교육에 대한 기업의 시각은 작성된 지시 사항을 잘 따르거나 또는 더 명료한 방식으로 고위 경영진을 위한 보고서를 작성하는 데 뛰어난 능력을 의미할 뿐이다. 교육에 관한 더 심오한 견해 – 중요한 의사 결정(특히 노동 조건에 관한)을 내리는 데 탁월한 능력 – 는 이들의 마음에서 아주 멀리 떨어져 있다.

내 제자들은 이런 인상을 확인시켜준다. 나는 매학기 그들에게 직무 경험을 물어본다. 그들은 변함없이 내게, 그들의 고용주는 "나는 네 생각 따위에는 돈을 지불하지 않아"We-don't-pay-you-to-think 라는 이름의 '경영학부 출신'이라고 말한다. 그들의 고용주는 그들이 입 닥치고 지시받은 대로 일하기를 원한다.

노동자들을 짐 나르는 똑똑한 짐승쯤으로 여기는 것은 한 가지 장점을 갖고 있다. 그것은 경영자들의 자존감을 부풀려, 그들의 절대적인 권위를 정당화시킨다. 게다가 높은 자리에 앉은 사람들은, 자신의 성공이 다른 이들의 고역^{drudgery}이 아닌, 자신의 고된 노력 덕이라고 자연스럽게 믿는다.

이 장에서 나는 세상에 대한 안이한 견해와, 경제적인 이론 사이의 연관성을 찾아내려고 시도했다. 현행 경제 시스템을 정당화하는 이데올로기를 고안하기 위해, 경제학은 제 본분을 벗어나 노동과 노동자, 노동 조건을 다루는 일을 회피했다. 이 과정에서 경제학자들은 세상에 관한 심각한 오해를 빚어냈으며, 냉혹한 프로크루스테스 규율을 강화하는 데 일조했다. 프로크루스테스가 희생자들을 기형으로 만들었던 것처럼, 시장경제는 지배당하는 이들의 기대감 뿐 아니라 창의성마저 왜곡시킨다.

chapter 04

소비하는 자와 투자하는 자만이 존재하는 세상

소비를 위해 일하는 사람들?

경제학자들은 효용의 개념을 시장에 나온 소비재의 유용한 또는 흡족한 효과에 한정시킨다. 그럼으로써 삶의 질에 영향을 끼치는 노동 과정 또는 비非시장 요소들에 대한 어떠한 고려도 하지 않는다.

경제학 이론에서는 노동을 주변부로 몰아내는 게 뚜렷하다. 현실 세계에서 효용을 제공하는 상품을 생산하기 위해서는 노동 과정이 필요하다는 것을 경제학자들은 깨닫고 있다. 하지만, 그들의 이론은 근무 중에 노동자들이 하는 일은 효용의 상실이라는 주장을 견지한다. 초창기 시카고학파의 선도자이자 당대에 매우 신중한 경제학자였던, 프랭크 나이트는 이른바 노동의 '정서적인' 비용에 대한 의도적인 무시를 정당화했다.

"우리는 생산에 얽힌 고통이나 주관적인 희생에는 관심을 두지 않는다. 그것은 기업가가 상품을 생산할지 여부 또는 얼마나 생산할지를 결정하는 것에 바탕을 두고 계산을 하는 그런 '비용'에 관련된 게 결코 아니기 때문이다. 정서적인 비용을 고려하는 때가 있긴 하다. 그게 생산에 필요한 서비스를 안전하게 확보하기 위해 투입해야 할 경비에 영향을 끼칠 경우이다. 즉, 가격으로 측정되는 비용에만 관심을 둔다는 것이다. 다른 어떤 측면의 크기는 그의 의사 결정에 영향을 주지 않을 것이다. 고통과 정서적인 불쾌감은 의심할 바 없이 어떤 종류의 서비스 공급을 제한하고 그 가격을 높이는 데 영향을 끼친다. 하지만, 대체로 그것들은 상대적으로 덜 중요한 요소이다. 그리고 생산적인 서비스의 가격이 고통 및 정서적인 불쾌감의 크기와 관련성을 띠는 경향이 있다고 주장하는 사람은 이제 아무도 없다. 최종 소비재의 가격에 대해서는 더더욱 그러하다. 양자의 관계는 별개의 연구 과제이다. 아마도 경쟁적인 경제 질서를 둘러싼 가치 평가

또는 비판에나 적합할 뿐이다. 그것의 작동을 설명하는 데는 적절치 않다."¹

우리가 봐온 대로, 노동은 단순히 여가의 부재라고 경제학자들은 가정한다. 또 일하는 시간은 부정적인 효용을 만들어낼 뿐이라고 여긴다. 노동자가 오늘의 효용을 극대화하기 위해 40분 일찍 공장에서 빠져나올 수 있는 선택권을 갖고 있는 것처럼, 사람들은 자신의 노동시간을 자유롭게 조정해 노동시간당 효용을 극대화한다는 것이다. 심지어 심각한 불경기 중의 실업도 노동보다 여가에 대한 선호의 증가를 반영한다고 본다.²

경제에 대한 이 기괴하고 새로운 개념화는 경제학자들이 인간 존재를 바라보는 방식을 혁명적으로 바꿔 놓았다. 노동자들은 이제 더이상, 자본을 소유한 이들에게 자신의 노동을 내다파는 사람들의 '계급'이 아니다. 세상을 소비 위주로 해석하는 이 새로운 틀에서, 계급은 전부 사라지고 만다. 모든 사람들 – 공장주, 노동자, 또는 실업자들 – 은 모두 효용 극대화를 시도하는 소비자 또는 투자자로만 존재할 뿐이다. 이런 식의 논리대로라면, 노동자들은 노동 조건에 대해서는 잊어버리고, 단지 열심히 일해야 한다. 현대 경제 체제에서 누릴 수 있는 소비에서 만족을 얻기 위해서다.

모든 게 뒤바뀌어 버렸다. 노동 현장은 사라지고, 노동자들이 갑자기 전지전능한 힘을 갖고 시장에 출현했다. 기업은 소비자들이 원하는 바로 그것을 생산하면서 이들의 요구에 온순하게 따른다.

이런 생각은 학술적인 경제 이론에서 처음 등장했다. 그 뒤, 몇몇 선도적인 지식인들이 보편적인 논리로 밀어붙이기 시작했다. 노동자들로 하여금 자신을 착취당하는 낮은 계급의 구성원들이라고 여기지 말라고 노골적으로 조언했던 것이다.

그리고 노동자들에게 눈앞에 닥친 노동 조건 - 아무리 끔찍하더라도 - 을 넘어선 저 먼 곳을 보라고 충고했다. 노동자 자신들을 소비사회의 동등한 참가자로 보라는 것이었다.

당대에 진보적인 경제학자로 여겨졌던 사이먼 패튼Simon Patten, 1852~1922은 20세기 초반 집필 활동을 하면서 그의 책 〈새로운 문명의 기초〉The New Basis of Civilization에서 이런 견해를 풀어놓았다. 패튼은 "노동자는 다가올 휴일의 만족을 보장받기 위해 이번 주의 박탈을 꾸준히 그리고 즐겁게 선택 한다"고 열광적으로 말했다. 패튼은 특이한 존재였다. 적어도 그는 노동자들의 박탈감을 인정했다. 패튼의 말이다.

사이먼 패튼

"노동자들은 재미를 향한 열정에 이끌려 노동의 규율에 복종한다. 또 그들의 기호를 만족시키기 위한 목적으로 형성된 습관은 산업체에 필요한 규칙적인 삶을 더 쉽고 더 유쾌하게 만든다……정직, 응용, 많은 고통을 거친 적응력은 사회에 얽힌 그의 새로운 유대관계에서 자산으로 변한다."3

교묘한 지적 수완으로, 경제학은 가끔씩 무례한 노동자 집단을 만족에 겨워 온순해진 소비자 집단으로 새롭게 개념화해, 니먼 마커스Neiman Marcus(미 텍사스 주 댈러스에 본점을 두고 있는 고급 백화점) 같은 사치스러운 곳에서 오로지 물건을 사도록 열망을 불어넣는다. 경제학자들은 잠재적으로 혁명적인 마르크스주의자Marxist들을 '니먼 마르크스주의자'Nieman Marxist들로 변형시키고 싶어 했다고 말할 수 있다.

좀 더 최근의 경제 교과서들은 노동과 자본의 관계맺음을 패튼과는 약간 다르게 묘사한다. 노동 생산성의 증대는 높아진 임금에서 나타난다고 덧붙인다. 고임금은 차례로 노동자들로 하여금 더 많은 상품을 향유할 수 있도록 한다는 것이다. 막대한 생산성 증대에도 불구하고, 물가 상승에 맞춰 교정된 시간당 임금이 35년 이상 제자리걸음을 하고 있는데도, 그 교과서들은 계속해서 이런 이야기를 늘어놓는다.

이 이론에 함축된 뜻은, 노동자들의 부가 증대됨에 따라, 더 많은 상품의 축적에 견줘 더 많은 여가에 대한 효용이 상대적으로 더 강해졌다는 것이다. 그 시점에서 노동 시간은 줄어들기 시작했어야 한다. 그런 결과는 아직 나타나지 않았다. 비非농업 부문의 평균 노동 주간은 1980년 38.1주에서 2005년 39.1주로 늘었다.[4] 여성들이 대거 일터로 뛰어들었기 때문에, 가구당 평균 노동 시간은 훨씬 더 가파르게 증가했다. 1979~2000년 사이에, 아이들을 둔 전형적인 중산층 가구 부인의 노동 시간이 평균적으로 500시간 이상 늘었다. 무려 3개월 동안의 노동에 해당하는 양이다.[5]

가족들이 노동에 더 많은 시간을 쏟아 붓는다는 사실이 반드시 경제학 이론을 논리적으로 공격할 수 있는 건 아니다. 경제학 이론을 논박할 수 있는 것은 아무 것도 없다. 드러난 사실이 자기네 이론에 부합하지 않을 때마다 경제학자들은 기발한 재주를 동원해 해명거리를 찾아낼 수 있다. 그들은 항상 선호도가 변했다고 주장하면 그만이다. 아마도 어떤 이유들 때문에, 예전에 견줘 오늘날 여가에 대한 선호도가 떨어졌다고 하는 식이다. 그에 따라 사람들이 '더 많은 상품' 대신 '더 긴 노동'을 선택한다는 것이다. 2004년 노벨상을 수상한 경제학자, 에드워드 프레스코트 Edward Prescott 는 심지어, 미국에서는 세금이 낮아졌기 때문에, 노동자들이 더 오래 일해,

노동에서 비롯되는 이점을 늘려야 한다고 주장하기까지 했다.[6]

더 높아진 생산성에도 불구하고, 사회에서 차지하는 노동의 입지는 추락하고 있다. 앞에서 지적한 것처럼, 미국에서 시간당 임금은 30년 이상에 걸쳐 쪼그라들었다. 생산성은 극적으로 높아졌는데도 말이다. 우선적인 해명은, 다수 노동자들한테는 필수적인 기술 – 성공을 거둔 헤지펀드 경영진의 기술 같은 – 이 부족하다는 지적이었다.

동시에, 의료보장 – 확실히 엄청난 효용을 지니고 있음에 틀림없는 상품 – 을 받을 수 있는 비용은 점점 더 비싸져 이용하기 어려워지고 있다. 그동안 줄곧 경제 이론은 프로크루스테스 경제에 참견하는 게 헤아릴 수 없는 해악을 끼친다고 경고했다.

**스미스의
가벼운 질책**

역설적으로, 애덤 스미스는 패턴보다는 소비의 중요성을 훨씬 낮게 취급했다. 스미스는 장신구 가게의 고객을, '끊임없는 움직임 속에서 인류의 산업을 일으키고 지탱하는 속임수'에 바보처럼 당하는 희생자들로 보았다.[77] 그는 이렇게 물었다.

"얼마나 많은 사람들이 하찮은 효용의 값싼 장신구에 돈을 써버림으로써 자신을 망치고 있는가? 이들 장난감 애호가들을 흡족하게 하는 효용의 정도는 그 효용을 촉진하도록 맞춰진 해당 기구의 애초 적합성에도 미치지 못한다. 그들의 주머니는 온통 자질구레한 편의성 도구들로 꽉 차 있다. 그들은 더 많은 걸 실어 나르기 위해 다른 이들의 옷에는 보이지 않는 새로운 주머니를 고안한다. 그들은 싸구려 장식품들을 주렁주렁 매단 채 이곳저곳을 활보한다……그 중 일부 장식품은 때때로 별 쓸모가 없다. 하지만, 항상 그것들 모두 잘 버려지지 않는다. 그것의 전체 효용이 그 짐을 지고 다니는 피로의 가치에도 미치지 못함에도 말이다."[8]

이런 계략에 말려드는 사람들이 부자들만은 아니다. 스미스는 '가난한 집안의 아이'에게 닥치는 운명이라고 여긴다. "그 아이가 주변을 돌아볼 때, 분노의 신이 야망을 지닌 채 아이를 찾아오며, 그는 부자들의 상태를 흠모한다."[9] 스미스가 말한 가난한 집안의 아이는 패튼의 견해에 따라 행동한다.

"장식품들에서 비롯되는 편익을 얻기 위해, 그 아이는 취업 첫 해 아니 첫 달에, 육체적 피로와 정신적 불편을 감수한다. 그 피로와 불편은 그의 전 생애에 걸쳐 그 장식품들을 필요로 하는 데서 비롯되는 고통보다 더 크다. 그는 어떤 힘든 업무 속에 빠져 있는 자신의 처지를 알아차린다. 극도로 무자비한 산업과 더불어 그는 그의 경쟁자들을 제칠 수 있는 탁월한 재능을 확보하기 위해 밤낮으로 일한다."[10]

스미스의 상상 속 노동자는 자신의 실수를 깨닫는다. 물론, 그가 안락한 삶의 조건을 확보하는 데 성공한 이후의 일이다.

"하지만, 질병의 나른함과 노령의 지겨움 속에서 '고귀함'greatness 특유의 무의미하고 공허한 속성 탓에 즐거움은 사라져 버린다. 이런 상황에서 누군가에게 저 힘겨운 쾌락의 추구를 더 이상 권할 수 없다. 그는 이미 그 즐거움에 흠뻑 빠져 본 바 있다. 마음속에서 그는 야망을 저주한다. 또 젊은 시절의 안락과 나태를 헛되이 후회한다. 쾌락은 영원히 달아나 버렸다. 그가 그것을 붙잡았을 때

사람들은 대개 풍요로운 삶을 누릴 수 있다고 기대하면서, 스미스의 이른바 '행운 속에나 있을 법한 불합리한 가정'의 먹잇감으로 전락할 것이다. 사진은 영화 〈티파니에서 아침을〉 스틸 컷

는 이미 그에게 실질적인 만족감을 줄 수 없게 되는 그것을 획득하기 위해 바보처럼 희생시킨 것 또한 바로 그 쾌락이었다."[11]

슬프게도, 패튼식의 더 현대적인 노동자들 중 극소수만 스미스가 묘사한 그 '속임수'에 따른 공허함을 겨우 발견하기 시작할 것이다. 약간 더 많은 사람들은, 풍요로운 삶을 누릴 수 있다고 기대하면서, 스미스의 이른바 '자기 자신의 행운 속에나 있을 법한 불합리한 가정'의 먹잇감으로 전락할 것이다.[12] 마크 트웨인 Mark Twain, 1835~1910 이 자신의 전기문에서 회상했듯이, "우리는 늘 내년에 부자가 될 예정이었다. 지금은 가난하지만 장래에는 부유해질……삶을 시작하는 것은 좋은 일이다."[13]

트웨인의 가족처럼, 오늘날 많은 노동자들이 그들에게 행복을 가져다줄 상상 속 성공의 꿈에 현혹돼 삶을 살아갈 수 있다. 하지만, 대부분의 노동자들은 노동 조건에 부합하지 않는 경제학 이론에 의해 조장된 더 심각한 속임수를 거부할 것이다. 경제학자들과 달리, 노동자들은 진정으로 노동 조건에 민감한 관심을 갖고 있다.

'여가'란 헛되이 써버린 시간?

19세기에, 노동 시간의 길이는 아마도 노동 계급에 얽힌 가장 뜨거운 이슈였다.

"제2차 세계대전 이전에는 노동자들의 노동 시간 단축 요구가 때때로 임금 인상 요구의 열기에 압도당했다. 노동 시간 단축 운동은 노동 계급의 조직화에 활기를 불어넣었다. 1860년대의 첫 번째 전국적인 노동조합과 1880년대의 미국노동총연맹 American Federation of Labor (1886년 설립된 미국의 직업조합, 1995년 산업별노동조합회의CIO와 합쳐 미국의 전국적인 노동조직인 미국노동총연맹·산업별조합

〈HARPERS' WEEKLY〉에 실린 홈스테드 파업 광경을 묘사한 일러스트레이션

회의 AFL·CIO로 거듭남)을 설립하도록 뒷받침한 게 바로 그 불씨였다. 노동 시간 단축은 또한 1919년의 '철강 파업' 때 주요 이슈였고, 1930년대까지 여전히 중요한 사안으로 남아 있었다."14

노동자들은 노동 시간을 제한하기 위해 오랫동안 고되게 싸웠다. 어떤 노동자들은 싸우던 도중에 목숨을 잃었다. 1886년의 시카고 헤이마켓광장 Haymarket Square 시위와, 1892년의 홈스테드 파업 Homestead Strike (미국 펜실베이니아 주 홈스테드에서 벌어졌던 철강회사 노동자들의 파업)에 잇따른 사형 집행에 저항할 때의 일이 가장 유명하다. 미국의 철강 자본가 카네기가 노동조합을 깨부수는 시도를 하는 동안 1일 노동 시간을 8시간에서 12시간으로 늘렸을 때의 일이었다.

노동 시간에 대한 일반적인 무관심에도 불구하고, 주류 경제학은 1일 노동 시간 단축 요구에 강력히 반대했다. 노동 시간의 길이는 개별적인 노동자와 고용주들 사이에서 이뤄진 자발적인 협상에서 비롯된 것이라고 그들은 주장했다. 조직화한 노동자 집단(즉, 노동조합)에 의한 '강제'는 터무니없이 불합리한 것일 수 있다고 봤다. 그와 비슷하게, 이런 거래 관계에서 기업을 옥죄는 어떤 법규는 정치경제학의 법칙을 심각하게 위반하는 것이다. 그러한 논쟁 때는, 경제학자들이 이상하게도 효용 극대화에 관해 침묵을 지켰다. 정통에서 벗어난 변절의 경제학자, 존 케네스 갤브레이스 John Kenneth Galbraith, 1908~2006는 한 때 이렇게 언급했다.

"여가는 어떤 불안감으로 여겨지는 것이다. 특히 저소득 계층에는 그렇다. 그에 따라, 표준 노동 시간의 단축은 항상 도덕적 또는 정신적 약점을 유도하는 의심스러운 사회적 정책으로 여겨지기 일쑤다."[15]

여가의 제한은 노동자들을 더 좋은 인간으로 만들어주기 때문에 장시간 노동으로부터 노동자들은 실질적인 혜택을 입는다고 산업계 지도자들은 덧붙였다.

19세기에 한 사업가는 이렇게 말했다. "최선의 방안은 종업원에게 할 일을 많이 주고, 그 일에 오랜 시간을 투입하도록 하는 것이다. 그러면 그들이 육체적이고 도덕적으로 더 나아져 있음을 당신은 알게 될 것이다."[16] 또 다른 사업가는 매사추세츠 주 노동통계국Bureau of Statistics of Labor 쪽에 이런 말을 전했다. "저는 하루에 11, 12, 14 그리고 15시간을 일했습니다. 그리고 그것으로부터 받은 악영향을 아직까지는 느끼지 않고 있습니다. 도리어 강해졌다고 느끼고 있습니다. 사람을 망가뜨리는 것은 그 사람의 하루 노동 시간이 아니라 헛되이 써버린 시간입니다."[17] 1920년대 기업 이데올로기에 대한 한 연구는 당시 득세했던 견해를 요약했다. 이는 짧아진 노동 시간에 대해 훨씬 더 비판적이었다.

"대중들에게 여가와 나태는 동의어라는 사실이 초창기부터 관찰됐던 것 같다. 평균적인 사람이 여가를 어떤 건설적인 목적에 사용함으로써 자신의 인격을 높일 수 있다는 인식은 명백히 터무니없는 생각이다. 여가의 결실로 어떤 '무심한 창조'가 이뤄질 수 있다는 것인가? 그와 같이, 일하지 않는 것은 하릴없이 빈둥거리는 짓이다. 여가는 나태이다. 여가는……부적절한 쾌락과 사치를 위한 기호taste를 개발함으로써 시간의 남용으로 이어질 것이다. 그것은 범죄를 늘리는 경향을 띠고 있다……그것은 결국 인간 역량의 완전한 쇠퇴를 초래할 것이다."[18]

'여가'와 '나태'는 동의어일까? 여가의 본질이 부적절한 쾌락과 사치를 조장하고 시간을 남용함으로써 결국 인간 역량의 완전한 쇠퇴를 초래한다는 극단적인 생각이 한때 고용주들 사이에 팽배해 있었다.

실제로는 방탕이 경제학자들에게 중심적인 관심사는 아니었다. 만약 그랬다면, 그들이 그리 행복하지 못한 계층에 대한 도덕적인 정밀 조사를 하는 대신 '사회적 사다리'를 쉽게 쳐다볼 수 있었을 것이다. 경제학자들은 술에 취해 길거리에서 비틀거리는 노동자를 볼 때 불쾌감을 느낄지 모른다. 술에 취해 건들거리는 모습을 다른 사람들이 보기 전에 자동차로 모셔줄 운전기사를 따로 두고 있다면 얼마나 좋겠는가.

노동 시간 단축을 둘러싼 투쟁이 정점에 치달았을 때조차도, 경제학자들은 그 주제에 관해 진지한 질문을 던져본 바가 거의 없다. 그들이 그렇게 했더라면, 장시간 노동에 따른 치명적인 결과에 주목했을 것이다. 탈진은 노동자들의 건강에 타격을 입혔다. 과도한 노동 시간은 노동자들이 낮 동안에는 자신의 가족들을 거의 볼 수 없음을 뜻했다. 그러한 강요된 '부재'는 아이들에게 부정적인 영향을 끼쳤다. 과도한 노동 시간은 또한 절망감을 조장했다. 사람들은 때때로 이런 심리를 술로 달래려고 한다. 장시간 노동에 따라 억제될 것으로 여겨졌던 바로 그 방탕의 증상이다. 경제학자들 자신이 고역스러운 장시간의 육체노동에 짓눌린 처지에 빠지게 된다면, 자신의 행복에 대한 이들 경제학자의 주관적인 가치평가는 어떻게 변할까? 합리적인 사람이라면 누구나 그 대답을 알 것이라고 나는 생각한다.

댈러스 연방준비은행의 수석 이코노미스트(경제학자)이자 유명한 시장주의 지지자인 마이클 콕스W. Michael Cox의 태도를 살펴보자. 콕스 박사는 항상 시장이 가장 옳다고 평가하는 방식을 찾아낸다.

소방관 등 필수 노동자들이 뉴욕시에서 삶을 그럭저럭 꾸려갈 수 있으려면 2개의 직업을 가져야 하는 것과 같은 진퇴양난에 직면했을 때, 그는 투자상담사의 어투로 거들먹거리며 이렇게 말했다. "제 생각에 그건 아주 좋은 일입니다……당신의 소득 포트폴리오를 다양하게 만들어주니까요."[19]

여기서 콕스 박사는 직업시장을 암묵적으로 금융화하면서, 정당하지 않은 것을 정당화할 때 의외로 능숙했다. 노동자들을, 자신의 노동을 판매하는 상인으로 보았던 애덤 스미스를 넘어서, 콕스 박사는 그들을 투자자로 재구성한다. 투자자들이 자신의 포트폴리오를 다양화함으로써 이익을 올리는 것처럼, 노동자들은 1개 이상의 직업을 가지는 게 나을 것이라는 식이다. 현명한 투자자들은 많은, 심하게는 수백 개 종목의 주식에 자신의 펀드(투자 기금)를 나누어 투자한다. 가난한 이들, 무지몽매한 노동자들이 하루를 24시간 이상으로 늘릴 수 있는 방법을 알아내기만 하면, 그 일을 할 수 있을 것이다. 비틀거리지만 '잘 분산된' 소방관들이 위험에 빠진 그의 가족을 구하기 위해 현장에 도착했을 때 또 다른 직업 탓에 이미 녹초 상태에 빠져 임무를 효과적으로 수행할 수 없다면, 콕스 박사가 어떻게 느낄지 나는 궁금하다.

'리얼' 올리버 트위스트 스토리

프로크루스테스식의 명령은 고용주들로 하여금 급여 명세서에 올라 있는 모든 이들로부터 가능한 한 모든 노력의 마지막 한 방울까지 짜내도록 시도할 것을 요구한다. 비슷하게, 기업은 사람들이 가능한 한 오랜 기간 일할 수 있게 되기를 바란다. 그들의 노력

지식인들은 어린이들을 노동시장으로 내몰았다. 영국 성공회 대주교를 지낸 윌리엄 템플은 네 살짜리 어린이들도 노동력에 추가하도록 요구했고, 심지어 대철학자 존 로크는 세 살 때부터 노동을 시작해야 한다고 주장했다.

이 잠재적인 이윤의 원천인 한 그렇다. 당대에 득세하는 사업 전략에 따라 강조점은 물론 변한다.

산업혁명 태동기에 노동 시간 연장은 주요 이슈로 떠오르지 않았다. 통상적인 노동 시간이 이미 하루 14시간이었기 때문이다. 당시 고용주들은 값싼 비숙련 노동의 꾸준한 공급을 필요로 했다. 어린이들의 임금은 아주 적었기 때문에, 고용주 쪽에서는 이들을 공장 업무에 잘 맞는 이상적인 존재임을 알게 됐다. 하지만, 너무 낮은 임금과 끔찍한 노동 조건 탓에, 고용주들은 어린이 노동력의 충분한 공급을 확보하는 데 애를 먹었다. 고아원들이 일부 노동력을 제공했다. 자포자기 상태에 빠진 궁핍한 일부 부모들도 그렇게 했다. 그럼에도 공급은 부족한 상태였다. 산업 부문의 수요가 증가했기 때문이다.

지식인들은 고용주들을 부추겨 어린이들을 노동시장으로 내몰도록 했다. 애덤 스미스와 동시대인으로서 영국 성공회 대주교를 지낸 윌리엄 템플William Temple, 1881~1944은 네 살짜리 어린이들도 노동력에 추가하도록 요구했다. 현대적인 스키너Burrhus F. Skinner, 1904~1991 (미국의 심리학자, 쥐를 이용한 학습실험으로 유명하며 인간 행동을 자극과 반응의 관계로 설명) 심리학을 고대하면서, 템플은 다음과 같이 말했다. "이런 방식으로, 자라나는 세대가 지속적인 고용에 잘 길들여져 마침내 고용주들에게 선뜻 동의하고 비위를 확실하게 맞춰주기를 우리는 희망한다."[20] 미국의 독립선언에 영감을 불어넣은 것으로 여겨지는 자유주의 철학자 존 로크John Locke, 1632~1704에 견줘, 템플은 그나마 진보적

인 부류의 사람이었다. 로크는 세 살 때부터 노동을 시작하도록 해야 한다고 주장했다.[21]

로크와 템플 같은 사람들이 노동자를 동물과 실질적으로 구분될 수 없는 존재로 여겼기 때문에, 노동자의 자식을 교육시키는 것을 그들이 싫어한 것은 하등 이상하지 않았다. 더욱이 교육은 체제 전복적인 감정을 강화시킬 수도 있었다. 하지만 어린이 노동에 얽힌 진실은 노동 계급 아이들의 교육에 반대하는 어떠한 정당화 논리 및 주장도 모두 거짓임을 보여줬다.

어느 공장주에게 맡겨졌다가 탈출했던 고아, 로버트 블링코Robert Blincoe, 1792~1860(영국의 작가)의 삶을 떠올려 보라. 훗날 그는 자신의 인생사를 존 브라운John Brown이라는 언론인에게 말했고, 그는 1828년에 한 작은 신문에 이를 게재한데 이어, 1832년에는 책으로 출간했다. 불결하고 위험한 작업장에서 부자연스러운 움직임을 반복적으로 수행하라는 요구에 덧붙여, 채찍질과 또 다른 가학적인 처벌은 블링코의 육체를 심하게 망가뜨렸다. 노동 조건이 너무나 처참해 그 공장의 아이들은 돼지 여물통에서 음식을 훔쳐 먹는 지경에 이르렀다.[22] 그에 따라 노동 조건에 관한 대중들의 관심이 커지자, 의회는 마침내 청문회를 열었다.

블링코의 불운이 대중들의 양심을 건드릴 수 있었던 것은 유력한 이해집단들 사이의 갈등 때문이었다. 귀족 계급의 지주와 공장주들은 서로 다투고 있었다. 각 집단은 독선적으로 상대방의 권력 남용을 지적함으로써 사회적 양심을 표방하는 것처럼 가장했다. 제조업자들은 토지 소유 계급을 비난했다. 곡물 가격을 올리기 위해 보호주의를 이용함으로써 가난한 노동자들에게 이기적으로 높은 식료품 값이라는 부담을 지우고 있다는 게 그 이유였다.

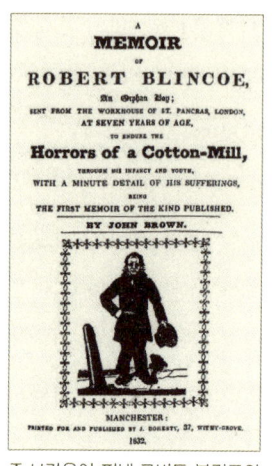
존 브라운이 펴낸 로버트 블링코의 인생사를 다룬 책

노동자들이 관세 철폐 덕택에 저렴해진 식료품으로부터 혜택을 입을 것이라고 공장주들이 실제로 믿은 건 아니었다. 제조업자들이 농업에 대한 보호망을 없애고 싶어 했던 것은, 값싼 식료품 덕에 노동자의 임금을 삭감함으로써 이윤을 높일 수 있다고 봤기 때문이었다. 제조업자들은 또한 해외시장을 확장하기를 희망했다. 다른 나라들이 영국에 곡물을 수출할 기회를 얻게 된다면, 이들 나라는 농업 부문에서 늘어난 소득을 영국의 공장 제품을 구매하는 데 사용할 것이라고 그들은 예상했다. 더욱이 잠재적인 해외 경쟁자들이 풍성해진 농업을 향유하게 되면, 자기 자신의 제조업을 개발함으로써 영국과 경쟁을 벌이려고 하는 경향이 약해질 것으로 여겨졌다.[23]

토지 소유자들은 비인간적인 공장의 노동 조건을 비난함으로써 이에 앙갚음했다.[24] 블링코의 사연이 이들의 조직적인 운동을 뒷받침했다. 그러한 공론화의 결과로, 1833년 영국의 공장법Factory Act은 9~13세 영국 어린이들의 노동 시간을 1일 9시간, 1주일에 48시간으로 제한했다. 13~16세 아이들의 노동은 1주일에 최대 69시간으로만 제한됐다.

관심을 불러일으킨 그러한 사건들은 통상 빠르게 지나가버린다. 1844년에 이르러, 공장 소유자들은 여덟 살 밖에 안 된 어린이들을 고용할 수 있는 권리를 다시 획득했다. 또한 경제학자들은 어린이 노동 시간에 대한 관심으로부터 별 다른 영향을 받지 않았다. 경제학자들은, 고용한 어린이들로 하여금 얼마나 오래 일할지를 결정할 수 있는 권리를 박탈당한, '가난하고 불운한' 공장 소유주들의 곤경에 가슴 아파했다.

블링코의 경험은 프로크루스테스식 획일주의의 파괴적인 속성을 잘 보여준다. 프로크루스테스식 사고 방식 안에서는, 어린이 노동이 생산을 늘릴 수 있는 기회를 제공했다. 불필요한 잔인성은 고집 센 아이들을 더 열심히 일하도록 하는 합법적인 기술일 뿐이었다. 어린 아이들이 매질 당하는 것에 동의하면서 효용을 실제로 극대화한다고 했던 나르디넬리의 발언(96쪽)을 회상해보라.

블링코도, 또 다른 어떤 아이도, 매질에 따른 가상의 이점을 누리지 않았다. 어린 아이들로부터 과도한 노동을 뽑아내려는 폭력의 사용은 오랜 시일에 걸쳐 노동의 질을 떨어뜨린다는 것을 '무지한 사람'들은 도무지 이해하지 못한다. 젊은이들을 교육시키는데서 비롯되는 사회적 혜택은 대여섯 살짜리 아이에게 강제될 수 있는 노동의 효과를 훨씬 능가한다.

오늘날에는 기업들이 더 많은 어린이 노동을 압박하지는 않음에도 불구하고, 퇴직 시기를 늦춤으로써 노동 년수를 늘리려는 움직임을 진행 중이다. 미국에서 사회보장 혜택을 받기 위한 문턱은 계속 높아지고 있다. 노인 노동을 찬양하는 선전선동이 강해지고 있다. 〈월스트리트저널〉은 휘황찬란한 1면에, 보니 러블레트 룩스Bonnie Lovelette Rooks의 사연을 게재했다. 90세 생일을 한 달 앞둔 그녀는 철강공장 바닥을 전전하는 잡역부였다. 그녀는 퇴직을 할 수 없었다. 그녀 자신의 의료비와, 장애인 딸을 돌봐야 하는 책임감 때문이었다.[25] 신문에 실린 기사의 분위기는 룩스 여사에 대한 동정의 표현이 아니었다. 그 대신 프로크루스테스에 필적할 만큼 노동 년수를 늘릴 수 있다는 가능성을 찬사하는 분위기를 물씬 풍겼다. 기업들은 룩스 여사의 이력 연장에 박수를 쳐줄 좋은 이유를 갖고 있다. 그녀로서는

일할 기회를 늘렸다는 이유로 기업계에서는 노인 노동의 증가를 자랑스러워 하지만, 복지에서 소외된 노인들은 여전히 고단한 노동에 고통 받는다.

이용 불가능한 의료 시스템 탓에 져야 하는 막대한 부담과, 그녀를 방치해두고 있는 경제적 상황에 감사해야 할 별 이유를 갖고 있지 않음에도 불구하고 말이다.

룩스 여사 같은 사례들이 훨씬 더 일반화되고 있는 게 확실하다. 지난 2007년 추정에서, 미국 노동통계국 BLS의 미트라 투시Mitra Toossie는 노동시장에서 55세 이상 노동자들의 비중이 2006년 16.8%에서 2016년 22.7%로 높아질 것으로 전망했다. 연로한 노동자들이 노동시장에서 가장 빠르게 증가하는 집단으로 부각되고 있는 것이다.[26]

노동통계국의 전망은 그나마 보수적인 것으로 드러나고 있다. 기업들은 사적 연금을 점점 더 줄이면서 노동자들에 대한 각종 혜택을 급속도로 감축하고 있다. 최근의 금융 위기는 상당수 기업연금 계좌들을 대거 없애버렸다. 연금이 감축되고 의료보장 비용이 더 비싸짐에 따라 수백만에 이르는 사람들이 퇴직할 수 있는 선택지는 점점 더 좁아지고 있다.

기업들은 이 새로운 방식의 이점을 알고 있다. 고용주들은 연금 지급의 책임을 회피할 수 있다. 뿐만 아니라, 임금을 아래쪽으로 묶어두는 압력 행사를 즐길 수도 있다. 나아가 그 과정에서 노동자들에게 정신적 충격을 가할 수 있다. 하지만 누구나 이 모든 것을 동등한 당사자들 사이에 이뤄진 거래의 결과로 받아들여야만 한다.

왜곡된 불변의 논리

마가렛 대처가 주장했던 것처럼, 경제는 불변의 논리에 따라 굴러간다. 심각한 결과 없이는 도전을 허락하지 않는다. 노벨 경제학상을 받은 경제학자 2명(폴 사무엘슨, 케네스 애로)의 조카이자 미국 재무부 장관을 역임한 로렌스 서머스 Lawrence Summers는 대처의 경고를 경제 이론의 맥락 속에서 '대안은 없다'는 식으로 재구성했다. 국내외 청중들 앞에서 서머스는 시장 규칙에 따라야 한다는 불가피성을 선언했다. "간혹 잊혀 지기도 하는 경제학의 법칙은 기계공학의 법칙과 같다. 오직 한 묶음의 법규가 있을 뿐이고, 그 법규들은 모든 곳에서 작동한다."27

노동과 노동자, 노동 조건을 객관적으로 바라보면, 자율성 뿐 아니라 과학적 불변성의 허울도 산산이 깨진다. 통상적인 노동 시간이 하루에 12 또는 14 시간이었을 때 그와 똑같은 주장을 펴는 서머스를 상상해보라. 심각한 힘의 불균형을 감안할 때, 고용주들은 노동자들에게 타당한 어떤 이유를 제공할 필요를 느끼지 않을 것이다. 장시간의 노동은 자연스러운 삶의 리듬에서 차지하는 일부분인 것처럼 보일 뿐이다.

노동 시간과 노동 년수의 연장(단축이 아닌)을 위한 '과학적인' 허울을 입히기 위해 경제학자들이 어느 정도로까지 기꺼이 나서고자 했는지는 영국의 경제학자 낫소 시니어 Nassau Senior, 1790~1864 의 사례로 설명된다. 시니어는 정치경제학에 과학을 불러들이는 시도를 했다. 노동 시간 단축을 주장하는 대단히 바보스러운 이들로부터 공장 소유주들을 방어하기 위해서였다. 시니어는 결코 무명의 경제학자가 아니었다. 그는 대단한 영향력을 지니고 있었다. 훗날 영국 옥스퍼드 대학에서 첫 드럼몬드 석좌교수직 Drummond Chair 에 올랐던 인물이다. 뿐만 아니라 영국과학진흥협회 British Association for the Advancement of Science

낫소 시니어

의 사회과학 부문(섹션F) 의장으로 활약하기도 했다.

시니어의 '분석'에는, 그가 노동자들과 그들의 고용주 사이에 이뤄진 합법적인 접촉에 대한 부당한 간섭이라고 여겼던 것에 반대하는 주장이 들어 있었다. 시니어는 여기서 더 나아갔다. 제조업자들로부터 제공받은 자료를 이용해, 그는 노동시장에 대한 간섭에 엄중한 경고를 보냈다. "만일 [가격을 똑같이 유지한 채] 노동 시간이 하루 1시간씩 단축된다면, 순이익net profit(총수익에서 영업비나 잡비 등 총비용을 뺀 것)은 크게 줄어들 것이다. 노동 시간이 하루에 1시간 반가량 줄어든다면, 총수익gross profit(매출에서 구입 원가를 뺀 것)마저도 급감할 것이다."28

한 가지 문제점이 시니어의 계산을 방해했다. 그 계산은 잘못된 것이었다. 마르크스는 시니어의 논리를 갈기갈기 찢어버리면서 조롱했다.29 시니어는 노동 시간 단축으로 산출량이 줄어드는 동안, 비非 노동 비용은 똑같이 유지될 것이라는 가정에 바탕을 두는 대실수를 저질렀다. 목화에서 실을 뽑아내는 공장 작업을 한 시간 덜 한다면, 필요한 목화 또한 적어질 것이라는 점을 시니어는 잊었던 것이다. 시니어의 '마지막 시간'Last Hour – 마르크스가 별명을 붙였듯이 – 뒤에 이어진 주장은 너무나 불합리해 훗날 경제학자들 중 그것을 변호한 이는 아무도 없었다.

의회가 노동 시간에 대한 온건한 제한을 법제화했을 때도 세상은 끝나지 않았다. 이윤이 사라진 것도 아니었다. 영국의 산업은 번창했다. 산업자본가 누구도 노동 시간에 손을 대지 말아야 한다는 프로크루스테스식의 논리에도 불구하고, 모두들 똑같은 요구 조건에 직면했을 때 결과는 고분고분한 순응이었다.

자신들만이 번영을 이끈다는 망상

프로크루스테스식 획일주의를 괴롭히는 모순점들 중 두드러진 한 가지가 있다. 이는 그 원리의 중심적인 정당화 근거를 허물어뜨린다. 프로크루스테스식 획일주의는 자신을 마치 번영을 창조하는 유일한 길인 것처럼 과시한다. 하지만 프로크루스테스식 획일주의 그 자체는 번영 기간 중에는 꽃피울 수 없는 처지다. 번영은 시장경제의 효율성을 허물어버린다.

경제학자들은 제2차 세계대전 종료부터 1960년대 후반 사이 미국의 그 시기를 '황금시대'Golden Age 라고 부른다. 몇몇 요인들이 황금시대에 이바지했다. 전쟁 기간 중의 번영에 관련된 제2차 세계대전 당시의 배급 제도는 가계들로 하여금 저축을 할 수 있게 해줬다. 전쟁이 끝났을 때, 시장을 놓고 미국과 경쟁을 벌였던 나라들의 경제는 폐허로 변했다. 이는 전례 없이 폭발적으로 늘어난 경제적인 수요를 미국 기업들이 향유했음을 뜻했다.

전쟁은 대공황 기간 중에 시작됐던 흐름을 계속 이어가도록 했다. 1930년대에, 극심한 경쟁 탓에 기업들은 낡은 공장과 장비를 폐기처분해야 했다. 1939년에 이르러, 미국 기업들은 1933년에 존재했던 모든 제조업 장비의 절반을 교체했다. 대공황 기간에 투자의 총량이 상대적으로 작았음에도 불구하고, 그 투자의 대부분은 새로운 생산 역량을 덧붙이기보다는 기존 공장 및 장비를 현대화하는 쪽으로 맞춰졌다. 이 투자의 효율성을 보여주는 한 가지 지표가 있다. 전쟁 뒤에 미국의 기업들은 10년 전보다 15% 적은 자본과 19% 적은 노동으로 동등한 산출량을 생산해냈다.[30]

황금시대의 번영은 고용의 급증을 촉발해, 실업자 수를 대폭 감소시켰다. 자동차 산업에서 쌓인 빌 왓슨의 경험을 둘러싼 논의(45쪽)가 보여줬듯이, 이런 번성일로는 프로크루스테스식 획일주의 양상을 상당히 둔화시켰다.

경쟁의 압력에서 해방된 게 노동자들만은 아니었다. 호시절 덕에 경영진은 만족스럽고 자신만만했다. 장부에 거대한 수주 잔고를 확보하고 있는 기업들로서는 비용을 삭감하기 위해 긴축할 필요가 없었다. 기업들의 목적은 더 많은 재화를 만들어 단지 쏟아내는 일이었다. 그들이 왜 더 많은 직원들을 채용하고, 더 환상적인 몫을 누리지 않겠는가? 기업들은 자본금을 오랫동안 한군데 묶어 두었다. 그 결과, 국내 생산은 세계 경제에서 가격 경쟁력을 상실했다. 만족감을 느끼고 있던 미국 기업의 지도자들은 노동자 훈련에 관한 주장에 날카롭게 맞섰다.[31]

경쟁과 번영 사이의 이런 긴장은 전통적인 경제 이론에 내재된 주요한 모순점을 지적한다. 경제학자들은 불황 또는 침체의 함정을 피하면서, 경제를 번영으로 이끌어갈 수 있도록 충고해줄 수 있는 지적인 수단을 갖고 있다며 스스로 자랑한다. 하지만, 똑같은 그 불황 또는 침체는 경쟁에 박차를 가하기 위해 필요하다. 대단한 존경을 받았던 20세기의 저명한 경제학자 조셉 슘페터는 주기적인 경기 하강에 대해 이렇게 언급했다. "순환(사이클)은 편도선처럼 그 자체로 분리될 수 있는 듯 취급되는 것과는 다르다. 순환을 드러내는 심장의 고동, 유기체의 본질적인 움직임과 같다."[32] 주목해야 할 점이 여기 있다. 경제학자들이 슘페터를 대단히 유력한 존재로 여김에도 불구하고, 그들 대부분은 그의 캐치프레이즈인 '창조적 파괴'를 단지 시장의 효율성을 보여주는 증거로만 채택해 왔다는 것이다. 훨씬 더 도전적인 그의 사상에는 별 관심을 두지 않는다.

자동차 산업은 경제적 조건인 계급투쟁과 프로크루스테스식 획일주의 사이에 얽힌 관계를 잘 보여준다. 왓슨이 취업하기 근 20년 전인 황금시대 초기에, 노동조합의 힘은 정점에 이르렀다. 미국 자동차 노조The United Automobile Workers는 생산이 어떻게 이뤄져야 하는지에 대한 최종적인 결정권을 요구하고 있었다. 노동조합에 대한 통제권을 넘겨줘야 하는 사태를 두려워해, 상위 3개(빅3) 자동차 회사들은 다른 대안으로 넉넉한 보상책을 제공했다.

미국의 자동차 회사 제너럴 모터스General Motors가 1948~1950년 기간을 맡은 노동조합과 맺은 합의서에 서명했을 때, 〈포춘〉은 '디트로이트 협약'이란 제목의 다음과 같은 내용의 기사를 게재했다. "GM은 평화를 위해 막대한 돈을 지불했을 것이다. 그것은 성공적인 협상이었다." 〈포춘〉에 따르면, "제너럴 모터스는 어떤 생산 라인에서 경영진의 중요한 기능들 중 하나 – 생산, 모델 교체, 기계 및 공장 투자에 관한 장기적인 계획 – 에 대한 통제권을 되찾았다."[33]

그 공장에서 새로 찾아낸 자율적인 계획의 가치는 한 단위 노동시간당 기업 이윤 0.15달러 수준이었던 것으로 추정됐다. 당시를 돌이켜 생각해보면서, 자동차 산업은 이제 그 전략에 관해 그리 후하지 않은 평가를 내린다. 노동자와 퇴직자들에 대한 건강보험과 연금을 제공해야 하는 의무를 졌던 그 산업은 책임을 떠넘기는 조처를 취했다. 디트로이트 소재 기업들의 전략에 포함된 가장 파괴적인 측면은 별 주목을 끌지 못했다. 디트로이트의 자동차 회사들은 호경기 덕에 별다른 노력을 기울이지 않고도 생산된 차량을 내다팔 수 있었다. 그 때문에 그 산업은 생산 공장 또는 기술을 현대화하지 않았다. 이런 선택 탓에 그 산업은 미국으로 밀려들어오는 수입품의 물결에 대단히 취약해졌다.

황금시대 동안 프로크루스테스식 획일주의 관점들이 모두 사라진 것은 아니었지만, 이 시기는 '느슨해진 강철 새장'(30쪽)으로 특징지을 수 있다. 1960년대 중반에 이르러, 대공황 때 겪었던 고난의 기억은 희미해졌다. 기업 이윤을 상당 폭으로 줄이면서 노동자의 임금은 증가하고 있었다. 하지만, 여전히 상대적으로 높은 임금이 프로크루스테스식의 숨 막히는 환경에서 일하는 것을 보상해 주기에는 더 이상 적절하지 않은 것 같았다. 경영진은 여전히 노동자들을 존중하지 않았다. 그 때문에 빌 왓슨 같은 사람들이 프로크루스테스식 획일주의에 맞서 공격적인 도전을 시작했다.

프로크루스테스식 획일주의는 죽지 않았다. 다루기 힘든 뻣뻣한 행동에 맞서, 기업들은 반反혁명counterrevolution을 조장해 나라의 중심축을 오른 쪽으로 확 쏠리게 이동시켰다. 리처드 닉슨의 국내 정책이 빌 클린턴Bill Clinton 시절 국내 정책의 왼쪽에 있게 된 것이나 마찬가지의 급변이었다. 이런 우익 반혁명은 프로크루스테스식 규율을 성공적으로 재구축했다. 반혁명이 기업 이윤을 약간 회복시켰음에도 불구하고, 미국 경제의 장기적인 잠재력을 훼손시켰다. 미국 경제는 오랜 기간에 걸친 투자의 미흡 탓에 이미 취약해졌다.

**현실이 된
성경의 한 구절**

지난한 투쟁 없이는 프로크루스테스식 획일주의에 대항해 일시적인 혜택마저도 결코 거둘 수 없다. 사회적인 보호망을 위한 압력이 프로크루스테스주의자들을 항복하도록 강제할 때조차도, 그들은 개혁을 되돌리기 위해 조직을 이뤄 결연하게 맞선다. 효율적인 경제를 보장하기 위한 싸움에서 자신의 개인적인 이해관계는 부차적이라고 이들은 스스로 확신한다. 사회적 보호망의 상태는 프로크루스테스주의자들과 사회의 나머지 부문 사이의 상대적인 힘을 바탕에 깔고 있는 '밀물'과 '썰물'을 보여준다.

전쟁 기간 중에, 지도자들이 일반 대중의 지지를 절실히 필요로 할 때는, 사회를 개혁하는 게 쉬워진다. 마찬가지로, 체제가 고장을 일으키고 지도자의 신뢰도가 추락한 뒤 지도자들은 사회적 개혁에 훨씬 더 적극적인 태도로 변한다. 예를 들어, 대공황에 뒤이은 뉴딜 정책은 경제 시스템에 대한 지지, 그리고 그 재앙을 책임질 임무를 대중들로부터 부여받고 있던 사람들에 대한 지지 양쪽 모두를 떠받치기 위한 취지로 마련됐다.

때때로 핵심 권력 집단들 사이의 갈등 덕분에, 일반 대중들은 어떤 보호망을 획득할 수 있다. 로버트 블링코와 어린이 노동 사용을 둘러싸고 벌어졌던 논란이 그런 예이다. 당시 두 경쟁 집단은 모두 너무도 실제적이었던 상대편의 권력 남용을 독선적으로 지적함으로써 자기 쪽이 사회적 양심을 표방하는 듯이 가장했다.

유사한 분열 사태가 미국의 남북전쟁 직전에 일어났다. 노예제 옹호자들이 북부 지역 공장들에서 일하는 노동자들의 열악한 조건에 대해 위선적인 분노를 드러낼 때였다.[34] 하지만, 이 경우, 노예 소유자들의 비난은 명백히 자기 잇속을 차리는 행태여서, 그들은 결코 견인력을 얻지 못했다. 백인 공장노동자들이 노예로 전락하는 것을 요구함으로써 자신의 운명을 개선시키려고 떠들썩하게 부르짖었겠는가.

사회적 개혁을 떠받치는 가장 중요한 힘은 일반인들이 불의를 바로잡기 위해 자신들을 조직화하는 데 성공하는 일이다. 정확히 묘사된 외부적인 조건이 더 나은 조직화를 허용하는 단초를 제공할 수도 있다. 하지만, 결국에는 사람들 스스로 자신 앞에 놓여있는 강력한 힘 앞에서 자신의 운명을 결정짓는 책임을 져야 한다.

다시 말해, 승리는 외부에서 오지 않는다. 예를 들어 정치계 및 산업계 지도자들은 로널드 레이건의 대통령 당선 뒤 수십 년 동안 뉴딜과 유사한 정책에 등을 돌렸다. 이 성공적인 반혁명은 프로크루스테스식 획일주의를 교묘하게 실행에 옮긴 것이었다. 사회적 보호망은 사라졌다.

그 동안 줄곧 이 반혁명은 일반 대중들에게 웅대한 약속을 해왔다. 개혁은 곧 더 효율적인 경제를 창출하고, 좋은 일자리를 제공하고, 그럼으로써 마침내 모든 이들에게 번영을 가져다줄 것이라는 식이었다. 그런 일은 결코 일어나지 않았다. 그 대신 더 많은 반혁명의 결실이 이미 부유한 이들의 손아귀에 떨어졌다.

사회학자 로버트 머튼Robert Carhart Merton은 한 때 마태 효과Matthew Effect(사회 경제적인 부익부 빈익빈 현상, 성경 〈마태복음〉에서 주인이 돈 관리를 잘하는 하인을 더욱 아낀다는 일화에서 나온 말)에 관해 쓴 적이 있다. 성경 구절인 "무릇 있는 자는 더 받아 풍족하게 되고 가진 게 없는 자는 그 있는 것마저 빼앗기리라"를 암시한 표현이었다.[35] 이 경우 성경의 예언은 프로크루스테스들의 정치적인 약속보다 훨씬 더 정확한 것으로 판명됐다.

'자유'라는 거짓말

프로크루스테스주의자들이 사회 위에 군림하며 점점 더 강한 통제권을 행사하는 동안, 그들은 자신을 단호한 자유의 옹호자로 묘사한다. 그들은 완강하게 양자택일 – 개인의 자유 또는 국가의 통제 – 을 강요한다. 밀턴 프리드먼은 이렇게 선언할 정도였다. "참여 민주주의를 성취하기 위해 지금까지 발견된 유일한 기제(메커니즘)는 자유시장이다."[36]

시장 기반의 자유 아래에 깔려 있는 것은 국가 – 프로크루스테스들이 아마도 혐오하는 그 똑같은 독재 국가 – 의 권력이다. 하지만, 이 국가 – 프로크루스테스들의 이상적인 국가 – 는 온힘을 쏟아 사유 재산을 보호하고, 모든 시민들이 시장의 법칙에 순응하도록 만든다.

아마도 시장경제의 주요 목적인 번영은 노동 계급의 규율을 무너뜨리려는 위협을 가한다. 이는 황금시대의 경험에서 이미 나타났던 바이다. 번영과 규율 사이의 이 모순은 실상 전혀 새롭지 않다. 주식시장이 대폭락하기 2개월 전인 1929년 8월 3일자 〈커머셜 앤 파이낸셜 크로니클〉Commercial and Financial Chronicle 의 사설에 표현된 음산한 경고를 고려해보라. 그 사설에서 목록에 오른 위험 신호들은 다음과 같았다.

"낙농장 주인……그리고 과수 재배업자에게 이득을 안겨주는, 화려한 음식의 다양화. 사치스러운 차림새……더 많은 비단(실크)과 인조견사(레이온). 라디오, 여행, 유흥과 스포츠에 대한 자유로운 지출. 작업대나 판매대 또는 농장에서 자리를 잡는 게 더 나을 사람들을 위한 겉치레 교육."[37]

반대로, 불황 중 노동자들의 비참한 처지는 프로크루스테스들 사이에서 축하의 이유가 될 수 있었다. 최소한, 소비자인 노동자들에게 의존하지 않았던 프로크루스테스주의자들은 그랬다. 예를 들어

1859년 12월 〈시카고 프레스 앤 트리뷴〉Chicago Press and Tribune은 빈곤 상태의 90%는 음주와 나태 탓이라고 비난했다. 유일한 처방은 '건강에 좋은 약간의 굶주림과, 과도한 추위에서 비롯된 수다스런 잡담의 유익한 감정 폭발' 뿐이었다.

노동자들이 시장 규율의 고통을 느낄 때 프로크루스테스주의자들은 이를 환영한다. 그럼에도 이들은 자기네 사업이 흔들릴 때면 세금 감면과 보조금, 구제책을 포함한 너그러운 혜택을 기대한다. 간단히 말해, 규율과 책임 양쪽 다 사회의 밑바닥 단계를 차지하고 있는 이들에게는 명백히 엄중하게 적용됨에도, 꼭대기 계급 사람들에게 그것은 불필요하다.

자신을 인간 심리학을 배운 현실적인 학생들이라고 자랑하는 프로크루스테스주의자들에게 진정한 자유는 상상할 수 없는 것이다. 이 현실주의에 따르면, 개선된 사회로 이어지는 비시장nonmarket 경로는 생각할 수 없다. 사람들은 너무나 이기적이다. 시장의 규율만이 효과적으로 작동할 수 있다.

프로크루스테스들은 기업 활동의 부정적인 결과로부터 시민들을 보호하는 국가의 노력을 모두 자연발생적인 자유의 위반으로 간주한다. 사업에 간섭하는 정부의 행위는 두 가지 이유로 비난을 받는다. 사람들을 소비자 또는 노동자로서 기업에 덜 의존적인 존재로 만들기 때문이란 것이다.

프로크루스테스주의자들이 제안하는 자유는 특별한 종류의 자유이다. 프랑스의 소설가 아나톨 프랑스Anatole France, 1844~1924는 다음과 같은 잊지 못할 글귀에서 그런 종류의 자유에 내재한 속성을 요약했다.

"우리의 시민권은 자존심을 위한 또 하나의 근거이다! 가난한 이들에게 그것은 권력과 나태 속에 빠져 있는 부자들을 뒷받침하고 유지시켜주는 데 있다. 이 일을 하는 그들은 존엄한 법의 평등 앞에서 노동해야 한다. 그 법은 부자나 빈자 모두 다리 밑에서 잠을 자거나, 길거리에서 구걸을 하거나, 빵을 훔치는 일을 하지 못하도록 금한다."39

아나톨 프랑스

chapter 05
국경을 넘는
프로크루스테스 괴물들

덜 노골적인 제국주의

'국제' 프로크루스테스주의는 세계 무역의 단순한 확장보다 더 많은 것을 의미한다. 흔히 세계화globalization 또는 신자유주의neoliberalism로 묘사되는 그것은 자본주의적 지배 방식의 새로운 국면을 뜻한다. 국제 프로크루스테스주의 덕분에 군림하는 나라들은 식민지 통치에 따르는 지출과 책임을 회피할 수 있게 됐으며, 사실상 그 일을 제국에 종속된 각국 정부에 도급 형식으로 맡긴다. 이 새로운 시스템은 이들 가난한 나라로부터 '가치'를 뽑아내는 데 훨씬 더 효율적이다.

이런 새로운 방식에서, 식민지 제국주의의 악랄한 힘은 뒷마당으로 물러난다. 그럼에도 한 나라 정부가 과도한 독립성을 드러내거나 규율을 집행하는 데 취약함을 보일 경우 강대국들은 즉각 무력을 투입해 배치할 만반의 준비를 갖추고 있다. 이런 형태의 덜 노골적인 제국주의는 '겉보기에만 유쾌한 듯 보이는 허구성'을 유지하는데 도움을 준다. 자발적인 합의에 따라 자유무역에 세상의 문을 열어놓은 덕에 모든 사람들이 혜택을 입고 있는 것으로 믿게 된다.

국제 무역은 의심할 바 없이 환대를 받아야 한다고 주류 경제 이론은 가르친다. 식료품과 에너지, 제조 원료 뿐 아니라 적절한 광물까지 확보한 소규모 국가의 발전 가능성은 매우 낮다. 그런 나라들은 개발을 위해 약간의 무역을 필요로 한다. 하지만 약소국들의 발전은 이들 나라의 강력한 무역 '파트너(상대방)'들에게 우선순위에서 높지 않고, 심지어 환영받는 결과도 아니다.

양쪽 당사자들이 이론적으로는 국제적인 거래로부터 혜택을 입는다. 그럼에도 힘의 불균형이 존재할 때, 상호 혜택을 보는 일은 일어나지 않는 것 같다. 더 약한 쪽은 무역을 통해 상호 혜택을 입을 것이라는 전망보다는 강압적으로 결정된 선택지로 흘러가는 것 같다.

민주주의를 명분으로 내거는 미국 등 국제 금융시장의 강력한 채권자들은 은밀한 수단들을 동원해 고분고분 하지 않은 다른 나라 정부를 뒤엎을 수 있다.

세계화는 노동자들과 공동체를 희생시키고 기업 권력corporate power 에 지배권을 부여한다. '고객'인 각국 정부는 무역업자인 기업들의 요구에 길을 열어주어야 한다. 이들 업자는 자기네 앞길을 가로막는 어떤 나라의 국내법이라도 무시할 수 있는 권리를 기대한다. 이들 고객은, 옛 제국주의 강대국을 부끄럽게 만들 수도 있는 성질의 것인, 냉혹한 프로크루스테스의 규율을 부과할 의무를 지고 있다.

새로운 세상의 국제 관계 속에서, 제국주의 강대국들은, 저항에 따른 처벌과 복종에 따르는 이득에 매우 익숙한, 고분고분한 식민지 독재자들에게 성가신 진압 임무를 도급계약 형식으로 떠넘긴다. 초강대국들이 자유를 뜻한다고 이름 붙인 환경에서, 그 흉악범들은 자기네 국민들을 희생시킨 채 엄청나게 부유해질 수 있다. 예를 들어 미국의 시사주간지 〈타임〉은 1953년경에 프로크루스테스들의 찬사를 받는 그런 종류의 자유에 관한 강렬한 인상의 기사를 게재했다.

"해외의 미국 기업인들이 순조로운 자유 기업의 분위기 속에서 번창할 수 있는 곳 중 하나로 석유 덕에 호황을 맞고 있는 베네수엘라 공화국을 꼽을 수 있다⋯⋯지난 5년 동안 베네수엘라를 지배해온 군부 독재를 거론하면서, 어느 은행가는 최근에 이렇게 설명했다. '여기서는 자기 돈을 갖고서 하고 싶은 건 뭐든 할 수 있는 자유가 있습니다. 그리고 제게 그것은 세상의 모든 정치적 자유에 맞먹는 가치를 지닙니다.'"[1]

강대국들은 합법적인 지도자들로서, 심지어는 강대국과 빈곤한 나라들 사이의 거래에 존경의 느낌을 덧붙여주는 위대한 민주주의자들로서 그러한 국가들을 통치하는 이들을 찬양한다.

국제 프로크루스테스주의는 값싸고 믿을 만한 해외 노동력을 제공해준다. 이는 미국 같은 나라들에게는 이중의 혜택을 안겨준다. 해외에서 자기네 공장 터를 물색하고 있는 기업들에게는 저임금에 덧붙여, 그 단순한 공장 재배치 위협이 노동 계급에 정신적 충격을 가하는 중요한 요소가 된다. 이런 방식은 미 연방준비제도이사회FRB 의 이자율 인상 방안에 의존하는 위험한 전략보다 훨씬 더 매력적이다.

국제 프로크루스테스주의의 정책을 기꺼이 집행하는 국가 수뇌부의 마음속에 공적인 관심사 따위는 거의 없다. 대신에 그들은 자신과 자신의 패거리를 부유하게 만드는 것에만 관심을 쏟는 경향을 띠고 있다. 부패의 문화는 제국주의적 관계의 일반적인 유산이다. 그러한 법칙의 전형적인 결과가 어마어마한 국가 부채의 누적이다. 그러한 부채를 되갚으라는 요구는 독립적인 발전을 불가능하게 만든다. 어떤 나라가 1950년대 베네수엘라와 달리 고분고분하게 말을 듣지 않을 때, 강대국들은 자기네 멋대로 할 수 있는 무수한 강압 수단을 갖고 있다. 훗날 베네수엘라가 알게 된 것처럼, 그들은 그런 수단을 사용하는 것을 부끄러워하지 않는다.

대개 직접적인 물리력은 불필요하다. 봉쇄와 다른 무역 제재들, 또는 제재의 위협이나 군사적인 간섭만으로 복종을 끌어내기에 충분하다. 가난한 나라들이 감히 저항하며 뻣뻣하게 행동하는 경우들이 매우 드물게나마 있긴 하다. 이때 항상 민주주의를 명분으로 내거는 미국 등 국제 금융시장의 강력한 채권자들은 은밀한 수단들을 동원해 고분고분하지 않은 다른 나라 정부를 뒤엎을 수 있다. 군대를 보내는 비용과 희생을 치를 것도 없다.

직접적인 또는 은밀한 제국주의적 통제와 더불어, 자연발생적인 시장의 힘이라는 것은 좀처럼 믿기 힘든 허구이다. 더욱 기이한 사례들 중 하나로, 중국에서 비롯된 게 있다. 이곳에서 영국은 두 번의 전쟁(1839년과 1856년)을 치른 끝에 중국을 압박해 영국의 아편 무역거래에 시장을 개방하도록 했다. 하지만 영국은 자국에서는 아편을 불법적인 마약으로 취급했다.

국제 프로크루스테스주의 세상에서, 잠재적인 부富는 위험을 불러들인다. 매우 풍부한 유전 지대에 자리 잡은 가난한 나라를 상상해보라. 저항할 수 없는 힘이 불평등 협정을 통해 이 나라를 억눌러 자원 시장을 개방하게 만든다. 그 와중에 외국계 회사들은 '알짜배기 몫' lion's share 을 챙기는 혜택을 누린다. 하지만 강대국들은 그 나라 국민들을 위해 행동하고 있다고 주장할 것이다. 보통 사람들의 처지를 개선하도록 돕기 위해 노동 시간을 기꺼이 늘리려고 했던 고용주들과 똑같은 행태이다.

일단 고분고분한 정부가 들어서면, 인간미 없는 시장의 힘에 뒤이어 모든 당사자들이 모습을 드러낸다. 모든 게 전적으로 자발적이고 서로 혜택을 주고받는 것으로 여겨진다. 평등이 널리 확산돼 있다고 모든 사람들이 가장한다.

대표적인 제국주의 침략 사례인 아편전쟁은 중국인들의 삶을 파국으로 몰아넣었다.

때때로 가난한 나라들이 갖고 있는 유일한 기회는 다른 초강대국들과 라이벌(경쟁) 관계로 얽혀 있는 또 다른 어떤 초강대국의 보호를 받는 것뿐이다. 이들 보호자는 대가를 요구할 것이다. 하지만 그들은 자신의 탐욕을 부분적으로 억제할 수도 있다. 보호 대상인 그 가난한 나라가 다른 쪽으로 넘어가는 사태를 막기 위해서다. 이런 전략은 위험할 수도 있다. 가난한 나라들이 실질적인 자기 몫을 확보할 수 없는 전쟁에 휘말릴 수 있다는 것이다. 소비에트 연방 붕괴 이후, 약소국들이 경쟁하는 강대국을 선택할 수 있는 여지가 거의 없어졌다. 이제 '밥상'(테이블)은 국제 프로크루스테스주의 세상을 위해 차려져 있다.

'페니 자본주의'라는 조소

미국과 다른 선진국들은 가난한 나라들에게 다짐하듯 약속을 한다. 국제 프로크루스테스주의에 고분고분 순응하면 위대한 번영을 향유할 수 있다는 것이다. 하지만, 지금껏 어떤 나라도 자유시장의 기초 위에서 성공적으로 발전하지 못했다. 선진국들 자신도 시장 지배력을 장악하기 위해 어떤 고난도 마다하지 않았다. 특히 발전 초기 국면에서 그랬다.

성공적인 산업화를 이룬 국가들은 역사적으로 시장의 힘을 일부 수용했다. 또 시장의 힘을 일부 활용하지 않은 채 충분히 발전된 나라도 지금까지 없었다. 하지만 건국 초창기부터 미국 정부는 외국과 벌이는 경쟁으로부터 자국의 신흥 산업을 보호했다. 문제는 시장의 힘이 어느 정도나 온전한 통제권을 갖게 되느냐는 것이었다.

미국은 경제 현대화에서 중심축이었던 철도 산업에 어마어마하게 많은 보조금을 지급했다. 노예 노동이 막대한 공헌을 했다는 사실도 잊어서는 안 된다. 노예들은 플랜테이션^{plantation}(열대나 아열대 지방에서 현지 원주민들의 값싼 노동력을 대거 동원해 작물을 재배하는 대규모 농장) 소유주들을 위해 직접적으로, 또한 남부의 교역을 가능하게 만들었던 북부의 은행가와 무역업자들을 위해 간접적으로, 부를 창출했다. 대체로 산업화되지 않은 남부에서 필요로 했던 상품을 공급하는 이들도 노예 경제로부터 이득을 봤다. 오늘날 그러한 문제들은 편리하게도 잊혀졌다. 그 대신 오직 시장의 힘만이 미국의 경제적 성공을 이끌어낸 것으로 인정받고 있다.

영국의 산업혁명 또한 상당 부분 비시장nonmarket 힘에 의존했다. 영국의 경제는 또한 미국의 노예제에서 비롯된 혜택을 공유했다. 노예를 부려 목화를 재배하는 영국의 목화 산업은 기술적인 진보의 우선적인 중심축으로 표현되기 일쑤이다. 노예제에 더해 아일랜드, 인도 등지에 침투한 제국주의적 벤처(모험) 사업은 산업혁명에 필요한 자금을 공급해준 부를 창출하는데 도움을 줬다. 게다가 그 제국(영국)은 목화 제품을 위한 준비된 시장을 제공했다.

산업혁명에 크게 기여한 또 다른 중요한 요인은 시골 지역에 살고 있는 가난한 사람들의 전통적인 권리를 아주 자주 폭력적으로 빼앗은 일이었다. 상대적으로 소규모인 부유한 토지 소유자 집단에 의해 그런 일이 저질러졌다. 그 집단은 다른 사람들이 대대로 행사해온 땅의 소유권을 갑자기 주장하고 나섰다. 소작인들이 자기네 땅에서 내쫓긴 뒤, 공장에 들어가는 것 말고는 달리 선택지가 없었다. 이 잔혹한 과정은 또한 농업혁명의 주요한 요소이기도 했다.

프로크루스테스들의 위선은 이 세상 가난한 나라들 곳곳에서 명백히 드러난다. 거기서도 시장이 존재해 수세기 동안 작동해 왔다. 사람들로 혼잡스러운 가난한 나라의 빈민가에서, 여러분은 애덤 스미스가 한 때 일컬었던 '한 푼이라도 벌 수 있으면 돈을 굴린다는 행상 원칙'pedlar principle, 즉 '초기에 자본주의를 움직이도록 했던 현상'

을 볼 수도 있을 것 같다.² 더 최근에, 미국의 인류학자 솔 택스Sol Tax, 1907~1995는 그와 똑같은 활동을 '페니 자본주의'penny capitalism라고 이름 지었다. 찢어지게 가난한 사람들이 고래고래 소리치며, 역시 찢어지게 가난한 다른 사람들에게 싸구려 물건들을 팔러 다니는 현상을 일컫는 표현이다.³ 영세한 페니 자본가들은 효율적일 수 있지만, 일정한 수준의 자본을 축적하지는 못할 것 같다. 택스의 시카고대

애덤 스미스의 'pedlar principle'을 묘사한 일러스트레이션

학 동료이자, 노벨경제학상(1979년) 수상자인 시어도어 슐츠Theodore Schultz, 1902~1998는 전통적인 농업이 시장의 거래 조건에 비춰 생산적일 뿐 아니라 효율적이었다고 주장했다. 사용 가능한 기술의 조건 아래에서, 소작농들은 가능한 한 많이 생산했다. 하지만, 그들의 효율성에도 불구하고, 그들은 가난의 덫에 걸릴 운명이었다. 그들이 번창하기 위해 필요로 했던 것은 오직 자본을 손에 넣는 일이었다고 슐츠는 다소 순진하게 주장했다. 그 대신, 이들 나라에서 자본주의가 일단 굴러가기 시작하면, 선진국들에서 실제로 그랬던 것처럼, 늘 강압과 폭력의 도움으로, 토착적인 '페니 자본주의'는 국제(글로벌) 자본주의 및 달러를 동원한 외교와 충돌을 일으킨다. 그 결과는 의심할 바 없이 명확하다. 몹시 심하게 곤란을 겪는 거리의 행상들이 잘 알고 있는바 그대로다.

황금 구속복 입히기

국제 프로크루스테스주의의 신봉자들은 마가렛 대처의 잔인한 선언을 자기 자신만의 것으로 새로 변화시켜 이렇게 제안한다. "어떤 대안도 없다." 〈뉴욕 타임스〉 평론가로 일했던 토마스 프리드먼Thomas Friedman(미국의 언론인 겸 작가, 〈지구는 평평하다〉〈렉서스와 올리브나무〉의 저자, 사실을 왜곡하고 정당성을 잃은 논조의 칼럼을 잇달아 썼다는 이유로 30년 동안 몸담아온 〈뉴욕 타임스〉에서 2011년 8월 해고당함)은 들떠서 '기업·시장 경제'를 홍보하는 그 자신만의 특별한 상표(브랜드)를 개발했다. 그것이 보통 사람들에게 부과하는 어려움은 불가피하다고 그는 설명한다.

아마 무의식적으로 〈공산당 선언〉을 메아리치듯 반복하면서, 프리드먼은 주권 국가들에게는 그가 '황금 구속복'Golden Straitjacket 이라고 불렀던 것에 적응하는 것 말고는 다른 선택지가 없다고 주장했다. 이 황금 구속복은 한 나라 경제의 꼭대기에 앉은 사람들에게는 금처럼 소중한 것일 수 있고, 중간 계급의 일부 행운아들에게도 약간 덜 하기는 해도 소중할지 몰라도, 일반 대중들에게는 결코 금처럼 귀한 것일 수 없다는 사실은 언급하지 않는다. 다음은 늘 야단스러운 프리드먼의 발언이다.

"황금 구속복에 적응하기 위해 한 국가는 다음과 같은 황금의 법칙을 채택하거나 이 법칙 쪽으로 움직이고 있는 것으로 비쳐져야만 한다. 사적 부문을 그 나라 경제의 주요 엔진(동력)으로 삼고, 낮은 물가상승률과 가격 안정성을 유지하고, 정부 관료들의 권한을 축소시키고, 흑자가 아니라면 가능한 한 균형

토마스 프리드먼

에 가까운 예산을 유지하고, 수입품에 대한 관세를 없애거나 낮추고, 외국인 투자에 대한 제한 장치를 없애고, 할당(쿼터) 제도와 국내 독점을 제거하고, 수출을 늘리고, 국가 소유의 산업과 공익사업(수도, 전기, 가스 등)을 민영화하고, 자본시장에 대한 규제를 풀고, 외환 거래를 자유롭게 하고, 그 나라 산업과 주식·채권 시장을 외국인의 직접 소유 및 투자 대상으로 개방하고, 그 나라 경제에서 가능한 한 규제를 풀어 국내 경쟁을 촉진하고, 가능한 한 정부의 부패와 보조금 및 뇌물 수수 관행을 없애고, 금융 및 통신 시스템을 사적 소유 및 경쟁에 노출시키고, 그 나라 국민들로 하여금, 경쟁을 벌이는 여러 가지 일련의 연기금과 외국인 운영의 연기금 및 뮤추얼 펀드mutual fund를 선택할 수 있게 하는 것. 이런 과제들을 모두 완료할 때, 당신은 비로소 황금 구속복을 확보한 것이다."4

황금 구속복이 모든 보조금과 뇌물, 부패 관행을 쓸어버리는 게 아니라 다국적 기업의 통제를 방해하는 것들만 그렇게 할 뿐이라는 사실을 프리드먼이 언급했더라면, 그는 그의 독자들에게 도움이 됐을 텐데, 그러질 못했다. 다국적 기업들은 대개 황금 구속복의 제약으로부터 사실상 면제돼 있다. 황금 구속복을 창조한 그 똑같은 과정이 그의 이른바 '전자 소떼'Electronic Herd (수익만 낼 수 있으면 지구촌 어디든 가리지 않고 우르르 몰려다니는 습성을 지닌 국제 금융자본, 토마스 프리드먼의 비유적 표현)를 풀어놓는다는 것을 계속해서 언급한다.

"전자 소떼는 얼굴 없는 주식·채권·통화 거래자들로 이뤄져 있다. 이들은 지구 전반에 걸쳐 컴퓨터 화면 뒤에 앉아, 마우스 클릭 한 번으로 자신의 돈을 뮤추얼 펀드에서 신흥시장에 투자한 연기금으로 굴리거나 인터넷을 기반으로 거래를 한다. 그리고 그것은 거대 다국적 기업들로 구성돼 있다. 이들 기업은 이제 자기네 공장들을 세계 곳곳에 퍼뜨려 놓았으며, 이 공장들을 가장 효율적이고 가장 낮은 비용의 생산자들한테로 계속해서 이전한다……[전자 소떼의 지도자들은] 당신의 고통을 느낀다고 말하지 않는다. 식민지 시대의 경험에서 비롯된 당신의 불만을 이해한다고 말하지도 않는다. 그들은 당신이 너무나 독특하고 그 지역의 안정에 중요하다고 말하지 않는다. 당신에게 책임을 지우지 않을 것이라고 말하는 것도 아니다. 그들은 당신과 더불어 자신의 길을 확보하고 있을 뿐이며, 그 길을 뚜벅뚜벅 걸어간다. 전자 소떼는 세계 전반을 의회 시스템으로 전환시킨다. 그곳에서는 각국 정부가 그 소떼로부터 불신임 투표를 받을 수 있다는 공포 속에서 살아간다."5

씨티뱅크에서 최고경영자를 지낸 바 있는 월터 리스턴Walter Wriston, 1919~2005은 프리드먼과 달리 실제로 전자 소떼의 중심에 자리 잡고 있었다. 프리드먼의 당시 발언보다 몇 년 앞서 출간한 〈통치권의 황혼〉The Twilight of Sovereignty이라는 매우 인상적인 제목의 책에서, 리스턴은 자신과 같은 사람들이 향유했던 그 힘을 이렇게 묘사했다.

"오늘날 모든 국가의 외교와 재정, 통화 정책에 관한 정보는 수십 개 나라들의 수백 개 '트레이딩 룸'(거래 사무실)에 있는 컴퓨터 화면들로 즉각 전달된다. 그 화면들에 미국 중앙은행인 연방준비제도이사회 의장 또는 각 지역 연방은행 총재의 최신 발언이 뜨면, 트레이더(거래자)들은 통화 가치에 대한 새로운 정책의 영향에 대한 판단을 내리고 그에 따라 매입하거나 매도한다. 지구 전체가 이제 빛의 속도로 움직이는 단일한 '전자시장' 속에 묶여 있다. 숨을 장소가 없다. 이 거대한 데이터(자료)의 흐름은 새로운 세계 통화 표준, 즉 정보 표준Information Standard을 창조했다. 이는 금을 가치척도의 기준으로 삼는 금본위제와 브레턴우즈협정을 대체했다. 지구 전반에 걸친(글로벌)

전자시장은, 한 나라 정부의 외교와 재정, 금융 정책에 대한 세상의 평가를 담은 누계치를 집계하는 거대한 개표기에 필적할만한 것을 만들어냈다. 그 의견은 해당 국가의 통화에 대해 시장이 매기는 가치에 곧바로 반영된다.

이 새로운 세상의 질서 속에서 자본은 수요가 있는 곳으로 달려갈 것이고 좋게 대접받는 곳에 머물 것이다……자본은 통화 가치의 인위적인 조작 또는 통화의 사용에 대한 부담스러운 규제로부터 탈출할 것이다. 자본을 오랫동안 억제해둘 수 있는 정부는 없다."[6]

리스턴과 프리드먼은 옳았다. 황금 구속복 착용을 거부한 나라들은 자기네 경제가 갈가리 찢기는 것을 지켜보는 위험을 무릅써야 했던 것이다. 그 두 사람은 주도권을 행사하는 자기네 나라(미국)는 그러한 참담한 결과로부터 면제돼 있다는 사실을 알리는 일을 빠뜨렸다. 충분한 자원과 용기를 지니지 못한 다른 국가들은 자신을 보호하기 위해 필요한 조처들을 취하는 데 투입할 돈을 갖고 있지 못하고 있음을 그들은 설명하지 않는다.

하지만 리스턴의 이력을 잘 모르는 사람들은 시장의 지혜에 대한 그의 홍보에서 제법 맛깔스러운 아이러니(역설)를 충분히 인식하지 못할 것이다. 이 책이 세상에 모습을 드러냈을 때 리스턴은 이미 씨티뱅크를 떠난 상태였다. 그의 지도력 아래에 있던 당시 씨티뱅크는 라틴아메리카(중남미)에 가능한 한 많은 신용credit을 '매도'selling – 더 많이 사용된 정확한 용어로는 '밀어내기'pushing [7] – 할 의도를 갖고 있었다. 그렇게 해서 씨티뱅크는 라틴아메리카에 대한 대부(자금 대여)를 통해 전체 수익의 50% 가량을 거둬들이고 있었다.

씨티은행은 라틴아메리카에 함부로 돈을 빌려줬다. 중남미 국가들이 빚을 되갚을 수 있는 능력에 관한 고려는 별로 하지 않았다. 잠재적인 지불 불능(디폴트) 사태에 대비하기 위한 적절한 담보물을 확보한 것도 아니었다. 그 결과 그 회사는 중남미 부채 위기 때 깊은 수렁에 빠져들었다. 1991년에 이르러, 일부 씨티코프Citicorp 채권의 가치는 정크본드 수준으로 추락했다. 미시간 주 출신의 민주당 국회의원 존 딘겔John Dingell과 로스 페로Ross Perot 같은 다양한 유명 인사들이 씨티뱅크를 부도 상태로 묘사했다.[8]

사태가 매우 심각해지자, 뉴욕 연방준비은행 총재가 1990년 하반기에 사우디아라비아로 날아가, 알왈리드 빈 탈랄 알사우든Alwaleed Bin Talal Alsaudn 왕자로 하여금 그 은행에 12억 달러를 추가로 투자하도록 조정해야 했다. 미 연준은 또한 그 은행을 구제하기에 충분할 정도로 오래 이자율을 확실하게 억제해야 했다.[9] 그 '전자 소떼'는 씨티코프에 그다지 도움을 주지 못했다. 이제 씨티그룹Citigroup으로 이름을 바꾼 그 은행은 2008년에 부도 상태로 다시 몰렸다. 정부의 막대한 구제 금융과, 미국 경제에 대한 미 연준의 무차별적인 유동성 공급에 의해 겨우 살아났다.

황금 구속복 벗기

리스턴과 프리드먼이 제안한 황금 구속복 속의 '황금' 중 보통 사람들에게 떨어져 누적되는 것은 거의 없다. 그들이 옹호하는 정부는 진보적인 정치 절차를 불가능하게 만든다. 지나치게 역동적인 이 새로운 시장 환경에서, 정부의 역할은 위축돼, 리스턴의 은행 따위들을 위한 '구제 금융'을 포함한 기업의 요구를 승인하는데 머물 뿐이다.

황금 구속복에 권한을 넘기라는 압박을 받는 상당수 정부들이 부패와 압제를 일삼는다. 신자유주의 정책이 인기를 끌지 못하기 때문에, 지도자들을 회유해 자기네 국민들에게 신주유주의의 짐을 부과하도록 하기 위해서는 때때로 부패가 필요하다. 물론, 프로크루스테스주의자들은 부패에는 그리 크게 분노하지 않는다. 그들은 국민의 요구에 반응하고, 더 나아가 국민들로 하여금 자신의 욕구를 표현하도록 허용하는 정부들에 화를 낼 뿐이다.

예를 들어, 2005년에, 프랑스 국민들이 신자유주의적인 유럽연합EU 헌법 조항을 투표로 단호하게 부결시킨 뒤, 프리드먼은 잘난 체하며 통상적으로 가난한 제3세계 국가들에나 사용하는 용어로 그들의 선택을 조롱했다. 프랑스 국민들은 1주 35시간 노동제를 유지할 수 있을 것으로 기대했다는 점에서 비현실적이었다. 반면, 열심히 일하는 인도의 남녀들은 글로벌 자본주의를 열렬히 끌어안고 있었다.[10] 자발적인 행동이란 게 뭔지, 참!

프리드먼과 리스턴의 견해로 볼 때, 노동 시간의 길이에 관한 프랑스인들의 행동이, 보통 사람들은 자기 이익에 최선인 것을 이해할 수 없다는 증거이다(소비자 역할을 할 때 그들에게 부여된 합리성과는 반대로). 결국, 시장만이 유일하게, 경제 발전을 보장할 수 있는 길로 행동을 이끌어갈 수 있다는 것이다.

하지만 프리드먼과, 그로부터 호응을 얻는 그 국민들은, 사회적 통제 장치의 붕괴로부터 다수 국민들이 혜택을 입는 그런 나라의 사례를 쉽게 찾을 수 없을 것이다. 위대한 경제적 성공 사례들 – 영국, 미국, 독일, 또는 일본 – 중 자기네 경제적 발전을 이루기 위해 기꺼이 시장에만 의존한 경우는 전혀 없다. 미국의 산업은 보호 관세와 보조금, 정부의 공사 도급이라는 도움을 받아 발전했다. 노예제와 정부 보조를 받은 철도 산업은 말할 것도 없다. 황금 구속복이 마이더스 왕King Midas(그리스 신화에 나오는 소아시아 지역 프리지아의 부자 왕)에게는 잘 어울리는 복장일지 몰라도, 자유인들에게는 그렇지 않다.

자유시장을 옹호하는 경제학자들조차, 1998년 아시아 외환위기 이후 특히, 이제는 상당수가 '전자 소떼는 인류 행복의 합리적인 조정자일 수 없다'는 사실을 깨달았다는 점에 주목해야 한다. 최근의 금융 위기는 그 교훈을 더 뚜렷하게 부각시켜 놓았다. 대부분의 소떼들처럼, 프리드먼의 전자 소떼는 우르르 몰려다니는 경향을 띠고 있다. 그리고 그 경우 전자 소떼는 경제 전반을 짓밟고, 대다수 국민들에게 막대한 해악을 끼친다.

하지만 심각한 위기 뒤에는, 프로크루스테스주의자들이 똑같은 것을 더 많이 독선적으로 요구한다. 경제가 수익성을 회복할 수 있으려면, 구조조정 작업을 벌여야 한다는 것이다. 여기서 다시, 전자 소떼의 실수에 따른 값을 치르는 이들은 일반 국민들이다. 특히 노동 현장에서, 그들은 더 떨어진 임금, 더 열악해진 노동 조건, 또는 실업을 견디어 내야 했다. 임금이 쪼그라들고, 이윤이 치솟아 오름에 따라, 경제가 더 생산적으로 변한 것처럼 보였다. 적어도 프로크루스테스주의자들에게는 그랬다.

한 나라에서 '나사'를 죄는 것은 세계 전반에 충격파를 던진다. 다른 나라들은 경쟁적인 도전 과제에 맞닥뜨릴 수밖에 없다. 마치 더 생산적인 것처럼 보이는 경제 체제들로부터 제시되는 과제이다. 이는 프로크루스테스 침대의 국내적인 구조조정 작업을 국제적인 현상으로 만든다. 우리는 최근에 나타난 프랑스의 노동 시간 연장 노력을 볼 수 있다. 덜 극적인 것으로 수십 년 동안 계속해서 미국 노동자들에게 가해진 압박도 있다. 국제 프로크루스테스주의의 강압을 보여주는 사례들이다.

전자 소떼의 오류에 관한 역사적 증거를 무시하더라도, 의문은 남는다. 사람들은 왜 경제 및 정치 현장에서 다르게 행동할까? 더 짧아진 노동 시간을 선호하는 프랑스 유권자들은 정말 비합리적인가? 사람들이 정치 영역에서 비합리적이라면, 왜 시장에서는 합리적인 존재로 간주되는 것인가?

씨티코프의 트레이더(거래자)들이 나머지 국민들보다 더 합리적인가? 만약 그렇다면, 막대한 자금 운용이 왜 파산 위기로 이어진 것인가? 보통 사람들 대신 프리드먼의 전자 소떼에게 구속복을 입히면 왜 안 되는가?

최근의 심리학 및 행동경제학의 연구에 따르면, 사람들은 – 심지어 금융 트레이더들도 – 온전히 합리적인 결정을 내리지는 못한다. 그렇기는 하지만, 경제학자들은 자신의 이론을 작동시키기 위해 소비자들이 효용을 계산할 때 '감정 없는 천재'처럼 행동한다고 가정해야 한다. 그렇지 않다면, 그들은 프로크루스테스주의를 정당화할 수 없다.

이제 우리는 경제학이 애덤 스미스의 유산으로 회귀함으로써 어떻게 그런 상태에 도달한 것인지를 탐구할 것이다.

chapter 06
시작부터 그릇된
어떤 경제학자의 가르침

**인도주의를 가장한
권위주의**

이제 프로크루스테스 경제학의 지적 뿌리를 탐구해볼 차례다. 이 장에서는 잘 알려져 있지 않은 애덤 스미스의 프로크루스테스적인 측면을 탐구할 것이다. 애덤 스미스를 프로크루스테스주의자들과 연관시키는 게 약간은 부절적한 것으로 보일 수도 있다. 사람들은 일반적으로 스미스를 '보이지 않는 수갑'invisible handcuffs이 아닌, '보이지 않는 손'invisible hand과 동일시한다. 이 호의적인 해석은 이해할 만한 것이다.

사실상 당대 모든 경제학파들이 스미스에게서 흠모할 만한 점들을 발견했다. 보수적인 시카고대학 교수인 제이콥 바이너Jacob Viner, 1992~1970(캐나다 태생의 미국 경제학자로 밀턴 프리드먼의 스승)는 이런 글을 남겼다. "상상할 수 있는 온갖 종류의 원리에서 나타나는 발자취는 대부분 기독교 서적에서 발견된다. 그리고 스미스의 〈국부론〉The Wealth of Nations에서 무엇을 인용을 할 수 없는 처지에 빠진 경제학자가, 자신만의 특별한 목적을 달성하기 위해서는 정말로 독특한 이론을 가져야 한다."[1] 진보주의자와 급진주의자, 그리고 심지어 마르크스주의자들도 스미스를 끌어안았다. 그가 자주 진보적인 정서를 드러냈기 때문이었다.

애덤 스미스의 목표는 시장을, 갈등 없는 자유와 정의의 영역으로 묘사하는 것이었다. 스미스에게 시장은 조화로운 세상으로 이어지는 것처럼 보였다. 그 속에서는 아무도 타인을 나쁘게 이용해먹을 수 없다고 여겼다. 일단 시장 규범이 일반화되면, 귀족들도 대대로 물려받은 특권을 더 이상 향유할 수 없다고 생각했다. 기업인들은 연고를 이용해 정부로부터 특혜를 따내는 짓을 할 수 없을 것이다. 또 노동자들은 열심히 일한 데 따른 풍성한 결실을 공유할 수 있을 것이라고 스미스는 내다봤다.

스미스는 시장의 힘이 귀족들, 그리고 유력한 가문에 얽힌 기업인들의 세력을 자연스럽게 약화시킬 것이라고 믿었다. 하지만, 시장의 힘에 대한 노동자들의 적대감을 고려할 때, 시장의 힘이 어떻게 노동자들로 하여금 시장의 법칙을 정당한 것으로 수용하도록 만들 수 있는지 보여주는 일에서 스미스는 어쩔 줄 모르고 당황했던 것 같다.

스미스는 시장을 자발적인 거래 시스템으로 묘사하면서, 수면 아래에 감춰진 계급 갈등의 징후를 모두 쓸어버림으로써, 이런 곤경의 늪에서 벗어나는 탈출구를 찾으려고 시도했다. 이런 목표를 향해, 그는 고용주들이 노동자들에게 직접 명령을 내리는 권위를 확보하고 있는 생산 현장의 관점으로부터 다른 곳으로 독자들의 관심을 돌려놓았다.

스미스는 시장을 정당화하는 강력한 근거를 제공하는 일에서 매우 유능했다. 그는 이 일에서 분명한 강점을 지니고 있었다. 그는 반짝이는 문체를 자랑하는 박식한 학사였다. 그는 인도주의적인 감정의 몇몇 표현을 담은 자신의 책을 뿌림으로써 가끔씩 동정어린 얼굴을 드러냈다. 이념적 입지를 허물어뜨리는 것보다는, 이런 동정어린 단어들 때문에 그의 이념은 노동 계급에 덜 적대적인 것처럼 비쳐졌다.

노동자들도 번영을 누려야 한다고 스미스는 주장했다. "고용주들은 모든 곳에서 항상 일종의 암묵적인, 그러나 지속적이고 획일적인 공모 상태에 있으면서, 노동자들의 임금을 실제 시세 위로 절대 올리지 않는다"는 점을 스미스는 인정했다.[2]

하지만 그러한 정서는 얼마나 위험한가? 때때로 드러내 보이는 스미스의 인도주의적인 얼굴 표면 아래에는 거대한 권위주의의 저수지가 숨어있다. 그가 희망한 노동자들의 번영은 열심히 일하고 프로크루스테스주의의 기본 법칙에 결코 의문을 제기하지 않는 사람들만을 위한 것이었다. 그 시스템에 저항하는 노동 계급의 상당수, 아마도 대다수에게 스미스는 전혀 자애롭지 않았다. 스미스의 이런 측면은 대체로 주목을 끌지 못했다. 왜냐하면 스미스가 그의 세계관을 왜곡하는 것도 마다하지 않는 지경에 이르렀기 때문이다. 그 과정에서 그는 노동과 노동자, 노동 조건의 역할을 모호하게 만드는 경제학자들의 오랜 전통을 새로 만드는 것을 도와줬다.

스미스는 유럽 각국이 아메리카 대륙으로 진출할 때 식민주의를 반대하면서 인도주의적 명성을 쌓기도 했지만, 이것이 그의 시장주의에 대한 신념을 부정하는 처사는 아니었다.

스미스에게 인도주의적이라는 명성을 안겨줬던 글귀들의 맥락은 그것들이 그의 전반적인 이념과 부합하지 않는 게 결코 아니었음을 보여준다. 사실상, 그 인도주의적 감정은 때때로 그의 시장 이데올로기를 뒷받침했다. 예를 들어 스미스는 식민주의를 반대하는 쪽에 섰다. 아메리카 대륙으로 유럽 각국이 진출할 때 그는 이렇게 썼다.

"유럽인들의 야만적인 불의는 저 불행한 몇몇 나라들에게 해악을 끼치고 파괴적인 일을 저질렀다. 모두에게 혜택을 안겨주는 일을 했어야 했는데 말이다."[3]

스미스는 동인도회사East India Company(17세기 초 영국과 프랑스, 네덜란드 등이 봄베이, 캘커타 등 동인도에 설립한 독점적인 상업 조직)의 사업을 별로 지지하지 않았다. 타락한 그리고 어설픈 식민지 정책은 주변 종속국들로부터 부를 뽑아오는 수단으로 비효율적이고, 오직 시장의 힘만이 이들 나라를 영국의 명령에 따르도록 강제할 수 있다고 그는 주장했다.

시간이 흐르면서, 스미스의 유산은 훨씬 더 딱딱한 이데올로기로 굳어져 더 엄격하고 단순해졌다. 이 유산은 경제학자들로 하여금 노동과 노동자, 노동 조건을 무시하는 게 과학적인 분석의 정점을 이룬다고 확신하게 만드는 데 일조했다.

점점 커지는 스미스에 대한 찬사

스미스가 노동자들의 계급 관계를 모호하게 만들기 위해 기울였던 막대한 노력들은 괄목할만하다.

〈국부론〉의 첫 부분에 담긴 더 이론적인 그의 논의에서 특히, 그의 연구물로부터 계급을 없애는 일이 사실상 완료됐다. 훗날, 더 실제적인 문제들을 다룰 때, 스미스의 견해가 간혹 드러났다. 이런 단편적인 논의는 좀 더 사적인 환경에서 스미스가 말하고 작성한 것과 부합한다.

계급 문제를 다루는데서 나타난 스미스의 과묵함 때문에 그는 자본주의의 다정한 모습을 제시할 수 있었다. 또 그 자신의 진보적인 정서를 과시할 수도 있었다. 동시에, 자본주의의 미래를, 모든 참가자들에게 서로 혜택을 안겨주는 너무나 매력적인 시스템으로 묘사함으로써, 스미스는 현대에 이르러서도 중요한 인물로 부각됐다. 〈국부론〉 출간 이후 200년도 더 지난 미국 레이건 행정부 시절(1981~1989년), 정부 관리들은 스미스의 초상화를 새긴 넥타이를 매기 시작했다. 마치 인도주의라는 애덤 스미스의 명성에 연계해 프로크루스테스적인 자신들의 정책을 정당화하려는 것 같았다.

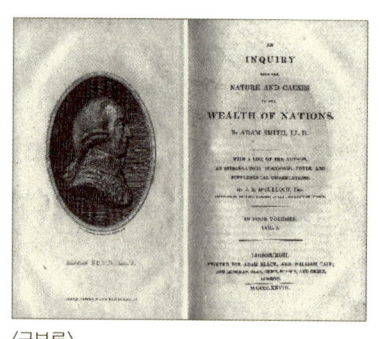
〈국부론〉

처음에 스미스의 〈국부론〉은 그다지 큰 감명을 불러일으키지 못했다. 지금은 덜 알려져 있는 그의 초기 저서, 〈도덕 감정론〉Theory of Moral Sentiments(스미스의 처녀작, 1759년 초판 발간, 사회과학사의 고전)은 선풍적인 인기를 끌었음에도 불구하고, 그 유명해진 작품(국부론) 탓에 표적을 잃고 빗나간 것처럼 보였다. 하지만, 대다수 옛 작가들의 중요성이 먼 과거로 흘러간 것과는 달리, 스미스의 영향력은 급속도로 커졌다.

〈국부론〉은 5쇄까지 거듭 출간됐다. 하지만, 1쇄와 2쇄의 판매량은 500권 정도에 불과했다. 상당한 수치이지만, 대단한 성공이라고 보기는 어려운 수준이었다.[4] 정치인들이 중요한 정치경제학자들을 자주 거론하곤 했던 의회에서, 찰스 제임스 폭스Charles James Fox, 1749~1806가 1783년 11월 11일 〈국부론〉을 처음으로 언급했다. 그 책이 첫 출간된 지 6년 뒤였다.[5] 그로부터 10년이 흐른 뒤에야, 스미스의 친구 둘, 알렉산더 웨더번Alexander Wedderburn, 1733~1805과, 윌리엄 페티의 증손자이자 전직 총리인 랜스도운 후작Marquess of Lansdowne, 1737~1805이 영국 상원House of Lords에서 그 책을 언급했다.[6]

심지어 토머스 로버트 맬서스가 1784년 판 〈국부론〉을 자신의 단과대학 도서관에서 정식 반출했을 때인 1789년, 그는 바로 세 번째 대출자였다.[7] 1800년까지만 해도 케임브리지대학에서도 몇몇 단과대학에서만 그 책을 보유하고 있었다. 영국의 경제 사학자 엠마 로스차일드Emma Rothschild는 약간 이상한 점에 주목했다. 1790년 애덤 스미스가 죽었을 때, 유력한 〈애뉴얼 레지스터〉Annual Register는 스미스의 인생사를 다루는데 단지 12줄을 할애했을 뿐이다. 그에 비해 부병참감quartermaster general(군대에서 보급을 총 책임지는 자)인 메이저 레이Major Ray에게는 65줄을 할애했다. 이는 관심의 정도를 보여주는 잣대

이다. 〈스코츠 매거진〉Scots Magazine 은 스미스의 사망을 겨우 9줄로 다뤘다.[8]

1789년에 터진 프랑스 대혁명이 영국의 자산가들을 공포에 떨게 한 뒤에야, 스미스는 비로소 중요성을 띠게 됐다. 그 뒤부터 부자와 기득권층은 스미스의 이념적 영향에 감사를 표시했다. 예를 들어 영국의 정치·문예 계간지 〈에딘버러 리뷰〉(1802~1929년 발간)의 편집장, 프랜시스 호너Francis Horner, 1778~1817 는 〈국부론〉의 새로운 판형을 위한 일련의 주석notes을 준비하라는 요청을 거절했다. 그는 1803년 8월 15일 법률가 토머스 톰슨Thomas Thomson, 1768~1852 에게 쓴 편지에서 거절 사유를 이렇게 설명했다.

"그 분의 저서가 충분한 영향력을 발휘하기 전에 S(스미스 지칭)의 오류들을 드러내는 것을 저로서는 꺼려할 수밖에 없습니다. 저희는 현재 S의 이름에 대해 미신에 가까운 찬양을 해야 할 막중한 임무를 띠고 있습니다. 그리고 승리가 더 완벽해질 때까지, 저희는 그 느낌을 손상시키지 말아야 합니다……저희가 부의 기원에 대한 옳고도 정확한 이론을 제시할 수 있을 때까지, 그의 대중적이고 현실적이고 느슨한 가설은 다른 어떤 것들만큼이나 일반 서민들한테 좋습니다."[9]

스미스를 연구한 어느 학자가 최근에 언급했듯이, "〈국부론〉의 새로운 판형들은 1890년대보다는 1990년대에, 1790년대보다는 1890년대에 더 많이 출간됐다."[10]

규제받지 않는 시장을 옹호하는 이들은 〈국부론〉을 찬양한다. 정부의 간섭을 강력히 반대한다는 점에서다. 그러면서 뒤에 이어지는 장들에서 드러나는, 더욱 심한 간섭주의자의 태도는 편리하게 간과한다. 특히 그들은 규제받지 않는 시장이 인류의 진보를 증진시키는 열쇠라는 내용을 담은, 책 초반부에서 나타나는 스미스의 태도에 찬사를 보낸다.

스미스는 이상적인 시장사회market society에 강력한 믿음을 쏟았음에도 불구하고, 그가 보았던 실제적인 여건들은 그의 이상에 한참 미달했다. 그 결과, 스미스는 사람들로 하여금 그의 견해에 따르도록 강제하는 프로크루스테스식의 조처들을 옹호했다.

스미스의 권위주의적인 측면에 초점을 맞출 예정이라면, 그의 시대와 지위를 감안할 때 그는 상대적으로 진보적이었다고 말하는 게 공정하다. 그 역시 시대의 산물이었다. 앞선 시대의 사람들이 자기네 사회가 혐오스럽게 여기는 관습을 어떻게 추종했는지 스미스 자신이 직접 파악했다. 예컨대, 스미스는 이렇게 물었다.

"예를 들어, 아기를 해치는 것보다 더 큰 만행이 있을 수 있을까? 아기의 무력함, 순진함, 사랑스러움은 심지어 적한테서도 동정심을 불러일으킨다. 그리고 몹시 화난, 잔인한 정복자의 격분한 태도로 어린 아이를 거칠게 다루는 것은 용서받지 못할 짓이다. 그렇게 적군마저도 해치기를 두려워하는 그 약자에게 부모로서 상처를 줄 수 있다는 마음을 상상이나 할 수 있을까? 하지만 젖먹이 유기, 즉 신생아 살해는 거의 모든 그리스 주들에서 허용된 관습이었다. 심지어 예의 바르고 문명화된 아테네 시민들 사이에서도 그런 일이 저질러졌다. 부모를 둘러싼 환경 탓에 아이를 양육하는 게 불편해질 때는 언제든, 굶도록 방치하거나 야생 짐승들한테 먹히도록 내다버려도 비난이나 징계를 받지 않았다."[11]

아마 스미스가 플라톤Plato, BC 427~347이나 아리스토텔레스Aristotle, BC 384~322를, 유아 살해를 용납한 괴물들로 간주하지 않았던 것처럼, 스미스 자신의 무관용도 그가 살았던 사회의 반영으로 용서받을 수 있을지도 모른다. 하지만, 우리가 꼭 명심해야 할 중요한 대목이 있다.

강자들이 오늘날 시장의 자유를 요구하는 그 방식은 최소한의 인도주의적 수준으로 여겨질 수 있는 것을 억누르는 조처들과 여전히 일치한다는 점이다.

거친 사랑

〈국부론〉이라는 제목에도 불구하고, 스미스의 주요 관심사는 경제적 성장의 물질적 열매가 아니라 더 심오한 형태의 진보-사람들을 더 좋게 성장시키는 것-였다. 조지 스티글러는 애덤 스미스와 또 다른 초창기의 주요 경제학자들의 관점을 정확히 포착한 교훈적인 논평을 내놓았다.

"그들의 관심사는 극대화와 관련돼 있었지, 산출량에 얽힌 게 아니었다. 더 많은 소득을 얻기 위한 인간들의 분투가 좋았던 것은, 그 과정에서 그들이 독립과 자립, 자율을 배웠기 때문이었다. 간단히 말해, 그들은 더 나은 인간으로 변했기 때문이었다……더 많아진 국민소득보다 더 나아진 인간을 향한 욕구야말로 고전파 경제학의 주요 테마(주제)였다."[12]

이런 의미에서 스미스는 정확히 말해 정통적인 프로크루스테스주의자는 아니었다. 그가 훈련의 중요성을 무시하는 것에 관해 프로크루스테스주의자들에 동의를 했음에도 불구하고, 밖으로 드러낸 그의 최우선 순위는 더 많은 부를 축적할 수 있는 부자들의 능력이 아니었다. 훗날 알프레드 마셜과 존 메이너드 케인스 같은 일부 경제학자들은 이런 점에서 스미스의 발자취를 부분적으로 추종했다. 하지만 그들 모두, 노동자들이 예의 바르게 행동하고 고분고분 순응하는 종업원이 되기를 원했다. 그들은 현대 경제학자들의 견해를 대부분 공유하고 있다. 그들의 궁극적인 목표인 산출량 확대를 촉진할 때를 빼놓고는, 노동자들의 성장을 대체로 부적절하다고 여겼다. 스미스를 추종하는 이들 대부분의 태도는 불운한 사람들의 처지 개선을 위한 관심보다는 자본의 계급 이익을 반영했다. 그들 중 상당수는 국가가 가난한 이들에게 의미 있는 어떠한 보조금도 지급하지 말아야 한다는데 동의했다. 그들의 도덕심을 약화시키는 것은 뭐든 막기 위해서라는 이유였다. 그들이 말한 그 도덕심이란 바로 가난한 이들의 '노동 윤리'를 의미했다.

스미스에 따르면, "평화와 가벼운 세금, 참아줄만한 정의의 실현을 제외하고……국가를 최고의 풍요로운 수준으로 끌어올리기 위한 필수 요건은 별로 없다."[13] 19세기 초반 영국의 유력한 경제학자, 존 램지 맥컬럭 John Ramsay McCulloch, 1789~1864 은 특징적인 표현인 '확고한 독선주의' confident dogmatism 를 쓰면서, 스미스의 감정이 어떻게 실제 정책으로 전환됐는지를 보여줬다.[14]

"하지만 사유 재산이 안전하게 보호되고, 산업은 자유화돼 있는데다 공적인 부담이 적절하면 언제든 노동 계급의 행복 또는 불행은 거의 전적으로 그들 자신에게 달려 있다. 거기서 정부는 그들을 위해 반드시 해야 하는 모든 것을, 그리고 사실은 할 수 있는 모든 것을 해왔다. 정부는 그들에게 안전과 자유를 제공해왔다. 하지만, 헤아릴 수 없는 그 혜택들을 선용하거나 남용하는 것은 그들 자신의 소관이다. 그들은 신중할 수도 있고 그렇지 않을 수도 있다. 부지런할 수도 있고, 게으를 수도 있다. 선택은 자유롭게 할 수 있다. 그들의 선택에 따른 결과에 대해 그들 스스로 책임을 진다."[15]

존 램지 맥컬럭

스미스는 맥컬럭 같은 이들보다 더 진지했다. 행동의 개선에 대한 그의 관심은 모든 이들이 자본에 필요한 것이면 뭐든지 해야 할 태세를 갖추고 있는, 전적으로 프로크루스테스적인 세상의 시야를 뒤덮어 버린다. 그는 자신 있게 요구한다. 일반 사람들은 자신의 운명에 대해 책임을 져야 하고, 그들의 환경이야 어떻든 자신의 노고에 따라 벌어들인 것에 만족해야 한다는 것이다. 안락한 자리를 이미 차지해 향유하고 있거나, 가난한 이들이 일반적으로 경험한 곤경으로부터 벗어나 있는 사람에게는 요구하는 게 별로 없다. 반면, 부자들은 부지런한 빈자들의 고분고분한 행동으로부터 혜택을 입는 게 확실하다.

맥컬럭과 그의 계승자들 모두 잔인하거나 이기적인 동기를 인정한 적이 없다. 그들은 자비롭다고 스스로 자랑했다. 그들의 '거친 사랑'tough love은, 복지 지원으로부터 배제돼, 각자의 환경이야 어떻든 상관없이 불가피하게 자신의 행동을 바꿔야 할 가난한 이들의 혜택을 위한 것이었다. 그 결과, 노동자들은 혼자 힘으로 일어서고, 노고에 따라 가능해진 소비를 향유할 수 있는 기회를 얻었다.

'거래'라는 이름으로

스미스의 분석에서 중심을 이루는 것은, 대단히 중요한 그의 역사적인 진화 이론이다. 그 당시 스코틀랜드의 다른 학자들처럼, 스미스도 사회는 미리 정해진 4단계를 거치면서 차츰 자연스럽게 발전한다고 주장했다. 수렵과 채집의 초기 원시적인 단계로 시작해, 그 다음 목축으로 발전하고, 이어서 농업으로, 그리고 최종 단계인 상업 경제로 이어졌다는 것이다. 각 단계에서 전형적인 개인의 성향은 그 경제의 생산적인 필요조건들에 합당해야 한다. 초기의 원시적인 단계에서 수렵·채집자들은 개인의 용기에 크게 의존했다. 생존은 식료품의 원천을 찾아내고 그것을 소비하는 데 달려 있었다. 그러한 환경에서 사람들은 미래를 위한 계획을 수립할 필요는 많지 않았으며, 자신의 즉각적인 충동에 따라 행동할 수밖에 없는 충분한 이유를 갖고 있었을 것이다.

각 단계로 이어질수록, 사람들의 심리는 더욱 더 미래지향적으로 변했다. 목동들, 그리고 농부들은 그보다 더 먼 훗날 혜택을 보기 위해 동물과 농작물을 키워야 했다. 마침내, 상업사회의 도래와 더불어 사람들은 훨씬 더 미래지향적으로 바뀌었다. 절약과 정직, 노고$^{hard\ work}$ 같은 특성이 초기 단계의 개인적인 용기만큼이나 생존에 매우 중요해졌다.

스미스의 접근법은 유물론적 경제 분석의 방향으로 이어질 수도 있었을 법하다. 그 대신 스미스는 이전의 온갖 형태들의 사회 조직이 궁극적으로는, 거래를 중심으로 삼는, 활짝 핀 시장사회로 어떻게 이어지는지를 보여주기 위해 4단계 이론을 사용했다.

스미스의 견해로는, 사회가 발전함에 따라, 문화적인 억제를 비롯해 일반 사람들을 제한하는 족쇄는 떨어져 나간다. 원시시대의 사냥꾼과 채집자들이 세상에 대한 더 깊은 이해를 하지 못하도록 억눌렀던 미신들은 사라졌다. 그와 비슷하게, 스미스는 귀족과 관료들의 힘이 차츰 줄어들어, 일반인들의 잠재력을 확실히 해방시켜줄 비인격적 시장의 힘에 길을 비켜주는 모습을 볼 것으로 기대했다.[16] 그리하여, 마침내, 시장이 개인적이고 사회적인, 그리고 경제적인 향상을 꾀하는 강력한 원동기을 만들어낸다. 봉건 영주와 노예주들의 압제로부터 해방된, 상업사회 – 스미스가 자연스러운 자유의 시스템으로 보았던 - 의 인센티브(동기 부여)는 인간성의 변화를 꾀할 뿐 아니라 새로운 사회 구조를 창출하고, 이는 더 거대한 생산성의 향상을 촉진할 것으로 여겨졌다.

스미스는 각각의 발전 단계가 사회를 조직하는 상이한 시스템을 어떻게 요구하는지를 설명하기 위해, 농업의 사례를 들었다. 초기 형태의 사회에서, 농업 생산의 잠재력이 증가함에 따라, 족장 그리고 후에는 왕과 황제들이 처음에는 노예제를 활용해 가능한 한 많은 부를 쥐어짰다. 하지만 노예제는 극도의 비효율성을 드러냈다. 이 초기 형태의 경제 조직 아래에서는, 오늘날 강제 노역에 동원된 노동자처럼 노예들은 강요에 따라 틀에 박힌 특정한 종류의 일을 수행할 수는 있다. 하지만, 자신의 업무를 수행할 때, 그들에게는 필요한 것보다 더 열심히 일할 이유가 없었다. 그들의 노력은 그들의 소유자들을 도울 뿐이었다. 그러는 동안 자신들은 녹초가 되었다.

미국 남부의 노예제 경험은 스미스의 추측을 확인시켜준다. 전형적인 남부의 모래흙은 말의 힘으로 움직이는 가벼운 장비에 이상적이었다. 하지만 플랜테이션에서는 통상적으로 노새mule가 끄는 무거운 도구들을 사용했다. 뉴욕 센트럴 파크와 샌프란시스코에 있는 골든게이트파크의 설계자(디자이너)인 프레드릭 로 옴스테드Frederick Law Olmsted, 1822~1903는 미국 남북전쟁(1861~65년) 발발 직전에, 이 현상을 세계의 관심권으로 끌어들였다.

프레드릭 로 옴스테드

"우리와 마찬가지로 누구든 제정신이라면, 임금 지급 대상인 노동자가 도구들로 거추장스러워지는 것을 허용하지 않을 것임을 나는 안다. 내 판단으로는, 이들 도구의 과도한 무게와 불편함 탓에 우리와 마찬가지로 정상적으로 사용된 것들에 견줘 적어도

10%는 더 힘들게 일하게 만들 것이다. 그 도구들을 노예들이 활용하는 게 틀림없는 그런 부주의하고 투박한 방식에서는, 가볍고 덜 조잡한 어떤 것도 그들에게 풍성한 경제적 성과를 제공해줄 수 없을 것이라고 나는 확신한다. 그러한 도구들 - 우리가 우리의 노동자들에게 지속적으로 제공하는, 그리고 이를 통해 우리의 이윤을 획득하는 - 은 버지니아의 옥수수 농장에서 하루만 쓸 수 있는 게 아니다. 비록 그것이 우리의 것보다 훨씬 더 가볍고 돌에 묶여있지 않아 훨씬 더 자유롭다 할지라도 말이다.

또한 농장에서 일반적으로 대개 노새가 말을 대체한 이유를 내가 물었을 때, 첫 번째로 꼽힌 이유이자 의심할 바 없이 가장 결정적인 것이 말들은 농장의 흑인 일꾼들한테서 항상 당하는 가혹한 대우를 견뎌낼 수 없다는 점이었다. 말들은 늘 그 일꾼들한테 당해서 다치거나 불구 신세로 전락했다. 반면, 노새들은 곤봉으로 얻어맞는 것을 묵묵히 견뎌내고, 때때로 한 두 끼니를 건너뛰고도 육체적으로 별 해를 입지 않는다. 또한 제대로 돌봄을 받지 못하거나 과로를 했을 경우에도 감기에 걸리지도, 혹평을 받을 지경에 빠지지도 않는다. 하지만 북부 지역에서는 가축을 부리는 일꾼이 가축 소유자한테서 해고를 당할 수밖에 없는 식으로 가축을 험하게 다루는 것을 언제든지 쉽게 볼 수 있다. 내가 집필 활동을 하는 방의 창문으로 다가서기만 하면 눈에 띈다."[17]

노예들이 태생적으로 투박하거나 폭력적인 것은 아니었다. 그들의 행동은 비합리적인 상황에 대한 합리적인 반응이었다. 인간이란 존재를 소유물의 처지로 전락시키는 사회에서는 사람들이 열심히 일할 동기를 찾는 게 어렵다. 덥고 후텁지근한 날, 노예를 부리는 자가 딴 곳으로 흘깃 시선을 돌리는 동안, 노예는 참기 어려운 고역으로부터 벗어나 잠깐의 휴식을 취하기 위해 '바보처럼' 말에게 해를 끼치거나 일부 장비를 망가뜨리고 싶은 유혹을 느낀다.

노예제로부터 벗어나는 시스템 전환에 관한 스미스의 설명에 따르면, 봉건 영주는 훗날 농노들로 하여금 연중 일정 기간 동안에는 농노 자신을 위해 식료품을 생산할 수 있도록 허용했다. 하지만 그들은 미리 정해진 일정 기간에는 노예들과 별반 다를 바 없이 영주를 위해 일해야 했다. 농노들은 자신을 위한 생산 활동을 할 때는 열심히 일했지만, 영주의 토지에서 노동을 하는 동안에는 그렇게 할 이유가 없었다.

사람들이 자신을 위해 생산할 수 있는 자유를 획득한 뒤에도 영주는 여전히 자기 몫의 수확물을 요구할 수 있었다. 일꾼들은 자신이 생산한 것 중 일부만 가질 수 있었기 때문에, 열심히 일할 동기(인센티브)가 작았다.

그 다음 단계에서 영주는 사람들에게 그들이 생산한 것 전부에 대한 권리를 부여했다. 물론 농부들은 여전히 정해진 임대료를 납부해야 했다. 이런 방식 아래에서는 사람들이 열심히 일할 더 큰 동기를 갖게 됐다. 임대료로 나가는 것보다 훨씬 많이, 그들이 생산한 것 전부를 가질 수 있었기 때문이다. 마침내 농민들은 자본가와 유사하게 변했다. 이들 농민은 임금 노동자들을 고용하지 않는 한 자본가라고 보기는 어려웠지만, 그들의 지위는 자본주의로 이어지는 스미스의 경로 속에서 중요한 단계를 상징했다.

스미스가 집필 활동을 할 당시에는, 이런 체제 전환이 완료되지 않았다. 하지만, 토지를 대거 보유했던 무분별한 귀족들이 오래 버틸 수 있을 것 같지 않았기 때문에 그것은 불가피할 것이라고 그는 믿었다.

스미스의 4단계 이론에는 특이한 변칙적인 사례가 하나 있다. 1~3단계에서는, 실제적인 노동의 필요성이 인간 성격의 핵심을 형성하는 것처럼 보인다. 그러던 게 4단계에 이르면 노동은 배경으로 빠진다. 단순하고 전통적인 업무에 대해 가끔씩 언급할 때만 예외일 뿐이다. 그 대신 스미스의 상업 단계에서는 거래가 핵심을 차지한다.

신분을 높일 수 있다는 그릇된 희망

임금 노동자들에게 토지를 빌려주는 독립적인 농부들로부터 스미스의 분석을 추론하려면 약간의 비약이 필요하다. 그의 접근법에서는 임금 노동자들을 자본가로 가정했다. 이 독특한 자본가들은 완성된 제품 대신 자신의 노동을 내다팔았다.

스미스는 지적으로 너무나 뛰어났다. 더 많은 노력만으로도 임금 노동자들이 충분히 가난에서 벗어날 수 있을 것이라는 가정 따위는 하지 않았다. 성공하기 위해 노동자들은 또 다른 종류의 성격, 즉 신중과 검약을 갖춰야 함을 강조할 필요가 있었다. 적절하게 행동하는 임금 노동자들은 계속해서 다른 종류의 노동으로 나아감으로써 인생 경로에서 자신의 신분을 높일 것으로 희망할 수 있다. 그에 따라 아마도 독립적인 장인(기술자), 그 다음에는 독립적인 고용주로 발전할 수 있을 것이다.

이런 견해는 필연적으로, 저임금 노동자들이 몇 년 동안 가난한 상태에 머물러 있더라도 자신의 인생 경로에 걸쳐 그들은 노동의 열매를 편안하게 향유할 수 있다는 결론으로 이어진다. 이런 노동 사이클(주기)이 일반적이라면, 계급에 대한 고려는 부적절할 것이다. 가난은 일시적인 단계일 것이기 때문이다. 부지런한 젊은이들은 더 풍성한 삶으로 나아가기 전에 그 과정을 통과할 수 있다.

스미스의 견해는 얼마나 현실적이었을까? 소규모로 생산하는 장인들로만 구성된 사업체가 들어서 있는 작고 고립된 마을에서는, 그가 제시한 방식에 따라 시장사회가 작동할 수도 있다. 그러한 소규모 사업체들의 세계에서는 고용주에 견준 노동자들의 비율이 작을 것이다. 그런 조건 아래에서는 젊은 노동자들이, 근면과 약간의 행운에 힘입어 임금 노동자로 일해야 하는 세월이 상대적으로 짧을 것으로 기대할 수 있다. 그러한 경제 체제는 아마도 결코 존재한 적이 없다.

하지만, 문제가 있다. 스미스가 상상한 노동자의 '정상적인' 인생 사이클(주기)은 대규모 사업체들이 일반화되는 세상을 불가능하게 만든다. 밑바닥의 다수에게 열린 꼭대기 단계가 상대적으로 매우 드물다면, 통상적인 젊은 노동자가 단지 노고와 근면만으로 어떻게 성공의 사다리를 오를 수 있겠는가?

스미스는 오늘날 볼 수 있는 것보다는 상상 속의 '마을 경제'에 훨씬 더 가깝게 여겨졌던 약 1,500명의 인구만으로 이뤄진 커칼디 Kircaldy(스코틀랜드 에딘버러 지역)에서 성장했다.[18] 스미스가 집필 활동을 할 당시까지만 해도, 그 마을은 세계 최대 사업체를 거느린, 산업혁명의 중심지였다.

캐런 컴퍼니 이야기

스미스는 산업혁명의 핵심 지역이었던 커칼디에서 〈국부론〉 집필에 몰두하기 위해 교수직에서 물러났다. 영국의 경제 사학자 애쉬톤 T.S. Ashton, 1899-1968은 자신의 유명한 책 〈산업혁명〉에서 이렇게 밝혔다.

"철강 산업에서 코크스(석탄으로 만든 연료)를 때는 용광로의 규모와 숫자가 꾸준히 증가하고 있었다. 또 새로운 영역의 기업들이 추가로 생겨났다. 1756~1763년 전쟁 기간 중 군수품 수요에 자극을 받아, 브로슬리Broseley에 있는 무기제조업자 존 윌킨슨John Wilkinson, 1728~1808과 캐런Carron에 있는 화학기술자 존 로벅John Roebuck, 1718~1794의 공장을 포함한 새로운 일자리들이 대거 마련됐다. [유명한 연속 포격 장치를 포함해] 규모가 크고 다양한 제품들을 갖춘 캐런 아이언웍스Carron Ironworks는 새로운 방식으로 사업을 수행한 유력 업체였다. 또 1760년 박싱 데이Boxing Day(크리스마스 이튿날, 영국을 비롯한 영연방 국가들에서 피고용인이나 집배원, 청소부 등 한 해 동안 신세진 이들에게 선물을 주는 날)인 12월 26일 첫 용광로에 붙은 불은 스코틀랜드에서 이뤄진 산업혁명의 시작으로 기록할 수 있을 것이다."¹⁹

캐런 아이언웍스에서 주조한 대포

'스코틀랜드에서 이뤄진 산업혁명'에 대한 애쉬톤의 언급은 그의 주장에서 뿜어져 나오는 힘을 주체하지 못한다. 실제로 산업혁명은 스코틀랜드에서 시작되었다. 게다가 스미스가 교편을 잡았던 대학들은 새로운 시대의 중심이었다. 애쉬톤의 말을 더 들어보자.

"[산업혁명의] 횃불이 희미하게 타오르기 시작한 곳은 (잉글랜드 지역인) 옥스포드나 케임브리지가 아니라 (스코틀랜드 지역인) 글래스고우와 에딘버러였다. 과학적 질문으로 이어진 자극과 그것의 실질적인 응용이 거기에서 비롯됐다."²⁰

스미스는 산업혁명의 선두에 있던 사람들과 밀접하고 개인적인 인연을 맺었다. 근대적인 증기 기관(엔진)을 개발한 제임스 와트James Watt, 1736~1819는 스미스의 친구이자 동료였다. 와트의 상업적인 성공

즈음에 이르러, 스미스는 대학을 떠나긴 했지만, 그가 친구의 이력을 뒤따라갔을 것임을 누구나 짐작할 수 있다. 스미스의 '절친한' 친구였던 존 로벅은 그의 두 형제들과 더불어 의사였으며, 캐런 아이언 웍스를 설립한 7명 중 1명이었다.[21] 로벅은 1775년 스미스에게 보낸 편지에서 그들 사이에 형성된 따뜻한 개인적인 관계를 내비쳤다.[22] 로벅은 제임스 와트와 맺었던 인연 때문에 훨씬 더 각별했다.

와트는 자신의 증기기관이 엄청난 잠재력을 지니고 있고, 괄목할 만하게 성장하는 경제와 더불어 본격적인 엔진으로 발전할 수 있을 것이라고 믿게 됐다. 블랙Black이 와트에게도 돈을 빌려줘, 실험을 할 수 있도록 도와주었다. 또 버밍엄의 존 로벅을 소개시켜 주었다.

나중에 밝혀지는 바, 이 일이 훨씬 더 중요했다. 로벅은 1759년에 스코틀랜드에 '캐런 아이언 파운드리'를 설립한 바 있었고 해밀턴 공작Duke of Hamilton으로부터 바로우스토운즈Borrowstones에 있는 탄전炭田들을 임대해 쓰고 있었다. 이들 광산은 끊임없이 홍수에 휩쓸렸고, 그 때문에 더 강하고 경제적인 펌프 엔진을 절실히 필요로 했다. 1768년 로벅은 와트의 빚을 넘겨받고, 특허권의 2/3 몫을 갖는 대신 그에 따른 비용을 부담하기로 합의했다.[23]

스미스는 자신의 저서에서 캐런 파운드리에 대해 별 관심을 보이지 않았다. 커칼디가 그곳에서 걸어서도 갈 수 있을 만큼 가까운데 있었음에도 말이다(더욱이 강을 오가는 나룻배도 있었다). 이 공장은 그 당시 세계에서 가장 유명하고, 아마도 가장 큰 산업 시설이었다. 오늘날에는 대체로, 영국으로 하여금 대제국을 건설하고 유지할 수 있도록 해준 그 공장의 대포들로 기억되고 있다. 그 회사는 강철 막대들을 보유하고, 그 지방에서 바쁘게 일하는 못 제조업자들로부터 못들을 납품받기에 적절한 거대한 창고를 커칼디에 확보하고 있었다.

〈국부론〉이 세상에 모습을 드러내기 몇 년 전인 1772년, 스미스의 가까운 친구인 철학자 데이비드 흄David Hume, 1711~1776이 스미스에게 편지를 썼다. 캐런의 불안정한 재정 상태가 그의 책에 어떤 영향을 끼치는지 묻는 내용이었다.

"캐런 컴퍼니가 휘청거리고 있다네. 전반적으로 보아 최악의 재난인 듯하네. 고용돼 있는 이들이 약 1만 명에 이른다네. 이런 재앙이 어쨌든 자네 이론에 영향을 끼치지 않을까? 아니면 몇몇 장들을 수정해야 하는 것 아닌가?"[24]

하지만 대단히 내성적이었던 스미스는 당시 스코틀랜드의 고용 증가를 다룬 간단한 참고 사항에서 캐런 공장을 언급했을 뿐이다. 캐런은 거기서 거론된 3개 마을 중 하나였다.[25]

경제 사학자인 존 클래팸John H. Clapham은 한 때 이렇게 탄식했다. "애덤 스미스가 커칼디에서 몇 마일 밖에 떨어지지 않은 캐런 공장에 가보지 않았던 것은 매우 유감이다. 유치한 그 핀 제작소pin factory 대신, 연속포격 장치를 돌리고 구멍을 뚫는 캐런 공장Caren work을 보았어야 했다. 핀 제작소는 옛말 그대로 하나의 제작소에 지나지 않았다."[26]

세상이 급격하게 변하고 있음을 스미스의 동시대인들은 잘 이해하고 있었다. 스미스가 5쇄까지 찍어낸 그의 책이 3쇄가 출간되기 전이었던, 1783년 공개 처형의 종료를 탄식하는 대화에서, 스미스의 지인인 새뮤얼 존슨Samuel Johnson, 1709~1784은 이렇게 언급했다. "혁신 이후 세상이 미쳐 날뛰고 있다. 세상의 모든 사업은 새로운 방식으로 수행되어야 한다."[27] 벤저민 프랭클린Benjamin Franklin, 1706~1790과 몇몇 친구들은 열흘에 걸친 산업 시찰에 나섰다. 프랭클린의 종손(형제자매의 손자 또는 손녀)이 남긴 기록에는, 다양한 공장과 광산들에서 사용 중인 근대 기술의 경이로움에 경탄하는 당시 시찰단의 모습이 묘사돼 있다.²⁸ 하지만 스미스는 혁신의 매력에 별 영향을 받지 않은 것 같았다.

현대 자본주의의 예언자, 애덤 스미스는 그의 주변에서 득세하고 있는 기술적인 발전에 대해 얘기한 게 거의 없었다. 이 때문에 애덤 스미스를 연구해온 학자들은 당혹스러움을 감추지 못한다. 그 책 초반부에서, 스미스가 '일하는 게 편하고 쉽도록 해주며, 한 사람으로 하여금 다수의 일을 할 수 있게 해주는 수많은 기계들의 혁신'에 대한 의견을 말할 때 언급하기는 했다. 하지만 그는 그의 주변에서 나타나고 있던 근대적인 산업에 관한 더 이상의 논의를 회피했다.²⁹

미국의 경제학자 셀리그먼 E.R.A. Seligman, 1861~1939 은 물론, 늘 통찰력 있는 모습을 보여주는 로버트 코우츠 Robert Coats 또한 스미스를 '가내 공업 시대의 경제학자'로 규정지음으로써 현대적인 생산 과정의 세부사항에 관한 자료를 그가 별로 갖고 있지 못했던 사실을 비판했다.³⁰ 사실을 누락하고 간과한 그의 행태를 통찰력의 부족 탓으로 돌리는 것으로는 논의를 더 진전시킬 수 없다.³¹ '세속을 떠난' 교수라는 무가치한 존재로 스미스를 깎아내림으로써 〈국부론〉의 이런 결함을 설명하려고 한 찰스 킨들버거의 시도 역시 만족스럽지 않았다.³² 스미스는 결코 세속을 떠난 적이 없었다. 그는 정교한 이데올로기 구조를 건설하는 일에 깊이 관여돼 있었다. 그의 '핀 제작소 이야기'야말로 이런 계획을 가장 잘 보여주고 있다.

핀 제작소 이야기

스미스의 핀 제작소 이야기는 1762~1763년 글래스고우에 있던 그의 학생들을 상대로 한 강의 과정에서 처음으로 나왔다. 그의 저서가 출간되기 10여 년 전이었다. 핀 제작소에 관한 논의는 1763년 3월 28일 시작됐다. 스미스가 그의 글래스고우 학생들에게 법과 정부의 중요성을 설명하는 도중이었다.

"법과 정부는 빈자들의 폭력과 강탈에 맞서 재산을 소유하고 있는 부자들을 옹호한다. 그럼으로써, 각각 다른 개인들의 역량과 검약, 근면의 다양성에서 자연스럽고 불가피하게 생겨나는 인간의 행운 속에서 일부 유용성을 지니는 불평등을 변호한다."[33]

이런 불평등을 정당화하기 위해 스미스는 학생들에게 이렇게 말했다. "보통의 일용 노동자도……무려 1천 명에 이르는 벌거벗은 야만인들의 꼭대기에 올라앉아 있는 인디언[짐작컨대 아메리카 대륙 원주민]의 왕자보다 더 많은 필수품과 사치재들을 갖고 있다."[34] 하지만 그 뒤 다음날, 스미스는 갑자기 방향을 바꿔 폭력을 휘두르고 강탈하는 빈자들의 편을 드는 것처럼 보였다.

"문명화된 국가들에서 빈자의 노동과 시간은 안락하고 사치스럽게 지내는 부자의 생활 유지에 희생당했다. 게으르고 호화로운 지주의 생활은 소작인들의 노동에 의해 유지된다. 돈 많은 사람의 생활은, 그의 돈을 사용한 대가로 안락하게 지내는 그를 뒷받침해야만 하는 근면한 상인과 빈자들로부터 강제 징수한 것으로 유지된다. 하지만 미개인들은 모두 자신의 노동에 따른 결실을 온전히 누린다. 지주도, 고리대금업자도, 세금 징수원들도 없다……토양과 계절에서 비롯되는 온갖 불편들을 피할 수 없어 맞서 싸워야 하는 처지의……가난한 노동자는 혹독한 기후와 동시에 가장 엄혹한 노동에 지속적으로 노출된다. 그리하여 말하자면 전반적인 사회의 틀을 떠받치고 그 나머지 모두를 위한 편의와 안락의 수단을 제공하는 그는 아주 작은 몫을 차지할 뿐이며 그의 존재는 모호함 속에 묻혀 버린다. 그는 자신의 어깨에 온 인류를 짊어지고 있으며, 그 무게를 견뎌낼 수 없어, 나머지 사람들을 떠받치고 있는 바로 그곳으로부터 가장 낮은 땅바닥으로 떠밀린다. 그렇다면 생활 편의시설들 중 그와 가장 밑바닥 사람들이 차지하고 있는 거대한 몫을 우리는 어떻게 설명할 것인가?"[35]

꼬리를 물고 이어지는 스미스의 생각은 혼란스럽다. 첫째, 법은 빈자의 분노를 억제하기 위해 필요하다. 그 다음 시장은 빈자를 잘 보살핀다. 토지에 묶여 일하는 사람들 - 불운한 노동자들 - 의 비참한 상태가 그 뒤로 이어진다. 대단원에서, 빈자의 '작은 몫'을 맹비난한 뒤, 호기심을 참지 못하고 항로를 이탈해 그 똑같은 사람들이 갖고 있는 '거대한 몫'을 어떻게 설명할 수 있는지를 묻는다. 스미스의 답변은 오늘날 그의 독자에게 그다지 놀랍지 않을 것이다. "각기 다른 일손들 사이에서 이뤄지는 분업만이 이를 설명해줄 수 있을 것이다."[36] 3월 30일에 이르러, 스미스는 계급투쟁이라는 도전적인 과제를 능숙하게 처리하는 데 성공했음을 스스로 충분히 확신했다. 노동자들의 지식이 중요함을 공개적으로 강조하는 일에서 평소의 그답지 않게 방심했을 정도였다.

"하지만 우리가 셰필드나, 맨체스터, 버밍엄, 또는 스코틀랜드의 다른 마을들에 있는 새로운 공장에서 어떤 제조업자의 작업장에 들어가 기계들에 대해 문의한다면, 그들은 당신에게 그런 것은 일부 평범한 노동자에 의해 발명됐다고 말할 것이다."[37]

스미스는 너무나 세심한 이론가(이데올로그)였기 때문에, 불평등 및 노동자 속에 축적된 지식의 중요성에 관해 고통으로 손을 부들부들 떨지 않고는 그러한 자료를 그의 발간 저서에 포함시키지 않았다. 그 대신, 그는 〈국부론〉의 독자들에게 단순한 핀 제작소에서 이뤄지는 노동의 분업을 묘사한 유쾌한 그림을 소개했다.

"이 업무(분업에 의해 독립된 직무로 만들어진)에 관해 교육을 받지 않

스미스의 핀 제작소에 대한 설명을 묘사한 일러스트레이션

았고, 이 일에 채택된 기계류(똑같은 그 분업에서 발명됐음직한)에 익숙하지도 않은 한 직공은 온 힘을 쏟더라도 아마 하루에 핀 1개를 만들기도 어려울 것이고, 20개는 도저히 만들 수 없을 것이다. 하지만 요즘 그 업무가 실행되는 방식을 보면, 전체 업무가 특정한 직무일 뿐 아니라, 그것이 많은 수의 가지들로 나뉘어져 그 중의 대부분이 특정한 직무로 돼 있다. 한 사람은 철사를 늘리고, 다른 사람은 똑바로 펴며, 세 번째 사람은 그것을 자르고, 네 번째 사람은 그것을 뾰족하게 하며, 다섯 번째 사람은 그것에 머리 부분을 붙이기 위해 끝을 연마한다. 머리 부분을 만드는 데도 두세 가지의 특정한 작업이 필요하다. 머리 부분을 붙이는 일도 특수한 직무이며, 핀을 희게 만드는 것 또한 별도의 작업 과정이다. 그것을 종이에 포장하는 일도 별개로 분리된 직무이다. 이처럼 핀 제조라는 중요한 업무는 각기 다른 18개 작업으로 분할되어, 어떤 제조공장에서는 그 전부가 별개의 일손으로 수행된다. 다른 공장에서는 같은 사람이 때때로 두세 가지의 작업을 수행하는 수도 물론 있다. 나는 이런 종류의 작은 공장을 본 적이 있다. 그곳에는 겨우 10명만 고용돼 있었고, 그 중 일부는 결과적으로 두세 가지 작업을 수행하고 있었다. 그들은 대단히 가난했고, 따라서 필요한 기계류를 다들 제대로 갖추고 있지 못했음에도 불구하고, 전력을 기울이면, 하루에 12파운드의 핀을 만들 수 있었다. 1파

운드면 중간 크기 핀으로 4,000개 이상에 해당한다. 따라서 이들 10명이 하루에 4만8,000개 이상을 생산할 수 있었다. 따라서 1명당 4만8,000개의 1/10, 즉 4,800개를 만들었던 것으로 추정할 수 있다. 하지만, 그들이 모두 개별적으로 독립해 일하고, 그들 중 누구도 이 특별한 업무에 대해 교육을 받지 않았다고 하면, 그들 각자는 분명히 하루에 20개, 아니 어쩌면 단 1개의 핀도 만들지 못했을 것이다. 즉, 그들이 현재 여러 가지 작업들을 적절히 나누고 합친 결과, 제조할 수 있게 된 수량의 1/240, 아니 1/4,800도 제조할 수 없었다는 게 확실하다."[38]

오늘날 스미스의 핀 제작소를 공장으로 인정할 사람은 별로 없을 것이다. 그것은 스미스의 상상 속에나 있는 소규모 작업장일 뿐이었다. 스미스 자신도 핀 제작소를 '보잘 것 없는 사례' 그리고 나중에는 '매우 하찮은 제조업체'로 언급했다.[39] 하지만 이제, 분업의 마법과 더불어, 스미스는 사회를 자발적인 상거래의 조화로운 시스템(체제)으로 묘사할 수 있다. 그 경제 체제가 더 많이 생산할 수 있기 때문에, 노동자들은 더 많이 소비할 수 있고, 언젠가는 아마 그들 자신의 자그마한 기업을 가질 수 있다는 것이다.

그 단순한 작업 과정의 재배열이 생산을 비약적으로 늘렸다. 노동자 1명이 하루에 1~20개의 핀을 생산하는 수준이었지만, 분업에 힘입어 1인당 산출량이 2,000배로 치솟았다고 스미스는 그의 학생들에게 말했다. 그가 〈국부론〉을 출간한 시점에 이르러서는, 그 핀 숫자는 두 배 이상인 4,800개로 늘었다.[40] 분업이 생산성을 높일 수 있다는 것을 인정하더라도, 그 같은 정도의 극적인 생산성 향상이 가능했을까? 그렇지 않았다. 〈국부론〉의 초고는 생산성의 비약에 숨어있는 비밀을 설명한다. 거기서 스미스는 핀 생산에 대한 그의 묘사를 이렇게 시작했다. "동일한 사람이 광산에서 철광석을 캐내, 원석에서 철을 분리해내, 그것을 주조해, 쇠막대기로 쪼갠 다음, 이 막대기들을 가는 철사로 만들어……"[41] 훗날 그의 추정에서 노동자들의 작업은 이미 그들 손에 들려있는 철사로 시작됐다. 그들이 훨씬 더 많이 생산할 수 있다는 것에는 의문의 여지가 없다. 그들이 시작하기 전에 그들의 일 중 상당부분은 이미 완료돼 있었다. 증가된 이 생산성의 중요한 부분이 분업 때문이었다고 할지라도, 더 극적인 진전이 노동자들의 작업을 재배열한데서 온 것은 아닌 것 같았다. "각기 다른 일손들 사이의 분업만이 이를 설명할 수 있다"고 한 그의 초기 진술과 달리, 스미스는 분업만이 모든 기술적 진보를 설명해준다고 직접적으로 주장한 적이 결코 없었다. 하지만, (근대적인 기술에 대한 그의 침묵 뿐 아니라) 다른 어떤 설명을 하지 않아, 그는 그러한 믿음을 여전히 갖고 있었다는 인상을 준다.

퍼거슨의 죄

스미스가 그의 학생들에게 핀 제작소를 처음 소개한 지 4년 뒤인 1767년, 그의 친구이자 동료인 애덤 퍼거슨Adam Ferguson, 1723~1816은 〈시민사회 역사론〉An Essay on the History of Civil Society을 출간했다.[42] 그들 서로에게 친구였던 알렉산더 칼라일 목사Rev. Dr. Alexander Carlyle, 1722~1805는 이 출간에 대한 스미스의 불쾌함을 기록으로 전하고 있다. "스미스는 자신의 독창적인 구상을 퍼거슨이 허락도 없이 일부를 차용했다는 것을 비난하기에는 자신의 처지가 너무 옹색했다. 퍼거슨은 이를 부인했다. 하지만 프랑스의 한 작가로부터 많은 개념들을 끌어왔다는 점은 인정했으며, 스미스는 이미 그랬던 적이 있었다."[43]

애덤 퍼거슨

프랑스 작가에 대한 퍼거슨의 언급은 중요하다. 핀 생산에 관한 몇몇 세부적인 묘사는 프랑스에서 이미 책으로 발간된 터였다. 스미스는 이를 결코 언급한 바 없었음에도, 그는 숫자로 나타낸, 바로 그와 똑같은 사례와 어법을 사용했다. 그의 강의와 그의 책에서 나타난 1인당 핀 생산의 추정치는 각각 달랐다. 그가 따왔던 프랑스의 원저가 달랐기 때문으로 풀이된다.

그 사건 이전에, 퍼거슨은 스미스를 위해 몸소 직접, 그리고 인쇄물을 통해 온갖 격려를 아끼지 않았다.[44] 게다가, 퍼거슨은 핀 제작소를 묘사하지도 않았다. 스미스처럼 퍼거슨도 생산을 늘린 한 요인으로 분업을 꼽았음에도 말이다.

"예술과 직업의 분리에 의해, 부의 원천들이 활짝 열렸다. 모든 종류의 물질이 완벽한 수준으로 만들어지고, 모든 상품이 대단히 풍성하게 생산된다."[45]

퍼거슨은 분업의 기술적인 잠재력에 대해서는 깊이 생각하지 않았다. 그 대신 그의 책에서 분업의 부정적인 결과를 보여주면서, 사회학적인 함의를 상세히 설명했다.

"상업 국가에서는 동등한 권리에 대한 온갖 거짓된 주장에도 불구하고, 소수의 우쭐함이 다수를 억누른다. 이런 상황에서, 일부 계층의 극단적인 야비함은 주로 지식과 자유로운 교육의 부족에서 생겨나는 게 틀림없다고 우리는 생각한다. 우리는 인간들이 투박하고 야만적인 상태에 머물러 있을 때 가졌던 이미지로 그러한 계층을 언급한다. 하지만 혼잡한 도시에서 특히, 맨 밑바닥의 하층민들을 저급하게 만드는 환경이 얼마나 많은지를 우리는 망각한다. 그들의 결함 중

무지는 그나마 나은 것이다."[46]

분업은 계급을 분리시킬 뿐 아니라 사회의 기반을 훼손한다. "직업의 분화는 기술의 발전을 보증하는 것 같아 보인다. 또 상업의 발전에 따라 모든 예술품의 생산이 점점 더 완벽에 가까워지는 실질적인 이유이기도 하다. 하지만 그것의 종착점에서, 그리고 궁극적인 효과는 어떤 면에서 사회적 연대를 깨뜨리고, 독창성의 자리를 틀에 박힌 유형으로 채운다. 또 가슴을 울리는 정서, 그리고 마음을 대단히 기쁘게 활용하는, 그러한 흔한 직업 현장에서 개인들을 몰아낸다."[47]

1746~1754년 '블랙워치Black Watch 여단'이라는 군대 조직에 파견된 책임 사제였던 퍼거슨은 마침내, 분업이 군대 생활에 필요한 것으로 여겨지는, 사람들의 품격을 떨어뜨린다고 경고하기에 이르렀다.[48]

애덤 스미스의 자유주의적 견해를 반박하는 방식으로 핀 제작소를 이용한 게 퍼거슨의 진짜 죄였던 것으로 보인다.

오로지 '효율' 스미스는 〈국부론〉 집필에 몰두하기 위해 자신의 태생지, 커칼디로 마침내 돌아갔다. 핀 제작소에 관한 그의 지식은 간접적인 원천에 의존했을 수 있지만, 스코틀랜드의 못 생산에 관한 직접적인 지식을 갖고 있었음에는 틀림없다. 스미스는 〈국부론〉에서 핀 제작소를 묘사한 뒤 이 산업에는 간략하게 단지 세 문단만 할애했을 뿐이다.

못 산업은 커칼디 인근에 집중돼 있었다. 영국 전체의 못 생산자들 중 약 30%가 이곳에 자리 잡고 있었다.[49] 스미스는 못 제조 과정에서 발휘되는 소년들의 괄목할 만한 육체적인 능숙함을 보았으며 여기에 주목했다. 하지만, 핀 제작소에서 볼 수 있었던 것과는 달리 분업이 엄밀해지지 않았다는 게 그의 주된 관심사였다.

거대한 제조업체, 캐런 컴퍼니가 못 제조업자들에게 그들의 생산 터전을 커칼디 가까이로 옮기는 대가로 1기니guinea (영국의 옛 금화 단위, 지금의 1.05파운드에 해당)의 포상금을 제공했다는 사실을 스미스는 결코 언급하지 않았다. 못 모양으로 바뀔 쇠막대기를 위한 준비된 시장을 확보하는 게 그 회사의 목적이었다.

캐런 컴퍼니는 '에딘버러 구빈원'(극빈자수용소)과 협상을 벌이고 있었다. 못을 만들기 위해 몹시 가난한 집안의 12살짜리 소년들이 21살 나이에 이를 때까지 견습공으로 일하도록 할 목적이었다. 스미스는 이런 사실 또한 그의 독자들에게 알리지 않았다. 결국, 스미스는 그 문제점을 알지 못했을 수도 있었겠지만, 구빈원의 관리자는 이들 견습공에 대한 열악한 처우를 경고하는 수많은 보고들을 받았다.

이와 유사하게, 핀 제작소에 대한 스미스의 묘사는 불완전했다. 두 가지 주요한 프랑스의 원저들 중 하나는 겉보기에 목가적인 듯한 핀 제조업자들의 작업을 묘사한 볼품없는 그림을 제공했다.

"우리는 또한 핀 제조업자의 작업을 여러 번 관찰했다……이 작업 과정은 불결하고 유해하다. 녹색의 납빛을 띤 놋쇠의 녹은 노동자들에게 영향을 끼치는 바, 이는 공장에서 맡은 그들의 역할에 따라 각기 다르다. 중요한 점은, 노동자들이 튼튼하지 못하며, 폐병으로 젊은 나이에 일찍 죽는다는 사실이다."[51]

결국, 스미스의 이상적인 노동자들은 일터에서 자신의 시간 뿐 아니라 자신의 생명까지도 내다 팔았다. 그럼에도 불구하고 스미스에게, 이런 세부 사항들은 언급할 가치를 지니지 못한 것으로 여겨졌다. 반면, 그는 시장 숭배자들 가운데서 여전히 강하게 울려 퍼지고 있는 핀 제작소의 효율에 관한 이야기를 지어내고 있었다.

떠밀려나기 시작한 사람들

최초의 통합된 핀 제작소는 1692년에 설립된 '도크라Dockwra 구리 공장'이었다. 그 공장은 1년에 약 80톤의 구리를 생산했다. 전체 산업의 절반쯤에 해당하는 양이었다. (핀 제작용) 철사를 늘리는 작업을 하는데 필요한 벤치가 그 회사에는 24개 밖에 없었다. 처음부터, '도크라'는 새로운 방식의 가능성에 주목했다.[52]

결국에는 1746년 브리스톨Bristol (영국 서부 항구 도시) 인근에 설립된 '웜리Warmley 공장'이 도크라를 뛰어넘었다. 웜리 공장은 농학자 아서 영Arthur Young, 1741-1820이 〈6개월에 걸친 잉글랜드와 웨일즈 남부 지역 여행〉A Six Months Tour Through the Southern Countries of England and Wales을 출간하면서 대중적인 관심을 끌었다. 아서 영은 전반적인 경제생활 뿐 아니라 농업에 대한 풍성한 관찰자였다. 그의 저서들은 유럽 각국의 여러 언어로 광범위하게 번역됐다. 이 독특한 책은 1772년에 이르러선 이미 3쇄까지 출판된 상태였다. 의회의 토론에서 활용된 권위자들에 대한 주의 깊은 연구에 따르면, 의회 의원들MPs은 애덤 스미스의 저작보다 아서 영의 저작을 더 많이 인용한 것으로 나타났다.[53]

아서 영은 웜리의 통합된 핀 생산 과정을 묘사했다. 그는 '지켜볼만한, 매우 귀중한 것'이라고 권고했다. 그의 묘사는 이렇게 시작됐다.

"용융금속(쇳물)은 평평한 석재 틀에 부어져 가로 3피트, 세로 4피트의 얇은 판으로 만들어졌다. 이 판들은 17개 조각으로 절단되고, 그 다음 독특한 기계들에 의해 매우 얇은 더 많은 조각들로 나뉜다. 이어 17피트 길이로 늘어나고 다시 철사로 늘려지고 각각 40~50기니의 가치를 지닌 꾸러미들로 포장된다. 이곳에서는 매주 약 100꾸러미가 만들어진다. 각각의 꾸러미에서는 10만 개의 핀이 만들어진다. 철사들이 절단돼 핀이 되고, 수많은 소녀들을 고용하고 있는 이곳에서 마무리 작업이 이뤄진다. 발로 작동되는 조그마한 기계들을 갖춘 소녀들은 재빠른 솜씨로 핀을 갈고 머리 부분을 만든다. 1명당 하루에 1파운드 반을 만든다.

여성 노동자들이 일반적인 물레처럼 생긴 기구로 핀 머리 부분들을 만들어낸다. 그 다음 남성 노동자가 가위처럼 생긴 작은 기계로 이것들을 하나씩 분리한다. 그들은 대리석 몇 개씩을 갖고 있다. 놋쇠 제품을 만드는 준비 작업을 위한 것이다. 그들은 기니Guinea (아프리카 서부해안 지방 나라) 해안가에서, 투박하게 생긴 흑인 노예용 냄비와 접시를 대거 만들어낸다. 모든 기계 및 기구들은 수력으로 움직이도록 설계돼 있다. 경쟁을 위해 엄청난 규모의 화력 엔진이 갖춰져 있으며, 이는 1분에 3,000혹스헤드hogshead (액체량 단위로 238리터)에 이르는 물을 끌어올리는 것으로 알려져 있다."[54]

이런 시스템은 기구들을 작동시켜왔던 사람들을 대체했다. 떠밀려난 노동자들은 전체 노동력의 1/6에 이르렀다.[55]

스미스의 간과 분업의 중요성을 강조했던 것과 대조적으로, 스미스는 생산성의 확대 과정에서 차지하는 화석연료의 중요성에는 전혀 공감을 나타내지 않았다. 월리 공장은 여전히 수력에 의존하고 있었지만, 자연적인 물 흐름이 부족한 곳에서 물을 끌어올리기 위해서는 석탄을 활용해야 했다. 산업혁명이 스코틀랜드를 중심으로 시작됐음에도 불구하고, 스미스는 자신의 저서에서 석탄에 대한 언급을 조금 밖에 하지 않았다. 이런 언급 또한 석탄을 가내 연료 또는 채광 과정으로서 관심을 둔 것이었다. 석탄을 산업 생산으로 연결시키는 고민은 하지 않았다.

한번은, 스미스가 석탄 수출을 제한하는 정부 정책을 논의했다. 그러한 제한 법률의 목적은 확장 일로를 걷던 영국의 산업 주도권을 보호하는 것이었다. 하지만 스미스는 그 일에 얽히지 않았다. 그 대신, 그는 단순히 이렇게 기록했다. "석탄은 제조의 원료로, 또한 무역의 수단으로도 여겨질 수 있다."[56] 현대 기술의 생산 잠재력은 '자신의 노동력을 아끼기 위해' 증기 기관을 발명했던 한 소년의 환상적인 이야기에서 비롯됐음을 인정할 수 있는 가장 근접한 거리에 있었던 사람이 그였다.[57] 제임스 와트는 그(스미스)의 학교에 몸담고 있던 기계 제조자였음에도 불구하고, 스미스는 자신의 설명 근거를, 출간된 지 30년 지난 책, 그것도 잘못 이해한 것에 두고 있었다고 〈국부론〉의 학구적인 편집자, 에드윈 캐넌Edwin Cannan, 1861~1935은 보고했다.[58]

여기서 그 밖의 어떤 것이 영향을 끼친 것 같다. 발간되지 않은 자신의 연구물에서, 스미스는 경제적인 진보와, 현대적인 기술의 발전을 분명히 연결 지었다. 학생들에게 강의를 하고 있을 때인 1762~63학년도에, 그는 핀 제작소에 관한 장시간의 토론을 시작했다. 이는 증기기관의 높아진 생산성에서 절정을 이루었다.[59] 그는 핀 제작소로부터 증기기관으로 옮아가면서, 똑같은 그 순서를 〈국부론〉 초안에서 활용했다.[60] 스미스는 초창기 두 번에 걸친 이 토론에서 비롯된 구상들 거의 전부를 〈국부론〉에서 반복적으로 언급했다. 현대적인 기술로 옮아가는 마지막 단계만 예외였다.

〈국부론〉이 세상에 모습을 드러낸 지 꼭 3년 뒤에, 칼리슬 경Lord Carlisle에게 보낸 편지에서, 아일랜드는 왜 영국의 산업에 그리 큰 위협을 가할 수 없는지를 설명할 때, 스미스는 당시 막 생겨나고 있는 산업혁명보다 사회적인 통제를 명시적으로 우선순위에 두었다.

"그것(자유무역) 때문에 영국의 이익이 침해 받을 것이라는 주장을 나는 믿을 수 없다. 그와 반대로, 영국시장에 들어온 아일랜드 상품의 경쟁력은, 우리 자신들에게 저항하는 우리나라의 대다수 노동자들에게 우리가 대단히 터무니없이 허용했던, 바로 그 독점을 부분적으로 깨뜨리는 데 이바지할 수도 있다. 하지만, 이 경쟁력이 엄청나게 커질 수 있으려면 상당히 긴 시간이 흘러야 할 것이다. 지금의 아일랜드 상태로 볼 때, 몇 백 년은 지나야만 상당히 많은 부문의 제조업에서 영국과 어깨를 나란히 할 수 있을 것이다. 아일랜드에는 석탄이 거의 없다. 로프 네 Lough Neagh 호수 주변의 탄갱 Coallieries 은 그 나라 대부분 지역에 별 영향을 끼치지 않는 대수롭지 않은 존재였다. 아일랜드에는 나무도 부족했다. 나무는 거대 제조업의 발전에 절대적으로 필요한 두 가지 항목 중 하나였다. 그 나라는 질서와 경찰, 일상적인 징의의 집행을 필요로 한다. 하층민들을 보호하는 동시에 단속하기 위해서다. 그런 필수 항목들이 석탄과 나무를 합한 것보다 산업의 발전에 훨씬 더 본질적이다."[61]

이보다 7일 앞서, 그는 비슷한 생각을 드러낸 바 있었다.

현대적인 기술에 필요한 나무와 석탄의 중요성을 제기한 스코틀랜드의 법률가이자 정치가 헨리 던다스 Henry Dundas, 1742~1811 에게 보낸 편지에서였다.[62] 이 주제가 기득권층에게 보낸 편지에서 반복적으로 거론될 만큼 대단히 중요했다면, 왜 이미 출간했던 그 책에서는 그게 드러나지 않았던 것일까? 스미스의 언급, 즉 '우리 자신들에게 저항하는 우리나라의 대다수 노동자들에게 우리가 대단히 터무니없이 허용했던, 바로 그 독점' 또한 매우 흥미롭다. 그의 언급은 현대적인 아웃소싱(외부 조달) 쪽으로 옮아가는 시대적 흐름을 예상하고 있다.

하지만 근면한 노동자들의 이익 증진을 옹호했던 그 어떤 사람이 외국의 경쟁자에 의해 그 노동자들이 약화되는 걸 보고 싶어할까?

교환의 속뜻   경제에 대한, 비교적 근본적인 스미스의 묘사는 한 나라 경제의 특성을 결정하는 게 생산보다는 교환의 행위라고 제안할 때 유용하다. 이런 접근법 덕분에 스미스는 권위보다는 '사회적인 거리'를 기준으로 삼는 세상을 묘사할 수 있었다.[63] 스미스는 "사회는 상호간의 사랑 또는 애정 없이 효용 의식에서 비롯된, 각기 다른 상인들 사이처럼 각기 다른 사람들 사이에 존재할 지도 모른다"고 언급하면서, 흘깃 둘러본 이 세상의 모습을 묘사했다.[64]

생산은 여전히 존재했지만, 교환이 중심이었다. "분업은……시장의 크기에 제한될 수밖에 없다"는 점 때문만은 아니었다.[65] 분업은 생산 과정에 앞서 일어난다는 점을 주목하라. 분업이 일단 자리를 잡으면, 생산을 고려할 필요가 없어진다. 이 지점에서, 모든 사람들 - 노동자와 자본가들 - 은 상인으로 변해, 자유롭고 공개된 시장에서 동등하게 제품을 판매한다. 스미스의 표현으로는 "모든 사람들은……교환함으로써 살아가거나 다소간 상인으로 변해가고, 사회 그 자체는 적절하게 상업사회인 그 상태로 성장해간다."[66] 이런 세계에서, 스미스의 이상적인 상인·노동자들은 시간 엄수와 믿을만한 행동 같은 중간 계급의 미덕을 드러내 보이는 것만으로도 부유해진다. 이들 상인은 서로 경쟁한다. 하지만 동시에 그들이 그렇게 경쟁을 할 때는, 서로에게 존경을 표시하는 것처럼 규칙을 따른다.

스미스가 창조한 이런 상상 속 교환의 세계에는, 계급 적대감과 착취, 지배가 들어설 자리가 없다. 노동자들은 프롤레타리아보다는 교환자의 모습으로 존재했다. 스미스의 상인·노동자들은 모두 그들의 고용주와 더불어 같은 공동체에 속한다. 비슷비슷한 상상 속의 진보적인 노동의 생활 주기에 힘입어 노동 계급의 대다수는 그리 멀지 않은 미래에 고용주 신분으로 변한다.

역동적인 모습의 이상적인 사회를 제시한 게 스미스만은 아니었다. 스미스 당대의 영국 문화에 관한 어떠 연구 중에 이런 묘사도 있다.

"18세기 문화가 가난한 이들에게 내적인 노동 강박감을 주입시키려 시도하는 또 다른 방법은 근면에는 성공을 보장하고, 나태에는 처벌을 하는 것이었다. 물론, 단순한 생존 차원을 웃도는 성공이 노동 계급 구성원들에게는 결코 가능하지 않은 하늘의 별 따기였다. 그들이 세상에 우뚝 설 만큼 충분한 급여를 받을 수 없었기 때문이다."[67]

노동자·상인에 관한 스미스의 견해는 핀 제작소처럼 한 줌 밖에 안 되는 노동사들로 이루어진, 훨씬 단순하고 수공예 수준의 기술을 갖춘 세계에서는 더욱 더 신뢰할 만한 것이었다. 막 출현하기 시작했던 대량 생산 체제에서는, 스미스가 상상했던 종류의 상향 이동성은 불가능할 것으로 보였다. 오늘날처럼 현대판 캐런 공장 같은 거대 기업에서, 다른 수천여 명의 노동자들 사이에서 하찮은 노동에 묶여있는 일개 노동자가 최고경영자 자리에 오르는 기회를 잡는 것은 기대할 수 없다.

결론적으로, 경제학자들이 여전히 생산 과정에서 차지하는 노동의 중요성을 습관적으로 인정했던 시기에, 스미스는 교환 쪽에 더 많은 경제적 중요성을 부여했다. 계급에 관한 의문을 차단하기 위해서였다. 노동자들은 교환자로 변했다. 그들의 고용주와 다를 바 없었다. 이런 관점에서 볼 때, 스미스의 저작물에 캐런 공장을 다루지 않은 것은 영리한 미사여구 기법이었다. 스미스는 노동과 노동자, 노동 조건을 배제하는 일에서 현대 경제학만큼 많이 나아가진 않았음에도 불구하고, 노동자들을 상인으로 재구성한 것은 현대 경제학으로 방향을 튼 중요한 첫 걸음이었다.

개인주의에 관한 단상

개인주의에 대한 스미스의 열정을 감안할 때, 그가 캐런 공장에 대한 논의를 꺼려한 것은 합당하다. 노예제 또는 봉건제 같은 초기 경제 시스템은 거대한 인구 규모의 대중을 하나의 계급으로 본다. 그 계급은 생각 없이 일하는 짐승들에 지나지 않는 다수를 이룬다. 스미스가 사람들을 한 데 묶어 일하는 짐승쯤으로 간주한 것은 초창기 전통의 잔재였다. 사회에서 짐승으로 취급당했던 사람들이 야망 또는 열망의 외적 징후를 거의 보여주지 못했다는 것은 전혀 놀랍지 않은 일이다. 적어도 스미스로부터 승인을 받을 수 있는 그런 종류의 야망 또는 열정 말이다. 그 시스템(체제)은 광범위한 다수를 위한 전통적인 성공에 대한 희망을 모두 꺾어버리는 게 확실했다.

동시에, 스미스는 고개를 내미는 다른 흐름의 신호를 환영했다. 도심에 있는 가난한 이들의 위험한 무리와 더불어, 점차 늘어난 소규모 상인과 기능인들의 개인주의는 스미스를 고무시켰다. 이 부문의 사회는 스미스의 미래 비전에서 중심을 이루었던 긍정적인 사례를 제공했다. 이런 견해에서 볼 때, 스미스의 개인주의는 적어도, 전통 사회의 폐쇄적인 계급 구조를 벗어나는 사람들의 발전 가능성을 상징했다. 계급 전선에 따라 나뉜 세상 대신에, 모든 사람들은 자신의 정체성을 상거래 관계를 맺는 개인으로 이해할 것이다. 이런 계급

없는 사회에서 모든 사람들은 자신의 운명을 개선할 기회를 갖게 될 것이다.

자유방임주의의 옹호자들은 사회적 역동성의 추상적인 가능성을, 기꺼이 열심히 일하고 있던 누구에게나 주어지는 듯한 보상으로 여겼다. 가능성에 관한 그 단순한 사고가 이러한 해방의 효과를 낳았다. 스미스 당대의 스페인어 제자들인, 제러미 벤담Jeremy Bentham, 1748~1832 등은 자신들을 '리버럴'liberal (자유주의자) – 계속해서 몇 번씩 다시 정의돼온 새로운 단어 – 이라고 정의했다.

스미스는 이 새로운 개인주의의 에너지에 관해 열정적이었다. 훗날 평론가들은 이 에너지를 통상 산업혁명으로 묘사되는, 경제적 활동의 폭발과 연관시켰다. 하지만, 앞서 묘사했듯이, 산업혁명이란 표현이 스미스의 저서들에는 빠져 있다. 그게 빠져 있었던 이유는 이제 명백하다. 스미스의 자유주의liberalism는 사람들을 해방시키는 것처럼 보였음에도 불구하고, 다른 견지에서 볼 때 그것은 캐런 공장에서 고역에 시달리고 있었던 사람들에게는 무력감을 안겨주고 있었음에 틀림없다. 그런 사람들을 고립된 개인으로 설명하는 게 그들의 무력감을 정확하게 전달했을 법하다.

개인주의가 대부분의 사람들을 무력하게 만들었을 것 같음에도 불구하고, 기업가들은 한 계급으로서 자신들의 집단적인 힘을 감추는 방법을 알고 있었다고 스미스는 인정했다. 스미스의 말이다.

"같은 직종의 사람들은 환락과 유희를 위해서는 결코 만나지 않는다. 그들의 대화는 공익을 거스르는 음모, 또는 가격을 높이는 어떤 책략으로 끝난다. 그러한 모임을, 실행될 수 있거나 자유와 정의에 부합할 어떤 법으로 막는 것은 불가능하다. 하지만 그 법이 같은 직종의 사람들끼리 만나는 것을 막을 수는 없음에도 불구하고, 그러한

회합을 촉진하는 일을 해서는 안 된다."⁶⁸

기업은 이기적인 목적을 위해 조직적으로 단결함에도 불구하고, 더 거대한 조직체들은, 노동 계급의 희망에 더 큰 힘을 불어넣어주면서, 공적인 이익을 증진시킬 수 있다. 21세기에 이르러, 경제적인 관점에서 볼 때, 아마 더 중요한, 진정으로 대단히 중요한 노동은, 합작하고 협동하는 과정을 필요로 한다. 제2차 세계대전 중의 맨해턴 프로젝트Manhattan Project는 협력의 힘을 보여주는 인상적인 사례를 상징한다. 그 독특한 힘이 파괴적인 것이긴 했지만 말이다.

정부는 원자폭탄의 제조를 신속히 처리하기 위해 기술적으로 뛰어난 당대 최고의 과학자들을 끌어 모았다. 이들 과학자 중 한명인 프리먼 다이슨Freeman Dyson은, 사람들이 훗날 맨해튼 프로젝트에 얽힌 자신의 경험을 어떻게 돌이켜보았는지를 이렇게 회고했다. "모든 대화에 걸쳐 빛나는 긍지와 향수가 반짝거렸지요. 이들 각자에게 모두 로스앨러모스Los Alamos (미국 뉴멕시코 주 북부에 있는 도시, 이곳에 설립된 원자력연구실험소에서 최초의 원자폭탄 제조) 시대는 위대한 경험, 노고와 동료애 및 심오한 행복의 시간이었습니다."⁶⁹ 내가 알기로는, 그 과학자들 중에서, 자신의 개인적인 공헌에 대한 인정을 받기 위해 그렇게 열심히 분투한 사람은 아무도 없었다.

많은 사람들은 맨해튼 프로젝트를 주요한 과학적 성취로 간주한다. 소수의 엘리트 과학자들 대신 다수 대중들이 그러한 집단적인 행동 – 파괴적인 결과보다는 생산적인 성과를 만들어내는 목표와 더불어 – 에 참여할 기회를 가졌더라면, 놀랄 만큼 훌륭한 일들이 일어날 수도 있었다. 불행히도, 일반적인 기업 구조는 그러한 생산적인 협력의 잠재력을 꺾는다.

chapter 07
'노동을 파는 상인'
이라는 정체성

계급의 가마솥

스미스의 언어가 다수의 동시대인들보다는 노동 쪽에 덜 적대적이긴 했음에도 불구하고, 그가 노동자들의 진정한 친구는 결코 아니었다. 스미스는 그의 이상적인 '상인·노동자'merchant-worker들이 중간 계급의 가치 - 그가 '대체로 정직한 태도'a general probity of manners 라고 불렀던 것 - 를 갖추기만 하면, 부유해진다고 제시했을 뿐이다.[1] 결국, 이런 개인적인 변화는 훨씬 더 성공한 사람들과 더불어, 더 강한 경제를 만들어낸다는 것이었다.

하지만, 스미스가 자기 주변에서 벌어진 일을 본 것이 그에게 더 큰 확신을 심어주지는 못했을 법하다. 시장을 기반으로 삼는 산업화의 확산은, 사람들로 꽉 들어차 혼잡스러운 도시에서 인간성을 심각하게 떨어뜨리는 불가항력이었다. 서로 뒤엉켜 잠재적인 위험성을 내포한, 비참한 노동자들의 무리를 볼 때, 스미스는 결코 유쾌하지 않았다.

이 사람들과, 스미스의 이상적인 '상인·노동자' 사이에는 공통점이 별로 없었다. 스미스는 그들을 군중으로 변할 수 있는 '원재료'로 보았다. 이는 스미스 자신보다는 퍼거슨의 것에 가까운 관점이었다(229쪽). 분업은 모든 사람들을 조화로운 사회로 통합시키기보다는 골 깊은 계급 분열을 조장한다는, 바로 그 견해이다. 설상가상으로 이런 새로운 발전 단계는, 스미스가 상업주의 이전 단계에서 비롯된 부정적인 유산으로 간주했던 것을 강화시킨 것 같았다. 특히, 도시의 노동자들이 자신을 상인으로 여기지 않고, 시골의 일방적인 정의감에서 비롯되는 지속적이고 반反상업적인 전통을 여전히 고수하는 것에 스미스는 아연실색했다. 노동자들은 정당한 가격으로 여겨지는 것보다 높은 값에 생필품을 팔아서는 안 된다고 주장했다. 영국의 역사학자 에드워드 톰슨Edward P. Thompson, 1924~1993이 '도덕적인 경제'moral economy라고 묘사했던 전통적인 태도였다.²

스미스는 도덕적인 경제의 모든 측면에 반대했다. 그는 이 전통 문화의 가치에 혐오감을 표시했다. 고물가 시대에 가난한 사람들로 하여금 곡물 창고를 부수어 열어젖히도록 부추기고, 그들이 생각하기에 합리적인 값만 받고 팔도록 소유자들을 강제하게 될 때조차 당당함을 느끼게 한다는 점에서였다.³ 스미스는, 대중들을 달래기 위한 목적으로 옥수수 소매 거래 규제법을 통과시켰다는 이유로 정부를 비난했다. 이 법규의 상당 부분은 이미 1772년에 청원됐음에도 불구하고 말이다.⁴ 스미스에게 그러한 법규는 종교에 관한 법규만큼이나 정당하지 않은 것이었다. 역설적으로, 스미스 자신은 종교에 대한 규제를 원했다.

옥수수 상인들의 시장 조작에 대한 사람들의 공포는 '사악한 마법'에 대한 걱정만큼이나 근거 없는 것이라고 스미스는 주장했다.⁵ 옥수수 상인들은 실제로 유용한 목적을 채워주고 있다는 것을 인정해야 한다고 스미스는 강조했다.

"가격을 올림으로써 그(옥수수 상인)는 사람들로 하여금 소비를 단념하게 만든다. 또 거의 모든 사람, 특히 낮은 계급의 사람들이 돈을 절약하고 신중하게 관리하도록 유도한다······공급이 부족해질 것 같다고 예상할 때, 그 상인은 그들에게 판매하는 양을 줄인다. 과도한 신중함 탓에 그가 실제적인 필요성은 전혀 없이 이런 행위를 할 수도 있다. 하지만, 일반인들이 그것 때문에 겪을 수 있는 모든 불편함은, 미리 제대로 대비하지 않은 데 따라 그들에게 닥칠 수 있는 위험과 불행, 해악에 견주면 사소한 것이다."⁶

여기서, 스미스는 거듭 반복되는 식량 부족의 시기에 집필 활동을 하면서, 굶주림의 시기를 경험한 게 사람들한테 심각한 정신적 충격을 줄 것이라고 추측하고 있었다. 그처럼 자연스러운 거래와 교환 활동 덕분에 사람들이 시장경제에 더 잘 맞게 자신의 행동 습성을 변화시킬 것이라고 봤다. 곡물 거래를 규제함으로써 이런 과정에 개입하는 일 따위를 정부는 절대로 해서는 안 된다고 스미스는 주장했다. 굶어죽는 사태를 막기 위한 목적으로도 그렇게 해서는 안 된다는 게 그의 생각이었다.

노동의 타락

노동자들의 추상적인 복지에는 관대했던 자신의 언급에도 불구하고, 스미스는 그들의 어려움에 대해서는 연민보다 경멸감을 드러냈다. 그는 하찮은, 아등바등하는, 상업주의 전 단계의 독립적인 노동자와 농업 노동자들 - 자신을 상인으로 여기지 않는 것 같은 - 에 대해 무심했음에도 불구하고, 미숙련 도시 노동자들보다 그들을 여전히 훨씬 더 존중해줬다. 그는 이렇게 외쳤다. "시골의 하위 계급 사람들이 도시의 하층민들보다 실제로 훨씬 더 뛰어나다는 건, 모든 이들 사이에 잘 알려져 있다."[7]

분업의 혜택에 대해 학생들에게 강의하면서 그는 이렇게 말했.

"모든 상업 국가에서는 하층민들이 대단히 우둔하다는 것은 주목할 만하다. 네덜란드의 하층민은 특히 그렇다……그 법칙은 일반적이다. 가난한 나라와 마찬가지로 부자 나라에서도 도시 하층민은 시골 하층민들만큼 똑똑하지 못하다."[8]

스미스의 핀 제작소처럼 작은 공장에서 일하는 노동자들 - 아마도 자신의 상사 가까이에서 일하며 살아가는 - 은 도시의 노동자들과 달리 탄압받는다고 느끼지는 않았을 것 같다. 도시 노동자들의 행동은 상사를 매우 불쾌하게 만들기 일쑤였다.

스미스는 근대적 형태의 노동자들을 걱정했다. 훨씬 더 초기 단계의 사람들이 통상적으로 행사했던 종류의 개별적인 주도권을 확보할 기회와 동기(인센티브)가 그들에게는 부족하다는 점에서였다. 결과적으로 그들은 "나른한 우둔함에 빠져들고, 이는 문명사회에서 거의 모든 하층민들의 이해력을 마비시키는 것 같다."[9] 그는 계속해서 이렇게 말했다. "인간의 지적 재능을 적절하게 사용하지 못하는 사람은 기껏해야 겁쟁이보다 못하고, 그보다 훨씬 더 경멸을 받아 마땅하며, 인간 본성의 훨씬 더 본질적인 부분이 불구 및 기형 상태로 전락한 것처럼 비쳐진다."[10]

노동의 타락은 심각한 도덕적 결과를 초래했다. 스미스는 그것이 바람직하지 않음을 알았다. 다음은 스미스의 말이다.

"한 노동자가 거대 도시에 진입할 때, 그는 모호함과 어두움 속으로 빠져버린다. 누구도 그의 행동을 관찰하지도, 주목하지도 않는다. 또 그 스스로도 그것을 그리 신경 쓰지 않고, 온갖 종류의 저열한 방탕과 악행에 자신을 방치하는 것 같다."[11]

노동자들의 '저열한 방탕과 악행'에 상대적으로 관심을 별로 기울이지도 않은 채 판단을 내리면서, 스미스는 계급의식에서 비롯된 그들의 험악한 태도에 더 불안해했던 것 같다. 특히, 도시를 꽉 채운 가난한 사람들 무리의 펄펄 끓는 분노는 스미스를 공포로 몰아넣었다. 스미스는 이렇게 경고했다. "가난한 사람들한테서 나타나는 노동에 대한 혐오와, 현재의 편안함과 즐거움에 대한 탐닉은 남의 재산을 침해하도록 (그들을) 자극하는 열정이며, 그들이 일하는 동안에 훨씬 더 지속되는 열정이고, 그들이 영향력을 발휘할 때 훨씬 더 보편적으로 나타나는 열정이다." 스미스는 계속해서 이렇게 말했다.

"부자의 풍요함은 가난한 이들의 분노를 촉발시킨다. 그들은 때때로 부족함에 이끌리고, 질투심에 자극받아 부자의 소유물을 침범한다. 값진 재산의……소유자가 안전함 속에서 하룻밤 잠을 잘 수 있는 것은 사법권의 대피소 안에서만 가능할 뿐이다. 부자는 항상, 알려지지 않은 적들에 둘려 싸여 있다. 그가 결코 그들을 화나게 하지 않았음에도 불구하고, 그들을 진정시킬 수 없다. 그들의 불의를 처벌하기 위해 지속적으로 유지되는 사법권의 강력한 무기에 의해서만 부자는 보호받을 수 있다."[12]

부유한 사람들이 부분적으로는, 시골에 있는 사람들로부터 스스로 삶을 꾸려가는 데 필요한 수단을 박탈하는 조처들을 국가가 허용하고 심지어 조장했기 때문에 번영을 누렸을 수 있다. 스미스는 이런 점에 전혀 주목하지 않았던 것 같다. 이미 복잡해진 도시 속으로 적절한 자원도 없이 떠밀려진 노동의 초과 공급은 저임금과 끔찍한 추락을 초래했다.

최저임금은, 그 같은 노동의 초과 공급에서 비롯된 자연스런 결과일 것이라는 점을 스미스 자신의 가르침에서도 볼 수 있다. "자연 가격natural price……판매자들이 통상적으로 획득할 수 있고, 동시에 그들의 일을 계속 이어갈 수 있는 최저 수준."[13]

그런 사람들이 도덕적인 경제moral economy에 계속 집착하는 건 그리 놀랄 일이 아니다!

자유롭지 못한 자유의지

노동자들을 더 많이 배려하는 것은, 부자들의 재산을 보호하는 쪽으로 노력을 기울여야 할 긴급한 필요성을 떨어뜨릴 수 있다. 잠시만 생각해보면, 이는 충분히 깨달을 수 있는 사실이다.

스미스는 그럼에도, 노동자들에 관한 한, 그들이 자신의 미래를 보장받기 위해 시장경제의 경이로움과, 그들 자신의 노고에 의존해야 한다고 주장했다.

여기서, 스미스는 시장 이데올로기의 중심적인 모순을 드러냈다. 원시적인 자본주의 raw capitalism 는 부와 권력으로 이어지는 최대의 수익을 거짓으로 약속한다. 진실로, 자본주의에서 냉혹한 모서리 부분을 떼어 낸 일종의 사회 민주적 정부가 이익을 창출하는데 더 효과적이다.

부자들이 밤에 안전하게 잠들 수 있도록 보장하기 위해 애쓰는 정부에 스미스는 찬성했던 것 같음에도 불구하고, 작업장 안이나 밖에서 노동자들의 복지를 증진시키는 조처들은 결코 지지하지 않았다. 곡물 가격 규제에 대한 그의 독선적인 반감을 떠올려 보라. 스미스는 하층 계급의 심리를 어떻게든 변화시키는 것을 요구했다. '노동자·상인'이라는 조건과 그들을 조화롭게 일치시키기 위해서였다. 스미스는 아마도, 노동자들의 높아진 의욕이 계급 갈등을 없애고 생산성을 높일 것이라고 희망했던 것 같다.

스미스는 교육에 진심으로 찬성했다. 하지만 명백히 언급된 그의 목적은 노동자들의 삶을 개선시키는 게 아니었다. 노동자들을 '사회화시키고' 그들의 생산성을 높이기 위한 수단을 제공하는 게 목적이었다. 하지만 스미스는, 고용이 견딜 수 없는 짐이기보다는 충만함의 기회일 수 있는, 그러한 일터를 만듦으로써 고용주들이 양질의 삶을 제공할 수 있음을 전혀 내비치지 않았다.

혹독한 노동 조건이 곧 일반화될 거대 제조 공장들이 노동자들에게 부과하는 개인적 희생을 스미스는 전혀 고려하지 않았다. 과로의 육체적 결과에 대해 진정으로 걱정을 표시한 글의 한 대목에서, 스미스는 그 문제를 노동자들 자신의 책임 탓으로 돌렸다. 스미스에 따르면, 생산 단가가 높은 분야에서는, 사람들이 잔업(과로)을 더 많이 선택하는 것 같았다.

"노동자들은……일의 분량에 따라 자유롭게 보수를 지급받을 때, 자신을 혹사시켜 몇 년 안에 건강이 나빠지고 체질이 허약해지는 경향을 강하게 띤다. 런던과, 여타 다른 지역들에 있는 목수는 최고 수준의 활력을 8년 이상 유지하지 못하는 수가 많다. 노동자들이 작업량에 따라 보수를 받는 다른 직업들에서도 그와 똑같은 일이 벌어진다."14

고용주들이 보수를 과다하게 지급하지 않았다면, 그 같은 부정적인 결과들은 아마 초래되지 않았을 것이다. 그 밖의 다른 곳에서, 보수를 과하게 지급하는 그런 노동 조건이 나쁜 습성의 원인으로 작용하지 않는 한, 스미스에게 그 조건은 부적절해 보였다.

노동 계급 규율에 대한 스미스의 병적인 관심은 주목할 만하다. 스미스의 원리에서 핵심은, 4번째 발전 단계(214쪽)가 자유의지에 따른 시장관계 시스템을 불러들였다는 점이다. 하지만, 그가 말한 자유의지는 선택의 기회를 별로 갖지 못한 사람들의 묵인에 바탕을 두고 있었다. 그의 주장에 들어있는 뼈대가 그 자유의지에 근거해 마련됐음에도 불구하고 말이다.

그러한 조건은 노동자들로 하여금 시장경제에 동질감을 느끼도록 격려하는데 별 도움을 주지 않았을 것이다. 스미스에게 노동 계급이 무례하게 비쳐지는 것은 하등 이상하지 않다. 스미스가 소규모 상인 및 장인들과 관련지은 행동 습성을, 곤경에 빠져 있는 그 사람들이 받아들일 수 있다고 어찌 기대할 수 있겠는가?

스미스는 그런 기대 대신, 시장 외적인 강제에 희망을 걸었다.

스미스의 4단계 이론은 사실상, 거꾸로 작동하고 있었다. 농업에서 상업 사회로 이어지는 전환은 대중들을 향상시킬 것으로 여겨졌다. 반면, 실제로는 가난한 계급 사람들의 타락을 초래하고 있었던 것으로 보인다. 하지만 전반적으로, 이 타락은 도시 노동자들을 비하하고 가난하게 만드는 시스템에 대한 합리적인, 계급지향적인 반응이었다. 이 노동자들의 행위가 스미스에게는 혐오감을 불러일으켰다.

군대 규율, 시장 규율

스미스는 사회 경제적 질서-시장을 통제하고 사람들을 통제하는-를 유지하기 위한 두 가지 종류의 통제 장치를 중점적으로 다뤘다. 시장 통제에 대한 스미스의 요구는 인간 통제에 대한 요구에 견줘 매우 작았다. 시장사회의 필요에 맞추기 위해 인간의 개성을 틀 속에 집어넣는 데 쏟았던 그의 관심을 감안할 때, 이런 불균형은 전혀 놀랍지 않다. 스미스의 제안에 따른 인간 행위에 대한 통제 장치는, 누군가 〈국부론〉의 첫 부분을 읽은 뒤 예상했을 법한 것보다 훨씬 더 큰 영향을 끼친다. 〈국부론〉에서는 자유의지에 따른 선택이 조화로운 번영의 세상을 약속한다. 곡물 거래에 대한 사람들의 반응에서 나타났듯이, 시장은 사람들의 행동 습성을, 스미스가 선호했던 방식으로 변화시키지 않고 있었다.

시장의 필요에 맞추기 위해 개인의 행동을 틀 속에 집어넣는다는 생각을 스미스만 품었던 건 아니었다. 그것은 또한, 스미스가 풍요보다 더 중요하다고 간주했던 국방과 관련해서도 중요했다.[15] 적어도 두 가지 경우에서, 스미스는 풍요함과 나약함을 동일시했다. 가정용 사치품이나 연약함 따위는 갖고 있지 않은, 투박하고 남자답게 씩씩한 사람들의 시대를 호의적으로 돌이켜 보면서 말이다.[16] 퍼거슨처럼, 스미스도 그가 환영했던 상업사회의 성장이 군사적인 미덕에는 적합하지 않다는 사실에 불안해했다. 강력한 군대에 도움이 되는 개인적 자질이 성공적인 상업사회에 적합한 자질과는 다르다. 스미스는 노동 조건 또한 그런 상황을 초래하는 일부임을 감지했던 것으로 정평이 나 있다. 여기서 스미스는 분업의 주제로 되돌아갔다. 하지만, 그의 어조는 평소의 그 자신보다는 퍼거슨의 것에 오히려 더 가까웠다. "그 사람들의 훌륭한 육체를 망가뜨린 전반적인 부패와 타락을 막기 위해 정부의 집중적인 관심이 필요하다"고 경고했던 것이다.[17]

스미스는, 노동자들에 대한 기업 쪽의 대우 방식을 정부가 나서서 변화시켜야 한다는 뜻으로 말하지는 않았다. 그보다는, 군복무에 필요한 노동자들의 남자다운 활기를 유지하기 위한 방법을 찾아내는 책임이 기업 쪽에 있다고 말하려는 게 스미스의 의도였다.

"그 효과가 항상 너무나 똑같거나, 대단히 유사한 몇몇 단순한 작업들을 수행하는데 인생 전체를 써버리고 마는 사람은, 결코 일어나지 않을 어려움을 제거하기 위한 방편들을 찾는다며 이해력을 높이거나 발명품을 만들어낼 이유가 없다. 그에 따라, 그는 자연스럽게 그런 노력을 기울이는 습관을 잃어버린다. 그리고 일반적으로, 인간으로서 가능한 최악의 수준으로 우둔하고 무식하게 변한다. 그의 마음속에 생겨난 무기력은 그로 하여금 어떤 합리적인 대화 속에서 한 부분을 차지해 즐기거나 참아낼 수 없게 했다. 뿐만 아니라 관대하거나 고귀한 또는 부드러운 정서를 이해할 수 없게 만들었다. 그리고 결과적으로 사적인 삶에서 통상적인 상당수 의무에 관한 것조차도 적정한 판단을 내릴 수 없게 했다. 거대하고 광범위한 국가적 관심사에 대해, 그는 온전히 판단을 내릴 수 없다. 그를 다른 모습으로 만들기 위해 매우 특별한 고통을 주지 않는다면, 그는 또한 전쟁 중에 국가를 지켜낼 수 없다. 정지된 그의 삶에서 나타나는 획일성은 자연스럽게 그의 마음속에서 용기를 떨어뜨린다. 이로 인해 그는 불규칙하고 불확실하며 모험적인 군인의 삶을 혐오한다. 그것은 그의 육체적인 활동성마저 망가뜨린다. 또 그가 자라온 곳과는 다른 어떤 일자리에서는, 활기와 인내심을 갖고 노력할 수 없게 만든다. 그 자신의 독특한 직무에서 발휘하는 능숙함은 이런 식으로, 그의 지적이고 사회적이며 군인처럼 용감한 미덕을 희생시켜 획득하는 것 같다. 하지만 한 단계 발전한 모든 문명사회에서, 정부가 그것을 막기 위해 모종의 노력을 기울이지 않는다면, 가난한 노동자들, 즉 그 사람들의 훌륭한 육체는 불가피하게 바로 그런 상태로 전락하게 된다."[18]

이 대목은 스미스의 인도주의적인 관심을 보여주는 증거로 종종 인용된다. 하지만 분업에 대한 이 비판의 맥락은 그 주제를 다르게 설명한다. 상업사회와 국가 방위는 조화를 이루지 못하고 서로 충돌하는 것 같다. 스미스의 4단계 이론에 따르면, 시장은 모든 사람을 상인으로 전환시키고 있었어야 마땅했다. 확실히, 상인 계급은 스미스가 바람직하다고 여겼던 자질들을 많이 갖고 있었다.

"규칙성, 질서, 그리고 명령에 대한 즉각적인 순종은 오늘날의 군대에서 전투의 향방을 결정할 때, 무기를 사용하는 군인들의 능숙함과 기술보다 훨씬 더 중요한 자질이다."[19]

시장이 그런 측면에서 성공을 거둘 경우, 국가 방위는 확실히 나빠진다. 심지어 보통 수준의 성공을 거둔 사람들마저도 자신의 시간을 너무나 귀중히 여기는 나머지 군인 생활에 자발적으로 헌신하지 않으려 할 것이다. 스미스의 말이다.

"개인들의 신중한 분별력에 힘입어 분업은 자연스럽게 다른 특수 직업들로 이어진다. 각 개인들은 수많은 직업에 종사하기보다는 특정한 직무에 자신을 제한함으로써 더 많은 사적 이익을 거둘 수 있음을 안다. 하지만 군인의 직무를 다른 것들로부터 분리돼 뚜렷이 구분되게 만들 수 있는 것은 오로지 국가의 지혜이다. 잔잔한 평화의 시기에, 그리고 일반 국민들로부터 받는 특별한 격려 없이, 자신의 시간 대부분을 군사 훈련에 쏟아야 하는 어느 한 시민이 의심할 바 없이, 그 속에서 자신을 발전시키고 매우 즐거워할 수도 있을 것이다. 하지만 그는 확실히 그 자신의 이익을 증진시킬 수는 없을 것이다."[20]

군대에 참여하는 게 사람들의 사익을 채워주지 않는데, '국가의 지혜'로 군대를 어떻게 창설할 수 있을까? 근대 산업에서 노동에 대한 요구 사항들 또한 규율을 필요로 했다. 하지만, 스미스가 경탄했던 건강한 자기 규율을 필요로 했던 건 아니었다. 끊임없는 기계의 순환 운동에 적응하는 극단적인 지루함에 묶여있어야 했던 노동자들은 부자연스러운 형태의 규율을 경험했다. 그들이 도덕적인 경제의 가치를 실현했을 때와 같은 경우, 일부 사람들의 정신을 망가뜨리며 다른 사람들을 화나게 하고 반항하게 했던 그런 규율 말이다. 바람직한 총알받이의 생산에 특별히 호의적인 결과는 전혀 없다. 따라서 스미스가 보기에, 도시에는 국가 방위에 나서는데 적합해 보이는 사람이 거의 없었다.

가난한 사람들이 군복무를 위한 후보자들인 것처럼 보일 수 있다. 하지만, 현대 산업의 요구 사항들 탓에 사람들에게는 자유 시간이 별로 없다.²¹ 스미스가 보기에, 가난한 대중들은 또한 지적인 문제를 드러냈다. 그는 노동자들의 타락한 상태와 비겁한 행동을 연결 지었다. 동시에, 스미스는 이들 겁쟁이가 결국 들고 일어나 부자들의 재산을 위협할 수도 있음을 두려워했다.

이런 상황을 고치기 위해, 국가가 나서서 사람들의 개인적 결함을 교정시키고 그들을 고결한 시민으로 개조하는 쪽으로 전환시킬 것을 요구했다. 스미스는 진정으로 가난한 이들을 '교육'시켜야 한다고 요구했다. 그 시대의 다른 이들은, 글을 읽고 쓸 줄 아는 사람들이 많아지면 위험하다고 두려워했던 것에 견줘 대조적이다. 하지만, 저명한 자유주의자인 스미스는 교육은 강요와 섞여야 한다고 제안했다.

"사회는 대부분의 국민들에게 교육에서 본질적인 부분들을 획득하도록 하는 필수 과제를 부과할 수 있다. 예컨대 모든 사람들이 법인 설립의 자유를 획득하거나, 또는 작은 마을이나 도시의 회사에서 사업을 시작할 수 있게 허락을 받기 전에 교육 도중 시험 또는 검징을 거치는 것을 의무화하는 식으로 말이다."²²

강제는 가난한 사람들을 교육에 굴복하게 만들 것이다. 잠재적인 '상인·노동자'들은 순종적이지 않은 사람들이 시장에 내다파는 그런 종류의 상품(그들의 노동)에 한정돼 묶인다. 그게 일종의 벌칙이 될 것이다.

스미스는 부유한 어린이들이 공부했던 것과 똑같은 고전 문학을 모든 학생들에게 가르쳐야 한다는 것을 옹호하지는 않았다. 그 대신, 그가 고대 그리스 및 로마 제국과 연결 지었던 군인 정신의 고양을 지지했다.

"그리스 및 로마 제국이 개개 시민들의 군인 정신을 유지시켰던 것은 이런 식으로, 그들의 군대 훈련 및 체육 활동을 할 수 있도록 함으로써, 그것을 조장함으로써, 그리고 심지어 전체 국민들에게 그런 것들을 배우도록 필수 과제로 부과함으로써 가능했다."²³

스미스의 교육적 목적은 노동자들의 복지를 증진시키는 게 아니었다. 그보다는 군인 정신을 높이기 위한 것이었다. 그런 교육은 적어도 부분적으로는, 인류의 번영보다

열렬한 민병대 주창자였던 스미스는, 엄격한 규율에 길들여진 민병대원의 모습을 도시 노동자에게도 기대한 듯하다. 그림은 렘브란트의 〈바닝 코크 대장의 민병대〉

는 인류의 전멸을 위한 역량을 키우도록 설계됐다.

스미스의 옹호자들이 주목하는 대목이 있다. 교육에 관한 그의 논의 중 두 문단 앞에서, 그는 기하학과 기계학의 유사성이 어떻게 노동자들을 더 생산적이게 만드는 것인지를 논의했다는 것이다. 비록 '군인 정신'에 대해서는 여섯 번 언급한 것에 견줘 생산성에 관해서는 단 한번 언급하는 식으로 가볍게 취급했지만 말이다.

스미스는 또한 열렬한 민병대 주창자였다. 그는 포커 클럽Poker Club의 창립 회원이었다. 그 클럽의 목적은 상비군보다는 민병대의 대의에 훨씬 더 가까웠다. 〈국부론〉이 세상에 모습을 드러냈을 즈음에, 스미스는 상비군을 지지했다. 적어도 "상비군 속에서는 시민들이 남자다운 미덕, 용기를 찬양하는 공동체, 용기라는 기본 덕복에 공감하는 국가를 유지시켜 준다"는 것이었다.²⁴

민병대 법Militia Act은 1757년 발효돼 민병대 모집을 정당화했다. 그 법률은 또한 일요일마다 실시되는 훈련을 허용했다. 하지만, 회원들에게 보수를 지급할 준비는 돼 있지 않았다. 8월에 소규모 집단의 마을 민병대원들이 나이 지긋한 성직자에게 맥주 1배럴(158.9 리터)

을 요구했다. 뒤이어, 그들은 돈을 요구하면서 시위를 벌였다. 〈스코츠 매거진〉에 게재된 기사에 따르면, 시위 참여자들은 국왕과 국가를 위해 기꺼이 목숨을 바치겠지만, "민병대에서 봉사하려고 하루에 6펜스짜리 은화를 받고서 가정을 포기할 수는 없다"고 말했다.[25]

이렇게 주저주저하는 민병대원들의 상인 같은 셈법을 누구는 칭찬할지 몰라도, 스미스의 반응은 냉혹했다. 그는 친구에게 보낸 편지에 이렇게 썼다. "링컨셔Lincolnshire (영국 중동부에 있는 지역) 군중들은 우리를 격분시켜 민병대에 반대하도록 만들고 있네. 우리는 그 시위대의 우두머리들이 모두 교수형에 처해질 것이라는 소식을 고대하고 있다네."[26]

스미스의 군사적 관심은 엄격한 규율가라는 그의 면모를 잘 드러낸다. 자유주의 철학자라는 그의 이미지와는 매우 다르다. 그의 숭배자들은 그의 책 첫 부분에 나오는 자유의지에 따른 선택에 너무 과도한 관심을 쏟는 경향을 띤다. 사회화에 관한 스미스의 관점에서 나타나는 이 어두운 측면에 더 많은 관심을 기울여볼만하다.

무엇을 위한 규율인가?

군대는 높은 수준의 규율을 필요로 한다고 주장하면서 스미스를 옹호할 수 있을지도 모른다. 하지만 종교 같은 개인적인 문제들에서조차 스미스는 묵인할 수 있는 자율성의 범위를 엄격히 제한했다. 그는 '열정과 미신의 독성'에 관해 걱정했다. 그리고 "모든 우월한 계급의 사람들이 그것으로부터 안전하게 보호받고 있는 곳에서는, 열등한 계급의 사람들도 그것에 지나치게 많이 노출될 수 없다"고 했다. 그는 국가에 이렇게 요구했다. "모든 작은 부문들의 윤리에서 반사회적이거나 납득할 수 없게 뻣뻣한 것은 무엇이든 교정하라." 특히 "[누구든] 자유로운 직업에 종사하도록 허락받기 전에 또는 그가 영예로운 공직의 후보자로 허용되거나 신탁 또는 이윤을 받을 수 있기 전에, 그는 국가에 대한 자신의 가치를 증명함으로써 자격증을 따야만 한다."[27] 스미스는 또한 스코틀랜드의 장로파 교회 멤버들로 하여금 그들의 목사를 자체적으로 선택할 수 있도록 허용하는 법 조항에 반대했다. 그런 절차가 자칫 위험한 감정을 촉발할 수 있다는 두려움에서였다.[28] 이와 대조적으로, 의사들은 국가에서 감독할 필요가 없다고 했다. 그들의 무능은 공적인 질서보다는 단지 인간의 건강을 위협할 뿐이라는 것이었다. 스미스는 심지어 의료 자격증 매매를 제한하는 것에도 반대했다.

스미스는 용케도 세상에 대한 그의 이론적인 묘사에서 계급에 관한 고려 사항들을 모두 몰아냈음에도 불구하고, 실제적인 문제에서 이런 사례들은, 계급 규율이 매우 중요한 문제로 남아있었음을 보여준다. 스미스에게는, 사회적인 영향보다는 개인적인 미덕이 사람들의 운명을 결정한다. 특별히 인상적인 글귀에서 스미스는 이렇게 제안했다. "이 세상의 삶에서, 통상적으로 번영과 역경을 나누는 일반적인 규칙을 우리가 고려한다면, 모든 미덕은 자연스럽게, 이를 격려하고 증진하는 데 대단히 적합한 보상과 더불어 자연스럽게 적절한 대가를 받는다……근면성과 신중함, 그리고 용의주도함을 북돋우는 데 매우 적절한 보답은 무엇일까? 모든 사업에서 거두는 성공이다. 인생 전반에서 이런 미덕이 성공을 거두지 못하게 되는 일이 가능할까?"[29]

하층민들은 비록 높은 수준의 미덕을 갖추고 있다 하더라도 사업에서 성공을 거둘 기회를 별로 갖고 있지 못하다(지금도 여전히 그렇다). 오늘날 미국 캘리포니아 주에서, 우리는 화씨 100도(섭씨 37.8도)

의 뙤약볕 아래 들판에서 땀을 흘리는 농장 노동자들을 볼 수 있다. 이들이 일하고 있는 게 어렵다는 것을 의심할 사람은 아무도 없다. 하지만, 그들의 고된 노동에도 불구하고, 물질적 성공을 거둘 기회는 희박하다.

상당수 가난한 사람들이 왜 그들의 불만을 표시하는지에 대해 스미스는 당황했던 것 같다. 다른 이들이 터무니없는 사치 속에서 게으르게 뒹구는 동안, 그런 사람들이 인생에서 자신의 운명을 그대로 수용한다면, 그게 더 놀랄 일임에 틀림없다.

결국, 스미스는 대단한 성공을 거두었다. 자유주의 철학자라는 자신의 명성을 유지하면서, 프로크루스테스주의자들과 운명을 같이 할 수 있었다.

계급 전쟁   스미스는 어떻게, 〈국부론〉에서 계급 없는 경제에 관해 그렇게 강렬하게 묘사하고, 그 다음에 확 돌아서 계급 전쟁을 수행하는 방법을 설명할 수 있었을까? 스미스의 모순을 풀어주는 열쇠는, 그가 두 가지 다른 - 그리고 심지어 모순적인 - 목적을 위해 책을 구상했다는 점이다.

그 책의 첫 부분은 시장경제의 성장을 찬양했다. 정교하게 준비된 그 이데올로기 구축 작업에서, 스미스는 시장의 발전을 가능한 한 우호적으로 조명했다. 여기서, 이념적인 면을 밝히는 것을 빼고, 사실이나 세부 사항들은 그리 많이 필요하지 않았다. 캐런 공장에 관한 논의는 관심을 딴 곳으로 돌리는 우회로였을 수 있다. 반대로, 핀 제작소에 관한 그의 묘사 같은 매력적인 일화들은, 그 책을 유쾌하게 읽을 수 있게 한 반면, 그의 이데올로기를 뒷받침하는 증거를 제공했다.

두 번째 부분에서 스미스는 실질적인 집행에 관한 편람(안내서)을 개발하고 있었다. 여기서 스미스는 자신의 이야기를 갖고 있었지만, 불가피하게 실제 사실들 – 심지어 불쾌한 사실들 – 을 다뤄야 했다. 결과적으로, 두 부분은 종종 부합하지 않는다. 군대 문제를 논의할 때 분업에 대해 부정적으로 묘사한 게 바로 그런 경우였다.

〈국부론〉의 첫 번째 부분은 자유의지에 따른 선택을 강조한다. 그 다음 갑자기 책의 뒷부분에서, 그 때까지 모든 경제 발전의 적이었던 국가가 노동자들을 한 줄로 정렬시키는 필수적인 존재로 변한다. 이제 시장보다는 국가가 프로크루스테스의 침대를 관리해야 한다. 스미스의 연구 성과를 따르는 제자들은 정부의 간섭에 대한 그의 요구를 거의 다루지 않는다. 물론, 제이콥 바이너 같은 유명한 예외(205쪽)들이 있긴 하다.[30] 그 대신 그들은 그 책의 첫 번째 부분을 강조한다. 거기에서는 정부의 적정한 역할은 대체로 교육과 국방에 한정됐다.

냉혹한 규율에 대한 스미스의 옹호는 사회에 대한 그의 사고방식을 구성하는 중요한 요소를 잘 보여준다. 규율의 미흡은 잠재적인 이익을 갉아먹을 뿐 아니라 불안감을 초래했다. 스미스가 생존해 있던 시대는 영국의 지배 계급이 불안감을 느낄 충분한 이유를 갖고 있던 때였다. 영국은 세 가지 위협 – 지방의 봉기, 외국과 벌이는 전쟁, 그리고 계급 전쟁 – 에 맞닥뜨려 있었다. 지역의 봉기에 따른 위험은 급격히 줄어들고 있는 것 같았다. 영국이 스코틀랜드에서 불거진 최후의 심각한 반란을 직전에 진압했기 때문이었다(명예혁명 직후인 1707년에 이르러 별개 국가이던 스코틀랜드와 잉글랜드의 의회가 통합되고 연합 왕국 '영국'을 형성하게 된다). 스코틀랜드와 영국을 합치는 게 양쪽의 '경제'를 통합시켜, 스코틀랜드에 평화와 번영을 불러올 것이라고 스미스는 생각했다. 더 중요한 점이 있었다. 스미스는 전통적인 스코틀랜드의 귀족 정치가 과시적인 소비를 통해 국가의 부와 힘을 낭비하고 있다고 봤다.

"우리 자신을 위해 모든 것을 차지하고 다른 이들을 위해서는 아무 것도 남기지 않는 행태는, 어느 시대에나, 인간 세상의 주인들한테서 드러나는 비열한 처세vile maxim였던 것 같다. 그러므로 그들이 전반적인 지대rent의 가치를 모두 차지할 수 있는 방법을 찾게 됐을 때, 그들에게는 다른 어떤 사람들과 그것을 나눌 생각이 전혀 없었다. 아마도, 그들은 다이아몬드 버클(죔쇠) 한 쌍 또는 하찮고 쓸모없는 어떤 것과, 생활필수품 또는 1천 명의 1년 생활비에 필적하는 것, 그리고 그와 더불어 그것으로부터 부여받을 수 있었던 전반적인 위엄과 권위를 교환했다……그에 따라, 모든 허영심에서 비롯되는 가장 유치하고 천박하며 추악한 욕망을 채우기 위해, 그들은 점차 그들의 힘과 권위를 모두 내다 버렸다."31

영국은 또한 장기간 이어진 일련의 어려운 전쟁을 겪고 있는 중이었다. 하지만 더 걱정스러운 것은 따로 있었다. 영국은 노동자들이 일으킬 혁명적인 봉기에 맞닥뜨리기 직전 상태에 있는 것처럼 보였다. 스미스의 말이다.

"자유로운 국가에서 정부의 안전은 국민들이 그것의 행위에 호의적인 판단을 내리는지 여부에 달려 있다. 그런 나라들에서 대단히 중대한 점은 국민들이 정부에 대해 성급하고 변덕스럽게 판단하는 경향이 뚜렷하다는 사실이다."32

불행하게도 스미스가 보기에, 가난한 사람들 속에서는 이 '호의적인 판단'이 그리 일반적이지 않은 것 같았다. 스미스가 말년을 보냈던 집이 결국 골칫덩어리 소년들을 위한 지방자치단체 센터로 변했다는 건 아마도 당연하다.

노동자들의 명예를 훼손한 스미스

스미스는 모순으로 가득 차 있었다. 그의 개인주의적인 철학에도 불구하고, 기꺼이 뼈 빠지게 일하는 마음과는 달라 보이는, 노동자들의 개별적인 자질은 그에게 관심 밖이었다.

성경의 명령(창세기 3장 19절)에 따라, 보통 사람들은 이마에 땀을 흘림으로써 돈을 벌어야 했다. 창조성을 위한 어떤 역할은 허튼 소리다. 퍼거슨은 스미스보다 훨씬 더 정확하게 이렇게 묘사했다.

"정말로, 상당수 기계적인 직무들은 별다른 능력을 필요로 하지 않는다. 감정과 이성의 전적인 억제 아래에서 그것들은 가장 성공적으로 수행된다. 그리고 무지는 미신 뿐 아니라 근면의 어머니이기도 하다. 성찰과 환상은 오류에 빠지기 쉽다. 하지만, 손 또는 발을 움직이는 습성은 각각 독립적이다. 따라서 제조업자들은 심리 상담이 거의 이뤄지지 않는 곳에서, 또 상상력을 발휘하는 별다른 노력을 기울이지 않는 채 작업장을 원동력(엔진)으로 여기는 곳에서 번영을 누린다. 그 엔진의 부품이 사람들이다."[33]

노동 계급의 구성원들은 두 가지 선택지에 제한됐다. 그들은 일터에서 거의 동물한테나 어울리는 과제들을 군말 없이 수행하거나, 특혜를 입은 사회 구성원들을 위협하는 사나운 군중들 속에 뛰어드는 방탕한 존재로 변하는 길 밖에 없었다.

노동자들에 대한 스미스의 명예훼손에도 불구하고, 생산은 여전히 노동을 움직이는 능력에 달려 있다는 것을 스미스는 알았다. 따라서 그는 때때로, 생산의 가치를 노동의 덕으로 돌리는, 오랜 중상주의적 전통에 집착했다. 예를 들어, 우리는 〈국부론〉에서 이런 대목을 볼 수 있다.

"모든 물건의 실질 가격은 그것을 얻는 과정에 들인 노력과 고생이다. 실제로 모든 물건은 그것을 획득하기를 원하는 사람에게 비용을 물린다. 모든 물건이 그것을 이미 획득한, 그리고 그것을 처리하거나 다른 어떤 것과 교환하기를 희망하는 사람에게 실제로 가치가 있는 것은, 그것이 그 자신에게서는 노고를 덜어주고 다른 사람들에게 이를 부과할 수 있기 때문이다. 돈으로 사거나 또는 재화로 교환하는 것은 노동을 통해 확보할 수 있다."[34]

스미스의 노동가치설은 노동자들을 교환 가능한 부품으로 취급한다. 그는, 노동을 여가라는 잠재적인 효용의 상실에 불과한 것으로 간주하는 현대적인 경제 이론보다 한발 더 나아갔다. 스미스는, 어떤 노동자의 심리 상태는 다른 이들로부터 구분되기 어렵다고 추정했다. 그의 말이다.

"언제 어디서나, 똑같은 노동의 양은 그 노동자한테 똑같은 가치를 띠는 것이라고 말할 수 있다. 보통 수준의 건강과 힘, 정신 상태에서, 보통 수준의 기술 및 숙련도에서, 그 노동자는 똑같은 자신의 안락과 자유, 행복의 일부를 포기해야 한다."[35]

이런 견해를 감안할 때, 스미스가 노동 조건에 관심을 별로 기울이지 않았다는 것에 놀랄 사람은 없을 것이다. 한 가지 예외 사례가 있긴 했다. 그는 엄격한 감독 없이는 노동자들이 게으름을 부릴 수 있다는 것을 언급함으로써 노동 조건을 넌지시 암시했던 것이다. 이 사례에서, 그가 그의 주장을 관철시키기 위해 동원했던 노동자들은 어려운 조건 아래에서 일하는 육체노동자들이 아니었다. 그 대신 스미스는 태만한 대학 교수들―스미스에게 익숙했던 노동자들―의 저조한 성과에 눈길을 돌렸다.

"가능한 한 안락하게 살아가는 게 모든 사람들의 관심사이다. 그가 매우 힘든 어떤 의무를 수행하든 않든, 그의 보수가 정확히 똑 같다면, 적어도 관심을 천박하게 이해할 때, 확실히 그의 관심사는 두 가지 뿐이다. 하나는 의무를 깡그리 무시하는 것이다. 또는 그가 그렇게 하도록 내버려두지 않는 어떤 감독 당국의 지배를 받고 있다면, 당국이 허용하는 수준에서 부주의하고 지저분한 방식으로 그 의무를 수행하는 것이다. 그가 본래 활동적이고 일을 좋아하는 사람이라면, 그의 관심사는, 아무 성과도 끌어낼 수 없는 의무의 이행보다는, 어떤 식으로든 모종의 혜택을 이끌어내는 활동을 선택하는 데 있다."[36]

그러한 문제들을 심사숙고할 여유를 가졌던 사람들의 삶을 안락하게 만들어줬던 노동자들에게 노력과 고생이 실제로 무엇을 의미했는지에 대해, 스미스와 훗날의 경제학자들 누구도 깊은 고려를 하지 못했다.

저술 작업이 진척됨에 따라 스미스는 자신의 접근법을 바꿔, 노동가치설의 구상을 포기했다. 스미스는 이를 설명할 좋은 이유를 갖고 있었다. 그는 노동과 자본의 관계를 최대한 긍정적으로 조명하려는 시도를 하고 있었다. 이 목적은, 스미스가 왜 기술과 대량 생산의 역할을 감추기 위해 그렇게 극단으로 치달았는지를 설명해준다. 그와 비슷하게, 스미스는 임금을 동결시킴으로써 노동시장을 조작하는 정부 정책에 대한 비판을 회피했다.[37] 그러한 규제들은, 사람들이 시장에서 동등한 자격으로 만난다는 스미스의 견해가 거짓임을 보여줬다.

마침내 스미스는 성공을 거두었다. 경제학에서 노동과 노동자, 노동 조건을 제외하고 싶었던 미래 세대들을 든든하게 뒷받침하고 있기 때문이다.

스미스 유산의 변질

스미스를 추종했던 정치경제학자들에게 노동은 중요했음에도 불구하고, 노동에 관한 그들의 생각은 노동자들 각각의 기술이나 지식에 대한 성찰이 아니었다. 그 대신 노동에 대한 그들의 개념은 추상적 관념 - 눈을 씻고 봐도 별로 도움이 되지 않을 영구적인 한탄 같은 - 으로 쪼그라들었다.

노동에 대한 관심은 이해할 만하다. 기술은 아직 특별히 발전되지 않았다. 경영진의 주요 과제는 노동을 동원하는 일이었다. 하지만 경제학의 근거를 노동 과정에 두는 현실주의는 스미스가 놓쳤던 중대한 모순을 초래했다. 노동을 그렇게 무례하게 취급하는 분석법이 갑자기 방향을 바꾸어, 노동 쪽에 생산력이라는 영예를 안겨주는 일을 어떻게 할 수 있겠는가?

1830년 무렵 시작된 이 모순은 점점 무르익어갔다.

노동 기반의 생산 이론에 대한 맹렬한 반대자들 중 한명으로 새뮤얼 리드Samuel Read를 꼽을 수 있다. 그는 자본가들에게 생산에서 차지하는 영예의 자리를 주는 것을 옹호했다. 리드의 논문은, 당시 영향력을 발휘하던 데이비드 리카도의, 노동에 바탕을 둔 접근법보다는 아마도 스미스의 저서들에 대한 근본적인 신뢰와 더 잘 조화를 이루는 듯했다.

가치의 바탕을 노동에 두는 것은 노동자들에게 더 높은 임금을 요구할 수 있는 근거를 제공할 수 있었다. 리드가 두려워한 것은 그 점이었다. 더 높은 임금을 정당화하는 경제 이론을 활용하는 어떠한 시도도 잘못이라는 객관적인 증거를 제시하는 게 리드의 목표였다. 리드의 주장이다.

"노동자들은 추켜세워지고 설득을 당해왔다. 그들이 모든 것을 생산한다는 것이었다. 반면, 자본가들은 노동자들의 권리를 마구 짓밟는 특별 혜택을 받는 법규들을 겸비하고 구축해왔다는 식이었다……노동자들은 자신들이 모든 걸 생산하는 게 아님을 숙지하고 이해해야 한다. 그들이 자본의 지원을 요청할 때마다, 지원을 해주는 자본가들은 동등하게 알아야 할 게 있다. 앞으로 나아가려는 다른 사람들을 배제하거나 금지할 수 있는 권리, 또는 주위 사람들에게 부당하거나 해로운 수단으로 이득을 늘리려고 시도할 수 있는 권리를 갖고 있는 개인은 없다."[38]

리드가 보기에, 자본가들은 기계와 원료 같은 생산에 본질적인 수단을 제공한다. 하지만 더 중요한 게 있다. 가치 그 자체는 노동자들의 노동보다는 소비자들의 선호를 반영한다고 본 것이다. 이런 지적 속임수의 걸작은 마침내 경제학의 중심적인 존재로 변했다. 반세기 후 마르크스에게 응답하고 있던 경제학자들 중에 리드를 자신들의 선구자로 인정했던 이들은 거의 없었음에도 불구하고 말이다.

리드의 이론은 노동에 얽힌 전후 관계를 무관심한 문제로 여기는, 더욱 더 튼튼한 근거를 제공했다. 노동자들로서는 단지, 그들의 노동에 따라 가능해진 소비를 함으로써 스스로 만족해야 했다. 약 1세기 후에 사이먼 패튼이 그대로 흉내 내듯 반복했던 생각이다.

리카도는 노동에 바탕을 둔 가치 이론을 사용했음에도 불구하고, 그의 의도는 노동자들에게 별 위안을 줄 수 없었다. 그는 임금을 어떻게 줄일 수 있는지를 보여주고 있었기 때문이다. 특히 리카도는 국내 농업에 대한 보호망의 제거를 요구하고 있었다. 그 보호망은 노동을 더 값비싸게 만들고 따라서 자본가 쪽의 이윤을 떨어뜨릴 수 있었던 것이다. 그리고 리카도가 보기에, "이윤만큼 한 나라의 번영과 행복에 기여하는 것은 아무 것도 없다." 그 다음 그는 이렇게 덧붙였다.

"임금을 낮게 묶어두는 것 말고 이윤을 높게 유지할 수 있는 다른 방법이 없다. 이윤의 법칙에 관한 이런 견해에서, 임금에 대단히 강력한 영향을 끼치는 옥수수 같은 본질적인 필수품의 가격이 낮게 유지되는 게 얼마나 중요한지를 알게 될 것이다. 또한 동시에, 수입 금지 조처 탓에, 증가하는 우리나라의 인구를 부양하기 위해 우리가 더 척박한 땅을 경작해야 하는 쪽으로 내몰리는 사태는 대체로 공동체에 해로울 수밖에 없다는 것을 보게 될 것이다."[39]

그와 대조적으로, 스미스 자신은 권위주의적인 면모에도 불구하고, 적어도 게임의 룰(경기 규칙)을 수용한 그 노동자들의 성공을 바라기는 했다.

"대부분의 구성원들이 가난하고 비참한 사회가 번창하고 행복해질 수 없음은 확실하다. 게다가 국민 전체의 의식주 문제를 해결해주는 그들이 그들 자신의 노동에서 비롯된 생산물의 몫을 일부 가짐으로써 그들 스스로도 어지간한 수준의 의식주 혜택을 누릴 수 있어야 한다는 게 당연하다."[40]

이런 정서는 스미스에게 인도주의자라는 명성을 안겨줬다. 그 명성은 그가 마땅히 누려야 할 만큼의 수준보다 훨씬 높았다. 하지만, 스미스가 남긴 유산에서 이런 부분은 곧바로 사라지고 말았다.

사이비 과학의 탄생

애덤 스미스 이전에 득세한, 사회에 대한 비유는 대체로 생물학적이었다. 사회는 하나의 몸체이며, 몸의 각 부분은 전체에 기여하는 것으로 묘사하는 식이었다. 각 계급은 미리 결정된 운명에 따라 수행해야 할 역할을 갖고 있었다. 발이 두뇌를 결코 대체할 수 없는 것처럼, 농부가 귀족의 반열에 오르는 것을 결코 기대할 수 없었다.

생물학적인 비유를 거부하는 것은 사회적으로 비중을 키워가고 있던 중간 계급에게 매력적이었다. 이 집단은 이미 부분적으로 봉건적인 계급제도의 한계를 벗어나 있었고 이제 더 높이 올라갈 기회를 갈망했다. 하지만 귀족 엘리트 계급이 여전히 사회의 고위직을 대부분 차지했으며, 커지는 중간 계급의 허세를 경멸하고 깔보았다. 결과적으로, 이 출세지향적인 집단은 자연스럽게, 부모로부터 물려받은 상류층의 특혜에 적대적이었다.

사회적인 힘이 사람들에게 어떤 식으로 강한 영향력을 행사하는지를 설명하기 위해 스미스가 4단계 이론을 활용했다는 점에서, 역사에 대한 스미스의 이론에 배어있는 사회적인 맥락은 여기서 적절하다. 일단 네 번째 단계에 이르면, 귀족 계급은 더 이상 필요 없어지고, 그 결과에서 비롯된 사회적인 힘이 사람들을 훨씬 더 개인주의적인 존재로 만든다.

동시에, 물리학이 생물학을 대체하는 이상적인 비유를 제공하는 것처럼 보였다. 애덤 스미스 시대에 물리학 분야에서 최고의 성취는 행성의 움직임에 대한 아이작 뉴턴Issac Newton, 1642~1727의 연구였다. 정치경제학에 관한 연구를 시작하기 오래 전에, 스미스는 뉴턴의 이론 체계를 '지금까지 인간에 의해 이뤄진 것들 중 가장 위대한 발견'으로 찬양함으로써 에세이 〈철학적 탐구를 이끌고 주도하는 원리 : 천문학의 역사에 의한 설명〉The Principles which Lead and Direct Philosophical Enquiries:Illustration by the History of Astronomy 의 결론을 맺었다.[41]

한 대상(사람)은 출신 계급에 상관없이 다른 존재를 쉽게 대체할 수 있다는 게 물리학적 방법론의 매력이었다. 다른 것들로부터 고립된 채 움직일 수 있는 단일 물체는 없다는 게 중력의 의미라는 사실을 당분간 무시하면서, 뉴턴의 방법론은 세상을 별개의 단위들로 떼어내 분석할 수 있는 것처럼 보였다. 이들 별개 단위는 서로 독립적으로 행동했다. 물리학의 비유를 사회로 확장시키면서, 사람들은 또한 개별적인 원자들처럼 상호작용했다. 뉴턴의 연구에 기대는 것은 일정 부분 경제학을 이론적으로 뒷받침했다. 이 위대한 물리학자는 신의 피조물에 내재된 합리성을 보여주고 싶어 했기 때문이다.[42]

스미스는 계급 이익과 과학적 타당성을 편리하게 결합하는 것처럼 보였던 정치경제학 쪽으로 접근하기 시작했다. 1세기 후에 매클레오드가 '경제학'이란 표현을 만듦으로써 목표로 삼았던 게 바로 그런 것이었다(103쪽). 과학과 이론 양쪽의 뒷받침을 받아, 스미스는 시장의 맥락 안에서, 성공을 거뒀던 중간 계급 사람들이 그들 자신의 고된 노력 덕분이었음에 틀림없었다고 주장할 수 있었다.

스미스의 뉴턴식 경제학은 자연스럽게, 특히 프랑스 혁명(1789~1794년) 후 현대 상업사회의 중간 계급에 호소력을 띠었다. 스미스는 경제 이론과 물리학을 연계시킬 때, 앞서 논의했던 매클레오드와 다른 경제학자들만큼 결코 명시적이지는 않았다. 하지만 상업적인 거래망 주변에 그의 이론을 구축함으로써, 스미스는 자신의 계승자들을 위한 기반을 튼튼하게 다졌다. 이 후대의 경제학자들은 가치의 기본을 임금과 이윤, 지대의 단순 합계에서, 생산과는 훨씬 더 동떨어진 추상적인 효용으로 바꾸어 버렸다.

정치경제학을 연구하는 어느 학자의 말처럼, 물리학 덕분에 영국의 경제학자들은 물리학에서 다른 문제들을 연구하는 바로 그 방식대로, 인간을 개인적인 동시에 사회적인 존재로 여기며 연구했다. "(영국의 경제학자들은) 또 여기서 다시, 뉴턴의 방법론을 채택했다. 가능한 한 가장 적은 수의 일반적인 단순 법칙들을 결정할 요량이었다. 예전에 발견된 이런 법칙들 때문에 모든 세부 현상들은 종합적이고 연역적인 방법론에 의해 설명될 수 있다."[43]

훗날의 경제학자들은 물리학적 유추를 더 멀리 밀고 나아가, 물리학의 방법론을 채택하는 게 예견을 위한 과학적 방법론을 약속했다고 간주하기에 이르렀다.[44] 안정적인 시대에는 그러한 예견이 상대적으로 정확할 수도 있었다. 하지만 경제학자들의 전문 지식을 수용하는 이들에게 부적절한 확신을 심어주게 돼, 앞에 놓여있는 위험들에 맞설 준비를 못하도록 방치한다.

적어도 제2차 세계대전 후까지, 뉴턴의 유산은 유럽 대륙에서 득세한 경제학에 그리 튼튼하게 뿌리를 내리지 못했다. 심지어 오늘날에도 가난한 사람들에 대한 태도는 유럽 대륙보다는 앵글로색슨 국가들에서 여전히 더 냉담하다.[45] 유럽에서도 영국 방식을 진정으로 추종하는 경제학자들이 점점 더 많아지고는 있지만, 여전히 다수의 학자들은, 사람들이 살아가는 사회적인 맥락을 감안하는 방식으로 경제 현상을 이해하려고 시도했다.

상인으로서의 소임?

애덤 스미스를 회고하는 것은 유용한 목적에 도움을 준다. 오늘날 많은 사람들이 스미스의 견해 중 일부를 무의식적으로 흡수해왔음에도 불구하고, 스미스의 사상이 어떻게 진화해왔는지를 살펴보면, 누구나 그의 사고방식을 더 객관적으로 관찰할 수 있다. 특히 당대의 지적 분위기를 고려할 때 그렇다.

분업에 관한 스미스의 논의는, 마치 그것 덕분에 그가 노동과 자본 사이의 갈등을 인정하지 않은 채, 단순한 법칙으로 경제를 묘사할 수 있었던 것처럼 비쳐졌다. 하지만 더 자세히 살펴보면, 이런 접근법은 막다른 길이었다. 스미스가 보기에, 분업에 의해 부추겨진 진보는, 수동적인 노동자들을 조직해 각각 분리된 임무를 맡기는 고용주에게서 비롯됐다.

일단 고용주가 작업장에서 분업을 고안했다면, 더 이상 할 수 있는 게 없다. 스미스는 기술적인 변화와, 노동자들의 확대되는 잠재력 – 그 직무에 필요한 육체적 숙련도의 획득과는 다른 – 을 모두 무시했기 때문이다. 노동자들에 대한 스미스의 거듭된 명예훼손은, 그가 아마도 퍼거슨의 판단에 공감했음을 보여준다. 기계적인 작업들에는 '역량이 필요하지 않다'는 것이다. "그런 것들은 감정과 이성의 총체적인 억제 아래에서 가장 성공적으로 수행 된다"는 견해이다.

결과적으로, 스미스는 더 정교해진 분업을 가능케 할 수 있는 시장의 확대에 따라 발전을 이룰 수 있다고 제시했다. 하지만 시장은 어떻게 성장하는가? 영국은 자신의 제국을 팽창시킴으로써 시장을 급격하게 늘리고 있었다. 스미스는 이런 방식으로 이뤄지는 분업의 확대를 부정했다. 왜냐하면 그것은 시장보다는 국가에 바탕을 두고 있어, 자발적인 계획을 무효로 돌리기 때문이었다. 그 대신, 그는 각국이 전문화하는 쪽을 선택할 것이라고 추정했다. 영국은 제조업에, 그리고 식민지들은 원료 생산에 주력하는 식이었다.

하지만, 스미스의 이론에 따르면, 제조업과 달리 농업은 고도의 분업을 위한 기회를 그리 많이 제공하지 않는다. 식민지 국가들은 원료 부문에 특화하라는 잘못된 권고를 받을 수 있음을 누구나 예상할 수 있다. 사실, 영국과 북아메리카 식민지들 사이에서 벌어진 분쟁은 대부분, 식민지 주민들로 하여금 영국의 제조업 독점을 수용하도록 강제한 식민지 모국의 시도들에서 비롯됐다.

　스미스는 생산의 역할을 교묘하게 뒷배경으로 돌려버림으로써, 분업에 바탕을 둔 접근법의 한계를 피했다. 그에 따라 경제는 시장 가격으로 측정할 수 있는 상업적인 거래 시스템으로 묘사되기에 이르렀다. 스미스는 이어서 자신의 가치 이론을, 생산에 사용된 노동에 바탕을 둔 것으로부터 임금과 이윤, 지대의 지불에 연관된 거래의 단순 합계로 변경했다.

　노동과 노동자, 노동 조건은 시야에서 사라졌다. 동시에 스미스는 현대적인 산업의 발달로 더 강하고 더 억압적인 통제 형태가 필요했다는 어떤 암시를 피할 수 있었다.

　거래에 바탕을 둔, 이런 식의 묘사는 거의 모든 사람들을 상인으로 재구성(개조)함으로써 사람들을 균일하게 만들었다. 시장에서 최소의 거래로 생존하는 이들만 예외였다. 예외적인 그 고립된 집단에는 귀족 계급이 포함됐다. 또 성직자, 법률가, 의사, 온갖 부류의 문필가, 배우, 어릿광대, 음악가, 오페라 가수, 오페라 춤꾼 등과 더불어, 거래가 아닌 자신을 위해 직접적으로 노동하는 사람들도 들어있다.[46] 스미스는 그런 사람들을 비생산적인 노동으로 분류했다. 결국, 모든 사람들은 상인으로 소임을 다해야 했다.

　다음 장에서는 국내총생산GDP의 구성을 살펴볼 것이다. 언뜻 보기에, 이런 전환은 갑작스럽게 보일지 모른다. 하지만, 현실에서 국내총생산은 애덤 스미스가 했던 것처럼, 경제를 틀 속에 짜 맞춰 넣는다. 노동과 노동자, 노동 조건을 배제하는 반면, 상업적인 거래 – 심지어 상상 속의 거래도 – 를 합계하는 것이다.

chapter 08
측정될 수 없는 가치는
쓸모없는가?

'GDP' 함정

국내총생산GDP 개념은 프로크루스테스식의 획일주의와 무관한 것처럼 보일 수도 있다. 하지만, 그것은 프로크루스테스주의를 모방해, 상업적인 가치를 강조하는 반면, 노동과 노동자, 노동 조건을 포함해 다양한 인적 비용과 편익을 무시한다.

오랜 격언 하나가 국내총생산의 결함에 얽힌 점을 잘 드러낸다. "평가되는 것은, 관리된다"What gets measured, gets managed. 다른 말로 하면, 대중들이 국내총생산을 경제적인 성과를 재는 합리적인 측정치로 수용하는 한, 프로크루스테스식의 정책은 그것으로부터 잃어버리는 것들, 즉 노동과 노동자, 노동 조건 등에 대한 관심을 거의 또는 전혀 기울이지 않고도 득세할 수 있다.

후대의 경제학자들 뿐 아니라 애덤 스미스의 개인주의적인 견해도 경제를 설명하는 편리한 이념적인 틀을 제공했다. 하지만, 그게 정책 안내서로는 별로 유용하지 않았다. 그 무엇도 시장의 기능에 간섭해서는 안 된다고 독단적으로 주장하는 사람들한테나 쓰일만한 것이었다. 정책을 수립할 목적으로, 경제학자들은 국가의 부wealth를 재는 측정 수단을 필요로 했다. 애덤 스미스는 자신의 저서 제목(국부론)에도 불구하고 그런 것을 전혀 제공하지 않았다.

수세기 동안 경제학자들은, 국가 경제의 성과를 파악할 수 있게 해주는 측정 수단을 모색해오고 있었다. 17세기 영국의 문필가이자 통계학자 윌리엄 페티는 프랑스와 맞붙는 전쟁을 부추김으로써 왕한테서 특혜를 따내려고 시도했다. 자기주장의 정당성을 입증하기 위해, 페티는 자신의 자료에서 볼 수 있듯 영국이 프랑스보다 더 강력하기 때문에 쉽게 승리를 거둘 수 있다고 주장했다. 그 과정에서 그는 국가 차원의 통계치 산출 분야를 개척했다.

윌리엄 페티

정부는 어떠한 통계치도 내놓지 않았기 때문에 페티는 추측에 의존해야 했다. 그의 즉흥적인 방식은 때때로 풍자를 자초했다. 한 예로 조너선 스위프트Jonathan Swift, 1667~1745가 자신의 저서 〈걸리버 여행기〉Gulliver's Travels 뿐 아니라 〈겸손한 제안〉Modest Proposal에서 열정적으로 다뤘던 것을 들 수 있다. 근세의 경제학자 가이 루스Guy Routh, 1916~1993는 페티의 투박한 방식을 다음과 같이 익살스럽게 묘사했다.

"네덜란드 및 덴마크의 부와, 프랑스의 부를 비교할 때, 그는 다른 두 부류의 사람들로 추측한다. 그 결과가 좋지 않게 나타나면, 자신의 추측으로 마무리 짓는다. 그는 프랑스의 인구를 책에 있는 자료를 보고 추정한다. 프랑스에는 2만7,000교구가 있다고 어떤 책은 밝히고 있다. 또 다른 책에는, 한 교구에 600명이 속해 있는 경우는 대단히 이례적인 일이라고 돼 있다. 그러면 그는 평균치를 500명으로 가정해 총 인구는 1,350만 명이라는 결론에 이른다. 일이 그런 식으로 진행된다."[1]

그의 비현실적인 예측과 투박한 추측에도 불구하고, 페티는, 그 뒤 3세기 동안 이어지는 경로 위에 경제학을 구축했다. 페티의 계승자들은 훨씬 더 정확한 통계 자료를 확보해 연구를 했음에도 불구하고, 심지어 제1차 세계대전 때까지도, 경제학자들은 여전히 경제 규모를 측정하기 위해서는 추측과 모호한 추정에 의존해야 했다.[2] 대공황 시대 초반에 미국 상무부Department of Commerce는 사이먼 쿠즈네츠Simon Kuznets, 1901~1985에게 더 나은 경제 측정치를 만드는 일을 시작해달라고 요청했다. 이는 수 십 년에 걸친 노력이 필요한 과제였다. 쿠즈네츠는 매우 신중한 연구자였다. 훗날 그는 자신의 노력에 힘입어 노벨

경제학상(1971년)을 받게 된다. 국민소득에 대한 쿠즈네츠의 선구적인 추정 작업은 마침내 GDP(그 당시에는 국민총생산GNP로 일컬어졌던)에 대한 연구로 이어졌다. 이는 애덤 스미스에 의해 배열된 경로 - 생산보다 교환을 강조하는 - 를 추종했다.

사이먼 쿠즈네츠

만일 우리가 교환을 계산의 기초로 사용한다면, 나무는 목재 생산을 위해 팔릴 때까지는 아무런 가치를 지니지 못한다. 더욱이 부와 권력이 소수의 손아귀에 집중돼 있다는 사실은 중요하지 않다. 또, 삶의 질에 대한 의문은 부적절하다. 노동 조건과 관련해서는, 특히 이 마지막 부분이 중요하다.

쿠즈네츠는 자신의 연구에 내재된 한계점을 명확하게 파악했다. 1934년 국회에 대한 첫 번째 보고 때, 그는 국민 계정national accounts (국민들이 이룩한 경제 활동의 성과를 정리한 것으로, 국가의 재무제표로 볼 수 있음) - 그가 그 작성 작업을 도왔다 - 에 관한 그의 관찰 결과를 공개적으로 천명했다. 자료의 한계 탓에 쿠즈네츠는 상업적인 거래 행위에 바탕을 두고 추정 작업을 했다.[3] 그는 이렇게 썼다.

"비슷한 연구 작업들처럼 지금의 연구에서 산출된 국민소득 측정치는 시장 가격으로 따진 상품과 직접적인 서비스 부문의 가치를 추정한다. 하지만, 상품의, 특히 직접적인 서비스의 시장 가치는 그 나라 내부의 개인들간 소득 분배에 달려 있다. 그리하여 부유한 상위층을 확보한 나라에서는 부자들에 대한 개인 서비스가, 더 균등한 개인 소득 분배의 특징을 띠고 있는 다른 나라에서 이뤄지는 똑같은 서비스보다 훨씬 높은 가치를 지닌 것으로 평가받는 것 같다."[4]

측정치를 상업적인 거래에 제한한 결과, 가계 내부에서 이뤄진 노동은 계산에 포함되지 않았다. 아래에서 논의할 후대의 몇몇 경제학자들은 이런 결함을 인정했다. 하지만, 경제적인 복지를 추정하는 어떤 노력을 기울일 때 노동 현장에서 진행되는 것 또한 고려해야 한다는 점을 이해한 이는 아무도 없었다. 쿠즈네츠는 이렇게 인정했다.

"당신네 소득의 이면, 즉 소득을 벌기 위해 기울인 노력의 강도 및 불쾌함을 추정할 수 있는 소득 측정법은 없다. 따라서 국가의 부wealth를 위에서 정의한 국민소득 측정법으로부터 추론하는 것은 매우 어렵다."[5]

정확한 수치는 오히려 부당한 과학임을 입증한다

쿠즈네츠는 더 포괄적인 경제적 복지의 측정치를 만들고 싶어 했기 때문에, 미국 상무부와 결별했다. 제2차 세계대전 발발 이후, 미국 정부는 공직에 복귀하라고 그에게 요청했다. 군대는, 과다한 지출로 국가 경제를 기아 상대로 전락시킬 경우 전쟁 수행 노력을 폄하할 수 있음을 걱정했다. 쿠즈네츠의 제자였던 사람의 말이다. "너무 적게 요구하는 것은 갈등의 존속 및 연장으로 이어질 수 있었고, 너무 많이 요구하는 것은 눈에 띄게 뭘 더 많이 생산하는 것도 없이 비용의 팽창으로 연결될 수 있었다."[6] 위험성이 높아짐에 따라, 복지의 측정치인 GDP에 관한 쿠즈네츠의 의문 제기는 당분간 한쪽으로 치워졌다.

쿠즈네츠와 옛 제자 로버트 나단Robert Nathan은 난국에 잘 대처해, 군대는 국내 경제로부터 군령에 따른 추정보다 훨씬 더 많이 빨아들여 다른 곳에 돌려 쓸 수 있음을 보여줬다. 이런 분석에 바탕을 두고, 정부는 국방비를 GDP의 약 45%까지 늘렸다.

페티의 계산은 군대로부터 존중을 받지 못했던 것 같다. 그와 달리 쿠즈네츠의 연구는 높은 평가를 받았다. 존 케네스 갤브레이스가 훗날 노벨상 수상자인 로버트 포겔Robert Fogel에게 전한 말이 있다. 쿠즈네츠와 나단은 몇몇 군인 조직들에 포함된 동일체였다고 워싱턴 정가 사람들이 통상적으로 말했다는 것이었다.[7] 전쟁을 고려할 때 GDP의 좁은 목적은 이해할 만했다. 목표는 복지 수준의 측정치를 만들어내는 게 아니라, 그 나라 경제력으로 견디어낼 수 있는 국방비가 얼마인지를 파악하는 일이기 때문이다.

하지만, 심지어 전쟁 기간 동안에도 쿠즈네츠는 계속해서 자기 프로젝트(연구 작업)의 한계를 인정하며 이렇게 경고했다. "대부분의 국민소득 추정에서 가계 경제의 생산물을 배제한다. 이는 그 나라에서 생산된, 드물게 일회성 소비로 끝나는 모든 제품에 대한 측정치로서 지녀야 할 타당성을 심각하게 제한한다."[8] 훗날 그의 저서 〈전시의 국민 생산〉National Product in Wartime은 훨씬 더 명시적으로, 그의 독자들에게 전쟁 시기의 경제를 위해 개발된 방법이 평화 시대에는 부적절하다고 경고했다.

"평화로운 때와 달리 중대한 전쟁을 벌이는 동안에는 국민 생산을 측정할 수 없다. 경제적인 활동의 목표에 관한 관례상의 장기적인 가정이 기본적이지 않기 때문이다. 최종 소비자들에게 돌아가는 상품의 공급이, 경제적인 활동을 이끌고 그 활동을 평가하기 위해 활용돼야 하는 사실상 유일한 목적인가? 바로 그 사회적 시스템의 상태가 위기에 처해있을 때, 매일 매일 이뤄지는 경제 활동의 목적들은 그늘에 가려진다. 하지만, 더 장기적인 견지에서 볼 때 그 목적이 더 지배적이기 때문에, 우리는 소비자들에게 평화 시기에 잘 맞는 상품 공급 태세를 갖추고 있다."[9]

무보수 가사 노동이 포함돼야 한다는 쿠즈네츠의 권고를 정부 당국이 무시했던 것처럼, 군대를 둘러싼 논의에 관련된 그의 충고 또한 마찬가지로 간과됐다.

그 뒤 수십 여 년 동안 GDP의 측정은 더 정교해짐에 따라, 쿠즈네츠는 경제적인 데이터(자료)를 갖고 연구하는 분야에서 선구자로 추앙받았다. 불행히도 그 통계에 관한 그의 우려는 대체로 잊혀졌다.

예를 들어, 폴 새뮤얼슨과 윌리엄 노드하우스William Nordhaus는 그들의 경제학 입문서를 통해, 자기 제자들에게 확신에 찬 어조로 '그것GDP이 없다면, 거시경제학은 혼란스러운 자료의 바다에서 표류할 것'이라고 밝혔다.[10] 문제는, 노동과 노동자, 노동 조건에 관한 한, GDP는 여전히 경제학을 표류하도록 방치하면서, 전통적인 경제 이론 탓에 빚어진 해악을 강화하고 있다는 점이다.

GDP는 시장의 효율성이라는 허황된 약속을 강화하고, 기업들을 위한 유용한 거래 정보를 제공함으로써, 산업계에 이중으로 봉사한다. 더욱이 GDP에 정확한 숫자를 붙이는 깃은 동시에 부당한 과학적 겉치레를 제공한다. 이는 경제학자들이 노동과 노동자, 노동 조건을 고려 대상에서 빼는 일에 확신을 심어준다.

결혼한 하녀들의 역설

GDP 통계는 이제 상대적으로 긴 시기를 분석하는 데 이용할 수 있기 때문에, 그것은 상업적인 경제 활동의 움직임을 감지할 때 도움을 준다. 특히 경제 구조가 상대적으로 안정적인 시기에 그렇다. 하지만, 복지 수준을 보여주는 측정치를 만들어내는 쿠즈네츠의 목적에 관한 한, 그것은 미흡하다. 경제학자들이 그 나라의 GDP를 완벽하게 측정할 수 있다고 하더라도, 복지는 그것의 분배에 달려 있을 것이다. 대부분의 경제성과가 한사람에게 귀속돼 있고, 사회의 나머지 사람들은 비참한 상태에서 살고 있다면, 늘어나는 GDP는 단순히 한사람인 그 행운아의 복지 수준만 높일 것이다.

이 통계를 만들어내는 연구를 하는 경제학자들은 대단한 직업적 전문성을 지니고 있다. 하지만, 경제적 성과의 많은 차원들이 무시된다. 유명한 경제 사학자 스탠리 레버고트 Stanley Lebergott 는, 아마도 절반쯤은 순전히 농담으로 이렇게 말했다.

"임의적인……국민생산의 정의는……부 wealth 또는 쓸모없는 일용품[경제학자들이 나쁜 영향을 초래하는 것들을 표현하는데 쓰는 단어]의 어떤 측정치로부터 파생되지 않는다. 그것은 상품 또는 유용한 제품의 생산에 한정되는 것도 아니다. 그것은 단지 어떤 시장 거래의 가치만 측정한다……역사 속의 모든 나이트클럽 코미디언들보다 아기가 더, 국민들의 유쾌함에 많이 기여해왔다. 우리는 노동력 속에 코미디언을 포함한다……우리는 [그의] 임금을 국민소득에 포함하지만, 아기의 사랑스러운 재능에는 가치를 부여하지 않기 때문이다."[11]

아기들한테서 선사받는 즐거움을 계산하는 것은 터무니없게 보일지 모른다. 하지만, 그것은 우리에게 다수의 비상업적인 활동 또한 중요함을 일깨워준다. 물론, 기업은 GDP 뿐 아니라 이윤을 늘릴 수 있는 그런 활동을 기꺼이 상업화할 것이다.

쿠즈네츠가 자신의 연구 작업을 개시하기 수년 전에 알프레드 마셜의 후계자 아서 세실 피구 Arthur Cecil Pigou 는 유명한 사례를 제시했다. 상업과, 직접적인 사회적 관계 사이에 그어진 경계선의 이동이, 20년 뒤 국민총생산 GNP 에 어떤 영향을 끼치는 지에 관한 것이었다. 하녀의 활동은 그 계산에 적절하게 포함된다. 그들은 임금을 받기 때문이다. 피구는 이 점에 주목했다. 하지만, 남자가 그의 하녀와 결혼한다면, 이제 그녀의 무보수 노동은 경제학자들의 시야에서 사라질 것이다. 비록 그녀가 이전처럼 똑같은 일을 계속 하고 있음에도 말이다.[12] 경제학 입문서들은 여전히 결혼한 하녀들Married Maids 의 역설을 활용한다.

GDP가 무시하는 것들

결혼한 하녀들은 GDP에 주목할 만한 영향을 끼치지 않음에도 불구하고, 가사 노동은 그와 다르다. 미국 국민총생산GNP 이 8,640억 달러였던 1968년, 미국 가정에서 생산된 상품과 서비스 가치는 2,120억 달러로 추정된 바 있다.[13] 가계 내 생산을 추정한 그러한 수치는 필시 부정확하다. 예를 들어 로버트 아이스너Robert Eisner 는 가계 생산의 가치를 GNP의 20~50%에 이른다고 추정했다.[14] 캐나다의 자료에 따르면, 무보수 가사 노동의 가치를 포함하면 국내총생산GDP 은 35~55% 가량 늘어날 것으로 추정됐다.[15] 이처럼 폭넓은 다양함을 만들어내는 한 요소는 사용된 측정 수단의 선택이다. 우리는 여성들이 동일한 시간 동안 임금을 받기 위해 일하면서 벌어들일 수 있는 것, 또는 그 대신에 다른 누군가를 고용해 가사 노동을 시키는 데 따른 비용 - 집 주인들이 그들에게 지불하는 상상 속의 지대와 유사한 것 - 을 계산할 수 있다.

여성들이 노동력을 대거 투입하고 자신들의 가정 내부에서 공급하곤 했던 상품과 서비스를 제공하는 일자리를 잡음에 따라, GDP는 증가한다. 사회적인 복지는 변하지 않고 오히려 줄어들 수 있다는 사실에도 불구하고 말이다. 예를 들어, 여성들이 집에서 요리를 하는 대신, 전자레인지를 통한 즉석 저녁 식사를 제공하는 레스토랑이나 공장에서 일한다면, 그들은 '결혼하지 않은 하녀들'의 역할을 하게 될 것이다.

노동력에서 차지하는 여성들의 비중은 남성들의 비중에 급격히 가까워지고 있다. 2007~8년에 이르러선, 결혼한 커플 중, 남편 쪽만 노동자인 경우가 19.5%에 지나지 않게 됐다.[16] 여성 노동력의 증가는 상업적인 거래의 실질적인 증가로 이어졌다.[17] 이는 GDP를 늘려, 경제 활동의 엄청난 폭발이라는 환상을 불러일으켰다.

보수를 받는 노동에 여성들이 대거 진입한 것에 앞서, 그 이전의 데이터는 무보수 가사노동의 상대적인 중요성이 장기적으로 증가했음을 보여줬다. 제임스 토빈James Tobin과 윌리엄 노드하우스William Nordhaus는 시장 소비에 견준 비시장nonmarket 소비의 비중이 1929~1965년 사이에 14% 늘었다고 추정했다.[18] 이 명백한 흐름은 무엇을 설명하는가?

노동절약적인 가사 도구들에도 불구하고, 집안일은 더 복잡해지기 십상이었다. 예산 짜기와 시장 보기가 좋은 사례들이다.[19] 가사 노동은 또한 점점 더 힘들어지고 있는 것 같다. 프로크루스테스식의 식이 요법에서 비롯되는 스트레스 때문이다.[20]

앞에서 살펴본 것처럼, 집안에서 이뤄진 노동의 가치를 추정하는 것은 가능하다. 하지만, 몇몇 요소들은 여기에 맞지 않아 반대로 작동한다. 무엇보다 첫 번째로, GDP 통계의 목적은 상업 부문의 이익을 뒷받침하는 것이다. 이는 대체로 공공 부문의 이익과 배치된다. 레버고트가 언급한 아기들처럼, 가사 노동은 삶의 질에 기여하지만, 기업의 관심사인 이윤을 반드시 창출하는 건 아니다.

기업은 삶의 질이 아니라, 시장의 확장에 관심을 둔다. 가사 노동은 때때로 상업적인 재화와 서비스의 잠재적인 구매를 대체하기 때문에, 시장의 팽창을 가로막는 장애물에 해당한다.

분명히, 집안일은 경제 활동의 중요한 요소이다. 재화와 서비스 시장이 그것의 효율성을 보여주는 증거에 포함시키더라도, 재화와 서비스를 생산하기 위해 사람들이 반드시 해야 하는 게 효율성의 평가에는 들어가지 않는다. 어떤 사람들이 그 일을 하는지, 그들이 그 일을 어떻게 하는지, 그리고 그 일이 그들에게 어떤 영향을 끼치는지는 이 통계에서 무시된 채 지나간다. 노동은 오직 노동시장에서 이뤄지는 거래에서 나타날 때만 계산된다.

GDP는 다른 도전들로부터도 시달린다. 오랜 시일에 걸쳐 GDP가 어떻게 진화하는지를 계산하는 것은 어려운 숙제를 남긴다. 그렇게 하려면, 우리가 각각 다른 시점들에서 똑같은 생산물을 비교해야 한다. 생산물의 속성이 급격히 변하고 있을 때조차도 말이다. 오늘날 우리는 콤팩트디스크(CD)나 엠피쓰리(MP3) 플레이어를 사용하지, 레코드(음반)는 거의 쓰지 않는다. 레코드나 CD의 가격이 똑같다면, GDP는 변함없이 그대로인가? 만일 CD가 레코드보다 더 싸다면, GDP는 줄어든 것인가? 통계 전문가들은 경제에 대한 새로운 생산품의 기여도를 추정해야 한다. 그렇게 하기 위해서는 새로운 버전(형태)의 상품의 질을 그 가격으로부터 분리해야 한다. 이 계산은 과학이 아니라 판단의 문제이다.

심지어 기술적인 변화를 고려하지 않더라도, 질에 대한 의문은 계산을 복잡하게 만든다. 훌륭한 서비스를 제공하는 비싼 레스토랑에서 먹는 저녁 식사는, 차를 탄 채로 이용하는 패스트푸드 음식점의 식사에 견줘 복지에 훨씬 더 크게 이바지한다는 것에 대부분의 사람들은 동의할 것이다. 양쪽 시설에서 제공하는 음식의 질이 비슷하다

할지라도 이 차이는 유지될 수 있다.

　하지만 다른 종류의 소매상에서는 낮은 질의 서비스에 대해서는 고려하지 않는다. 그 대신, 정부의 통계 담당자들은 대형 상점에서 적용하는 낮은 가격을 소비자들에게 돌아가는 순수 혜택으로 취급한다. 더 낮은 질은 더 낮은 가격을 동반할 수 있다는 사실에도 불구하고 말이다. 점점 더 나빠지고 있는 서비스는 경제학자들이 인정하는 것보다 훨씬 일반적이다. 예를 들어, 서비스를 받으려고 회사 쪽과 접촉하고 싶어 하는 소비자를 기다리고 있는 끝없는 전화 미로와, 대형 상점에 온 고객을 위한 도움의 부족이 있다.

　또 다른 비슷한 도전들이 각각 다른 나라들의 GDP를 비교하는 시도를 가로막고 방해한다. 어떤 나라에서는 임금 수준이 더 낮더라도, 노동자들은 훌륭한 공공 주택, 편리한 대중교통 시스템, 그리고 국민 건강보장 체계를 갖출 수 있다. 국민 경제에서 나타나는 그러한 차이를 설명하는 것은 사실상 불가능하다.

　부적절한 보고 또한 GDP의 측정치를 훼손시킨다. 보고되지 않은 현금 거래는 계산을 피해나간다. 막대한 세금 회피는 자료를 왜곡시킨다. 예를 들어, 다국적 기업들은 해외 계열사들로부터 들여오는 물건의 비용을 부풀리고, 자기네 수출에서 비롯되는 수익을 축소시킴으로써 보고되는 국내 이윤을 줄일 수 있다. 한 미국 기업이 수입된 핸들(스티어링 휠)을 제외하고는, 국내에서 생산된 부품들로만 자동차를 만드는 상황을 가정해보라. 세금을 줄이기 위해, 그 기업은 핸들 비용을 실제 가격보다 1,000달러나 더 높다고 주장한다. 이런 속임수 때문에, GDP에 대한 이 자동차의 기여도는 정직하게 계산한 것에 견줘 1,000달러 적어질 것이다.

　GDP는 모든 상업 활동이 사람들의 필요에 봉사한다고 가정한다.

행복 지수를 높이는 상거래와, 부패한 음식처럼 행복 지수를 떨어뜨리는 것을 구분하지 않는다. 행복 지수 측정에 관한 한, 상거래 활동의 단순 합계가 부분적으로는 유용한 정보를 주지 못한다.

여기서 우리가 우리의 삶을 어떻게 보는 지에 대한 경제 이론의 영향을 보게 된다. GDP 계산의 근저를 이루는 것은 사람들이 최대 만족(효용)을 주는 상품을 구매하는, 정보에 밝은 소비자들이라는 가정이다. 그 가정은 사실과 다를 수 있다. 예를 들어, 제약 회사들은 위험한 부작용에도 불구하고 의약품을 성공적으로 팔아치운다. 심지어 값싸고 안전한 복제 의약품을 사용할 수 있을 때조차 그렇다. 복제 의약품의 구입은 GDP를 떨어뜨릴 것이다.

정보를 갖고 있지 못한 또는 비합리적인 구매 외에, GDP는 소비자들이 무의식적으로 행하는 간접적인 구매를 포함한다. GDP는 또한 불필요한 포장을 포함하는 반면, 구입된 상품에 최종적으로 들어간 플라스틱 층들을 얼이젖히는 불편은 무시한다. 또한, 기업은 사람들로 하여금 물건을 사도록 광고하는 데 수십억 달러를 쓴다. 그렇게 하지 않았으면 사람들이 사지 않았을 물건들이다. 광고 지출은 재화 비용의 일부로 변했으며, GDP에 계산된다. 덧붙이자면, 경제의 목적은 효용 극대화라고들 함에도 불구하고, 대부분의 광고는 기존 소지품에 대한 불만을 만들어내고, 그에 따라 효용을 없애 버리도록 설계돼 있다.

마침내, 사람들은 자신의 직무를 위한 요건에 따라 그렇게 해야 하기 때문에 합리적으로 어떤 구매 행위를 한다. 그들은 일터에서 입을 특정한 의복을 구입해야 한다. 일터 밖에서는 입지 않을 수도 있는 복장이다. 넥타이가 그런 예다. 어떤 회사들은 매주 금요일에는 자유롭게 옷을 입도록 허용해, 종업원들로 하여금 넥타이의 비효용성을 드러내게 한다.

바람직하지 않은 이런 의복의 경우에서, 지출은 편익보다 비용을 나타낸다. 다른 노동자들은 자신의 경력을 관리하기 위해 자기 자신이 선택하지 않은 활동들에 참여해야 한다. 어떤 노동자들은 심지어 그 목적을 위해 성형 수술을 하기도 하며, 이는 다시 GDP를 늘린다.

이 논리를 한발 더 진전시켜보자. 어떤 사람이 일터로 가기 위해 몇 마일 통근할 목적으로만 자동차를 구입했다고 가정하자. 휴가나 새로 태어난 아기와 달리, 이 차는 통근 수단이란 점을 빼고는 그 소유자에게 아무런 매력이 없다. 몇몇 조사들을 보면, 사람들은 통근을 하루 중에서 가장 불쾌한 활동으로 여기는 것으로 나타나 있다.

하지만, 우리의 통근자가 통근을 좀 더 견딜만하게 만들어주는 어떤 특별한 물건들을 구입했다고 가정해보자. 최고급 스테레오(입체음향) 시스템을 예로 들 수 있다. 이론적으로 그 스테레오는 GDP에 속한다. 자동차의 나머지 부분은 복지를 측정하기 위한 통계에 포함되지 않을 수 있음에도 불구하고 말이다.

스테레오 장치의 문제를 빼고서도, 자동차는 상당수의 측정 문제를 불러일으킨다. 자동차가 오염이나 교통 체증, 또는 지구온난화를 얼마나 많이 초래하는가? 경제학자들은 그러한 문제들을 외부성externalities 이라고 말한다. 그것들은 가격 시스템 바깥에 남아있어 GDP에 관한 한 눈에 보이지 않는다는 뜻이다.

통근이 유발할 지도 모르는 교통사고는 또 어떤가? 이 경우 GDP에는 도움이 된다. 차체 수리공장 또는 병원에서 이뤄지는 일은 GDP를 증가시키는 것처럼 비쳐진다.

GDP의 측정은 쿠즈네츠가 그 일을 시작했을 당시보다 훨씬 더 어려워졌다. 당시에는 경제가 대체로 기계, 음식, 그리고 주거시설 같이 만질 수 있는 생산물들로 이뤄져 있었다. 현대 세계에서는, 대부분의 경제가 주관적이다. 예를 들어 지적재산권 - 쿠즈네츠 시대에는 거의 고려되지 않았던 주제 - 은 중요한 경제적 효과를 갖는다. 비록 그게 측정될 수는 없음에도 불구하고 말이다. 그러한 것들을 설명하기 위해서는, 새 고안물gimmicks 및 추상적인 것fictions을 계산하는 일과 간접적인 측정이 사용돼야 한다.

하지만, 이 모든 것에도 불구하고 경제학자들과 경제 신문들은 GDP를 전반적인 경제성과를 보여주는 합의된 측정치로 여긴다. 훨씬 덜 유용한 다우존스Dow Jones 평균 지수가 훨씬 더 자주 보도됨에도 불구하고 말이다.

핵심을 빠트린 대안들

최근 들어, 몇몇 경제학자들이 GDP의 결점들을 고치려는 시도를 해왔다. 토빈과 노드하우스는 1972년 한 연구 논문에서 여가 활동(레저)과 가사 노동의 가치를 GDP에 포함시키고, 통근 같은 비용을 제외시키자는 제안을 했다. 또한 1988년 로버트 아이스너Robert Eisner는 개선된 계정 시스템에 관한 가치 있는 제안을 했다.[21] 그의 날카로운 발언은 자본과 투자의 적절한 측정에 관련돼 있었다. 안와르 샤이크Anwar Shaikh와 에르투그룰 아흐메트 토나크Ertugrul Ahmet Tonak는 국민계정 시스템을 개선하려는 몇몇 다른 시도들을 되짚어본 다음 마르크스 경제학에서 비롯된 통찰력을 이용하는 계산법을 개발하려는 시도를 했다.[22] 그들의 측정치는 가계 내부에서 이뤄지는 것 같은 '비경제'non-economic 활동들을 의도적으로 포함시키지 않았다.

더 최근에는 리디파이닝 프로그레스Redefining Progress라는 조그마한 두뇌집단think tank이 GPIGenuine Progress Indicator라는 훨씬 더 포괄적인 측정치를 만들어내기 위해 연구를 해왔다. GPI는 GDP가 무시하는 가사 노동과 자원봉사 일 따위의 많은 활동들을 포함한다. 반면, 사회적인 행복에 부가되지 않는 많은 비용들을 제외한다. 이 계산법은 또한 천연자원의 고갈을 감안하려는 시도를 한다.

GPI 계산법에 따르면, 그 당시 GDP 11조 달러는 사회적인 행복 수준을 7조 달러나 과대평가했다.[23] GPI의 훌륭한 점들을 둘러싼 토론 없이도, 4조 달러의 추정치와 11조 달러의 GDP 사이의 불일치는 인간의 행복 수준을 평가하기 위한 어떤 통계적 공식의 주관성을 보여준다.

괄목할 만 한 것으로, 경제 활동에 따른 환경적인 비용이 명백한 중국에서, 정부는 자원 고갈과 환영오염의 효과를 뺀 병행parallel GDP 숫자를 계산한다. 그 결과, 성장률은 3% 포인트 가량 떨어진다. 3% 포인트의 성장률은 불과 25년 전 그 나라 경제의 두 배 크기를 넘어서는 수준이다.

1960년대와 1970년대에 이르러, 복지의 대용물로서 GDP의 결함이 명백해지고 있었다. 세계 곳곳의 빈곤 지역들을 연구하는 경제학자들에게는 특히 그랬다. 전문가들은 단지 상업적인 활동만을 계산하는 것보다는 유아 사망률 및 영양 상태 같은 더 직접적인 복지 측정치를 강조하는 수많은 대안들을 탐구했다.

GDP 계산을 더 포괄적으로 만들려는 칭찬받을만한 노력들에도 불구하고, 한 가지 중요한 요소가 완전히 빠져 있었다. 그것은 바로 사람들의 노동 조건이었다. 토빈과 노드하우스가 그들의 계산에서 여가 활동을 정확히 포함시켰지만, 노동 조건을 고려한 경제학자는 아무도 없었다.

GDP를 상업 활동의 측정치만으로 이해하는 한 이러한 불찰은 타당할 수도 있다. 하지만 사람들이 GDP를 사회적인 복지의 지표로 사용할 때라면 노동 조건의 무시는 용서할 수 없는 짓이다. 사람들은 대부분의 시간을 노동에 쏟아 붓는다. 우리가 수백만 노동자들의 일상적인 노동일의 주요 부분인 장시간의 통근을 포함시킨다면 특히 그렇다. 노동 조건은 노동자들의 삶의 질 뿐 아니라, 그들의 가족 및 친구들의 삶의 질에도 영향을 끼친다.

유다이모니아

일찍이 유럽의 전통에서는 경제학을 대단히 넓은 영역의 학문으로 이해했다. 경제학에 관한 훨씬 더 광범위한 이런 이해는 아리스토텔레스를 추종했다. 그는 흔히 '인간의 번영'human flourishing 으로 번역되는 유다이모니아eudaimonia(행복, 복지)를 사회의 가장 숭고한 목적으로 여겼다. 비록, 그러한 번영이라는 게 다른 사람들로부터 지배받도록 돼 있지 않은 이들이라는 제한적인 영역에 머무르긴 했지만 말이다. 유럽의 전통을 이끈 지도자들은 유럽에서 전통적인 지적 훈련의 기초인 고전적인 교육을 향유했다.[25]

라파엘로의 작품 〈아카데미아〉에 묘사된 아리스토텔레스

이 아리스토텔레스 경제학파와 더불어, 중농학파Physiocrats로 알려진 소규모의 프랑스 지성인 집단이 그들의 어린 동료, 애덤 스미스의 연구를 개략적으로 예측하는 과정에 돌입했다. 그리 놀랍지 않은 일이지만, 스미스를 추종했던 앵글로 색슨 경제학자들은 아리스토텔레스적인 접근법은 무시한 반면, 중농학파와 함께 대륙적인 경제학을 강화하려는 의도를 갖고 있었다.

독일과 이탈리아에서 특히, 유럽의 전통이 계속됐음에도 불구하고, 유럽에서는 앵글로색슨 접근법이 점점 더 큰 영향력을 확보했다. 제1차 세계대전 이전에는 경제 이론에 관한 한 상대적인 침체지역이었던 미국의 영향은 전후 미국 경제의 힘과 더불어 커졌다. 그 다음, 1920년대에 출범한 록펠러 재단Rockefeller Foundation은 유럽의 젊은 사회과학자들에게 회원 자격을 부여해 제휴하기 시작했다. 1924~1934년 사이에 연구자들이 받은 연구 보조금은 200만 달러를 웃돌았고, 그 연구자들 중 35% 이상이 경제학자와 통계학자들이었다.[26] 그로부터 곧 이어, 경제학자들이 유럽에서 대거 빠져나와 미국 경제학의 명성을 높였다.

영국의 경제학자들은 아리스토텔레스를 거부할 좋은 이유를 갖고 있었다. 그는 상거래 관계를 모독한 인물이었던 것이다. 1686년 익명의 작가가 〈충직한 상인의 특징과 자격〉The Character and Qualifications of an Honest Loyal Merchant 이라는 제목의 소책자를 발간했다. 고대의 아리스토텔레스나 다른 현학자들이 상업을 아무리 낮게 평가했을지라도, 상인의 활동이 영국의 번영과 문화를 만들어낸다는 게 이 책자의 요점이었다. "상인의 명성이 알려지지 않았으며, 단지 소상인과 행상에 불과했던 시절이었다."[27]

유럽의 많은 경제학자들은 영국식 접근법이 훨씬 더 과학적인 것 같다는 점을 인정했다. 그럼에도 불구하고, 오랫동안 대륙의 경제학자들은 과학을 닮아갈 수 있는 경제 이론을 만들어낸다는 영국의 프로젝트(계획)를 추종하지 않았다. 그렇게 하는 것은 너무나 많은 삶의 중요한 측면들에 관한 시야를 잃어버린다는 걸 뜻할 수 있음을 그들은 깨달았다. 루이지노 브루니Luigino Bruni는, 영국의 방식을 채택하기 싫어했던 이유를 설명했던 1829년과 1837년 당시의 이탈리아와 프랑스의 작가를 인용한다. 그는 이 둘의 태도를 이렇게 요약했다.

"그러므로, 이들 두 작가는 영국 학파가 더 과학적이라는 사실을 인정하는데 동의한다. 하지만, 이런 목표를 달성한 것은 부와 윤리, 부와 행복의 관계 같은 정치경제학 분야에서 중요한 차원을 제거했기 때문이었다."[28]

이런 앵글로색슨과 유럽 대륙 학파의 분열은 경제 이론 밖으로 불거졌다. 예를 들어, 프레드릭 위슬로우 테일러가 노동 과정을 통제하기 위한 그 유명한 시도를 막 시작했던 그 즈음에, 프랑스와 독일은 훨씬 더 광범위한 노동의 숙련에 관한 연구 중심지로 변했다. 아리스토텔레스의 전통이 득세했던 유럽에서, "노동의 숙련은 더 높은 생산성이 사회적 행복으로 이어질 것이라는 전제에 바탕을 두고 있었다. 유럽은 미국에서처럼 테일러주의Taylorism, 또는 훗날의 포드주의Fordism를 수입하지 않았다."[29] 유럽인들은 노동에 관한 더 나은 이해가 모든 사람들의 운명, 심지어 노동자들의 운명마저 개선할 수 있을 것으로 생각했다.

때때로, 노동의 숙련에 관한 유럽식 접근법은 일터에서 긍정적인 효과를 실제로 제공했다. 예를 들어, "제1차 세계대전 전야의 독일에서, 철도 유지·보수 회사들은 고령 노동자들에게 쉴 수 있는 의자를 제공했다. 반면, 포드와 제너럴 모터스GM는, 일하지 않을 때 앉거나 심지어 기계에 비스듬히 기댔다는 이유로 노동자들을 해고했다."[30]

노동 계급에 속해 있는 어느 미국인 학생은 독일과 미국의 노동 조건 사이에서 드러나는 비슷한 차이점을 이렇게 회고했다.

"독일에 있을 때, 라이프찌히 대학의 로셔Roscher 교수는 제게 이런 말을 했습니다. 미국에서 살다가 독일로 돌아온 독일의 노동자들은 미국에서 다시 일하라는 요구를 받았을 때의 중압감을 견뎌내기보다는 독일에서 장시간의 저임금 노동을 더 선호한다는 겁니다. 시카고에 있을 때, 저는 미국의 일부 노동자들이 그런 견해를 지지하고 있음을 알게 됐습니다. 목수조합 본부에서, 하루 8시간 노동제를 쟁취한 그 조합의 승리에 대해 제가 찬사를 보냈을 때, 목수들 중 한 명이 '예, 하지만 우리가 설사 7시간 노동제를 얻어냈다고 할지라도 우리들 중 절반은 죽을 수도 있습니다'라고 하는 말을 듣고 놀랐습니다."[31]

부분적으로 경제학자들이 노동 조건에 대한 고려를 잊어버렸기 때문에, 경제를 진실로 생산성 있게 만드는 것이 전반적으로 시야에서 사라졌다.

행복을 측정한다는 것

영국의 정치경제학 전통이 더 오래된 유럽의 전통을 몰아냈기 때문에, 사실상 모든 행복의 흔적은 경제학에서 사라졌다. 적어도 최근까지는 그랬다. 설사 그렇다 해도 우리는 스미스와 훗날의 일부 경제학자들한테서 아리스토텔레스적인 세계관의 자취를 여전히 찾을 수 있다. 하지만, 이런 행복의 흔적들은 그들의 저작물에서 핵심, 또는 그들의 추종자들이 핵심으로 여기는 것의 밖으로 떨어져나갔다.

1998년 노벨경제학상을 받은 아마르티아 센 Amartya Sen 은 인간의 행복에 관한 경제적 측정을 이해하는 새로운 접근법으로 보이는 것을 받아들였다. 그는 GDP가 기대수명과 아동 사망률 같은, 인간의 행복에 관한 더 직접적인 측정치와 얼마나 상호 무관한지를 보여줬다. 자신의 주장을 관철하기 위해 센은 국가 또는 지역들의 쌍을 나

아마르티아 센

란히 배치시켰다. 여기서 삶의 질을 보면 더 가난한 영역이 더 부유한 영역을 훌쩍 뛰어넘는 것으로 추정됐다. 예를 들어, 그는 이렇게 언급했다.

"스리랑카, 개혁 이전의 중국, 코스타리카, 또는 인도의 케랄라Kerala 주에서는……대단한 경제 성장 없이도 사망률이 매우 급속하게 떨어졌다. 이는 1인당 실질 소득 수준의 극적인 증가를 굳이 기다리지 않는 과정이다. 그것은 사망률을 낮추고 삶의 질을 높이는 사회적 서비스(부분적으로는 의료 보장과 기초 교육)를 제공하는 일에 열중하는 우선순위를 통해 작동한다."[32]

센은 그가 '역량'capabilities 이라고 불렀던 다른 차원의 것을 인간 행복의 실질적인 측정치로 제안했다. 센의 '역량'은 손쉬운 정의를 거부한다. 그의 설명은 불가피하게 모호하지만, 전통적인 경제학에서 간과하는 중요한 방향을 가리켰다. 그의 발언에서, "역량은……일종의 자유이다 : 대안적인 활동들을 할 수 있게 되거나, 덜 공식적으로 표현하면, 다양한 생활 방식을 채택할 수 있는 실질적인 자유."[33]

한 연구는 센의 접근법을 더 간결하게 묘사했다. "중요한 점은……사람들이 소유하고 있는 게 아니라, 사람들이 할 수 있고 될 수 있는 것이다."[34] 어떤 경우든, 센에게 물질적인 재화는 그 자체로 최종적인 목적이 아니라, 역량을 강화하는 수단이었다. 결론적으로, 센은 절대적으로 옳다. GDP는 역량을 개발하는 잣대로 한 사회의 성공을 평가해 보여주기에는 빈약한 지표이다.

센의 접근법은 참신해 보였다. 적어도 앵글로 색슨 경제학 전통 내부에서는 그랬다. 하지만, 행복에 관한 논문에 익숙한 이들에게는 꼭 그렇지만도 않았다. 센은 행복을 대화 소재로 돌리기에 이상적인 태도를 갖고 있었다. 그는 케임브리지대학의 유능한 경제학자였을 뿐 아니라, 엄청난 관심을 철학 분야에 이미 쏟았다. 대부분의 경제학자들에게 그 과목은 별 호응을 얻지 못하던 터였다. 게다가 센은 고전적인 인도식 교육을 향유했다. 광범위한 배경이라는 이점과 더불어, 그는 확실한 게 무엇인지를 파악할 수 있었다. 그것은 바로 전통적인 방법으로 측정된 경제 성장은 삶의 질을 개선하는 유일한 길이 아니라는 점이었다.

케임브리지 재학 시절 센의 급우였던, 해외개발위원회Overseas Development Council의 경제학자 데이비드 모리스David Morris와 제임스 그랜트James Grant에 의해 제안된 PQLIPhysical Quality of Life Index에 관한 구상은 유엔인간개발지수United Nations' Human Development Index로 발전했다. 이 지수에 관한 설계(디자인)의 목적은 GDP에서는 놓치는 인간 행복의 어떤 요소들을 포착하는 것이었다. 세계은행World Bank은 자체적인 세계개발지수World Development Indicators를 발표하고 있음에도, 1인당 GDP로 각국의 서열을 매긴다. 게다가, 세계은행은 여전히 GDP를 자체적인 인간개발지수의 계산 때 한 부분으로 유지하고 있다.

행복에 대한 관심의 징후는 다른 곳에서 튀어나오기 시작했다. 인도와 중국 사이에 있는 자그마한 산악 왕국 부탄Bhutan은 대단히 야심찬 연구 작업에 착수했다. 국민총행복Gross National Happiness의 측정법을 개발하는 일에 나선 것이다. 이 연구 작업의 결실은 전통적인 다수의 경제학자들에게는 별 호응을 얻지 못할 것이다. 특히 아무도 감히 이 목적을 수량화

행복의 아이콘이 된 부탄의 아이들

하려 들지 않았기 때문이다.35

국민총행복 지수를 높이려는 부탄의 노력을 더 어렵게 하는 게 있다. 그 나라가 최근에 텔레비전을 도입한 것이다. 이는 유럽식에 가까운 행복을 성취하려는 노력들과 얽혀 있는 반사회적인 행동의 전염병을 풀어놓는 것 같다.36

경제 관련 기구가 어떻게 행복에 기여하는지 또는 행복을 훼손하는지를 사람들이 이제 고려하고 있다는 생각은 확실히 귀중하다. 오늘날 중요한 장학금을 따내는 무미건조한 일부 경제학에 비교할 때 특히 그렇다. 부탄의 노력은, 현대 경제학자들이 과학적인 학문이라고 여기는 점을 결여하고 있을지라도, 그런 노력은 전통적인 GDP와 삶의 질 사이의 분리에 관한 더 넓은 세계를 상기시키고 있는지도 모른다. 사실, 더 많은 소비재를 획득하기 위해 열심히 일한다는 윌리엄 패턴의 견해는 합리적이지 않음을 세상에 얘기하고 있는 것이다.

GDP의 정치학

인간개발지수Human Development Index 순위를 보면, 미국은 상대적으로 높은 편이다. 하지만, 우리가 통상 기대하는 것만큼 높지는 않다. 2004년의 지수를 보면, 노르웨이가 1위였고, 이어 스웨덴, 오스트레일리아, 캐나다, 네덜란드, 벨기에, 아이슬란드 차례였다. 미국은 8위에 이름을 올렸다.37

2001년 4월 30일 세계은행의 2001년판 세계개발지수World Development Indicators 발표 뒤 이어진 기자회견 자리에서, 한 질문자가 당시 그 은행 총재였던 제임스 울펀슨James Wolfensohn에게 이렇게 물었다.

"저를 어리둥절케 하는 게 하나 있었습니다. 모든 나라들 중 교육, 건강, 사회적 지출 등 모든 지표들에서 반짝반짝 빛나는 특정한 국가가 있습니다. 그 나라는 쿠바입니다. 세계은행과 국제통화기금IMF으로부터 자문을 받지 않는 유일한 국가이기도 하지요……당신은 그 통계치를 고수할 것인지요? 만약 그렇다면, 쿠바가 그렇게 두드러진 이유는 무엇인가요?

울펀슨 총재 : 글쎄요. 우리는 통계를 조작하지 않습니다. 우리는 여러분들이 그것을 읽을 수 있도록 내놓을 뿐입니다. 모든 이들이 인정하듯이 쿠바는 교육과 건강 분야에서 좋은 성과를 거두었습니다. 당신이 교육과 건강을 기준으로 그 나라를 판단한다면, 그 나라 국민들은 탁월한 업적을 쌓았다고 볼 수 있을 겁니다. 쿠바인들이 훌륭한 일을 해냈다는 사실을 인정하는데 저는 주저하지 않습니다. 그렇게 하더라도 저는 당혹스럽지 않습니다. 그 나라는 우리의 충고를 지지하지 않았지만, 반대한 것도 아닙니다. 현재 우리는 그 나라 국민들과 아무런 관련을 맺고 있지 않지만, 그들은 지금까지 이뤄낸 것들에 관해 축하를 받아야 합니다. 그게 제가 말하려는 바입니다."[38]

하지만 세계은행은 실제로 통계를 조작했었다. 이전에, 부시와 레이건 행정부는 지표를 수정하도록 압력을 행사한 바 있다. 교육 분야의 성공을 측정하는 잣대로 문맹률을 포함시킬 뿐 아니라, 구성 요소로 재학 기간을 추가하도록 했던 것이다. 이런 수정 작업은 미국의 순위를 끌어올리고 쿠바의 순위를 약간 떨어

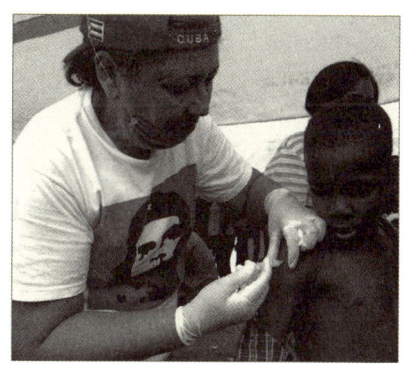

세계은행과 국제통화기금으로부터 자문을 받지 않는 유일한 국가인 쿠바는 의료와 교육 복지에서 괄목할 만한 성과를 거두고 있다.

뜨렸다. 그럼에도 쿠바의 순위는 여전히 높게 유지됐다.

쿠바에 얽힌 사건은 전통적인 GDP를 높이는 노력이 민감한 이슈를 불러일으킬 수 있다는 경고등 노릇을 한다. GDP의 환상을 깨뜨리는 것은 사람들을 위해 작동하도록 경제 시스템을 만드는 쪽으로 사회 발전의 방향을 맞추는데 도움을 줄 수 있다.

로빈슨 크루소의 통찰

대부분의 사람들은 한 사회의 소득 증가에 따라 행복 수준도 높아질 것이라고 기대한다. 하지만, 실상은 그렇지 않다. 그 주제를 연구한 이들은 "한 나라가 1인당 소득 1만5,000달러 고개를 일단 넘어서면, 행복의 수준은 1인당 소득과는 무관해 보인다"는 사실을 알게 됐다.[39] 기본적으로, 성장하는 경제가 일단 1만5,000달러 문턱을 통과하고 나면, 사람들이 자신의 상태를 측정하는 기준 또한 높아진다. 독일과 나이지리아의 행복 수준은 동일한 것 같다. 유사한 동일함은 쿠바와 미국에서도 나타난다. 미국 정부가 그 계산법의 수정을 요구하고 싶어 할지 모르겠지만 말이다.[40] 높아지는 번영이 행복으로 이어지지 않는 이유를 무엇으로 설명할 수 있을까? 전형적인 개인에게는 경제적인 성공이 행복감을 높이는 것처럼 보인다. 적어도, 개인들이 다른 이들에 견줘 더 많은 소득을 획득하면 할수록, 개인들의 행복 수준은 높아진다. 멘켄H.L. Mencken은 한 때 부Wealth를 '처제(또는 처형) 남편의 소득보다 1년에 최소한 100달러 더 많은 소득'으로 정의함으로써 이 현상을 요약했다.[41]

하지만, 모든 사람들의 소득이 비례적으로 증가한다고 한다면, 누구도 더 행복해지지는 않는다. 미국의 작가 고어 비달Gore Vidal이 했던 유명한 말이 있다. "성공하는 것으로는 충분치 않다. 다른 이들이 실패해야 한다."

 독일의 행복 수준은 나이지리아의 그것을 능가하지 않는다. 독일인들은 나이지리아 국민들보다 훨씬 높은 물질적 기대치를 갖고 있기 때문이다. 사람들이 더 높은 수준의 생활을 경험함에 따라 이 기대치는 급속도로 변한다. 비록 독일 사람들이 더 많은 물질적 재화를 획득할 지라도, 그들의 친구나 이웃들보다 약간이라도 더 많이 갖게 되지 않는 한 그들은 그다지 큰 행복감을 느끼지 못할 수 있다. 경제 성장은 한 공동체 내부에서 금전적인 성공의 순위를 뒤섞어놓을 수 있다. 어떤 사람은 사다리 위로 올라가지만, 다른 어떤 사람은 아래로 떨어진다. 위로 올라간 개인들은 더 행복해질 수 있지만, 그 위계질서에서 터전을 잃은 이들은 더 불행해질 것이다. 그러한 순위 체계의 변화는 행복 수준을 떨어뜨릴 수 있다. 기대치의 하향 이동은 매우 느리지만, 상향 이동은 매우 빠르기 때문이다.

 예를 들어, 독일의 생활수준이 나이지리아 정도로 추락했다면, 독일인들은 결코 무덤덤할 수 없을 것이다. 그와 비슷하게 나이지리아인들이 독일 수준으로 높아졌다가 예전의 그들 수준으로 다시 떨어졌다면, 그들의 행복감 또한 현재 수준 아래로 떨어질 것이다.

 결과적으로 번영에 대한 사람들의 주관적인 해석 때문에 목표는 항상 멀어진다. 예를 들어, 1986년 여론조사기관 로퍼Roper는 미국인들에게 자신의 꿈을 실현시키는데 필요한 소득이 얼마나 되는지를 물었다. 대답은 5만 달러였다. 1994년에 이르러 '꿈을 실현시키는' 수준의 소득은 그 두 배인 10만 달러로 높아졌다.[42] 외딴 섬에서 오랫동안 지낸 뒤, 로빈슨 크루소는 그 기본적인 문제를 이해했다.

 "만일 사람들이 투덜거림과 불평을 해소하기 위해 부유한 사람들과 자신을 비교하기보다는, 감사한 마음을 품기 위해 가난한 사람들과 자신의 상태를 비교한다면, 인간들 사이에 있을 수 있는 불평이란 게 얼마나 하찮은 것인지 곰곰이 생각해보게 됐다."[43]

불행하게도, 현실의 사람들은 크루소의 통찰력을 공유하지 않는다. 사람들은 오히려, 심리학자들이 쾌락의 쳇바퀴 hedonic treadmill 라고 부르는 것을 경험한다. 다람쥐 쳇바퀴 hamster wheel 가 더 나은 은유인지도 모르겠다. 사람들은 더 많이 가질수록, 더 많은 걸 원한다. 결과적으로, 고된 노동과 성공에 따르는 보상인 것으로 여겨지는 여분의 행복은 계속 찾기 힘들어질 것이다.

사실상, 전반적인 프로크루스테스의 게임은 계략이다. 사람들은 뼈 빠지게 일해야 한다는 기대를 받는다. 보상은 소비의 모습으로 다가온다. 소비는 효용을 제공하고, 효용은 이어서 행복으로 바뀐다.

애덤 스미스는 250년 전에 이미 이러한 견해에 얽힌 문제점을 깨달았다. 당시 그는 소비를 '인간의 근면함을 촉발하고 지속적으로 유지하게 하는 속임수'로 폄하했다. 하지만, 스미스는 소비를 늘리는데 필요한 고된 노동이 더 행복하지는 않을 지라도 더 훌륭한 사람을 만들 것이라고 제시했다. 사실, 사람들이 실제로 더 행복해졌다면, 더 많은 소비에 대한 강박적인 필요성은 감소할 것이고, GDP도 줄어들 것이다.

최근 들어, 다수의 저명한 경제학자들이 행복이라는 주제를 탐구하기 시작했다. 예를 들어, 1991~1995년 사이에, 경제학 저서 목록 서비스인 이콘리트 EconLit 는 자체적으로 보고된 self-reported 삶의 만족 또는 행복에 관한 자료를 분석한 논문으로 단지 4개만 보고했다. 10년 뒤인 2001~2005년 사이에 그 숫자는 100개 이상으로 늘었다.[44]

프린스턴 대학의 심리학자이자 노벨 경제학상 수상자인 대니얼 카너먼은 미 재무부 경제 정책 담당 차관보Assistnat Secretary of the Treasury for the Economic Policy를 역임한 앨런 크루거 및 다른 두 동료들과 더불어 '국민 웰빙 계정'National Well-Being Accounts을 만들자고 제안했다.⁴⁵ 사람들에게 노동 등 자신의 삶의 특정 부문에 대한 만족도를 묻는 세부적인 조사가 그들의 접근법에서 중심을 이루었다.

대니얼 카너먼

커너먼과 그 동료들의 연구 작업은 GDP의 추정을 대체하기보다는 보완하기 위한 것이었다. 그러한 계산은 경제의 산출량을 측정하는 체 하지 않는다. 그들은 환경 훼손을 고려하는 시도를 하지 않는다. 일부 GDP 수정치가 그런 제안을 하는 것과는 다르다. 그보다는 그 조사 접근법은 직접적으로 주관적인 행복 측정치를 파악하려고 시도한다.

그리 놀랍지 않은 일이지만, 이들 조사에서 친밀한 관계, 일과 후의 사교 모임, 근사한 저녁, 휴식, 점심, 운동 등 비경제적인 활동들이 만족도 순위에서 높은 자리를 차지했다. 그와 동일하게 놀랍지 않은 일로, 저조한 만족도 순위를 차지한 활동들은 저녁 통근, 노동, 그리고 아침 통근이었다.⁴⁶ 이 마지막 결과는 앞에서 언급한 직업 만족도 조사를 맥락 속에서 파악하는 데 도움을 준다.

그러한 조사 결과는 또한, 경제학자들이 그토록 오래 행복 또는 노동 조건에 관한 어떠한 분석도 교묘하게 피해왔음을 시사한다. 이 길로 이어지는 여행은 불가피하게 자애로운 척 하는 프로크루스테스주의의 가식을 깨뜨린다. 오랜 노동과 긴 통근 시간은 더 나은 삶으로 이어지는 인간적인 공동체의 형성을 방해하고 있다. 동시에, 행복도 조사는 과학적인 체 하는 경제학자들의 가식을 깎아내린다.

사람들의 능력, 또는 심지어 행복감을 높이기 위해서라도 한 사회의 역량을 보여주는 차원은, 인간의 생존을 위한 건강한 틀을 제공하는 사회적 관계라는 촘촘한 그물망이어야 할 것이다. 사회의 하층민들한테 일반적인 모멸감을 대다수 사람들에게 안기는 계급 차별은 수많은 사람들을 위한 사회적 관계의 온전한 발전을 가로막는다. 하지만, 경제학은 사람들을, 자신의 행복을 극대화하기 위해 스스로 결정을 내리는 고립된 개인들로 취급하는 것으로 여겨진다.

물론, 당신은 경제 통계치를 수많은 목적을 위한 수많은 방법들로 규정할 수 있다. 하지만, 협소하게 상업 활동을 강조하는 GDP의 일반적인 사용은 삶을 풍성하게 하는 이슈들로부터 사람들의 주의를 딴 곳으로 돌린다. 센이 분명하게 보여줬듯이, GDP는 인간의 행복 측정치로는 전반적으로 부적절하다. 경제학자들은 왜 그토록 진지하게 이 통계치를 여전히 움켜쥐고 있는 것일까? 그 이유를 헤아리는 것은 어렵지 않다. 경제학자들은 일반적으로 시장의 눈을 통해 세상을 바라보는 법을 배운다. 경제 성장은 상거래 활동의 증가를 뜻하는 것으로 여겨지기 때문에, 그것은 (경제학자들에게는) 좋은 것임에 틀림없다.

심각한 결함

늘어나는 GDP의 엄호 아래, 흔들리지 않는 프로크루스테스식의 경제 이데올로기는 시장의 힘만이 사회를 위한 혜택을 극대화시킬 수 있을 것이라고 확고하게 주장한다. 또한 오로지 시장의 마법을 방해하려들지도 모르는 무지한 간섭자들을 걱정하면 된다는 주장을 편다. 이런 믿음을 위한 증거는 대체로 빽빽한 수학적 정리^{theorem}들로 구성돼 있다. 이들 정리는 경제적 성공을 보여주는 왜곡된 측정치로 뒷받침되는 비현실적인 가정과 정교한 통계 분석에 바탕을 두고 있다.

하지만, GDP는 심각한 결함을 지닌 측정치이다. 이는 노동과 노동 조건, 그리고 더 많은 노동에서 벗어나는 약속된 행복을 거대한 통계적 덮개 밑으로 쓸어 넣어버림으로써, 프로크루스테스주의의 속성을 모호하게 한다. GDP는 정규 교육 외에 모든 것을 무시한다. 그게 사람들로 하여금 자신의 생산적인 잠재력을 발전시킬 수 있도록 할 수 있을 뿐 아니라, 인간의 잠재력을 확장시킨다는 점이 간과되는 것이다. 요약하자면, GDP는 자아실현이 행복 뿐 아니라 생산성의 주요 원천이라는 사실을 모호하게 만든다.

설상가상으로, 경제적 성공의 측정치로 GDP를 수용하는 일반적인 태도는 프로크루스테스식의 측정에 정책의 초점을 맞춘다. 반면, 더 나은 사회를 구축할 필요성으로부터 관심을 돌려 버린다.

이런 관점에서 볼 때, 행복경제학에 관한 최근의 관심은 환영할만한 발전이다. 특히 그게 사람들로 하여금 불행의 근본 원인 - 공동체의 건강성을 사실상 불가능하게 하는, 한 계급에 의해 지배당하는 사회 - 을 깊이 응시하게 한다면 말이다.

chapter 09
우리를 무능하게 만드는 것들

**노동에 얽힌
사회적 관계**

마르크스의 심오한 통찰 가운데 하나는 자본이 단지 하나의 사물에 그치는 게 아니라 사회적 관계임을 이해했다는 점이다. 마르크스의 분석법에 익숙하지 않은 사람들로서는 자본이 사회적 관계라는, 즉 공장이 갖가지 기계들로 꽉 들어찬 건물일 뿐 아니라 그 공장을 소유하고 있는 이들과 그곳에서 일하는 사람들 사이에 맺어진 관계의 반영이라는 생각에 곤혹스러워할지도 모른다. 하지만, 기술의 진화를 연구하는 사람들은 사회적 관계가 어떻게 기술을 구체화하는지를 안다.

데이비드 노블David Noble은 고용주 및 노동자들의 사회적 관계와, 기술 사이에서 일어나는 상호작용에 관해 매우 심오한 분석법을 제시했다. 제너럴 일렉트릭GE에서 컴퓨터 수치 제어 공작기계의 발달에 관한 그의 탁월한 역사서에서였다. 이 새로운 기술의 주요 목적은 거대한 저수지처럼 전문성을 축적한 숙련 노동자들로부터 공장의 통제권을 떼어내는 것이었다.[1]

전통적으로 기계 운전자들은 금속 한 조각을 만들어낼 때, 그들의 장비를 처음에는 손으로 조작했을 것이다. 고용주들은 기계 운전자들의 지식에 의해 부여된 그 힘을 싫어해 그것을 깨뜨리려고 끊임없이 시도했다. 프레드릭 윈슬로 테일러는 그의 첫 번째 직업을 기계 제작소에서 얻었다. 감독자가 된 뒤 그는 노동자들로부터 통제권을 빼앗아오기 위해 동작과 시간 연구에 관한 그 나름의 시스템을 이용했다. 하지만, 기계 운전자들의 작업은 너무나 복잡했고, 그 사람들은 너무나 강하게 조직화돼 있어서, 그는 그 일을 할 수 없었다. 그러나 제2차 세계대전 이후, 군대에서 시작된 과학의 발전 덕분에 고용주들은 마침내 그들의 작업장에 대한 통제권을 장악하게 되었다. 여기서 두 가지 가능성이 나타났다. 하나는, 감시 기계들이 노동자들의

19세기 엔지니어들의 회의 장면을 묘사한 영국의 화가 존 세이모어 루카스의 그림

움직임을 기록하고, 그런 다음에 녹화재생 장치 덕에 그 기계는 새로운 재료들 위에서 똑같은 과정을 자동적으로 반복한다. 그게 바람직하기만 하면 말이다. 두 번째로, 기계의 행동 방식을 정하기 위해 기계 운전자의 기술에 의존하는 대신, 그 책임이 소프트웨어 프로그래머들에게 넘어갔다. 공장 바닥으로부터 멀찍이 떨어져 있는 이들 프로그래머는, 복잡한 금속제거 작업을 위한 프로그램을 짰다. 그 금속은 기계에 덧붙는 녹화 테이프에 기계 운전자의 기능을 표시하는 한 부분이었다. 그에 따라 노동자들이 이전부터 해왔던 일은 자동적으로 이뤄지게 됐다.

제너럴 일렉트릭은 새로운 소재 기술이라는 원천적인 자산이 그 자체로 양질의 엔진 부품들을 더 많이 생산하는 일을 보증할 것이라고 믿었다.[2] 하지만 고도로 숙련된 이들 노동자를 단순하게 '버튼만 누르는 사람들' button pushers 로 바꾸는 일은 그 회사가 상상했던 것보다 훨씬 어려웠다. 새로운 그 장비는 숙련된 조종을 필요로 했다.

공개적으로 대립을 일삼는 그 회사의 접근방식은 역효과를 낳은 것으로 판명 났다. 노동자들의 협조 없이 이뤄지는 그 회사의 실험은 재앙인 것으로 드러났다. 제너럴 일렉트릭은 노동자들의 협력 없이는 전적으로 새로운 시스템에서 불가피한 고장 bug 을 제거하는 기회를 잡지 못했다.

오랜 시일에 걸친 저조한 생산성과 혼란을 겪고 난 뒤, 제너럴 일렉트릭은 노동자들의 전문성에 의존하고 있음을 마침내 깨달았다. 그 회사는 이러한 의존성을 공개적으로 인정하기보다는, 속임수에 의지했다. 경영진은 경로를 바꾸고, 노동자들에게 작업장 대부분에 대한 약간의 자유로운 통제권을 부여함으로써 그들의 요구를 받아들이는 척했다. 그러는 동안 그 회사는 노동자들의 기술을 소모용으로 만들기 위한 방법을 파악하기 위해, 그들이 했던 일에 대해 면밀한 관심을 쏟았다. 수치 제어 공작기계에 그런 가능성이 있다고 믿었다는 점에서 제너럴 일렉트릭은 결국 옳았다. 노동에 대한 그 회사의 적대적인 태도가 이행 과정에서 비싼 대가를 치르도록 했음에도 불구하고 말이다. 하지만 궁극적으로 더 높은, 수치 제어 공작기계의 생산성은 부차적인 것이었다. 이 기술의 도입을 뒤에서 밀어붙인 힘은 노동자들 위에 군림하는 이점을 획득하는 것이었다.

합리적인 사회에서는, 그러한 노력들이 불필요해질 것이다. 모든 사람들은 더 효율적인 기술을 개발하는 일에서 이해관계로 얽혀 있다. 모두들 그것의 혜택을 누릴 수 있기 때문이다. 노동자들의 지식을 둘러싼 쟁탈전은 오랜 역사를 지니고 있어, 적어도 윌리엄 페티의 '거래의 역사 프로젝트'(85쪽) 시대로까지 거슬러 올라간다. 페티는 제너럴 일렉트릭의 경영진보다는 훨씬 더 진전된 약간의 존경을 받았다. 왜냐하면 그는 지식 창조는 집단적인 활동임을 이해했기 때문이다.

그리 놀랄 일은 아니지만, 찰스 배비지는 지식 확보에 대한 더 정교한 분석법을 제시했다(115쪽). 자신의 시대 및 계급의 한계를 넘지 못한 포로의 처지에서, 배비지는 노동자들이 그들의 정보를 공유하는 일에서 실패한 것을 자본에 대한 그들의 '잘못된' 불신 탓이라고 비난했음에 주목하라.

"대단히 잘못된, 그리고 한심스러운 의견이 제조업 국가의 노동자들 사이에 퍼져 있다. 그들 자신 및 그들 고용주의 이해관계가 상충한다는 것이다. 그 결과, 값진 기계류가 때때로 소홀히 다뤄지고, 심지어 몰래몰래 깨뜨려지기도 한다. 달인(마스터)에 의해 도입된 새로운 개선 방안이 공정한 대접을 받지 못한다. 또한 노동자들의 재능과 관찰 결과는 노동자들을 고용하는 과정의 개선으로 이어지지 못한다."3

배비지는 사태를 거꾸로 잘못 이해했다. 훨씬 더 협조적인 사회적 관계 시스템 - 계급에 바탕을 두지 않는 것 - 은 노동자 뿐 아니라 고용주들을 위해서도 더 나은 삶의 질을 제공할 수 있다. 계급 분열은 너무나 파괴적이어서 승자조차도 패자로 전락하고 만다.

마천루에 앉아있는 사람들

관료제는 프로크루스테스주의의 주요 기관들 중 하나이다. 관료적인 통제의 규모는 급속히 팽창하는 거대 기업의 영역에 맞춰 커져왔다.

초기 상태의 기업에 대한 알프레드 마셜의 묘사와, 현대적인 초거대 기업의 상태를 단지 비교만 해보라. 20세기 초반에 마셜은 기업 소유자들이 자기네 사업에 관한 세부적인 통제권을 여전히 움켜쥘 수 있는 시대의 종말을 목격하고 있었다. 다음은 마셜의 말이다.

"주인의 눈은 어디에나 있다. 감독 또는 노동자들은 일을 기피할 수 없다. 책임을 나누는 일도, 제대로 이해되지 않은 메시지를 전달하는 일 따위도 없다."4

20세기 중반에 이르러, 스테펀 하이머 Stephen Hymer 의 더 강력한 표현에서, 자본주의 초기 단계 동안 고용주는 이상적으로 "모든 것을 보았고, 모든 것을 알았고, 또한 모든 것을⋯⋯결정했다." 하지만, 마

노동자들이 마천루 꼭대기에 있는 자본가의 집무실만큼 높은 곳에 오르는 일은 목숨을 건 고공농성으로나 가능하다. 이런 경우에라야 노동자들의 의사가 거대 기업 내 중첩된 관료적 시스템을 건너 뛰어 최고경영진에게까지 도달할 수 있다.

셜 시대의 고용주는 현대적인 기업의 확장된 범위에 견줘볼 때 상대적으로 아는 게 별로 없었다. 세계 도처의 시장을 상대하는 현대적인 기업은 수천 명의 노동자들을 고용하고 있다. 하이머는 그 문제에 대해 이렇게 말했다.

"마셜 시대의 자본가는 2층에 있는 사무실에서 자신의 공장을 지배했다. 그 한 세기가 저물자, 전국 단위의 대기업을 대표하는 사장은 훨씬 큰 시야와 힘을 갖고서 더 높은 빌딩, 아마도 7층에 기거하게 됐다. 오늘날의 초거대기업에서, 경영진은 마천루에 앉아 지배한다. 화창하게 맑은 날에는 거의 온 세상을 내려다 볼 수 있을 정도이다."[5]

사실, 그들의 시야는 대개 세계의 실제적인 작용보다는 추상적인 회계 장부를 통해 걸러진 것이다. 겹겹이 층을 이룬 과도한 관료제는 그들의 시야를 구름으로 뒤덮는다. 예를 들어, 1980년대에 이르러, 포드는 공장과 회장실 사이에 12단계의 조직을 구축했다. 전화 놀이를 해온 아이는 누구나 그 다음 단계에서 이어지는 커뮤니케이션(의사소통)의 질을 예측할 수 있게 된다.

제너럴 모터스의 사정도 마찬가지였다. 허우적거리는 그 자동차 회사에 자금을 끌어들이기 위해 마약 거래에 연루되기 전까지 GM에서 쉐보레Chevrolet 부문의 책임자이자, 대담하고 혁신적인 경영자로 알려져 있던 존 들로리언John DeLorean은 그와 비슷하게 종잡을 수 없이 복잡한 조직의 미로에 대해 보고했다. 공장 관리자(매니저)가 들로리언의 사무실에 오기 위해서는 다섯 단계의 경영진을 통과해야 했다. 제작 현장에서 일하는 노동자는 그 공장 관리자에게 다가갈 수 있는 직접적인 접근권을 확보하지 못했다. 아마도 들로리언 자신 또한 회장을 알현하려면 몇 단계에 걸친 장애물을 넘어서야 했을 것이다.[6]

들로리언이 쉐보레 부문에서 의사 결정 단계를 줄이려고 시도했음에도 불구하고, 점점 강해지는 그 회사의 중앙집권화에 좌절당해 크게 실망하고 말았다.

"그 회사에서 제가 승진함에 따라, 저는 GM의 운영이 서서히 중앙집권화하고 있음을 보았습니다. 각 사업 부문들은 자체적인 의사결정력을 박탈당했습니다. 회사 운영은 점점 더 14층에서 이뤄지고 있었습니다."[7]

들로리언이 GM을 떠난 지 거의 35년 후인 2007년에도 그 자동차 산업은 여전히 복잡한 의사결정 과정을 개선하지 못하고 있었다. 여기서 〈비즈니스 위크〉Business Week가 포드 조직의 구조를 어떻게 묘사했는지를 보자.

"포드의 장엄한 계급 체계 안에서, 정교한 고용 등급 시스템은 종업원의 서열 순위를 분명하게 구축했다. 그 등급은 또한 뜻하지 않은 효과를 발휘했다. 아이디어를 억누르고 정보를 단단히 통제했던 것이다. 현재 포드 아메리카 사장인 마크 필즈Mark Fields가 1989년 IMB에서 나와 그 회사에 처음 왔을 때, 그는 더 높은 자리를 차지하고 있는 경영자와 점심 약속을 잡을 수 없었다. 사람들은 그에게 '나를 포함시키거나 또는 나와 교제하는 조건으로' 그의 '등급'이 무엇인지를 물었다고 필즈는 회고한다. 그리고 그는 그의 상사가 먼저 승인하지 않고서는 회의에서 문제를 제대로 말하지 못해 낙담했다.

포드는……오늘날 갈기갈기 찢긴 혼란 상태이다. 그 회사는 전 세계에 4개의 수평적인 운영 단위를 두고 있다. 각각의 단위는 많은 비용을 잡아먹는 자체적인 관료제, 공장, 그리고 제품 개발 직원들을 두고 있다. 복잡 미묘한 기업 구조 탓에 포드가 기회를 잃어버리는 사례들은 많다. 최근의 한 사례는 휴대전화와 MP3 플레이어에 바탕을 둔 음성 지휘 통제 시스템인 '싱크'Sync에 관련돼 있는 것이다. 그 시스템은 북미 국제 자동차 전시회North American International Auto Show에서 대성공을 거뒀다. 포드는 얼마 전 마이크로소프트사와 그것을 공동으로 개발했고, 향후 그것을 시장에 내놓을 예정이었다. 볼보Volvo와 랜드로버Land Rover 또한 싱크를 주문하기 위해 필사적으로 나서고 있지만, 어느 쪽도 그 시스템을 확보하지 못했다. 스웨덴과 영국 자동차의 전자적인 구성 방식(아키텍처)이 포드의 것에 부합하지 않기 때문이었다."[8]

미국의 주요 자동차 회사들이 파산의 나락으로 추락했을 때조차, 변한 건 별로 없었다. 정부 의뢰로 GM에 투입된 긴급 구제금융의 감독 업무를 담당했던 금융업자, 스티븐 래트너Steven Rattner는 이렇게 보고했다.

"문화적 결함들이……너무나 충격적이었다. GM의 르네상스 센터Renaissance Center 본부에서, 고위직 간부들은 꼭대기 층에 따로 격리돼 있었다. 그곳은 굳게 잠기고 단단히 보호된 유리 문 뒤에 있었다. 그 층에 기거하는 경영진은 엘리베이터 카드를 갖고 있었다. 그 카드 덕에 그들은 사이사이에 끼어드는 어떤 층에서도 멈추지 않은 채(무미 건조한 사람들과 뒤섞이지 않고) 자신의 비밀스런 차고로 곧바로 내려갈 수 있었다."9

호의적이지 않은 의사소통(커뮤니케이션) 분위기, 형편없는 디자인, 경영진의 과다한 보수, 그리고 터무니없이 많은 연료 소비에도 불구하고, 미국 자동차 회사들의 지독한 곤경 상태에 대한 비난은 주로 노동자들에게 쏟아졌다. 그 노동자들이 적절한 임금, 연금 그리고 의료 보장을 어떻게 감히 요구할 수 있겠는가!

어떤 의미에서, 노동자들은 자동차 산업의 쇠락에 일정한 책임을 져야 하는지도 모른다. 미국 자동차 노동조합이 디트로이트 협정 Treaty of Detroit 에 동의하지 않고 제작 현장에 대한 통제권을 더 많이 요구했더라면, 미국 자동차 산업이 훨씬 더 건강한 상태로 변했을 수도 있다.

관료적 통제의 문제점은 자동차 산업에만 국한된 게 아니다. 50년도 더 지난 오래 전에, 냉전 우월주의 Cold War triumphalism 의 시기에 피터 후버 Peter Huber 는 미국의 초대형 회사들의 기업 명령 구조와 이미 붕괴된 소비에트 연방 Soviet Union 의 계획 시스템을 이렇게 비교했다.

"시장의 힘과 정보화 시대의 진전이 궁극적으로 소비에트 연방의 해체를 압박했다. 그에 따라 미국의 거대 경제 기구들 또한 더 효율적인 조각들로 분해될 수밖에 없는 지경에 이르렀다. 당신이 정말로 커다란 기업 내부에서 숨어 지내는 생활에 익숙해져 있다면, 크레믈린 Kremlin (중세 러시아의 성으로 옛 소련 정부의 본거지)에서 일자리를 잃은 기관원들을 가엾게 생각하라. 다음 차례 크레믈린은 우리 자신들에

게 떨어질 것이다."¹⁰

변화의 예측에서는 후버가 옳았다. 하지만, 그것의 방향은 그의 기대와 달랐다. 미국의 '크레믈린'은 이전의 어떤 것보다 강했다. 많은 기업들이 잘게 쪼개지거나 문을 닫는 동안, 기업 부문의 집중화 쪽으로 맞춰진 흐름은 조금도 수그러들지 않고 지속됐다. 복잡 미묘한 경영 구조는 실패로 이어지는 확실한 방안으로 남아있다는 점에서 후버는 여전히 옳았다.

'금융'이라는 이름으로

후버가 집필 활동을 하고 있던 무렵, 기업 통제의 장소는 최고경영자의 사무실에서 월스트리트와 사모펀드private equity fund의 소유자들한테로 옮아가고 있었다. 외부의 금융 관계자들이 행사하는 힘은 꼭대기에 앉아있는 의사 결정자들을, 바닥에서 일하는 사람들로부터 훨씬 더 멀찍이 고립시켰다. 이미 고장 난 관료적인 통제의 꼭대기에 한 층을 더 추가함으로써 재앙은 훨씬 더 확실해졌다.

관료적인 통제와 마찬가지로, 금융의 통제는 세상을 위에서 아래로만 바라본다. 위계질서의 바닥에 있는 다수 노동자들은 순수한 관념으로 존재하는 듯하다. 임금이 이윤을 일정 부분 줄일 때에만 예외이다. 하지만, 어떤 점에서, 금융 및 관료의 통제는 극단적으로 정반대이다. 관료주의는 과거의 절차에 매몰돼 둔감해지는 경향을 띤다. 그와 반대로, 금융은 빛의 속도로 움직인다. 금융의 세계에서, 과거는 순간적인 이윤으로 바뀌는 기회에 견줘 전적으로 무의미하다.

금융 통제의 진전과 더불어, 주식시장은 기업 경영에서 중대한 결정권자로 변했다. 금융시장은 현재의 주식 가격을 성공의 지표로 사용한다.

  돈이 산업 부문에서 초단위로 이동하기 때문에, 경영진은 상대적으로 짧은 기간이라고 해도 주식 가격을 무기력한 상태로 내버려둘 수 없다. 더욱이 최고경영자의 보수는 대체로 주식 가격에 의존한다.

  헤지펀드와 연기금, 그리고 소수의 거부 주식 소유자들은 기업 간부들에게 강력한 요구를 한다. 성공적인 투자라는 그들의 기대를 충족시키지 못하는 CEO들은 쫓겨난다. 기업 경영자들은 이런 기대감에 저항하기 위해 앞으로 나설 수 없다. 심지어 그게 불합리할 경우에도 마찬가지다.

  훨씬 더 직접적으로, 금융 기관들은 사업을 재조직함으로써 "가치를 부가할 수 있다"는 구실로 기업을 장악한다. 일반적으로, 그 목적은 의심을 품지 않는 투자자들에게 기업을 팔기 위해 그것을 재포장하는 일이다. 하지만, 그 때는 이미 많은 수수료를 물고 과다한 부채를 떠안음에 따라 취약해져 실패에 이르고 만 이후일 뿐이다. 기업들이 이런 지경에 빠진 자신의 모습을 발견할 때, 너무나 자주 임금, 작업 부담, 그리고 안전에 관련된 것들을 노동자들로부터 더 많이 쥐어짜냄으로써 위기를 모면하려고 한다.

  기업 경영자들은 한 때 그러한 압박감으로부터 벗어나 있었다. 하지만, 20세기 후반에 이르러, 주식시장은 최고경영자들의 주요 관심사로 변했다. 미국의 전직 재무장관에 따르면, "미국 주요 기업의 최고경영자들이 증권 분석가(애널리스트)들에게 자기네 기업의 이야기를 들려주는데 일주일 또는 한 분기 이상을 써버리는 일은 드물지 않다."[11] 분기 이익 보고서에 관한 애널리스트들의 예측은 주식 가격을 결정하는 중요한 요인이며, 주식 가격은 최고경영자들의 운명을 결정한다. 금융시장을 만족시킴으로써 자신의 자리를 유지할 수 있는 CEO들은 경영자의 명성을 유지하면서 더 많은 자금을 마음대로 주무를 수 있다.

　압력을 행사하는 금융 쪽의 요구를 감안할 때, 경영진은 장기적으로 그 기업을 더 생산적이게 만드는 조처들보다는 다음 분기의 이윤 목표에 초점을 맞출 수밖에 없다. 그 결과, 금융의 압박은 기업으로 하여금 미래의 생산성을 높일 수 있는 실물 자본에 대한 과감한 투자와 노동자들의 훈련에 돈을 투입하는 일을 주저하게 만들기 일쑤이다.

　심지어 금융 관계자들의 직접적인 장악 아래에 있지 않은 회사들마저 산업체 운영자보다는 금융업자처럼 행동하곤 한다. 예를 들어 2007년 7월 미국의 석유화학회사 엑손Exxon은 모든 기업들이 당시까지 거둔 것 중 역대 네 번째로 큰 분기 이익 - 102억6천만 달러 - 을 기록했다고 밝혔다. 그러한 거대 이익은 축하할 만한 일로 누구나 기대했음직하다. 하지만, 2006년 2분기의 102억6천만 달러보다 약간 낮았기 때문에, 월스트리트는 엑손의 주식을 매물로 내던져 4.9%나 떨어뜨렸다. 주식 보유자들을 흡족하게 만들기 위해 엑손은 자본지출보다는 주식을 되사들이는 데 더 많은 돈을 쓰고 있었다.[12]

　금융은 경제에 또 하나의 위협을 대표한다. 프로크루스테스식의 획일주의가 현실의 수갑을 눈에 보이지 않게 만들었던 것과 똑같이, 그것은 가상의 부wealth를 현실적인 것처럼 보이게 만들었다. 최근의 경제적인 붕괴가 일단 시작되자, 수조 달러의 부가 하룻밤 사이에 모두 사라진 것 같았다. 사람들은 자기네 재산이 계속 늘어날 것이라는 환상을 품고 주택과 주식에 투자했

다. 시장 가치가 터무니없이 큰 허수의 수준으로 부풀었음에도 불구하고 말이다. 모든 경제의 기초를 이루는, 부를 만들어내는 실제적인 생산 활동에 사람들이 좀 더 많은 관심을 기울였더라면, 그러한 투자에 대한 전망에 훨씬 더 회의적이었을 것이다. 여기서 다시, 노동과 노동자들을 눈에 보이지 않게 만든 경제학자들의 노력은 거품 붕괴의 처참한 후유증에 이바지했다.

이윤을 위한 먹이사슬

금융 관계자들이 즉각적인 이윤 증대를 요구할 때, 기업은 수익 보고서를 조작함으로써 투자자들을 오도할 수 있다. 하지만, 오래지 않아 이런 속임수는 들통 나고 만다. 단기적으로, 경영진은 금융시장의 환심을 사고, 증권 분석가들로 하여금 자기 회사의 주식 가격이 높을 만한다고 믿게 함으로써 주가를 끌어올릴 수 있을지 모른다. 하지만 결국, 경영진은 실제적인 이윤을 창출해야 한다. 어쨌든, 투자자 또는 증권 분석가들에게 올바른 정보를 제공하거나 잘못된 정보로 그들을 오도하려는 시도는 생산적인 것에 쏟아졌어야 할 시간의 낭비일 것이다. 이윤 증대의 시동을 거는 노력 속에서 기업은 또한 투박한 관료체제에서 비롯된 결과로 고통을 당한다. 그러한 구조에서 꼭대기에 올라앉은 이들은 맨 밑바닥 층에서 무슨 일이 벌어지는지를 전혀 알 수 없다. 1980년대 초반 금융의 압박이 커지기 시작함에 따라, 명령 체계를 줄이는 일이 경영자의 인기 있는 주문(呪文)이 됐다. 하지만, 그게 최고경영자와 대다수 노동자들 간 거리의 단축을 뜻하지는 않았다. 그보다는, 중앙의 본부에서 실현 가능성에 관한 지식을 갖추지 못한 아래층 관리자들에게 목표와 할당량을 부과하는 동안, 중간층 관리자들이 흔적 없이 사라졌다.

그러한 구조적 변화에 상관없이, 기업들은 이윤 증대를 위한 응급 조처로 과감한 접근방식에 의존한다. 터무니없는 한 사례로, 미국의 전자제품 전문 소매회사인 서키트 시티 Circuit City는 2007년 4월 전체 노동력의 약 8%인 3,400명을 해고했다. 그들이 일을 못하고 있었다는 이유가 아니었다. 회사가 그들의 자리를 없애고 있던 것도 아니었다. 그 대신, 경영진은 노동자들(시간당 10에서 20달러를 버는)이 급여를 너무 많이 받고 있고, 회사는 임금을 덜 받는 새로운 종업원들로 그들을 대체할 것이라고 말했다. 당시까지 5년 안에 서키트 시티에서 이뤄진 그런 수준의 해고는 두 번째였다. 그것은 기업 효율성의 무자비함을 들여다 볼 수 있는 매우 분명한 창문 window을 제공했다.[13] 그로부터 2년 뒤 서키트 시티는 파산을 선언했다.

서키트 시티만큼 투박한 회사들은 드물다 해도, 때때로 불가능한 요구에 직면할 때 최고경영자들은 결국 자신의 부하들에게 책임을 떠넘기는 것 말고는 별다른 선택지를 갖지 못한다. 뒤이어 그 부하들은 훨씬 더 낮은 아래층의 종업원들에게 압력을 행사해 무시무시한 금융 쪽의 기대를 채우도록 해야 한다.

일반적인 실행 방식 중 한 가지는 노동자들과 심지어 전체 부서들을 할당량에 따라 순위를 매기는 방법을 만드는 것이다. 그런 뒤에 낮은 순위에 포함된 쪽을 제거한다. 최고경영자들은 투자 커뮤니티(공동체)에 대해 자기네 기업에서 고목 같이 쓸모없는 것들을 효과적으로 치워버렸다고 자랑스럽게 발표한다. 그들의 행동에서 초래되는 장기적인 결과에는 대개 무심하다.

숫자에 의한 경영은 인적 비용과 인간 잠재력의 파괴를 모두 무시한다. 임의적인 할당량이, 기업의 목표에 피상적으로 집중하도록 강

금융의 통제에 따른 가장 중대한 비용은 때때로 경제를 망쳐놓는 금융 위기이다.

제하는 데는 효과적일 수 있지만, 비생산적인 스트레스를 만들어낸다. 설상가상으로, 사람들로 하여금 회사 경영에 이바지하기보다는 자기 자신의 몫을 최대화하는 전략을 개발하도록 조장한다. 이는 또한 창조와 혁신의 기운을 억압한다. 즉각적인 이윤을 만들어내지는 않지만, 기업의 미래 생존을 위해 중요한 연구·개발R&D 같은 일은 취약해진다.

결국, 강한 압박을 받고 있는 관리자들은 자신의 할당량을 채우기 위해 원칙을 무시하고 지름길로 간다. 그들은 뒤처지지 않기 위한 노력을 기울이는 와중에 안전 문제는 소홀히 한다. 또는 사람들로 하여금 보상을 못 받는 초과 근무를 하도록 강제한다.

숫자에 의한 경영은 관료 체제의 꼭대기에 앉아있는 이들과, 일상적인 책임을 지고 있는 사람들 사이의 소통을 가로막는다. 후자는 노동자들 위로 떨어지는 궁극적인 부담을 떠안고서, 그들에게 큰 어려움을 초래하는 일 없이 기업의 목표를 어떻게 성취하는지를 설명하거나 바로잡을 수 있는 기회를 사실상 얻지 못하고 만다.

동시에 저 거대 기업들은 관리 구조를 납작하게 만드는 시도를 해왔다. 그 기업들은 게걸스러운 인수와 합병M&A의 물결에 의해 자기네 기업 구조를 훨씬 더 복잡하게 만들고 있다. 경쟁자들과 합칠 뿐 아니라 산업 전반에 걸쳐 합병을 단행한다. 결과적으로, 최고경영진과 일반 노동자들 사이의 거리는 계속해서 더욱 멀어져 간다. 노동, 노동자, 또는 노동 조건에 대한 친숙함은 사실상 불가능해진다.

하지만, 아주 사소한 역설의 징후도 없이, 복잡한 관료적 구조를 고안한 바로 그 기업 경영자들이 정부의 관료 체제(미 중앙은행인 연방준비제도이사회는 예외)에는 반대하면서, 정부에 대해 더욱 더 기업처럼 행동하라고 요구한다. 아마도 그들은 후버의 논문을 봐야 할 것이다.

물론, 금융의 통제에 따른 가장 중대한 비용은 때때로 경제를 망쳐 놓는 금융 위기이다.

그들이 노동자의 뇌에 바라는 것

현대 경제에 관한 개략적인 생각만으로도 시장에 대한 애덤 스미스의 유사 인도주의적인 견해에서 떨어져 나온 자투리를 모두 근절하기에 충분하다. 확실히, 시장은 스미스가 우리로 하여금 믿도록 했던 것만큼 그렇게 많은 기회를 제공하지 않는다. 특히 노동자들에게는 그렇다. 그 대신, 시장의 속성은 자유에 대한 찬사 속에서 무조건적인 규율을 요구한다.

절대 불변의 개념으로 세상을 틀에 짜 맞추는 것은 좋은 관행이 아니다. 자유는 좋지만, 무제한의 혼란은 그렇지 않다. 엄격한 규율은 성공을 보장하지 않는다. 하지만, 협력은 수직적인 통제보다는 훨씬 더 탁월한 결과를 만들어낼 잠재력을 지니고 있다. 요리사가 너무 많으면 수프를 망치는 반면, 나쁜 요리사를 책임자급에 두면 입맛을 돋우는 고기 요리를 만들어내지 못한다.

엄격한 위계질서는 개별적인 자주성을 파괴하는 경향을 띤다. 군대에서 벌어진 일화에 관한 출처 불명의 한 이야기는 엄격한 위계질서의 자기기만적인 속성을 잘 보여준다. 1707년 4대의 영국 군함이 지브롤터 Gibraltar (스페인의 이베리아반도 남단의 반도, 영국의 속령)에서 프랑스를 상대로 벌인 작전을 성공리에 마치고 귀국 중이었다. 하위직

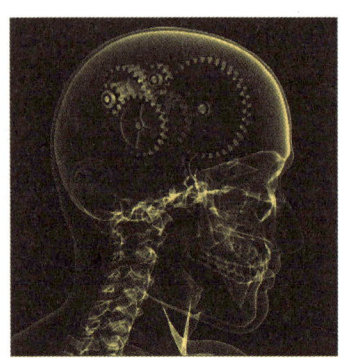
노동자의 뇌는 명령을 따를 뿐 그 밖의 다른 어떤 (창의적인) 것도 하지 않도록 작동되길 그들은 원한다.

수병 sailor 이 클라우드슬리 쇼벨 Cloudesley Shovell 장군에게 다가가 군함들이 위험에 빠져 있다고 말했다. 항해사의 공식적인 계산에도 불구하고 실리 제도 Scilly Isles 근방에서 살았던 그 수병은 군함들이 공해 open sea 에 있지 않았다는 사실을 알아차렸다. 그는 그 땅의 익숙한 냄새를 잘 알고 있었기 때문이었다. 노력한 보람도 없이, 그 수병은 불복종죄로 처형당했다. 항해사들의 실수와 장군의 규율 탓에 6,000명이 목숨을 잃었다.

프로크루스테스주의가 그러한 극적인 결과를 일상적으로 빚어내는 건 아니다. 엄격한 위계질서 탓에 빚어지는 대부분의 피해는 오랜 기간의 장구한 세월에 걸쳐 일련의 작은 실수들의 점진적인 축적에서 비롯된다. 부정적인 결과를 의식하지 못하는 관리자들은 자기네 시스템이 효율성의 본보기라고 믿을지도 모른다. 특히 노동자들이 고분고분하게 행동할 때 그렇다. 일본의 자동차 회사 도요타 Toyota 는 그에 반대되는 흥미로운 사례를 제공한다. 도요타는 성공한 사업가처럼 꼭 그렇게 노동자들을 무자비하게 다룬다.¹⁴ 그 회사는 종업원들을 거세게 몰아붙여 어떤 경우에는 심지어 과로사를 초래하는 것으로 유명하다. 그럼에도 불구하고 도요타는 여전히 노동자들에게 약간의 존경심을 보여준다. 이는 아마도 시장경제 이전의 일본에 남아있던 잔재인 듯하다. 나중에 대부분 값진 것으로 판명 나게 되는 노동자들의 제안을 담은 '포스트 잇' Post-it 노트로 뒤덮인 차에 관해 말해주는 보고서들이 있다.

"도요타는 1년에 1백 만 건의 새로운 구상을 실행한다. 그 대부분은 일반 노동자들로부터 나온 것이다……이들 구상의 대부분은 사소하고-예컨대 선반 위 부품에 더 쉽게 다가갈 수 있게 만드는 것-그것들 모두가 실행에 옮겨지는 것도 아니다. 하지만 점진적으로 도요타는 더 많은 걸 알게 되며, 그 이전에 견줘 일을 더 잘 수행한다."[15]

미국에서는 노동자들의 제안에 50달러를 보상하는 고용주는 〈월스트리트저널〉에 기사로 실릴 만할 정도로 매우 드물다.[16] 그러한 명목상의 지급이, 노동자들은 제안할 것들을 많이 갖고 있는 지적인 존재라는 암묵적인 인정보다 덜 중요하다. 경직적인 프로크루스테스주의자에게, 그런 비용은 대개 지불하기에 너무 과다하다.

동기를 부여받은 노동자들은 관리자들을 위해 나은 선택지를 단지 제안하는데 그치지 않고 실제로 훨씬 더 많은 일을 한다. 그들의 전문성은 생산 과정에서 중요한 차이를 만들어낼 수 있다. 예를 들어, 연료에 따라 생산비가 파격적으로 달라지는 석탄 화력 발전소에서, 숙련공은 연료 효율성을 3% 가량 높일 수 있다.[17]

미국 산업의 생산성에 관한 중요한 연구는 이탈리아 섬유 산업의 노동자들의 공헌과, 그에 대응하는 미국 쪽의 상대편을 이렇게 비교했다.

"이탈리아에서 우리는 고도로 숙련된 직기(베틀) 운전공들을 관찰했다. 그들은 직기의 기술적 가능성을 이용하고 새로운 제품들을 생각해내기 위해 직물 디자이너들과 함께 일하고 있었다. 미국에서 우리는 유명한 섬유 제조업자가 자랑삼아 말하는 것을 들은 바 있다. 그 공장에서는 오직 최고 관리자만이 직기 설치법을 알고 있으며, 직기 운전공들, 즉 '자동차 수리에 능해 좋은 자리를 차지하고 있다가 전락한 자들'은 직기 조작을 위한 특별한 훈련을 받을 필요가 전혀 없다고 그는 말했다."

그 보고서는 이렇게 결론을 맺었다.

"직무를 좁게 정하고 각각의 직무를 상대적으로 배우기 쉽게 만듦으로써, 미국의 산업은 다양한 기술을 갖춘 노동자들의 육성보다는 제한된 기술과 경험을 갖춘 노동자들을 상호 교환할 수 있도록 하는 탄력성을 추구했다. 종업원들은 비즈니스 사이클(경기 순환)의 상승 및 하락과 더불어 큰 효율성의 상실 없이도 고용되고 해고될 수 있다. 그 결과 노동자의 책임과 투입 범위는 점차 좁아졌다. 또한 노동자들을 개발돼야 할 자산이 아닌, 통제돼야 할 비용으로 여기는 관리의 경향이 점점 더 뚜렷해졌다."[18]

미국에 퍼져 있는 관행에 대한 이런 묘사는 분업에 관한 스미스의 견해와 맥을 같이 한다. 관리는 다소간 노동자들을 지정된 임무에 나눠 배치한다. 또 특정한 각 직무 안에서 각각의 노동자는 다른 이들과 마찬가지로 동일하다. 이들 노동자는 명령을 따를 뿐 다른 어떤 것은 하지 않을 것으로 여겨진다.

어리석은 공포

프로크루스테스주의는 노동을 희생시켜 자본에 혜택을 안겨주는 계급 구분을 강화함으로써 자신을 보호한다. 경영진이 노동자들에게 내보이는 경멸감은 관리의 위계질서 속에서 복제된다. 다층적인 위계질서는 잠재적인 기회에 관한 정보의 확산을 훨씬 더 어렵게 만든다.

개별 자본가들은 자기네 위계질서를 덜 엄격하게 만듦으로써 득을 볼 수 있을지 모른다. 하지만, 경영진은 너무나 강력하게 프로크루스테스주의와 자신을 동일시하기 때문에 자기 자신의 이익을 알아차릴 수 없는 지경에 이른다.

노동자들의 제안을 듣기 위해 충분히 진지하게 그들을 다루는 게 프로크루스테스적인 업체에서도 적절한 배당을 보장받을 수 있음을 도요타의 사례는 보여주고 있다. 문제는, 프로크루스테스주의가 노동자들을 살아있는 도구 이상의 존재로 바라보지 못하도록 경영진을 방해하는 사회적 관계 시스템을 만든다는 점이다. 제작 현장의 감독자에서부터 최고경영진에 이르기까지, 사람들은 자기보다 아래에 있는 이들보다 상대적으로 높은 지위에서 위안을 얻는다.

협력이 위계질서보다 더 효율적인 것으로 판명날 수 있다는 공포 탓에 경영진은 전통적인 통제 기법을 더 강화할 수도 있다. 절대적인 관리의 통제에 대한 강박적인 유혹을 보여주는 한 극적인 사례가 있다. 하버드 비즈니스 스쿨의 교수 쇼샤나 주보프Shoshana Zuboff는 제지 공장들의 컨설턴트(자문역)로 일했던 그녀의 경험에 관해 보고했다. 컴퓨터 제어가 그 산업에 처음으로 도입되었던 1980년대의 일이다. 타이거 크리크 밀Tiger Creek Mill이라고 불렸던 한 공장에서 모든 직원들이 처음으로 새로운 컴퓨터 시스템에 접근할 수 있는 권리를 갖게 됐다. 생산 라인에 있는 노동자들도 예외가 아니었다. 노동자들은 경영진처럼 비용과 가격에 관한 동일한 정보를 볼 수 있었다. 처음에, 노동자들은 새롭게 포착된 정보를 활용해 생산 과정을 이윤 획득에 유리한 쪽으로 수정했다. 경제 이론과 기업 논리에 따르면 그 기업의 이윤 확대에 공헌한 이들 노동자들에게 경영진이 보상을 해줬을 것이라고 우리는 기대하게 된다. 실제로는 그와 달랐다. 노동자들이 관리 통제를 적어도 부분적으로는 부적절하게 만들 수 있다는 가능성에 공포심을 느낀 경영진은 그 컴퓨터 시스템에 접근할 수 있는 노동자들의 권리를 재빨리 축소시켰다.[19]

정보가 핵심적인 투입 요소인 조직이라면 어디에서나 그러한 정보 공유가 무엇보다 우선되어야 한다. 게다가, 정보 공유는 다른 방식으로 생산성을 자극할 수도 있다. 스탠포드 대학 교수인 제프리 페퍼Jeffrey Pfeffer는 정보 공유가 일터에서 신뢰의 수준을 높일 수 있다는 사례를 보여줬다.

"상대방과 정보를 공유한다는 것은 그를 신뢰한다는 뜻이다. 그러한 신뢰는 화답을 받게 될 것이다. 그와 반대로, 어떤 회사가 종업원들을 배제한 채 비밀을 유지할 때, 이는 그 회사가 비밀을 유지하기 위해, 또는 보류된 그 정보를 효과적으로 이용하기 위해 종업원들을 신뢰하지 않는다는 것을 의미한다. 그런 불신과 무시의 감정 또한 마찬가지로 화답을 받게 될 것이다……분권화된 의사 결정도 종업원들의 경쟁력에 대한 신뢰와 믿음을 뜻한다. 이는 다시 상호주의의 법칙을 보증한다."[20]

사회학자 리처드 세넷Richard Sennett은 그 자신의 경험담을 전해줬다. 신뢰의 중요성을 직접적으로 증언하는 내용이었다.

"나는 30년의 세월을 두고 서로 떨어져 있는 산업 현장의 두 가지 사고에서 정보 신뢰의 강함과 약함을 목격했다. 첫째, 낡은 방식의 한 공장에서 화재가 발생했고, 소화 노즐 회로가 고장 난 것으로 드러났다. 현장 노동자들은 서로서로 누가 무엇을 결정해야 할 지에 대해 충분히 잘 알고 있었다. 관리자들은 꽥꽥거리면서 명령을 내렸다. 하지만, 그러한 위기 상황에서 아무도 그들에게 관심을 기울이지 않았다. 그 공장에 끼쳐진 피해는 강력한 정보망에 의해 곧 통제됐다. 그로부터 30년 뒤 나는 우연찮게 실리콘 밸리의 한 공장에 가 있었다. 공기 조절 시스템이 유독가스를 뿜어내는 대신 빨아들이기 시작할 때였다. 이 하이테크(첨단기술) 빌딩에서 벌어진 뜻하지 않은 설계상의 재난이었다. 작업팀들은 서로 뭉치지 않았다. 많은 사람들이 위험스럽게 입구를 찾아 우르르 몰려갔다. 그 여파로, 관리자들은 3,200명의 사람들로 이뤄진 이 공장이 이를테면, 단지 '서류상 피상적으로만 조직돼 있을 뿐'임을 깨달았다."[21]

불행히도, 타이거 크리크 사고가 보여준 것처럼, 통제는 이윤보다 더 매력적인 듯하다. 권력과 통제권의 행사는 그 자체로 주요한 향유의 원천으로 변했다. 그에 덧붙여 기존의 특혜를 보호한다. 빌 왓슨(45쪽)이 일했던 자동차 공장에서 벌어졌던 일이다.

세넷은 정보를 공유하는 경영보다는 더 깊은 수준의 신뢰가 중요하다는 점을 깨달았다. 그가 맞닥뜨린 신뢰는 경영진을 믿는 노동자들이 아니라 상호 신뢰 – 집단적인 힘의 발견 – 였다.

암석 외부가 막 떨어져 나가는 찰나까지 망치질을 하는, 미국의 사회운동가 제이콥 리스의 석공石工 이미지를 돌이켜 생각해보라(11쪽). 지나칠 정도로 많은 신뢰와 존경을 허용하는 것은 프로크루스테스주의의 체계를 위협한다. 많은 고용주들은 전반적으로 새로운 사회적 관계 시스템의 갑작스런 출현이라는 위험을 감수하기보다는 단기적인 이윤 중 일부를 포기하는 게 더 낫다고 생각한다.

집단적인 힘에서 뿜어져 나오는 잠재력의 암시는 오픈소스 open-source 운동에서 엿볼 수 있다. 여기서 수천 명의 프로그래머들은 소프트웨어 규모의 증가에 자발적으로 기여한다. 일부 사람들이 이런 투입을 조정하는 책임을 지지만, 누구도 그 프로그래머들에게 명령을 내리지 않는다. 그들은 모두 자발적인 봉사자들이다. 하지만, 오픈소스 운동은 거대한 '마이크로소프트 제국' Microsoft empire 의 제품들보다 대체로 뛰어난 소프트웨어를 그럭저럭 생산해낸다.

마이크로소프트의 인터넷 익스플로러 부문에서 얼마나 많은 사람들이 일하는지를 당시까지 나는 알 수 없었다. 거대한 규모인 마이크로소프트의 운영 방식을 이해시키기 위해, 그 회사는 2008년에 종업원을 1만1,200명 더 늘렸다.[22]

2008년 끝 무렵 단지 175명의 종업원들을 거느린 자그마한 '모질라 재단'Mozilla Foundation (2003년 창립된 소프트웨어 관련 비영리 재단)은 다수의 중요한 소프트웨어 프로젝트들을 조직하고 있었다. 여기에는 대부분의 전문가들이 마이크로소프트의 인터넷 익스플로러보다 뛰어난 것으로 여기는 웹 브라우저web browser 파이어폭스FireFox도 포함돼 있었다.[23] 마이크로소프트는 모질라보다 더 많은 프로젝트들을 갖고 있지만, 브라우저 부문에 투입된 인력 규모는 모질라의 종업원 수보다 몇 배 더 많은 게 틀림없다. 마이크로소프트는 다수의 중요한 부문에서 주도적인 모질라를 따라가는 일을 단념했다.

결국에는 이처럼, 투박한 통제의 기법이 표면적인 순종을 강제할 수 있지만, 궁극적으로 그것은 사람들의 온전한 잠재력을 이용할 수 없게 된다. 프레드릭 로 옴스테드(216쪽)는 노예제에 관해 그와 똑같은 점을 말했다. 하지만, 그는 그의 통찰력을, 미 북부 지역 주Northern state들에서 일어나고 있는 일에 결코 연결 짓지 않았다. 누구도 다른 사람으로 하여금 효과적으로 일하게 만들 수 없다는 게 더 일반적인 교훈이다. 심지어 총이나 칼로 협박하더라도 마찬가지다. 그 일이 어떤 기술이나 재량권을 필요로 한다면 특히 그렇다.

살아있는 기계 부품

인간관계에 관한 연구는 기업이 어떻게 노동자들로부터 최대의 노력을 뽑아낼 수 있는지를 이해하는 데 집중한다. 여기서 드러난 바, 존경과 신뢰 위에 구축된 관계를 강화하지 않고서는 이윤을 극대화하는 노력에서 기업은 실패하고 만다. 이 부문에서 이뤄진 연구에도 불구하고, 기업은 노동자들을 육성하기보다는 협박과 위협에 의한 관리를 여전히 주장한다.

인간관계 연구자들은 다른 견해를 제시한다. 고용을, 잠재적으로 지속되는 관계맺음으로 이해한다는 것이다. 이 분야는 급진적인 개혁과 연결되지 않는다. 이윤을 뽑아내기 위해 덜 노골적인 프로크루스테스적인 방법을 이용할 뿐이다. 예를 들어, 미국경제학회의 〈경제전망 저널〉Journal of Economic Perspectives에 게재된, 인관관계와 경제학에 관한 한 학술토론회에서 제프리 페퍼는 경제 이론과, 익히 알려진 인간관계 관행-기업으로 하여금 더 나은 성과를 거두도록 보증하는-사이의 이해할 수 없는 단절 문제를 다뤘다. 그 문제는 노동자들보다는 기업 자체의 시각에서 비롯되는 경우가 많다.

"수많은 산업과 국가들에서 이뤄진 연구 작업에서 비롯된 광범위한 증거는 이런 관점을 뒷받침한다. 또한 우리가 고도의 경영 기법을 찾을 수 있게 도와준다. 이와 함께 활동적이고 성공적인 조직을 구축하는데 필요한 것은 대부분 잘 알려져 있을 뿐 아니라 집행 과정에서 꼭 큰 비용을 잡아먹는 것도 아니라는 사실에도 불구하고 다수의, 아마 대부분의 조직들은 지금껏 적절한 행동을 취하지 못했다. 그에 따라 이는 어떤 의미에선, '돈을 테이블 위에 헛되이 내버려두는 것'이다."[24]

빌 왓슨이 묘사했던 자동차 공장에 형성돼 있는 그런 종류의 적대감은, 기업이 노동자들과 맺는 관계를 단기적인 시야로 이해한 탓에 입는 훨씬 더 명백한 종류의 손실을 보여주는 극명한 사례이다. 그에 덧붙여 제프리 페퍼는 이렇게 지적했다. "현재 득세하는 경제 이론들은 또한 신뢰와 협력을 이끌어내기 쉽지 않은 언어로 채워져 있다.

그나마, 부드럽게 말해서 그렇다."[25]

경제학자들에 관한 유명한 사례들을 대거 나열한 뒤, 페퍼는 널리 읽혀진 또 다른 문헌으로 돌아갔다. 실제 생활에서 경제학자들은 대부분의 사람들보다 훨씬 더 이기적으로 행동하는 경향을 띠는 것으로 이 문헌에는 드러나 있다. 이 자료에 바탕을 두고, 그는 이런 결론을 내린다.

"이기적인 행동, 만연하는 기회주의, 그리고 이해 갈등을 강조하는 훈련에 따라 그 훈련과, 이런 생각들을 표현하는 데 이용되는 언어에 노출된 이들 쪽에서 협력하는 행동이 훨씬 적어질 것이라는 점은 그다지 놀랍지 않은 일이다."[26]

그 학술대회에 제출된 또 다른 논문, 〈존중하기〉Paying Respect 는 금전적인 유인책(인센티브) 뿐 아니라 존중이 더 나은 성과를 거두도록 노동자들을 어떻게 북돋을 수 있는지를 설명한다. 하지만, 경제학자들은 존중을 감안하는 것을 어려워한다. "존중은 시장에서 쉽게 거래될 수 없기 때문이다."[27]

프로크루스테스주의에 관한 이런 부드러운 비판마저도 경제학자들을 불편하게 만든다. 인간 행동에 관한 그들의 기본적인 가정에 의문을 제기하기 때문이다. 에드워드 라지어Edward P. Lazear 를 비롯한 2명의 경제학자를 예로 들 수 있다. 에드워드 라지어는 조지 W. 부시 행정부 당시 수석 이코노미스트로 봉직하고 있었으며, 또한 인간관계에 관한 이 학술대회에도 참가했다. 그들의 논문은 흥미롭다. 인간관계 이론가의 논문들을 대체로 무시하기 때문이다. 그 대신, 그들은 이렇게 불평을 한다. "인적자원 전문가들의 연구 주제는 흥미로웠지만, 비非경제학자들의 접근 방식에서는, 경제학자들에게 익숙해진 정형화된 이론 틀이 부족했다."[28] 정형화된 이론 틀은 노동 과정을 노골적으로 배제하고, 그 대신 상거래 행위들을 강조했음을 떠올려 보라. 이들 경제학자는 금융경제학financial economics을 '인적자원 관리 경제학personnel economics의 모델'로 제시했다. 수십 년 전 금융 부문에서도 정형화된 접근법이 부족했던 것처럼, 인적자원 관리 경제학 역시 경제 이론의 정형화된 형식으로부터 혜택을 입을 수 있을 것이라고 그들은 주장했다.[29] 역설적으로, 그 논문은 금융경제학의 교훈이 경제를 낭떠러지로 내몰고 있을 바로 그 시점에 모습을 드러냈다.

앞에서, 라지어는 주류 경제학자들이 왜 과거의 인적자원 관리법을 불쾌하게 느끼는지를 이렇게 정당화했다. "그것은 느슨하고, 초점을 잃고 있으며, 임시변통 방식이었다. 또한 거기에는 경제학자들에게 익숙한 엄격한 이론 틀이 부족했다."[30] 관리 이론에서 드러나는 '엄격한 이론 틀'의 미흡이라는 점에서는 라지어가 옳았다. 하지만 인적자원 관리에 관한 연구를 이론적인 엄격함이라는 프로크루스테스의 침대 속으로 강제로 밀어 넣는 것은 학술적인 연습이라는 점을 빼면 어떠한 적합한 의미도 지니지 못한다. 그에 따라, 라지어와 그의 공동 저자는 인간관계를 다루는 논문의 복잡성을 고려하기보다는, 경제학자들이 앞으로 나아가 그들의 이론적 도구를 이 주제에 적용해야 한다고 제안했다. 하지만, 사실상, '인간관계'에서 '인간'을 제거할 뿐이다. 이런 형식적인 이론 틀은 문제의 일부일 뿐, 해법이 아니다.

경제학은 프로크루스테스적인 관리 전략을 거의 전 세계에 걸쳐 적용하는 일에 공헌한다. 교수들은 학부의 기초단계에서 시작해 대학원으로 이어질 때까지, 기업들이 어떻게 이윤을 극대화할 수 있는지를 경제학과 학생들에게 반복적으로 가르친다. 불행히도, 이런 메시지를 전달하는 데 이용되는 이론 모델은 대체로, 사건이 실시간으로 벌어질 때 기업이 의사결정을 해야 하는 방법을 포함하지 않는다. 또는 그런 방법을 포함하는 드문 경우에도, 그 모델은 기업이 직면하는 일종의 불확실성을 배제한다.

이 책에 훨씬 더 적절한, 이런 모델은 장기적인 결과에 관한 부족한 관심과 더불어, 기업이 시장 조건에 따라 어떻게 노동을 늘리거나 줄이는지를 보여준다. 그러한 모델은 아마도 기업의 행동을 다소 정확히 묘사한다. 기업이 생명 없는 투입물처럼 노동을 구입하는 경향을 띤다는 점에서 그렇다. 하지만, 기계 또는 다른 투입물과 달리, 노동자들은 성장하고 발전할 수 있는 잠재력을 지니고 있다. 장기적인 역량을 구축하기보다 노동자들을 거세게 몰아붙이는 것은 단기적인 이익을 만들어낼지는 모른다. 하지만, 그것은 장기적으로는 커다란 비용을 초래한다.

노동자들 스스로 이런 비용에 따른 즉각적인 타격을 입는다. 시일의 경과에 따라, 과로는 시스템 전반에 피해를 끼치며, 자본가들의 미래에도 손실을 초래한다. 하지만 개별적인 고용주들 쪽에는, 자기네 종업원들에게 지워진 짐을 경감시켜주고자 하는 인센티브(동기)가 없다. 종업원들이 더 이상 보조를 맞춰 따라오지 못할 지경에 빠지면, 고용주들은 갈아치우게 될 것이다. 그 시스템의 자기 파괴적인 속성을 보여주는 또 하나의 사례가 여기에 있다.

노동자를 물건처럼 취급하는 것은 또한 프로크루스테스주의자들을 위한 중요한 심리적 목적을 채워준다. 번영의 안락함은 경기 규칙(게임의 룰)을 준수하면서 고되게 노동하는 사람들의 희생에 달려있

지 않다. 그 대신, 번영의 문을 여는 열쇠는 관리에 관한 지식과 기술이다. 그 결과, 노동자들은 번영의 상당 부분을 공유할 만한 존재로 취급되지 않는다. 이 시스템의 규율을 강화하기 위해 권위주의적 조처들 – 직접적으로 적용되든 또는 장막 뒤에서 대기하든 – 이 불가피해진다.

미묘한 저항

앞에서 우리는, 노동자를 기계 부품으로 여기는 경제학자와 고용주들의 광범위한 인식에 관해 논의했다. 제2차 세계대전 당시 런던에 살던 가난한 난민으로, 훗날 유력한 학자 반열에 오르고, 영국 외무장관(2007~2010년 재직한 데이비드 밀리밴드)의 아버지이기도 했던 랄프 밀리밴드Ralph Miliband, 1924~1994 (벨기에 태생의 영국 사회학자)의 일기는 이런 비인간적인 태도에 대한 문화적인 반응을 조명한다. 밀리밴드는 친절, 사악, 무시, 예속 및 가상의 노예 상태, 이 특정 분야의 비숙련 노동 계급이 자기네 주인들을 향해 품고 있는 실제적인 경멸감의 기묘한 결합을 기록했다.[31] 그 결과, 지배자들은 그들이 고용하고 있는 '살아있는 물건들'로부터 절대적인 순종을 기대함에도 불구하고, 그들은 피상적인 순종만 끌어낼 수 있을 뿐이다. 이는 외관상의 순종에 지나지 않을 것이다. 사람들이 신뢰와 존중을 받지 못할 때 특히 그렇다.

고용주들이 직면하는 문제의 일부는, 그들의 명령 틀을 효과적으로 짜는 게 거의 불가능하다는 점이다. 부하 직원이 명령을 실행하는 것을 보장하기 위해, 고용주는 분명한, 완벽한, 그리고 확실한 방식으로 명령을 전달하는, 사실상 불가능한 도전 과제에 맞닥뜨린다. 하지만, 비싼 변호사가 마련한 계약서 속에서 정형화돼 있음에도 불구하고, 명령은 사실상 불가피하게 어떤 모호함을 포함하기 마련이다.

건설업에 종사하는 사람이라면 누구나 거기에 얽힌 어려움을 이해한다. 원가보상계약cost-plus arrangement은 효율성을 높일 아무런 인센티브(동기)를 제공하지 않는다. 고정된 분량을 위한 계약은 원칙이나 절차를 무시하는 인센티브를 만들어낸다. 처리된 일이 아무리 조잡하더라도, 빌딩 감독자의 점검을 통과하기만 하면, 계약자로서는 돈을 받을 것이기 때문이다. 산출물이 모든 관련자들을 만족시킬 수 있을 정도로 충분히 정확하게 그 일의 세부 내용을 명시할 수 있는 사람은 아무도 없다. 그 프로젝트(사업)에 관한 충분한 지식을 갖춘 사람들에게도, 모호함을 없애기에 충분할 정도로 설계 명세서를 상세하게 만드는데 필요한 시간은 지나치게 길 것이다. 수많은 법학·경제학 논문들에서, 부하 직원이 자신의 이익과 상사의 것이 일치한다고 느끼도록 하기 위해 지휘권을 체계화하는 방식들을 탐구하면서, 이른바 '주인/대리인 문제'principal/agent problem를 해결하려고 갖은 애를 써왔다. 인센티브(동기)를 조정하는 정형화된 방법을 발견한 사람은 아무도 없다. 어떤 직무가 너무 단순해서 관리를 통해 지시사항들 중 마지막 한 방울의 모호성까지 짜낼 수 있다면, 그 일은 살아 숨쉬는 인간 존재보다는 로봇에게 더 이상적으로 보일 것이다. 지시사항들에서 초래되는 모호성은 부하 직원들에게 자신의 의지를 실행할 수 있는 일종의 자유를 부여한다. 이는 통제를 받도록 돼 있는 이들에게 손해를 끼치곤 한다.

내가 대단히 좋아하는 문학작품들 중 하나는 이런 딜레마를 집중적으로 다룬다. 체코의 작가 자로슬라브 하세크Jaroslav Hasek, 1883~1923의 1912년 소설 〈선량한 병사 슈베이크〉The Good Soldier Sveijk는 제1차 세계대전의 혼란 속에서 포로로 붙잡힌 보헤미안 군인에 관한 매력적인 이야기이다. 이 책에 담겨있는 대부분의 유머는 슈베이크의 상관들이 그에게 준 모호하고 과장된 명령을 이해하는 그의 방식에서 비롯된다. 명령을 글자 그대로 이해함으로써, 그는 대개 그가 원하는 것을 모두 할 수 있다. 터무니없는 그의 행동을 설명하라는 도전

자로슬라브 하세크의 소설 〈선량한 병사 슈베이크〉를 묘사한 일러스트

에 직면했을 때, 슈베이크는 움츠리지 않고 정신병자라고 자랑한다. 그의 상관들에게는 대단히 실망스러운 일이고, 몇 세대에 걸친 독자들에게는 매우 즐거운 일이다. 결국, 고용주들이 기계, 심지어 '살아 있는 기계들'로부터 어떻게 경쟁력을 기대할 수 있겠는가?

슈베이크 같은 행동은 허구의 세상에만 한정돼 있지 않다. 슈베이크의 상관들을 정신없게 만들어놓았던 그와 똑같은 결함은 전형적인 권위주의적 관계맺음을 성가시게 만든다. 부자유스러운 일꾼들이 '사고'를 내기 쉽기 때문에, 노예 주인들이 이를 막기 위해 무거운 장비를 어떻게 사용해야 했는지를 떠올려 보라.

가공의 인물 슈베이크가 바보짓을 저지르는 동안, 은밀하게 관리자들에게 도전하는 것은 자부심의 원천일 수 있다. 특히 관리자가 노동자들을 무례하게 다룰 때 그렇다. 휴렛 팩커드 Hewlett Packard 의 공동 창업자인 데이비드 팩커드 David Packard 는 그의 사회생활 초기에, 통제 장치를 뒤엎으려는 거의 본능적인 이런 욕구에 관한 점을 알아차렸다.

"1930년대 후반, 내가 제너럴 일렉트릭에서 일하고 있었을 때⋯⋯ 공장 보안 문제를 놓고 법석을 떨고 있었다⋯⋯GE는 특히 도구와 부

품 통들을 지키는데 열성이었다. 종업원들이 무언가를 훔쳐가지 못하도록 하기 위해서였다. 명백한 이런 불신의 표현에 직면한 다수의 종업원들은 그들이 할 수 있을 때마다 언제든지 도구와 부품들을 들고 나가면서, 그게 정당함을 증명하기 시작했다……HP 출범 때, GE의 기억이 여전히 생생했고, 나는 부품 통들과 창고를 항상 개방하도록 결정했다……부품 통들과 창고를 개방한 것은 두 가지 중요한 측면에서 HP에 득이 됐다. 현실적인 관점에서, 부품과 도구에 쉽게 접근할 수 있는 권리는 제품 디자이너들에게 도움을 줬다. 집에서 또는 주말에 새로운 구상을 짜내는 다른 이들에게도 도움이 됐다. 덜 구체적이지만 중요한, 두 번째 이유는, 부품 통들과 창고의 공개는 신뢰의 상징이었다. 신뢰는 HP의 사업 방식에서 중심적인 것이었다."[32]

불행히도 팩커드만큼 지혜로운 관리자는 매우 드물다.

슈베이크의 후예들

엔지니어인 스탠리 매튜슨Stanley Mathewson 은 '선량한 군인 슈베이크' 같은 직무 묘사에서 자동차 공장 노동자들이 허점을 찾는 것에 관한 고전적인 묘사를 이렇게 전했다.

"거대 자동차 공장에서 일하는 한 멕시코 사람이 자동차엔진 실린더 헤드에 붙어있는 너트(암나사)를 마지막으로 조이는 일을 맡았다. 이 부품의 주변에는 12개 또는 그보다 많은 너트들이 있다. 그 엔진은 컨베이어 위에서 그 멕시코 사람을 재빨리 지나쳤다. 그에게 내려진 지시사항은, 느슨해져 조여야 할 너트를 1~2개 발견하면 모든 너트들을 점검하는 일이었다. 하지만 3개 또는 그 이상이 느슨해져 있었다면, 그는 그것들을 조일 수 있는 시간을 확보할 수 없었다. 너무 많은 결함투성이 엔진들이 그 작업 라인에서 나오는 것에 놀란 감독자는 그 멕시코 사람이 이미 느슨해진 2개의 너트를 볼 때마다 3번째 너트를 풀어버리고 있는 것을 발견했다."33

너트 2개를 조이는 것보다 너트 1개를 풀어버리는 게 덜 힘들었다. 유명한 철도 관리자이자 프레드릭 윈슬로우 테일러의 제자였던 경영 컨설턴트 해링턴 에머슨Harrington Emerson, 1853~1931도 비슷한 사건에 대해 이야기한 바 있다.

"철도 트랙 감독자와 범죄조직이 30피트짜리 철제 레일을 잿더미와 흙먼지 아래에 묻어버리는 게 최근 목격됐다. 철제 레일을 절약할 수 있는 곳에서 그것을 집어 들거나 제자리에 두기보다는 묻어버리는 게 훨씬 더 편하다."34

지금은 엄격한 규율을 강조하는 리처드 체니Richard Cheney 부통령이, 지난 2004년 재선 캠페인을 벌이는 동안, 슈베이크 같은 그 자신의 과거를 떠올렸다. 1960년대 초반 젊은이였던 체니는 와이오밍Wyoming 주에 있는 발전 회사에서 전선 보수 기술자로 일했다. 구리선이 비쌌기 때문에, 전선 보수 기술자들은 3피트 또는 그보다 긴 미사용 전선 조각들을 모두 반납하라는 지시를 받았다. 체니와 그의 동료들은 지시를 따르는 데서 비롯되는 번거로운 서류 작업을 하는 대신 다른 해법을 찾아냈다고 그는 말했다. 그것은 바로 전선을 '짧게 만드는 방법'이었다. 즉, 전선을 짧은 조각들로 잘라 마지막 근무일에 그 잔재를 아무렇게나 던져놓는 식이었다.35

노동자들은 경영진의 권위를 뒤엎는 창의적인 다른 다양한 방법들을 사용한다. 한 예로, 이스턴항공Eastern Airlines의 조종사들은 지연 전술로 고용주를 압박하는 고전적인 전략을 뒤엎었다. 그 대신 조종사들은 더 빠른 속도로 비행했고, 이는 더 많은 연료를 태웠다. 승객들은 비행 시간 단축이라는 편의를 누렸을지 모르지만, 여분의 연료 비용은 기업의 수익성을 훼손시켰다.

'준법 투쟁'이라는 아이러니

기업은 때때로 정교한 공식 정책들을 꾸며냄으로써 슈베이크 같은 행동을 무심코 조장한다. 경영진은 이런 명령들을 노동자들이 심각하게 받아들일 것이라고 기대하지 않는다. 그렇게 하는 것은 시간을 너무 많이 잡아먹기 때문이다. 이들 정책의 실제 목적은 경영진으로 하여금 책임을 회피할 수 있게 해주는 것이다. 나쁜 결과가 나왔을 경우, 경영진은 엄격한 회사 정책에 순종하지 않은 무책임한 노동자들을 비난할 수 있다. 이런 방식은 작업장에서 벌어진 심각하고 치명적인 사고 때 특히 유용하다.

노동자들이 노골적인 저항에서 비롯되는 영향을 두려워할 때, 그들은 때때로 이런 명령들을 곧이곧대로 따른다. 이는 대개 일처리의 지연을 초래하고 이윤을 깎아먹는다. 예를 들어 통신회사 버라이즌Verizon 쪽과 다투는 동안, 노동자들은 '준법 투쟁'Work to Rule 전략을 채택했다. 노동자들의 행동에 관한 어느 한 설명에 따르면 이렇다. "기술자들은 매일 아침 20분에 걸친 트럭 안전점검으로 하루 일과의 시작을 지연시켰다. 그 점검 작업에는 2명이 관련됐다. 1명은 트럭을 운전하고, 다른 1명은 방향 지시등, 브레이크등, 그리고 수압 승강기hydraulic lifts를 검사했다. '워터타운Watertown 차고에서 대개 아침마다 공중에서 회전하는 승강기와 더불어 100대의 버킷 트럭bucket trucks 100대를 볼 것'이라고 IBEW 로컬Local 2222에서 일하는 비즈니스 에이전트 데이브 리어돈Dave Reardon은 말했다. 그게 관리자들을 미치게 만들었다. CWA 로컬Local 1103의 현장 기술자이자 간사Steward인 스티브 카니Steve Carney는 '주 및 연방 규제 장치에서는, 우리가 맨홀 속이나 고속도로 근방에서 일할 때는 적절한 신호들 - 표지판, 원뿔형 교통표지, 깃발 - 을 꺼내놓는 것을 요구한다'고 말했다. 우리는 적절한 신호 장치들을 갖추지 못한 트럭들을 몰고 나가는 것을 거부했다."36

슈베이크 모방하기는 이렇다.

"미국 통신 및 미디어 노조 CWACommunications Workers of America의 자료에는 노동자들이 준법 투쟁을 벌이는 방법을 담고 있다. '결코 기억에 의지하지 말라, 표준물질reference material을 점검하라' 그리고 '결코 당신 스스로 판단을 내리지 말라 - 질문하라!' 이 전술은 '외근' 노동자들, 즉 지하 기반 시설을 유지 관리하며 통신 회선과 장비를 설치하고 수리하는 이들에게 강력한 무기였다. 이들 기술자한테는 작업을 마무리하기 위한 최선의 방법을 결정지을 수 있는 자유가 있었다. 평상시에, 그들은 일을 빨리 마무리하기 위해 자주 회사 규정(룰)을 무시했다. 하지만, 준법 투쟁을 벌이는 동안에, 그들은 운송부의 규칙을 곧이곧대로 따랐다."37

그러한 행동은 경영진을 격분시킬지 모른다. 반면, '평상'시에 사고가 일어났다면, 그 회사는 회사 정책을 따르지 않았다며 종업원에게 책임을 물렸을 것임을 당신은 확신할 수 있다.

준법 투쟁 전략은 조직화한 노동자들에게 한정되지 않는다. 때때로 개인들 또는 소규모 노동자 집단들도 극도의 좌절감에서 비롯된 준법 투쟁 전략을 비공식적으로 채택한다. 할리 샤이컨Harley Shaiken은 기계 제작소의 사례를 이용해 이렇게 말한다.

"대부분의 작업장에서 볼 수 있는 익숙한 장면이 있다. 한 더미의 청사진(블루프린트)을 갖고 들어온 엔지니어가 현장 노동자에게 특정한 작업이 실현 가능한지를 묻는 모습이다. 기계 제작 기술자는 그 청사진을 주의 깊게 연구한 뒤 엔지니어를 보며 이렇게 말한다. '글쎄요, 이처럼 시도해볼 수는 있겠지만, 그것은 결코 작동하지 않을걸요.' 그 기계 제작 기술자는 연필을 그러쥐고선 그 청사진에 교정 표시를 한다. 오랜 시일의 경험에 바탕을 두고서 그 작업을 사실상 새로 디자인(설계)하는 것이다……[한 작업장에서] 경영진이 점심 및 세수 시간을 엄격히 제한하는 캠페인(운동)을 벌이기 시작했을 때, 어떤 기계 제작 기술자의 자체 판단은 사라지기 시작했다. 이때를 즈음해 한 감독자가 '화급한' 일거리를 들고 작업장에 들이닥쳤다……그 작업이 빨리 마무리되도록 안달복달하는 그 감독자는 기계 운전자가 고속으로 선반을 운전하고, 드릴(천공기)을 그 부분으로 밀어 넣어야 한다고 주장했다. 정상적인 상황이었다면, 그 기계 운전자는 이런 접근 방식에서 벗어나야 한다고 감독자에게 이야기하려 했을 것이다. 하지만, 직접적인 명령을 받은 뒤에는 마땅히 해야 할 그런 의무를 이행하지 않았다. 그 부분은 파편으로 변했을 뿐 아니라, 그 선반의 일부가 고속 운전에 따른 마찰 탓에 파랗게 변했다. 규율 강화 캠페인은 오래 가지 못했다."[38]

조앤 그린바움 Joan Greenbaum은 불만스러워하는 영국인 타이피스트 집단에 대해 얘기한다. 그들은 말한 내용을 정확히 기록함으로써 상사들에 대한 불쾌감을 표현했다. 만일 경영진이 '아, 안돼'Oh, no, typist라고 말하면, 그들은 그대로 타자를 쳤다. 그들은 '음'um, '에'eh를 비롯해 테이프에 기록된 모든 소리들을 주의 깊게 기록했다.[39] 복잡 미묘한 관료 체제는 슈베이크 같은 행동을 증폭시킨다. 명령이 한 층에서 다음 층으로 내려가면서, 슈베이크처럼 될 수 있는 여지를 만들어내기 때문이다. 리처드 세넷은 이렇게 기록했다.

"지휘 계통을 거쳐 명령이 하달됨에 따라, 각각의 직원은 명령을 행동으로 '옮긴다'. 이는 직원들에게 상당한 재량권을 허용한다. 어린 아이 같은 순진함을 지닌 채, 프레드릭 윈슬로우 테일러는, 그의 행동 수칙 – 너무 분명하고, 너무 '과학적인' – 이 그가 상담했던 기업체들 안에서 얼룩지고 지저분해지고 있는 현실에 조바심을 냈다. 현실은 그를 좌절시켰다."[40]

프로크루스테스주의자들은 정교한 명령 체계를 구축할 수 있다. 하지만, 아랫사람들의 공감을 얻지 않고는, 그 시스템이 막대한 낭비를 초래할 수 있다. 비록 그게 통제권을 쥐고 있는 이들의 견지에서는 합리적일 지라도 마찬가지다.

합리성을 가장한 낭비

프랑스의 과학자 사디 카르노 Sadi Carnot, 1796~1832는 마찰 또는 에너지의 손실 없는 이상적인 엔진의 속성을 분석했다. 지금은 카르노 엔진으로 알려져 있는 그러한 메커니즘(구조)은 불가능할 것임을 그는 깨달았다. 그럼에도 불구하고, 이상적인 기계에 대한 이해는 가치를 지니고 있다. 이상적인 것과 현실의 기계에서 비롯되는 성과를 비교함으로써 효율적인 조처를 마련할 수 있다.

스포츠에서 코치들은 종종 자기네 선수들의 움직임을 담은 필름을 이용해, 미세한 동작이 에너지를 허투루 써버리거나 전반적인 운동의 리듬을 깨뜨릴 수 있다는 사실을 찾아내곤 한다. 대단히 높은 수준에서 경쟁을 벌이는 운동선수들에게, 미세한 결함들을 제거하는 것은 성공과 실패를 가르는 결정적인 차이를 초래할 수 있다.

엔지니어와 코치들과 달리, 열렬한 자유방임 지지자들은, 시장 원리가 생산적인 효율성을 자동적으로 극대화한다고 주장한다. 그 시스템은 정부 간섭 또는 노동조합들을 제거함으로써 더 잘 작동한다는 것이다. 그 외에는 아무것도 필요하지 않다는 식이다. 경제학자들은 이 시장 효율성을 '증명해주는' 자기들만의 복잡한 방정식을 갖고 있다. 불행히도, 세밀한 분석 결과, 이 '증거들'은 비현실적인 가정들에 희망 없이 의존하고 있는 것으로 나타났다. 세상을 건성으로 둘러보아도, 시장에서 비롯되는 경제적 성과는 별로 크지 않다는 것을 금방 알게 된다. 늘 그렇듯이, 자유시장주의자들의 합창이 울려 퍼진다. 시장주의화가 충분히 진전되지 않은 게 문제라는 것이다.

우리 사회의 학교들은 왜 그렇게나 많은 가난한 어린이들을 교육시키지 않는 채 내버려두고 있는가? 여기서 엄청난 규모의 낭비가 초래된다. 다가오는 세대의 잠재력을 풀어내는 열쇠는 교육이기 때문이다. 프로크루스테스주의자들은 시장에 바탕을 둔 자신들의 해법을 불가피하게 제시한다. 학교를 사유화해, 정부의 간섭을 받지 않고 시장 원리에 따라 운영하자는 것이다.

그 학교들에 더 많은 자금이 공급될까? 결코 그렇지 않다! 그 자신이 특권적이고 비싼 사교육 시스템의 산물인, 조지 W. 부시 대통령은 냉담하게, 공교육비 지출을 늘리는 것을, '침수돼 망가진 엔진에 더 많은 가스를 주입하는 일'에 비유했다.[41] 사유화된 학교들은 여태껏 증명되지 않은 시장 효율성을 거둘 것이라고 약속한다. 어찌됐건 교육비를 불가사의하게 떨어뜨린다는 것이다.

명백한 비용 절감 전략 한 가지를 들자면, 가르치는 데 대단히 많은 비용을 들여야 하는 어린이들 - 신체적인 장애를 지니고 있거나 가난 탓에 깊은 상처를 입은 - 을 교육시키는 책임으로부터 그 교육

시스템을 벗어나게 해주는 것이다. 합리적인 사회라면 그러한 조처들을 효율적인 것으로 여길까?

'마케팅'이라는 기만

지금까지 값싼 에너지의 적절한 공급에 바탕을 두었던 현대적인 기술은, 소비재를 만들어내는 데 상대적으로 매우 적은 사람들만 필요해지는 단계로 발전해왔다. 제조업 부문의 고용 축소는 농업 분야에서 나타난 초기의 흐름과 비슷한 양상을 따른다. 당시 농업 부문에서 이뤄진 기술의 발전에 따라 농장 인구의 상당 부분이 불필요한 존재로 전락했다.

그러한 기술의 발전은 더 많은 여가를 가능케 하고, 삶의 질을 향상시키는 재화와 서비스를 생산하도록 노동을 해방시켰어야만 한다. 하지만, 그 대신, 여가는 더 부족해졌다. 인간의 복지를 증진시키는 데 거의 또는 전혀 기여를 하지 못하면서도 막대한 노동 시간을 소진하는 노동력을 기업에서 점점 더 많이 요구한다는 것, 그게 문제의 일부이다. 이런 일은 실제로 인간의 복지 수준을 떨어뜨리기 일쑤다. 예를 들어, 달갑지 않은 광고와 판매활동(마케팅)은 우리 생활의 많은 부분을 침해한다. 미국 노동부 추정치를 보면, 광고와 마케팅, 판촉, 홍보를 포함한 판매(세일즈) 관리자들이 2008년에 약 63만8,000명 수준인 것으로 나타났다. 전자 상거래의 발달이 이런 사람들의 숫자를 줄일 것으로 예상돼야 마땅함에도 불구하고, 이런 직종들의 고용은 평균 성장

속도보다 빠르게 늘어날 것으로 전망되고 있다.[42] 다른 형태의 많은 낭비적인 판매 및 광고 활동이 정부의 통계 그물망을 빠져나간다. 예를 들어 수많은 젊은이들이 지나가는 운전자들에게 신호를 보내 특정한 상인으로부터 물건을 사도록 부추김으로써 은밀하게 돈을 받는다.

스패머spammer(쓰레기 전자 우편물 전송업자)들은 정부의 마케팅 인력 조사에서 확실히 벗어나 있다. 기업들은, 현란한 기술적 책략을 사용하곤 하는 스패머들을 격퇴하는 일에 막대한 시간과 에너지를 쏟아 붓는다. 여기에 따르는 기업의 비용이 정부 통계에서는 사업을 영위하는데 들어가는 정상적인 비용의 일부로 나타난다. 그게 실제로는 공인되지 않은 마케팅 그물망의 일부임에도 불구하고 말이다. 기업의 방어 활동은 스패머들로 하여금 여과 장치를 피하는 훨씬 더 기발한 방법들을 고안하도록 압박한다. 그에 따라 훨씬 더 많은 자원이 헛되이 쓰인다.

경제학 이론의 견지에서 볼 때, 광고는 이중으로 낭비를 조장한다. 시장경제의 옹호자들에 따르면, 그것의 목적은 효용을 창출하는 것이다. 하지만, 많은 광고가 사람들을 유혹해 새로운 물건을 사도록 하기 위해 자신의 소유물에 불만을 느끼도록 함으로써 효용을 파괴하는 내용으로 이뤄져 있다.

시설의 중복 또한 마케팅의 한 형태이다. 예를 들어, 내가 자라난 곳에서 몇 블록 떨어진 구석에 경쟁을 벌이는 4개의 주유소가 있었다. 주유소 1개가 기존의 교통량을 쉽게 채울 수 있었던 상황이었다. 잉여 주유소 3곳을 세우고 유지하는데 필요한 여분의 노력은 실질적으로 낭비를 뜻했다. 하지만 각 회사는 시장 점유를 원했기 때문에, 이윤 동기는 이 낭비적인 중복을 필요로 했다.[43]

4개 사업체들 가운데 어떤 게 유지돼야 하는지를 결정할 전문성이 사회에는 부족하다고 누군가 주장할 수 있을 것이다. 하지만, 잘못된 선택이 이뤄진다고 하더라도, 중복을 제거함으로써 판단의 오류를 보상하기에 충분할 만큼 절약할 수 있음이 분명하다.

주식이나 채권, 또는 옵션을 매매하는 일 같은 단순한 서류 작업에 몰두하는 노동력의 비중이 점점 늘어나고 있다. 그런 일을 가능케 하기 위해, 다수의 다른 사람들이 그런 일에 종사하는 이들에게 에너지와 빌딩, 정보 기술, 서류를 공급해야 한다.

미국 연방정부 추정치를 보면, 2008년에 부동산 중개업자는 12만3,000명, 부동산 판매 대리인은 39만4,000명에 이르렀다. 이사하는 일을 돕는 게 유용한 서비스이긴 하더라도, 1백만 명의 약 절반에 해당하는 숫자가 필요할까? 이 산업의 상당 부분은 부동산 투기에 일조하고, 이는 주거지 마련을 더 어렵게 만든다. 정보 기술의 엄청난 발전을 감안할 때, 부동산 사업에 얽혀 있는 다수의 노동은 확실히 낭비적이다. 그럼에도 불구하고, 미국 노동부는 이 산업의 고용이 향후 10년 동안에 전반적인 고용보다 더 빨리 늘어날 것으로 기대한다.[44]

결국, 그 경제 체제의 상당수 노동은 사람들의 행복을 증진시키지 못하는 소비재 생산에 헛되이 쓰인다. 비생산적인 활동에 낭비되는 노력을 다른 데로 돌리면 막대한 이득을 얻을 수 있다. 절감된 시간의 일부를, 노동자들의 잠재력을 강화하는 여가에 쓸 수 있다. 특히 사회가 사람들에게 그들의 기술이 어떻게 보상받을

현대 경제 시스템에서 상당수 노동은 사람들의 행복을 증진시키지 못하는 소비재 생산에 헛되이 쓰인다. 부동산 투기를 조장하는 부동산 중개업은 그 대표적인 예이다.

수 있는지에 관해 신호를 보낼 때 그렇다. 게다가 현재 비생산적으로 쓰이는 자원은 시장이 간과한 방식들로 사회에 혜택을 주는데 사용될 수 있다. 학교 건립과 환경 개선 같은 게 그런 예다.

'감시 노동'이라는 신조어

또 다른 종류의 낭비는 재화와 서비스에 대한 접근을 통제하는 노력들에서 비롯된다. 자본가들은 대가 지불 없이 자기네 제품을 사용하는 것으로부터 사람들을 가로막을 수 있는 그 정도만큼 돈을 벌 수 있을 뿐이다. 그들은 자기네 상품에 대한 비非소비자의 접근을 부정하는 방법을 모색해야 한다. 따라서 그들은 단지 그들의 재산권을 보호하기 위해 엄청난 노력을 쏟아 부어야 한다. 경제학자 제임스 오코너 James O'Conner는 이런 형태의 재산 보호를 묘사하기 위해 '감시 노동' guard labor라는 용어를 만들어냈다. 감시 노동의 속성을 설명하기 위해 그는 어떤 직업에 대한 묘사를 제시했다. 그가 말하려고 했던 바를 내가 진작 설명했어야 했다.

"영화관에서 이뤄지는 티켓 판매원의 노동을 생각해보라. 그 판매원의 임무는 티켓 값 대신 극장에 앉을 권리를 영화 관람객에게 단순히 이전시키는 것이다. 하지만, 당신을 극장 밖에 세워두는 것은 티켓 부족 때문이 아니라는 게 금방 표시나지 않을 수도 있다……사

실 그 티켓은 매표소와, 내가 앉고 싶어 하는 자리 사이에 서 있는 억센 젊은이에 의해 찢어져 폐기된다. 마르크스는 이렇게 서술한다. '상품은 스스로 시장에 갈 수 없고, 자기 자신의 계산

서를 교환할 수 없음이 명백하다. 그러므로 우리는 상품 감시원들에게 의지해야 한다. 그 감시원들 또한 상품의 소유자이다.'"[45]

　극장에는 대개 감시원들이 있다. 한 사람은 티켓을 판매하고, 그러는 동안 또 다른 사람은 그것을 찢어버린다. 현대적인 기술의 출현과 더불어, 새로운 세대의 감시원들이, 극장 밖에서 쇼(구경거리) - 음악 감상, 영화 관람 등을 위한 디지털 미디어(매체) 형태의 - 에 접근하는 것으로부터 사람들을 막기 위해 일한다. 수많은 변호사와 기술자들이 애써 법을 만들거나 새로운 기술을 개발한다. 이런 상품들이 값을 지불하지 않을지도 모르는 사람들에게 디지털 방식으로 누출되는 것을 방지하기 위해서다.

　영화관 운영자와 달리, 일부 재화 및 서비스 공급자들은 대금 결제 전에 그 상품에 대한 소비자의 접근을 허용한다. 이런 경우에, 감시원들은 소비자들이 대금을 지불함으로써 거래를 마무리하는 것을 확인해야만 한다. 이런 활동 또한 많은 사람들을 고용한다. 그런 다음, 이 모든 감시 노동이 효과적으로 작동하는지 확인하기 위해, 또 다른 층위의 감시원들이 계산서를 들여다봐야 한다.

　감시 노동의 직접적인 성과에 더해, 수백만의 보조 노동자들이 감시 노동을 뒷받침하는 데 필요한 자원을 공급하기 위해 애를 쓴다. 이들 노동자는 사무실을 건립해 유지하며, 원거리 통신 기반을 구축하고, 감시원들에게 필요한 다른 재화 및 서비스를 공급한다. 뿐만 아니라, 이들 노동자는 자신의 일을 감독할 자체적인 보완 감시원들을 둔다.

　소매 점포들은 도둑질을 억제하기 위해 정교한 감시 시스템을 마련한다. 다른 형태의 감시 노동은 이보다 덜 노골적이다. 그 점포들이 자기네 상품을 겹겹이 포장해 감싸 둔 선반을 쳐다보라. 이 포장은 제품 손상을 막는데 도움이 될지 모르지만, 그 대부분은 제품을 더 유용하게 만드는 것과는 무관하다. 부분적으로, 포장 행위의 의도는 소비자들을 유혹해 그 제품을 구매하도록 하는 것이다. 다른 무엇보다 중요한 기능은 대개 도둑질을 억제하는 것이다.

소비자들 또한 상품을 꺼내기 위해 일련의 플라스틱 또는 마분지 상자를 절개하는 성가신 일을 참고 넘김으로써 상품 감시 업무를 지원한다. 다음으로, 그 소비자는 낭비된 재료들을 처리해야 한다. 포장 업무에 얽힌 감시 노동의 기다란 사슬은 원재료의 생산으로부터 최종적으로 쓰레기를 치우는 사람들에게까지 연장된다.

상당수 화이트칼라white-collar 노동은 감시 노동에 불과한 것으로 이뤄져 있다. 심지어 서비스를 직접 생산하고 있는 것처럼 보이는 일부 블루칼라blue-collar도 사실상 감시 노동이다. 수년전 주유소 종업원들은 휘발유를 주입했다. 예외적인 경우에, 일부 사람들은 자신의 기름 탱크를 채우는 데 지원을 필요로 했지만, 대부분의 사람들은 그렇지 않았다. 서비스 노동자로 여겨졌던 그 종업원이 실제로는 고객들의 대금 지불을 확인하기 위해 감시 노동을 수행하고 있었다.

마침내 이 속임수는 무너져 내렸다. 일단 현대적인 기술 덕분에 한 사람이 멀리서 기름펌프를 닫고 열 수 있게 되자, 감시원 1명이 여러 개 펌프를 감독할 수 있었다. 사람들은 자기 스스로 휘발유를 주입하기 시작했다. 이는 이전 종업원의 주요 기능이 감시였음을 잘 보여줬다.

감시 노동의 증가는 경제적 잠재력의 엄청난 유출을 의미한다. 미국 노동부는, 2012년에 이르면, 미국에서는 고등학교 교사들보다 사적인 보안 감시원들이 더 많아질 것이라고 예측한다.[46] 그러한 비교가 비효율성의 증거를 제시하지는 않음에도 불구하고, 그것은 왜곡된 우선순위 조합을 잘 보여준다.

**누가 누구를
감시한단 말인가**

노동자들에게 권한을 주어 더 많은 책임을 지도록 하는 대신, 고용주들은 감시 노동(감독자들)에 의존함으로써 노동자들의 자율성을 억제한다. 이런 형태의 감시 노동은 뚜렷한 프로크루스테스적인 관점을 지니고 있다. 하지만, 프로크루스테스주의의 강도는 쉽게 가늠할 수 없다. 고용주들은 선택권을 쥐고 있다. 그들은 노동자들에게 권한을 넘겨 더 많은 책임을 지도록 할 수 있다. 또는 그 대신 명령을 강화하는 규율에 의존함으로써 종업원들의 자율성을 억제할 수도 있다.

감시 노동의 속성은 더 커진 사회적 환경을 반영한다. 예를 들어, 기원전 480년 결정적인 살라미스 전투 Battle of Salamis (지중해 동부 키프러스 섬의 고대 도시 살라미스에서 벌어진 그리스연합 해군과 페르시아 해군 사이의 전투)에 관한 역사적인 설명에 따르면, 360척의 범선으로 이뤄진 아테네 해군은 1,000척의 선박을 거느린 페르시아 해군을 물리쳤다. 페르시아 군대는 노예 선원을 활용했고, 이들에게는 무장 감시대가 필요했다. 감시병들의 무기는 적군과 싸우기보다는 선원들을 통제하기 위한 것이었다. 그 결과, 자유로운 신분의 선원을 거느린 아테네 군대는 분명한 강점을 지녔다. 갑판에 궁수와 보병들을 위한 공간을 더 많이 확보했기 때문이다.[47] 서구 민주주의 사회로 이어진 아테네의 뿌리를 전통적으로 기념함에도 불구하고, 미국은 아테네보다는 페르시아(또는 스파르타)를 닮아가고 있다.

감시 노동에 들어가는 비용의 증가는 프로크루스테스주의의 자기기만적인 속성을 드러내 보여주는 창문이다. 1890년 미국에서 감독자들은 전체 노동력의 0.8%에 불과했다. 기업들이 관료적인 위계질서 구조를 납작하게 만드는 노력을 기울이기 직전이었던 1979년에 이르면, 전체 노동력에서 차지하는 감독자들의 비중이 11.7%로 올

라간다. 2002년에 이르러서는, 그 수치가 그보다 훨씬 높은 15.7%
로 늘어났다.⁴⁸ 게다가, 수백만의 노동자들이 감독자들에게 노동자
들을 몰래 감시하는 데 쓰이는 현대적인 기술을 포함해, 임무 수행에
필요한 물질적인 자원을 공급했다.

감시 노동 비중의 증가가 현대화의 필연적인 결과는 아니다. 인력
을 줄이기 위한 선진적인 염탐 기술을 개발하는 노동자들은 감시 노
동 통계에 포함되지 않는다. 사실은 마땅히 포함돼야 함에도 말이다.
하지만, 이 추정치는 죄수와 실업자들을 포함한다. 이들의 운명은 뼈
빠지게 일하는 기존의 노동력 제공자들을 경고하는데 봉사한다. 이
들 두 요소는 서로 상대방을 상쇄시킨다.

현대적인 사회들 중에서도 중요한 차이가 존재한다. 특히 미국은
다른 어떤 선진 자본주의 국가들보다 훨씬 더 높은 비중의 감시 노
동자들을 활용하고 있어, 전체 노동력의 14.9%를 일종의 감시 직군
에 고용하고 있다. 13.4%를 거느린 영국도 이에 크게 뒤지지 않는
다. 훨씬 더 평등한 사회인 스웨덴에서는 감시원으로 일하는 노동력
의 비중이 4.4%에 불과하다.⁴⁹ 감시 노동의 비중은 불평등 정도와
밀접하게 관련돼 있는 것으로 보인다.⁵⁰ 지난 35년에 걸쳐 미국에서
이뤄진 불평등의 수치스러운 증가는, 가난한 제3세계 국가들에서 발
견되는 것과 흡사한 수준에 근접해, 사회 구조를 갈가리 찢는다. 뒤
이어 일어나는 갈등은 노동 현장으로 흘러 들어와, 감시 노동의 필요

성을 강화시킨다. 그 결과, 심지어 교사들
까지 자신에게 할당된 감시 노동의 몫을
수행해야 한다.

직접적인 권위 행사에 바쳐진 시간과 자
원에 덧붙여, 프로크루스테스 경제는 감

시 노동의 권위 유지를 위한 추가적인 자원을 요구한다. 감시 노동의 이런 측면은 아마도 군대에서 대단히 뚜렷하다. 예를 들어, 군인들의 훈련 과정 중 일부로 대형을 갖춰 행진하는 일이 포함된다. 이런 식의 행진 능력은 군인들의 전투 능력을 향상시키는 것과는 무관하다.

전투 현장에서 대열을 갖춰 행진하는 일보다 더 군인들을 취약하게 만드는 것도 없을 것이다. 그 대신, 장교의 명령에 따라 행진하는 것은 군인들로 하여금 한 순간의 주저함도 없이 명령을 받아들이도록 버릇을 들일 뿐이다. 명령에 대한 반응이 일단 본능처럼 굳어지면, 전쟁의 열기 속에서 군인들은 자기 자신의 안위를 위한 결과 따위는 고려하지 않고 즉각적으로 명령에 따를 것이다.

프로크루스테스주의자들은 이와 똑같은 종류의 생각 없는 순종을 환영한다. 영국의 장군이자 훗날 군사 전략 이론가로 이름을 떨친 프레드릭 내투쉬 모드 Frederick Natusch Maude 는 군대 훈련이 기업가들에게 어떻게 적합한지를 잘 이해했다.

"의무감(서열 속에 있는 인간에 대한 전반적인 가르침의 본질)은 현대 산업의 효율성을 떠받치는 주춧돌로 변했다. 만일 육군이 없어졌다면, 그들은 공장을 위한 교실 같은 것을 창안했을 것이라고 생각한다."[51]

도요타 작업 현장에서 일하는 미국인 엔지니어가 받았던 강한 인상이 여기 있다. 그것은 모드의 충고를 따른 것처럼 보인다.

"거대한 집단을 이룬 회사 종업원들이 군대 방식으로 줄지어 서서, 회사 구호를 외친다. 그들은 모두, 원피스 점퍼와 부드러운 테두리의 모자로 이뤄진 회사 유니폼을 입고 있다. 모자는 제2차 세계대전 중 일본군이 사용했던 것과 똑같은 모양이고, 그것은 그 회사에서 모든 종업원에게 적용되는 표준 규격이었다. 한 직원이 그 훈련을 지휘하는 맨 앞줄에 서 있었다. 그가 구호를 외치면 그 집단은 일제히

맞받아 외친다. 이런 집단 순응의 모습에서 나는 예전의 일본 군대 영화를 떠올렸다. '하지만 여기 왜?' 나는 의문스러웠다. '회사가 왜 군대 훈련에 참여할 필요가 있는가?'"⁵²

도요타 관계 회사에서 일해 왔던 관찰자의 요지는, 그 시스템이 역기능을 일으키는 위계질서를 강화하는데 거대한 에너지를 헛되이 쓰고 있다는 것이었다.

감시 노동에 의존하는 것은 역효과를 낳는다. 그게 단순히 규율을 강화하는 게 아니기 때문이다. 그것은 또한 노동자들의 발전을 가로막는다. 도요타가 노동자들을 고용한 데서 얻었던 꼭 그 만큼의 이득을 거뒀다는 사실은 불합리한 자본주의적 동기(인센티브) 없이 무엇을 달성할 수 있는지를 보여주는 증거이다.

미국노동연맹American Federation of Labor (1886년 창립된 미국의 직업조합, 1955년 산업별조합회의CIO와 합쳐 미국의 전국적인 노동조합 조직인 미국노동연맹산업별조합회의AFL-CIO로 거듭남)의 초대 위원장인 새뮤얼 곰퍼스 Samuel Gompers, 1850~1924는 시장을 초월하는 시스템의 가능성을 보여주는 또 다른 사례를 보여줬다. 곰퍼스는 담배 제조자cigar maker로 일했던 19세기 후반 자신의 젊은 시절을 떠올렸다. 그는 마르크스의 저서를 비롯한 책을 큰 소리로 읽어주도록 선택된 노동자들 중 한 명이었다. 이 독서 운동은 의자 하나를 제공하는 것을 빼고는 아무런 비용을 초래하지 않았다. 그 대신, 다른 사람들은 자신의 담배 생산 일부를 책 읽어주는 사람의 몫으로 돌림으로써 비용을 지불했다.⁵³ 독서 운동은 더 이상의 정규 교육을 받을 기회를 갖지 못했을 사람들에게 풍요로운 교육 혜택을 제공했다.

이런 방식은 선진 자본주의 경제와 양립하지 않

새뮤얼 곰퍼스

는 것으로 판명됐다. 훗날 담배 산업은 성인 남성 노동자들을 미숙련의 젊은 여성들로 대체했다. 그에 따라 노동조직은 뒤로 멀찍이 물러났다. 곰퍼스는 미국 의회 상원의 한 위원회에서 불평을 제기했다. 담배 산업이 가혹한 권위주의 관계를 구축해 젊은 노동자들의 자율성을 축소시키고 있다는 것이었다. 고용주들은 담배 공장 노동자로 고용된 젊은 여성들이 벌금과 해고의 위협 아래 짓눌려 서로 대화조차 나누지 못하게 했다.[54]

의도된 교훈

감시 노동의 은유가 정부에 고용돼 있는 다수 노동자들에게는 글자 그대로 현실이었다. 1982~2001년 사이에, 미국의 형사 사법제도의 고용은 120만에서 230만 명으로 늘었다.[55] 그 뒤 이 수치는 엄청나게 증가했다.

감옥의 고객(수감자) 수 또한 크게 늘어났다. 프로크루스테스주의의 번성 속에서, 2003년에 죄수들의 숫자는 1972년 수준의 6배 이상에 이르렀다. 2006년 현재 미국에서는 220만 명 이상이 연방이나 주 정부 또는 지방의 감옥에 갇혀 있다. 17개 주의 인구보다 많은 숫자이다. 추가로 500만 명에 이르는 성인들이 보호관찰 또는 가석방 관할권 아래 놓여있다.[56] 1982~2001년 사이에, 미국의 형사 사법제도의 비용은 378억 달러에서 1670억 달러로 치솟았다. 미국인 1인당 600달러에 해당하는 액수이다. 캘리포니아 주에서는 지난 25년 동안 23개의 감옥을 지었다. 같은 기간 캘리포니아주립대학을 위한 새로운 캠퍼스 하나와 더 큰 주립대학을 위한 또 다른 캠퍼스 하나를 세웠던 것에 그쳤던 데 견줘 대조적이다. 감옥들은 이제 고등 교

육보다 훨씬 더 큰 몫의 주 정부 예산을 요구하며, 그 격차는 점점 더 크게 벌어지고 있다. 감옥 감시원(교도관)들은 현재 대학의 조교수들보다 돈을 더 많이 번다.

형사 사법제도는 필요하겠지만, 미국의 제도는 불합리하게 과도하다. 미국의 투옥 비율은 캐나다 또는 서구 유럽의 5~8배에 이른다. 미국은 이제 세계에서 주도적인 투옥 국가로서 러시아를 대체했다. 이는 아마도 냉전Cold War (제2차 세계대전 뒤 자본주의 진영과 사회주의 진영 사이의 갈등, 무기를 사용하는 열전과 대조를 이루는 개념) 종식의 상징이다.[57]

감옥은 프로크루스테스 경제에서 중요한 구성 요소에 해당한다. 형사 사법제도는 사적 재산권을 보호하면서 감시 노동의 중요 요소로 역할을 수행할 뿐 아니라, 시장의 규율에 저항할지도 모르는 노동 계급 구성원들을 위협한다. 부유한 대학생들에게는 미숙한 장난으로 통할 수 있는 일이 노동 계급 구성원에게는 심각한 범죄로 처벌을 받을 것이다. 가루 형태의 코카인cocaine과 결정 형태의 크랙crack 코카인에 각각 적용되는 다른 수위의 처벌만큼 형사 사법제도의 계급적 속성을 상징적으로 보여주는 것은 아마도 없다. 크랙 코카인(전형적으로 위험한 흑인 젊은이들이 얽혀 있는) 1그램은 똑같은 양의 분말 코카인(대개 훨씬 더 부유한 이들의 그릇된 오락 수단으로 생각되는)보다 훨씬 더 가혹한 형벌을 초래한다. 대개 법원은 특권층 젊은이들에게 일종의 클리닉(치료시설)에 입소하는 것 이상을 요구하지 않는다.

감옥 산업 단지에는 의도된 교훈이 있다. 노동 계급 구성원들은 열심히 일하고 그저 시키는 대로 따라야 한다는 것이다. 일탈은 허용되지 않는다. 오로지 그들이 부유해진다면, 사회는 그들로 하여금 그들이 선택한 것을 다소 할 수 있도록 허용할 것이다.

금전 등록기의 기가 막힌 유래

흥미로운 사실 하나가 더 있다. 사업 목적의 회의는 군대의 행진에 견줄만큼 유사하다. 회의의 표면적인 목적은 효율성을 높이는 것이다. 하지만, 회의에 몇 차례 참석한 사람은 누구나 그게 대체로 무익함을 곧 깨닫는다. 96세에 이르는 TRW사의 공동 창업자, 사이먼 라모Simon Ramo는 그가 4만 번을 웃도는 회의에 참석했었다고 추정했다. 근무한 날을 기준으로 하루 평균 2~3회에 해당한다. 이들 회의 중 약 3만 번은 더 짧게 하거나 아예 하지 않았더라도 회사에 어떠한 손실도 끼치지 않았을 것이라고 라모는 추측했다. 심지어 그 회사는 사람들로 하여금 회의에 참석하기보다는 일을 하도록 허용하면서 향유할 수 있었던 여분의 생산성을 무시했다고까지 했다.[58] 아마도 그가 이들 회의의 상당수를 직접 소집했을 것이기 때문에, 그는 여기에 너무 후한 점수를 주고 있을 수도 있다. 하지만, 회의의 빈도는 계속 늘어나고 있다. 1980년대에 평균적인 경영진은 하루 2회 회의에 참석했다. 1960년대와 같은 수준이다.[59]

회의 시간의 많은 부분이 실용적이기보다는 요식 절차에 쓰였다. 사람들은 자신의 상사를 직접 대면해 만난다. 부하들은 각자 다른 사람들이 규정에 어떻게 따르는지를 보고, 일부 반대 의견을 표시하는 일이 경력 관리를 위태롭게 할 수 있음을 깨닫는다. 그리하여 회의는 화이트칼라(사무직) 노동자들에게 규율을 부과하는 수단으로 작용한

기업에서 행해지는 업무 회의는 감시 노동의 한 형태로, 군대의 행진과 유사한 것이다.

다. 군인들의 행진과 대단히 유사하다.

권력 관계를 유지하기 위한 노력 속에서 탕진되는 생산적인 잠재력을 둘러싼 논쟁이 여기서 벌어진다. 그러한 노력들은 권위를 떠받치고, 시간과 에너지 자원을 소비한다. 하지만, 훨씬 더 큰 비용을 초래하는 결과에 직면할 위험에 빠진다.

비록 회의를 소집한 관리자들은 이를 사기 진작을 위한 것이라고 정당화할지 몰라도, 회의는 노동자들에게 부정적인 영향을 끼친다. 잦은 회의는 참가자들의 행복감을 떨어뜨리는 것으로 조사 자료는 보여주고 있다.[60] 게다가, 권위주의적 관계 그 자체가 귀중한 창조성을 파괴한다. 사람들의 필요에 맞추는 데 더 집중하고, 위계질서를 굳히는 데 그다지 큰 중점을 두지 않는 시스템은 더 많은 자율성과 자발적인 협력을 북돋을 것이다.

불행히도, 감시 노동의 인간적인 그리고 경제적인 비용은 간과된 채 지나가 버린다. 시장경제의 생산적인 장점을 찬양하는 경제적 미사여구의 홍수에도 불구하고, 프로크루스테스 세상에서, 권위는 항상 효율성을 날조한다. 더 합리적인 체제는 명령과 통제 시스템에 의존하기보다는 전체 노동력의 전문성을 키우고 이끌어낼 것이다.

어떤 합리적인 기준에 따라, 감시 노동은 줄어들어야만 한다. 정보 기술의 급격한 발전은 다른 사람들의 뒤를 캐는 사람들의 숫자를 줄이는 효과를 지녀야 마땅하다. 하지만, 그렇기는커녕, 기업들은 대체로 프로크루스테스적인 작업장을 강화하는 쪽으로 정보 기술을 이용해왔다. 그러한 기술을 개발한 과학자와 엔지니어들의 노력 가운데 적어도 일부는 감시 노동에 포함될 수밖에 없다. 컴퓨터를 설치하고, 이런 기술을 뒷받침하는 건물을 유지 관리하는 노동자들에게 그와 똑같은 논리가 적용된다.

 감시 노동의 일부 형태는 너무나 익숙해져, 사람들은 이를 제대로 인식하지 못할 수도 있다. 어디에나 있을 정도로 흔한 현금 금전 등록기를 떠올려 보라. 금전 등록기의 본래 목적은 종업원의 도둑질을 억제하도록 가게 주인들을 돕는 것이었다. 금전 등록기는 종업원이 가격을 입력한 각각의 거래 기록을 유지하기 때문에, 점원이 고객의 지불금액을 금고에 넣었을 개연성이 높아진다. 워렌 버핏의 파트너 찰스 멍거Charles Munger는 한 때 "금전 등록기는 회중파 교회Congregational Church(각 교회의 자치와 독립을 기본 원리로 삼는, 프로테스탄트의 한 교파)보다 더 많이 인간의 도덕성 함양에 이바지했다"고 말했다.[61]

 하지만, 금전 등록기에 허점이 없는 건 아니었다. 종업원들은 판매 기록을 입력하지 않고 자신을 위해 대금을 착복할 수 있는 선택권을 여전히 쥐고 있었다. 종업원이 판매 사실을 더 확실히 기록하도록 만들기 위해 고용주들은 '99센트 가격제'로 돌아섰다. 이는 금전 등록기 도입 직후 곧 일반화됐다. 99센트 가격제로 인해, 고객들이 정확한 값대로 지불할 가능성이 낮아졌다. 차례로, 점원으로서는 금전 등록기를 열어 동전을 꺼내야 할 필요성을 느끼게 될 것이다. 이는 판매 사실을 기록함으로써만 수행할 수 있었다.[62] 다수의 점원들을 거느린 가게는 각 점원별로 분리된 현금 서랍을 갖춘 캐비닛과, 구분되는 벨 소리를 내는 기계를 구입할 수 있었다.

 멍거의 회중파 교회와는 대조적으로, 헌금 쟁반collection plate의 방향은 페니penny의 경우에서는 거꾸로 뒤집힌다. 사업체는 종업원의 잠재적인 죄를 감시하기 위해 고객에게 1페니를 제공한다. 비슷하게, 패스트푸드 레스토랑에 있는 고객들은, 만일 점원이 영수증 주는 것

금전 등록기의 본래 목적은 점원의 도둑질을 막는 것이었다. 금전 등록기의 이면에는 감시 노동의 혐의가 배어있다.

을 잊어버린다면 무료로 음식을 제공받을 수 있다. 이는 페니와 똑같은 감시 기능을 수행한다.[63] 점원들이 다른 노동자들보다는 상품을 감시하면서 스스로 감시 노동의 대열에 들어가기 때문에, 고객들은 감시자의 감시자로 변한다.

감시 및 무선주파수 장치 같은 훨씬 더 현대적인 기술과 더불어, 종업원들에게 1페니의 거스름돈을 지급하도록 요구하는 일은 예전과 달리 이제 더 이상 필요하지 않다. 그 결과, 일부 경제학자와 정치인들은 정부가 동전 발행에 따르는 비용을 아낄 수 있도록 페니 단위를 없애자는 권고를 해왔다. 게다가, 점원들은 거스름돈을 세느라 많은 시간을 보낼 필요도 없게 될 것이다.

기업들이 그렇게 해서 절약되는 돈을 대중에게 건넬 것 같지는 않다. 그 대신, 페니 단위가 없어진다면, 상인들은 아마도 가장 가까운 5센트nickel까지 가격을 끌어올릴 것이다. 한 추정치에 따르면, 이런 가격 인상이 대중에게 해마다 600만 달러의 비용을 추가로 물리게 될 것이다. 이는 눈에 띄지 않는 감시 노동의 규모를 의미한다.[64]

괴이한 존재가 몰고온 비극

제2장에서 논의했던 미 중앙은행(연방준비제도)의 '가학적인 통화주의'sado-monetarist 정책으로 돌아가 보자. 폴 볼커에 의해 시작돼, 앨런 그린스펀에 의해 지속된 그 정책은 엄청난 정신적 충격을 주어, 임금과 노동 조건 개선을 요구할 수 없을 정도로 공포에 질리게 만드는데

목표를 두고 있었음을 기억하라. 이점을 구체화하기 위해서는 통화주의 정책의 속성을 논의해볼 필요가 있다.

경제가 건강해보일 때, 통화주의 정책 입안자들은 종종 대단한 신뢰를 얻는다. 밥 우드워드가 앨런 그린스펀에게 바쳤던 것 같은 풍성한 찬사의 전례도 있다(53쪽). 예를 들어, 1988년 밀턴 프리드먼과, 그의 공저자 애나 슈워츠는 대공황을 연준 탓으로 돌리며 맹비난했지만, 대중들은 1920년대의 풍요로운 시절을 연준의 덕분이라고 여겼다. 프리드먼과 슈워츠는 이렇게 언급했다.

"그 10년의 세월이 경과함에 따라, [연준] 시스템은 널리 확산된, 대체로 안정적인 생활 조건을 갖추게 만든 요인이었다는 평판을 확보했다. 또한 당시 집행됐던 통화주의 정책의 가능성에 사람들은 높은 희망을 걸었다."[65]

연준의 지도자들은 1920년대 후반의 과도한 투기에 내포돼 있던 위험성을 인정했다. 그들은 경제 전반에 피해를 끼치는 일 없이 투기를 목표로 삼을 수 있다고 생각했다. 대공황이 발발했을 때에야 비로소 자신들이 얼마나 큰 잘못을 저질렀는지 알았다.

프리드먼은 자신의 책이 세상에 모습을 드러낸 지 15년 뒤에 〈월 스트리트 저널〉 사설란에 이렇게 썼다.

"연준은 지속적으로……좋은 결과를 초래한 자신의 공을 주장하고 나쁜 결과에 대한 책임을……자기 통제권 밖의 힘 탓으로 돌리며 비난했다. 이런 식의 책임 회피는 엄청난 이득을 안겨줬다. 연준처럼, 그렇게나 오랜 기간 동안 그렇게나 빈약한 성과의 기록을 갖고 있으면서도, 그렇게나 높은 대중의 인정을 받고 있는 주요 기관이 미국에는 없다."[66]

15년 뒤에 프리드먼은 같은 신문의 기고문에서 상당 부분 같은 언

급을 반복했다.[67]

　대공황의 심각성은 깜짝 놀랄만했을 법하다. 하지만, 그런 하향세는 예상했어야 마땅했다. 시장경제 체제는 정책 결정자들의 욕구를 채워주지 못하는 수가 많다. 그렇기는커녕, 그 체제는 예측할 수 없을 정도로 파란만장하게 움직이는 경향을 띤다. 중단 없는 성장의 막간은 새로운 정상 상태를 약속하는 것처럼 보이지만, 그것은 결코 영속적이지 않다.

　경제가 비틀거릴 때, 노동자들 뿐 아니라 경제 전반이 고통을 겪는다. 심지어 기업계도 비싼 대가를 치러야 한다. 대공황 같은 심각한 침체기에, 시장 자체의 경이로움에 대한 찬사는 별 신뢰를 얻지 못하는 듯하다. 정부의 간섭에 통상 적대적인 기업계마저도 대체로, 경제를 회복시키기 위해 국가의 힘을 이용한 루스벨트 대통령의 시도를 환영했다.

　이 기간 동안 경제학자들은 방향감각을 잃고 혼란에 빠졌다. 경제는, 주류 경제학 이론이 추정했던 방식과는 다르게 움직이고 있었다. 존 메이너드 케인스는, 전통적인 경제학자들에게 혁명적인 이론으로 비쳐졌던 것을 개발함으로써 일시적으로 경제학 이론의 초점을 새로 맞췄다. 그는, 시장의 힘이 왜 경제를 건강하게 유지시켜주기에 충분한 투자를 이끌어낼 수 없는지를 보여주었다.[68] 미국에서는, 경제학자들이 케인스에 대해 단순히 더 많은 정부 지출을 옹호했던 식으로 잘못 이해했다. 뉴딜New Deal은 케인스 이론에 대한 이런 식의 좁은 이해를 확인한 것처럼 보였다.

　케인스의 연구 작업이 제2차 세계대전 종료 때까지 경제학자들 대부분의 상상력을 장악했음에도 불구하고, 수십 년 만에 경제는 침체에 빠져들었다. 그 상황에서, 케인스의 견해는 총애를 잃었다. 시카고 대학의 보수적인 경제학자이자, 훗날 노벨경제학상을 받게 되는 로버트 루카스Robert Lucas는 의기양양하게 케인스 이론의 사망을 선언했다.[69] 역설적으로, 2007년 들어 경제가 흐트러지기 시작하자, 루카스는 한 기자에게 "내 짐작에 모든 사람들이 참호 속에서 케인스주의자로 변했다"고 인정했다.[70]

루카스의 선언 이후 가장 많은 인기를 끈 경제학 분야는 이른바 통화주의monetarism였다. 이는 적절한 그러나 꾸준한 자금 공급의 증가가 경제 작동의 효율성을 최대로 유지하는 가장 효과적인 방법이라고 주장하는 이론이다. 통화주의 정책의 주요한 매력은, 그게 기술적인, 심지어 과학적인 것처럼 보이는 한편으로 경제 운영에서 정부의 개입 여지를 최소화했다는 점이었다. 통화주의자들에게, 강한 경제를 위해 필요한 모든 것은 통화주의자들의 충고대로 경제를 조작할 수 있도록 연준에게 권한을 부여하고 행정부는 길을 비켜서도록 하는 일이었다.

수많은 경제학자들이 통화주의적인 자동조종장치에 경제를 내맡기는 정책을 옹호하는 밀턴 프리드먼을 추종했다. 그에 따라 통화주의 역할은 돌에 새긴 듯 확고부동해 통화 당국에 어떠한 재량권도 주어지지 않았다.

폴 볼커가 경제를 불황으로 몰아가고 있을 때, 연준은 통화주의의 공식을 잠시 추종했다. 경기 침체가 통제 불능 상태로 접어든 뒤, 볼커는 브레이크에서 발을 뗐다. 그 뒤 연준은 프리드먼의 추상적인 통화주의를 선반 위에 방치했다.

프리드먼이나 볼커 또는 그린스펀의 정책 모두 안정적인 경제를 만들어낼 수 없다. 노동을 통제하는 목표와 연관될 때, 그런 정책은 심대한 피해를 입히는 게 명백하다.

**절망스런
통화주의 공학**

프리드먼과 슈워츠는 대공황 전야 연준의 실수가 그 기관의 의장, 벤저민 스트롱-Benjamin Strong, 1872~1928의 죽음 때문이었다고 설명했다. 그 때문에 연준이 1920년대 후반의 도전에 맞대응했을 법한 강력한 지도자를 잃었다는 것이다. 명백히, 당시 문제는 개인적인 특성보다 훨씬 더 심오했다.

연준은 프리드먼이 지적했던 심각한 실수들을 여전히 되풀이해서 저지르고 있다. 하지만, 다수의 연준 수뇌부들은 매우 노련한 사람들이다. 게다가, 연준은 엄청나게 많은 경제학자들을 고용하고 있다. 2002년 기준으로 상근직 경제학자들이 495명에 이른다. 여기에 200명에 이르는 연준 밖의 유력한 경제학자들과 계약을 맺고 있다.[71] 한 명이 연준으로 하여금 경제를 영속적인 번영으로 이끌어가도록 만들 수는 없는 실정이다.

연준의 임무는 복잡 미묘하다. 연준의 화폐 공급 통제가 경제 전반을 통해 효과를 발휘하는 데는 한 동안 시일이 걸리기 때문이다. 연준이 경기를 진작시키려고 할 때 특히 그렇다. 샤워기 속 온수와 냉수의 혼합물을 변화시키는 게 일정한 시차를 두고서야 온도에 영향을 끼치는 그 방식에 관해 생각해보라. 그 때까지는, 온수와 냉수의 기존 혼합물은 파이프를 통해 여전히 쏟아져 나온다(밀턴 프리드먼은 '샤워실의 바보' Fool in the Shower Room 라는 우화를 들어 중앙은행의 과도한 화폐 실험을 비판했다. 완전고용을 이끌겠다며 온수 꼭지를 열어젖혔던 중앙은행이 뜨거운 물(인플레이션)이 나오자 화들짝 놀라 다시 냉수 꼭지를 급히 틀어 젖힘으로써 경기 침체와 실업을 야기한다는 것이다).

경제에서는, 경기 진작의 전형적인 지체 시간이 대략 6개월이다. 부분적으로는 원인과 결과의 긴 시차 때문에, 돌이켜보면 속도를 늦추는 게 적절했음에도, 연준은 경제를 자극해 속도를 높이기 일쑤다. 그와 정반대일 경우도 있다.

연준이 그렇게 행동할 적절한 시간을 계산할 수 없을지 몰라도, 경제 활동에 브레이크를 거는 일은 충분히 잘 할 수 있다. 연준이 자금줄을 조일 때, 또는 곧 자금줄을 조일 것이라고 기업들이 믿을 때조차도, 기업 경영진은 다른 업체들이 가까운 미래에 노동자들을 해고할 것이라고 걱정할 수 있다. 취약한 경제 여건에 관한 걱정 탓에, 기업들은 투자를 훨씬 덜할 것이다.

한 가지 위험한 점이 있다. 시장 또는 연준의 과잉 행동이 적절한 감속을 심각한 침체, 또는 공황으로 바꿔놓을 수 있다는 것이다. 대공황을 초래한 건 연준이었다고 비난한 게 프리드먼과 슈워츠만은 아니었다. 대공황 당시 연준은 투기적인 활동에 고삐를 채우려고 시도했다.

경기 속도를 과도하게 낮추는 것의 위험성과 반대로, 경제 활동을 자극시키는 연준의 힘은 제한적이다. 이자율이 투자를 결정하는 한 요소일 수는 있지만, 미래에 대한 확신이 훨씬 더 중요하다.

연준이 통화 정책을 통해 경제를 되살리려고 시도할 때 직면하는 어려움을 기업들은 잘 알고 있다. 연준이 경기회복을 꾀할 공산이 크다는 확신을 하지 않고는, 기업들이 투자에 나서는 일을 주저할 것이다. 공장과 시설에 대한 새로운 투자는 상대적으로 긴 시차 뒤에야 이윤을 발생시키는 게 일반적이다. 이는 계산 착오의 가능성을 높인다. 공황 또는 침체에서 벗어난 뒤에도 기업들은 투자를 두려워할 개연성이 높다.

경제학자들은 연준의 힘에 내재된 비대칭적인 속성을 보여주기 위해 끈의 비유를 사용한다. 끈을 확 잡아당기는 것(통화 공급을 조이는

것)은 명백한 효과를 띤다. 끈을 늘리는 것(사용 가능한 화폐를 증가시키는 것)은 그렇지 않을 것이다. 대개, 경기 회복을 꾀하기 시작한다는 확신을 충분히 심어주기 위해, 연준은 자금줄을 너무 심하게 늘려, 사나운 투기의 시대를 열어젖힌다. 확신은 과신으로 변질된다. 하지만, 때때로 위기가 너무 심각해지기 때문에 통화 정책은 중요하다.

어떤 경우에든, 연준은 제거해야만 하는 바로 그 현상, 즉 경제적 불안정을 오히려 초래하는 경향을 띠는 게 다반사이다. 적절한 경제 성장률을 달성하려고 시도하는 동안, 노동을 통제하려는 노력은 심각한 오류로 이어지기 십상이다. 그 시행 과정은 이후로 심대한 결과를 초래했다.

뜻하지 않은 충격

그린스펀 의장의 연준 시대에 발생한 노동에 대한 정신적 충격은, 조지 W. 부시 행정부 후반에 일어난 위기를 훨씬 더 심각하게 만들었다. 수십 년 동안 이어진 임금 억제 탓에, 많은 가구들이 지속가능하지 않은 빚 부담에 의존함으로써, 높아지는 생활수준을 유지하려 시도했다. 이 빚은 금융의 노리개로 변했고, 이는 거대한 이윤을 기록하고 있었다. 하지만, 이런 이윤은 수익성 있는 출구를 찾을 수 없었다. 그에 따라 기업들은 생산적인 자본에 투자하기보다는 투기로 돌아섰다. 이런 전략은 미래의 경제가 덜 효율적인 자본 구성을 갖추게 될 것임을 의미했다.

노동에 가해진 정신적 충격은 닷컴dot-com 및 주택 버블(가격 거품)에 대한 그린스펀의 정책 대응에도 영향을 끼쳤다. 임금 팽창에 관해서는 걱정할 필요가 없다고 확신한 그린스펀은 느긋하게 뒤로 물러 앉아 거품의 팽창을 지켜보았다. 2000년 들어 이 거품이 터졌을 때, 그린스펀은, 경제학자 군단을 거느리고 있었음에도, 금융 투기의 위험성을 미리 가려내 알아차리는 것은 불가능하다고 주장함으로써 경제를 관리하면서 거둔 자신의 성과를 옹호했다.[72] 그 즈음, 그린스펀은 불과 몇 년 뒤 터지고야마는 부동산 거품을 조장하고 있었다.[73]

우리는 지금껏, 임금을 억제하는 연준의 노력이 경제 성장률을 떨어뜨렸다고 주장했다. 그리고 이것이 그런 어려움과 뒤얽힐 때, 어떤 통화 당국이든 효과를 거둘 수 있기까지는 정책의 시차를 거칠 것이다. 또한 미래의 비용 및 기술적인 여건에 관한 기업들의 불확실성, 즉 노동을 억제하는 통화 정책 활용에 따르는 위험성이 실질적으로 늘어난다. 건강한 경제를 설계하는 것은 매우 어렵다. 하지만, 노동 쪽에 맞서 싸우려는 시도가 혼란에 빠질 때, 그런 어려움은 더 심해진다.

우리는 가학성 통화주의sado-monetarism의 비용을 정확히 계산할 수 없다. 상실된 생산이라는 직접적인 경제적 비용에 덧붙여, 정신적 충격 작전traumatization campaign은 노동의 질을 갉아먹는다. 노동자들은 직업 현장에서 배우는 기술을 발전시킬 기회를 상실한다. 그러한 기회가 프로크루스테스적인 일터에서는 매우 제한적인 수준에서나 가능하다. 장기적인 실업은 노동자들의 자부심에 심대한 타격을 가해, 그들은 실질적으로 취업을 할 수 없는 지경에 빠지고 만다. 그리고 실업 상태에서 벗어나지 못한 노동자들은 끝내 자신이 '무능한 존재'라는 자괴감에서 헤어 나오지 못하게 된다.

정확한 계산은 불가능하지만, 우리
는 최근의 통화 정책에서 비롯된 비용
이 막대했다는 것만큼은 확실하게 결
론지을 수 있다. 서브프라임 모기지(비
우량 주택담보대출) 거품의 붕괴와 더불어, 미국에서
만 수조 달러가 일시에 증발했다. 상실된 경제 성장에 얽힌 장기적
인 비용은 그보다 훨씬 더 클 것이다. 경기 하강에 관련된 개인적인
곤경을 모두 무시하고, 노동을 통제하려는 시도가 위기의 일부를 초
래했다고 가정해보자. 그 경우, 연준의 강한 충동이 고객인 기업들
의 실질적인 이익을 위해 봉사했는지에 대해 누군가 의문을 제기할
수도 있다.

자산가격의 역설

경기의 최고 정점에 이른 기업체들은 나머지 사
회를 오염시키는 프로크루스테스의 압박으로부
터 대체로 자유롭다. 경영진은 자기네 행동을 정
당화할 필요가 없다. 주주를 제외하고는 누구한테도 책임을 지지 않
아도 되기 때문이다. 그리고 아주 빈번하게 관리자들 또한 주주를 이
용한다. 개별적인 주주들 – 기업 소유자로 추정되는 – 대다수는 기업
지배에 관한 한 일반 노동자들과 마찬가지로 대체로 '무력'하다.

금융시장은 경제 피라미드에서 훨씬 더 높은 곳에 자리 잡고 있다.
거기서, 금융의 세계를 움직이고 뒤흔드는 이들은 가능한 한 최대의
탄력성을 즐긴다. 이들 투기자는 변덕스러운 자신의 기분에 따라, 산
업과 심지어 국가까지도 한 방향 또는 다른 쪽으로 끌고 갈 수 있다.
하지만, 금융 부문의 책략은 탐욕의 영향력에 상당한 정도의 불합리

성을 추가한다. 그 밖의 모든 사람들은 그들의 내기^{bet}에 적응해야 한다.

구름처럼 높은 이 거대 기업의 상층부에서 살아남는 것은 효율적인 생산 방식보다 힘과 영향력을 가진 사람들에게 접근할 수 있는 점에 달려 있다. 아마도 거대 기업이 할 수 있는 최선의 투자는 유력한 정치인들의 환심을 사는 일이다.

"목재 산업은 캠페인 기부금으로 800만 달러를 지출해 4억5,800만 달러 가치에 이르는 벌목 도로를 확보했다. 투자 회수율이 5,725%에 이르렀다. 영국의 제약회사 글락소웰컴$^{Glaxo\ Wellcome}$은 120만 달러의 캠페인 기부금을 투자해 잔탁^{Zantac}의 특허권을 19개월 연장했다. 그 가치는 10억 달러 수준이어서 순수한 투자 회수율이 8만3,333%에 달했다. 담배 산업이 500억 달러 어치에 이르는 세금 우대 조처를 받아내기 위해 지출한 액수는 3,000만 달러였다. 따라서 투자 회수율은 16만7,000%였다. 방송 산업은 500만 달러라는 보잘것없는 돈을 쓰고서는, 자유로운 디지털 TV 면허를 확보할 수 있었다. 이는 700억 달러 가치를 지닌 공적 자산의 기부였다. 이 산업의 투자에 따른 회수율은 140만%라는 믿을 수 없는 수치였다."[74]

자유로운 시장에 찬사를 보내는 이들은 기업과 정치 지도자들 사이에서 이뤄지는, 이런 부류의 자발적인 거래에 대해서는 대체로 침묵한다. 거대 기업체들은 막대하게 커진 영향력을 확보함에 따라, 상상할 수 없는 자유를 향유한다.

여기서, 역설적으로, 애덤 스미스가 화면에 등장한다. 프로크루스테스주의자들은 스미스 저서의 상세한 내용을 재빨리 인용하면서도, 대개 배타적으로 인용하는 부분들은 자발적인 거래에 관한 저서 첫 부분 또는 산발적인 언급들로부터 정부 정책에까지 얽힌 문제점이다.

사실, 스미스가 사업, 특히 오늘날 만연해 있는 그런 종류의 사업에 관해 모욕적으로 말했던 게 많다. 이례적이지 않은 사례로 이런 구절이 있다. "하지만, 어떤 특정한 거래 또는 제조업 분야에서 상인들의 관심은 항상 어느 정도는 대중들의 관심사와 다르고, 심지어 정반대이다."[75] 또는 어떤 사람은 다음과 같은 구절을 더 선호한다.

"하지만, 자신의 것보다는 다른 사람들의 돈을 관리하는 존재인, 그런 회사의 이사들은, 사적인 제휴 관계에서 파트너들이 자기네 것을 보살피는 것과 똑같은 그런 걱정 어린 경계심을 갖고 보살펴야 한다고 기대할 수 없다. 그에 따라, 그런 회사의 일 처리에서는 다소간의 태만과 낭비는 항상 만연할 수밖에 없다."[76]

탐욕과 투기의 현실 세계는 스미스의 저서 첫 장에 나오는 가공의 자발성으로부터 멀리 동떨어져 있다. 그 대신, 존재하는 것은, 인간에 내재하는 비극성의 흔적을 뒤끝에 남기는 불합리성의 회오리바람이다. 이는 프로크루스테스의 거친 잔인성이 그에 비해 별 대단치 않게 보이게 만드는 데 따르는 대가이다.

투기적인 이 아우성 속에서, 전반적인 시스템을 작동하게 만드는 사람들 - 모든 사람들이 의존하는 재화와 서비스를 만들어내라는 명령을 단지 따르기만 하는 사람들 - 은 대체로 무시당한다. 경영진이 더 무거운 규율을 부과할 필요성을 찾을 때만 예외이다.

부도덕한 피조물

장기적으로, 가장 막강한 기업체마저도 다른 종류의 위협에 직면한다. 기업이 자연스러운 힘을 과도하게 방해할 때, 가장 강력한 존재마저 집어삼킬 수 있는 파괴적인 반응을 초래할 위험을 안게 된다. 결국, 자연의 법칙은 경제 이론이라는 인공적인 법보다 훨씬 더 강력하다. 이에 따라, 프로크루스테스주의자들이 자기네 규율이 자연스럽다고 믿는 동안에도, 자연은 이윤 명령에 그다지 주의를 기울이지 않는다.

수십 년 동안, 기업계는 대체로 지구 온난화의 존재를 고집스럽게 부인했다. 오늘날 보험 같은 일부 분야는, 이 현상이 자기네 대차대조표에 끼칠 수 있는 대대적인 파괴성을 인정하기 시작했음에도 불구하고 말이다. 지구 온난화라는 도전적인 과제를 해결하는 비용은 충격적일 정도로 크다. 지구 온난화는, 값싼 석유의 소멸과 날로 늘어난 유독성 화학 물질의 만연, 걱정스러울 정도로 부족해지는 지구상 담수 문제를 포함해 우리 앞에 놓여있는 수많은 심각한 도전 과제들 중 단지 하나에 불과하다. 게다가, 가난의 폭발적 증가와 장거리 여행을 일반적인 현상으로 만드는 교통 시스템은, 세상이 미처 준비하지 못한 유행병을 초래하는 이상적인 환경을 조성한다.[77]

이런 도전들, 그리고 우리가 아직 예상하지 못하고 있는 다른 문제들을 해결하기 위해서는 고도의 기술과 창의성이 필요할 것이다. 심각한 위험이 국가의 존재를 위협할 때, 역사적으로 국가는 군인들을 모집하기 위해 전국 곳곳을 샅샅이 뒤졌다. 그와 똑같이 사회는 이제 두뇌 집단을 징발해야 한다. 인도주의가 성공적으로 미래를 대비한다면, 사회는 지식인들을 소집할 수 있다. 사회는 사람들을 양성하기 위해 비상한 노력을 기울여야 한다.

불행히도, 명령과 통제에 바탕을 둔 지금의 프로크루스테스 시스템은 우리의 미래가 달려 있는 바로 그 기술의 발전을 가로막는다. 타이거 크리크 밀의 관리자들이 정보기술의 잠재력을 좌절시켰던 바로 그 방식(321쪽)을 돌이켜 생각해보면서, 우리는 재앙을 끌어들일 수 있는 구식의 통제 시스템과, 환상적인 성공의 기회 사이에서 결정을 내려야 한다.

프로크루스테스주의자들은, 시장이 삶의 질을 개선하는 훌륭한 기회를 제공하는 장엄한 신기술을 어떻게 제공하는지 지칠 줄 모르고 묘사한다. 현실에서는, 기업 분야가 아니라 학계와, 정부 후원을 받는 연구기관들이 기술 개발을 이끄는 세력이다. 기업 부문이 현대적인 기술을 모두 개발했다고 하더라도, 이윤에 치중하는 기업체들은 긴급하고 복잡한 도전 과제들을 다루는데 여전히 적합하지 않다.

많은 사람들이 내심으로는, 자본주의에 대해 심각한 의구심을 갖고 있다. 사회가 중대한 안보 위협에 직면했을 때 무엇을 했는지를 잠시만 생각해보라. 두 차례에 걸친 세계대전 동안에, 정부가 사회의 운명을 자유로운 시장에 맡겼던가? 아니다. 연방정부는 기업 부문을 이끌 수 있도록 하기 위해 경제에 대한 통제권을 장악했다.

정부는 큰 저항 없이 시장 기능의 상당 부분을 유예하는 결정을 내렸다. 일반적인 사무 처리들로는 민간 부문과, 거대한 군사적인 수요 양쪽 모두를 채워줄 긴급한 공급 과제를 충족시킬 수 없다는 점이 받아들여졌다.

그와 반대로, 이라크 전쟁 기간 중에는, 정부가 그런 노력의 상당 부분을 민영화했다. 상징적으로, 당시 대통령은 그 직책을 수행한 첫 번째 경영학 석사MBA 출신이었다. 상대적으로 작은 규모의 갑작스러운 급습에도 불구하고, 이런 경험은 긴급사태에 대한 비非기업적 접근의 필요성을 보여주는 확실한 증거로 꼭 남겨둬야 한다.

이라크 침공이 복잡한 긴급 상황에 대응하는 사적 시장의 역량에 대한 믿음을 떨쳐버리지 않았을지 몰라도, 2005년 8월 멕시코 만 연안 주들에서 빚어진 '허리케인 카트리나'Hurricane Katrina의 참상에 대응한 민간 부문의 시도는 확실히 문제투성이였다. 월마트는 보급품을 배달할 수 있음을 입증했다. 하지만, 사적 계약자들 대다수는 대체로, 자기네 계약 조건을 준수하기보다는 미 재무부 금고의 돈을 훔쳐내는 데 훨씬 더 능숙함을 입증해 보였다.

이윤 동기는 위급 상황에서 혐오스럽게 변했다. 위급한 시기에 생수 또는 발전기에 과도한 요금을 매김으로써 이윤을 거둔 사람들은, 사회적 필요를 충족시켜주는 지적인 기업가들이라기보다는 부도덕한 피조물로 비쳐졌다.

chapter 10
희망이란
진정 존재하는가?

'자유'라는 이름으로

두 개의 흐름이 서로 충돌하고 있다. 통제권을 쥔 이들은 한편으로, 더 많은 힘을 성공적으로 축적하면서, 프로크루스테스주의의 장악력을 굳히고 있다. 다른 한편으로, 이런 힘의 행사는 음울한 결과를 초래하고 있다. 사회에서 엄청난 특혜를 받은 분야만 예외이다. 일단 사람들이 경제적인 성과와, 사회의 잠재적인 생산성 사이에서 커지는 괴리를 깨닫게 된다면, 프로크루스테스주의의 파괴적인 속성은, 너무나 분명해질 것이다.

설사 그렇다 해도, 기존 체제 status quo 의 이데올로기가 철저히 몸에 배어, 진보는 – 또는 심지어 진보에 대한 희망마저도 – 수평선에 거의 드러나지 않을 것이다. 우리는, 미국의 문학평론가이자 마르크스주의 정치철학 이론가인 프레드릭 제임슨 Frederic Jameson 이 동시대의 사회 내부에서 "자본주의의 종말을 상상하는 것보다는 세상의 종말을 상상하는 게 더 쉽다"고 언급했을 때 그가 틀렸다고 희망할 수 있을 뿐이다.[1] 진보적인 방향으로 나아가는 한 가지 전제조건은 경제의 전체 모습을 주의 깊게 새로 짜는 일이다. 문제는, 프로크루스테스의 세계가 특별한 언어를 창조했다는 점이다. 그것은 사람들이 자신을 발견하는 가혹한 현실을 의도적으로 가려, 사실상, 수갑을 볼 수 없게 만들고, 계급에 관한 의문을 생각할 수 없게 한다.

허울뿐인 이런 미사여구의 핵심 개념은 자유와 평등이다. 진보적인 어떤 것에 대한 깊은 반감을 빼고는 별다른 공통점을 갖고 있지 않았던 조지 W. 부시와 에드먼드 버크처럼 서로 멀리 떨어져 있는 지도자들이 자유와 평등의 주제를 어떻게 이용했는지를 돌이켜 생각해보라. 하지만 자유와 평등의 전형적인 반복 후렴은 특정한 이념적 왜곡을 띠고 있다. 법이 어떻게 부자와 빈자 모두에 대해 길거리에서 구걸을 하지 못하도록 금지하는지에 관한 아나톨 프랑스(187쪽)의 언급을 반복하는 게 한 예다.

자유에 대한 이런 식의 비뚤어진 이해가 반드시 위선은 아니다. 그보다는 심리학자들이 '인지 부조화'cognitive dissonance 라고 부르는 것으로, 모순을 인식하지 못한 채 갈등을 일으키는 두 가지 생각을 동시에 유지하는 능력을 뜻한다. 권력자들은 대개 자기 자신에 대해 부풀려진 견해를 갖고 있거나, 아니면 적어도 그런 견해를 개발한다. 그에 따라 모순을 일으키는 생각을 수용하는 게 훨씬 더 쉬워진다.

약 2세기 전 미국의 정치가 존 애덤스John Adams, 1735~1826 는 인생 후반기에 토머스 제퍼슨Thomas Jefferson, 1743~1826 에게 웅변을 토하듯 편지를 썼다. 국가의 권위를 남용하면서 자유에 관해 얘기하는 프로크루스테스적인 사고방식을 묘사한 것으로 해석될 수 있는 말투였다.

"권력은 항상, 약자의 이해 범위를 넘어서는 위대한 영혼과 드넓은 견해를 갖고 있다고 생각합니다. 그리고 권력은 모든 법칙들을 위반할 때 신의 임무를 수행하고 있다고 생각합니다. 우리의 열정, 야망, 탐욕, 사랑, 분노 등은 대단히 큰 형이상학적인 미묘함, 그리고 대단히 강한 설득력을 지녀, 그것들은 교묘하게 이해와 양심으로 스스로를 치장하고, 그들 자신의 편으로 돌립니다. 그리고 억제 장치 없이는 권력을 믿어서는 안 된다고 제가 말할 때, 저는 그 둘 중 어느 하나처럼 속을지도 모릅니다."[2]

애덤스와 달리 나는, 프로크루스테스주의자들이 신의 법칙을 위반하고 있음을 확신하지는 않는다. 하지만, 누군가 그들의 통제 시스템에 효과적으로 도전할 때마다, 그들은 처벌을 받지 않고 다른 법들을 기꺼이 위반한다는 것을 나는 정말로 알고 있다. 그런 경우, 자유와 민주주의에 관한 미사여구는 재빨리, 전형적으로 자유를 수호한다는 이름으로 정당화된 사나운 억압에 길을 비켜준다. 사람들이 세뇌의 장막을 돌파할 수 있다면, 지금의 시스템이 인류의 행복에 효율적이지도, 생산적이지도 않다는 걸 명확히 깨닫게 될 것이다.

아마도 사람들은 현재 체제의 가혹한 속박 안에서 더 나은 사회를 위한 잠재력을 어렴풋이나마 포착할 지도 모른다. 자신이 묻혀 있는 바위 속으로부터 벗어나려 안간힘을 쓰는, 부분적으로 드러난 〈수염을 기른 노예〉의 힘을 감지하는 일과 흡사한 것 말이다. 그들은 심지어 떨쳐 일어날 것 같다. 그 경우, 사나운 압박은 보이지 않는 수갑을 벗어던지는 사람들의 행동을 가로막는데 무력해질 것이다. 머지않은 장래에, 사람들은, 봉건제와 노예제처럼 경제 발전의 초기 단계를 둘러싸고 있는 현재의 자본주의 국면을 경멸감을 지닌 채 돌이켜보게 될 것이다. 그것은 선진 사회에는 부적절한 결함투성이 시스템이다.

불행히도, 프로크루스테스적인 신학이 도전을 받지 않는 채로 방치되는 한, 경제는 자유의 영역에 있다고 기업들이 계속해서 가장할 수 있을 것이다. 예를 들어, 자발적인 협약을 맺을 수 있는 노동자들의 역량에 간섭하는 것은 무엇이든, 완벽하게 조화로운 협약에 대한 부당한 침범을 뜻하는 것으로 여겨진다. 이런 견해대로라면, 노동조합은 절대로 정당성을 확보하지 못한다. 심지어 개별적인 노동자들이 모두, 불평등한 협상 입지를 바로잡기 위해 노조 대표를 두기를 선호하더라도 마찬가지이다. 그 대신 이 환상의 세계에서 자유는, 조합이 고등학교 중퇴자로 하여금 자리에 앉아 월마트 같은 거대 기업과 원만한 타협을 이룰 기회를 갖지 못하도록 막을 수 없다는 것을 뜻한다. 그러

〈수염 난 노예〉(미켈란젤로)

한 개별적인 만남이 실제로 현실 세계에서 존재하는 것처럼 가정하는 것이다.

하지만 프로크루스테스적인 언어는 고용주들을 이런 너그러운 빛깔로 그리면서 근본적인 힘의 불균형 또한 모른 척한다. 고용주들은, 일자리를 '얻는'taking 존재로 쪼그라든 노동자들에게 일자리를 '주는'give 존재로 일컬어진다. 이런 표현은, 고용주와 종업원 사이의 거래가 대등한 이들 사이의 협상이라기보다는 일자리를 주는 쪽의 자비로운 행동이라는 것을 암시한다. 틀에 박힌 이런 방식, 너그러운 일자리 수여자-다분히 봉건적인 모습-는, 고용주로부터 제공된 것들을 받아들이는 존재로 전락한 탄원자에 견줘 확실하게 우월한 입지를 차지한다. 노동자들과 달리, 고용주는 노동자들의 노고에 대해 감사해할 것으로 기대되지 않는다.

일자리를 주는 자와 받는 자 사이의 이런 불평등은, 왜 사회가 보조금과 세금 감면 같은 혜택을 그렇게나 많이 너그러운 일자리 수여자들에게 쏟아 부을 것으로 예상되는지 그 이유를 잘 설명해준다. 그와 반대로, 실제로 일을 하는 사람들에게 맞춰진 사회적인 프로그램은 배은망덕한 인간들 때문에 생긴 부담에 불과한 것 같아 보인다. 그 사람들이 이미 무거운 짐을 지고 있는 세금 납부자로부터 과도한 혜택을 갈취하려고 시도하고 있다는 식이다.

이 책의 초점은 자본과 노동의 관계맺음 속에 들어있는 파괴적인 본성이었다. 이런 측면에서 뿌리 깊은 프로크루스테스적인 견해는 이중으로 파괴적이다. 첫째, 기업들은 노동 계급의 잠재력을 이용하는 데 실패하고, 심지어 질식시킨다. 둘째, 프로크루스테스적인 이데올로기는 대부분의 노동 계급을 포함해 사회 다수의 눈을 가려 다른 시스템의 가능성을 볼 수 없게 만든다. 더 생산적인 경제, 그리고 그보다 훨씬 중요한 것으로 더 충만한 삶을 가능케 하는 그런 시스템 말이다.

자체 투옥

상당수 노동자들은 무의식적으로 프로크루스테스적인 견해를 수용해왔다. 그들이 소비의 불가피한 전제 조건으로 자신의 직무를 참고 수행하면서, 소비자로서 자기만족을 찾아야 한다고 생각하는 것이다. 자기표현의 적절한 출구 없이 방치되고 긴장으로 가득 찬 노동에 의해 진을 빼앗긴 노동자들에게, 소비주의는 자신의 본질을 인식하는 주요한 수단으로 변했다.

소비는 일반적으로 지속적인 만족감을 주지 못한다. 그보다는 초기의 즐거움은 대개 순식간에 지나가버린다. 특히 그 소비자가 새롭고 개선된 제품을 위한 광고 또는, 더 나은 것을 갖고 있는 이웃을 볼 때 그렇다. 만족은 급속도로 불만족으로 변해, 심리적인 공허감을 초래한다. 이런 공허감은 자체적으로 더 깊어지면서, 추가적인 소비에 대한 갈망을 불러일으킨다.

유명한 심리학자인 해리엇 러너Harriet Lerner는 이렇게 말한 적이 있다. "우리 사회는 자기 상황을 그대로 긍정하는 자아수용self-acceptance을 촉진시키지 않으며, 앞으로도 계속 그럴 것이다. 무엇보다 자아수용으로는 물건을 팔아먹을 수 없다. 우리가 지금 우리의 존재 방식 그대로의 자신을 좋아한다면 자본주의는 붕괴하고 말 것이다."[3] 이런 부정적

인 성향은 전염성을 띠게 된다. 러너는 덧붙여 말했다. "부끄럽고 부적절한 자신을 느낀 사람들은 그런 감정을 다른 사람들한테 전달한다. 상당수 개인과 단체들은 다른 이들을 깎아내림으로써 자기네 자부심을 강화하려고 시도한다는 것을 당신이 알아차리게 됐을 것이라고 나는 확신한다. 이런 행동은 때때로 소비에서 다른 사람들을 능가하는 모습을 띤다."4 병적인 소비 행태를 자체적으로 치료하려는 사람들의 시도는 상품에 대한 더 많은 수요를 불러일으킴으로써 그 나라 경제의 즉각적인 성과를 개선시킬 수 있다. 하지만, 장기적인 잠재력을 갉아먹는 비용을 치르게 된다.

계속해서 더 나은 생활 방식을 따라가는 것은 많은 소비자들을, 프로크루스테스주의에 훨씬 더 단단히 매달리도록 만들어, 위태로운 재정 상태 속으로 몰아넣는다. 소득 흐름의 중단 – 또는 소득증가율의 단순한 지체 – 이 경제적인 재앙을 불러들일 수 있다. 그렇게 지속적으로 이어지는 경제적 불안은 노동자들의 취약성을 높여 정신적 충격으로 몰아간다.

훨씬 더 위험스럽게도, 공포는 때때로 사람들로 하여금 권위를 갈망하게 하는 것 같다. 이런 갈망이 실현되든 않든, 사람들은 자신의 역량을 의심하고 자신을 무가치하다고 느끼게 된다. 사람들이 자신의 상황에 대해 언짢아 할 수도 있다. 그럼에도 그들은 깊은 수준에서 현 체제를 불가피한 것으로 수용하는 것 같다. 보이지 않는 수갑에 스스로 묶임으로써 프로크루스테스적인 윤리를 사실상 내부화하는 단계에까지는 아직 이르지 않았다 하더라도 말이다.

정치적으로, 그러한 상태 속에 있는 사람들은 허약해져서 '일자리, 일자리, 일자리'라는 무감각한 주문을 외우는 지경에 빠진다. 변화에 대한 생각은, 심지어 그게 자기들의 이기심 속에 있을 때조차도, 바탕에 깔린 공포의 상태를 극복할 수 없다. 게다가 너무나 많은 약속들이 깨져 버렸다. 당신이 모르는 곤경보다 그래도 알고 있는 곤경이 조금 더 낫다.

그와 반대로, 대단히 좋은 형편에서 태어난 이들은 자신이 향유하는 특혜를 누릴 자격을 갖고 있다고 여기게 된다. 그들은 권력으로 이어지는 복도를 그들에게 열어준 친구와 가족들의 관계망(네트워크)으로부터 얼마나 큰 이득을 얻었는지를 좀처럼 인정하지 않는다. 그런 사람들은 자신의 지위를 세상의 나머지 사람들에게 효과적으로 알리는 길로 스스로 들어서는 법을 자주 배운다. 그들이 풍기는 확신감은 그리 행복하지 못한 일부 사람들을 공포에 질리게 만든다.

좌절감을 안기는 이런 사고방식은 많은 사람들을 유리된 상태로 유도한다. 더욱 나쁜 점은, 자신을 억누른 상태에서 일하게 한다는 것이다. 어떤 경우에, 사람들은 노동 계급의 생활수준을 향유하는 것마저도 막는 행동 방식에 굴복한다. 하지만, 대체로 궁핍의 결과를 무서워하면서, 대다수 사람들은 그들을 속박하는 그 똑같은 프로크루스테스적인 경제에 연료를 제공하는데 필요한 노동을 계속해서 수행한다.

정치적으로, 위대한 도전을 위해서는 대다수 사람들 – 사회의 진보적인 재조직화로부터 대부분의 혜택을 얻기 위해 서 있지만, 프로크루스테스주의에 굴복하는 것을 여전히 의문스럽게 여기는 사람들 – 의 지지를 얻어내야 한다.

바보들의 능력주의

원시적인 카스트 제도 caste (인도 사회 특유의 폐쇄적인 신분제)와 달리, 지금의 사회 조직은 '침투성'을 띠고 있다. 몇몇 예외적인 밑바닥 출신의 사람들은 고난을 극복하고 상대적으로 높은 자리까지 올라간다. 명목상의 몇몇 유공자들의 이런 성공 사례는 공정함의 외피를 입힘으로써 기존의 계급 제도를 강화한다. 별 행운을 타고 나지 못한 이들을 위한 교훈은, 체제에 대한 도전은 정당하지 않다는 점이다. 그들이 자신의 인생에서 올바른 결정을 내려야만, 그들 또한 승리자들 가운데 서 있을 수 있다는 것이다.

현대의 제도들은 자주, 상류층의 삶에 얽힌 특징들을 모색함으로써 장점을 발견한다. 사람들이 일단 서열 구조를 받아들이도록 조절돼 있다면, 그 시스템은 능력주의 meritocracy의 모습을 띤다. 주도적인 원칙으로 실력에 호소하는 것이 실제로는, 기존의 계급 구조를 제자리에 못박아두기 위한 가식일 수 있다.

사실, '능력주의'라는 말은 비교적 최근에 만들어진 단어이다. 1958년 영국의 사회학자 마이클 영 Michael Young 은, 2033년을 배경으로 한 풍자 소설 〈능력주의의 대두〉 The Rise of the Meritocracy 에서 그 용어를 만들어냈다. 마이클 영은 회고록에서, 그 용어는 이제 호의적인 의미를 띠고 있다는 데 대해 '크게 실망하게' 됐다고 밝혔다. 그는 이렇게 인정했다.

"개개의 사람들을 그들의 능력에 맞는 자리에 임명하는 것은 좋은 의미이다. 특정한 종류의 장점을 갖고 있는 것으로 판정된 이들이 다른 사람들을 위해 그 속에 여지를 두지 않고 새로운 사회 계급을 굳힐 때 그것은 정반대이다……그 새로운 계급은 손에, 그리고 대체로 그 계급의 통제 아래에 두는 도구를 장악한다. 그것으로써 그 계급은 자체적으로 재생산된다."[5]

마이클 영이 가장 두려워한 것은 이미 현실로 나타난 것 같다. 상류층 사람들은 자연스럽게 높은 자리에 거주하는 것처럼 보인다. 아래쪽 사람들 또한 자기 자리에 속한 것으로 보인다. 이런 사고방식을 고려해볼 때, 상류사회는, 특권 계급이 누리는 과도한 소득을 부적절하게 여기는 의문을 자연스럽게 묵살한다. 그러한 보상은 재능 있는 귀족 계급의 정점에 이미 오른 이들에게 적절해 보인다.

특혜를 받은 이 집단이 그 밖의 모든 사람들에게 부과하는, 기업 엘리트의 그 똑같은 가혹한 프로크루스테스적인 요구를 감히 기대하는 이는 아무도 없다. 대중들은 유명 인사들이 곤란한 상황을 경험하거나, 아주 드문 경우로 불운한 처지에 빠지는 것을 보면서 즐거워할 수도 있다. 하지만, 기업 지도자들은 대중들의 엄격한 감시망 아래로 좀처럼 떨어지지 않는다. 아마 그들 대부분은 너무 지루한 존재여서 많은 사람들을 흥미롭게 할 수 없기 때문이다.

기업 지도자들에 대한 이런 관대한 태도는, 최고경영자가 너무나 많은 사람들에게 해악을 끼치지 않고서 막대한 이윤을 올리는 쪽으로 기업을 성공리에 이끌 때 일견 타당할 수 있다. 하지만, 우리가 지금껏 봐왔듯이, 최고경영자들은 빈약한 또는 그보다 훨씬 못한 성과 탓에 해고를 당할 때조차 여전히 당당하게 이득을 취한다.

매 수십 년마다 중대한 경제적 침체가 기업의 기괴한 행동을 여과 없이 드러낸 뒤, 책임을 지는 경영자들은 거의 없다. 위기가 진정된 뒤, 시장이 만족스러워하는 한, 경영자들은 또 다시 자기네가 원하는 바를 행할 수 있다.

능력 혹은 계급?

어떤 형태든 실질적인 능력주의가 바람직하다는 것은 사실상 모든 이들이 수용한다. 하지만, 능력주의가 어떻게 기능해야 하는지를 지금까지 제대로 설명할 수 있었던 사람은 아무도 없다. 사람들은, 성공이 궁극적으로 능력에 달려 있다고 선언하는 호시절을 누렸다.

정확히 무엇이 능력을 구성하는가? 유력한 지위에 앉은 사람들은 능력이 어떻게 결정돼야 하는지를 결정할 자격을 부여받은 것인가? 모든 사람들이 이른바 훌륭한 교육을 통해 자신의 능력을 개발할 수 있는 똑같은 기회를 갖고 있다는 것을 사회가 어떻게 확신할 수 있는가? 사실상 오늘날 사회는 거의 세습적인 시스템을 갖고 있어, 그 속에서 부유한 집안의 아이들은 엘리트를 양성하는 대학에 쉽게 들어갈 수 있다. 그리고 그 대학의 졸업증서는 아마도 능력을 증명해주는 것으로 여겨진다.[6]

그림 속 부자는 '나 자신의 손에 쥔 내 힘으로 이런 부를 일구었다'고 여긴다. 성경은 그런 그를 어리석다고 꾸짖는다. 곡식을 판 장부와 땅문서, 집문서에 파 묻혀서 오로지 불빛에 빛나는 금화만을 뚫어지게 처다 보는 〈어리석은 부자〉(렘브란트).

대개, 재능과 강력한 노동윤리만으로는 성공을 보증하기에 충분치 않다. 성공하는 사람들은 거의 예외 없이 기존의 어떤 관계망에서 비롯된 대대적인 지원을 받아왔다. 유력한 집안의 사람들이, 그럴 자격을 갖고 있지 못하다고 해도, 급속한 성공을 향유할 때, 그러한 관계망의 중요성은 명백해진다. 이런 사람들의 운명은 〈성경〉 구절(신명기 8장 17절)을 떠올리게 한다.

"너희가 음식을 배불리 먹고 좋은 집을 지어 그 집에 기거할 때, 그리고 너희의 양떼와 소떼가 번성하고, 너희의 은과 금이 크게 늘어나고, 너희가 가진 모든 게 크게 늘어날 때, 너희 자신에게 '나 자신의 손에 쥔 내 힘과 권세로 이런 부를 일구었다'고 말하지 말라."

〈성경〉의 경고에도 불구하고, 그런 사람들의 환상에 불과한 능력은 스스로 확신하게 되는 지경으로 변한다. 동시에 그것은 다른 사람들에게 헛된 신호를 보낸다. 그 결과, 예외적으로 뛰어난 재능을 타고난 다수의 사람들이 갈라진 틈 사이로 전락하고 만다. 가난과, 사회적 압박은 다수의 재능 있는 사람들로 하여금 자신의 능력을 개발하려는 시도를 하는 것조차 못하도록 좌절시킨다. 계급 구조의 밑바닥에 내버려진 이들 중 일부는 그 체제의 왜곡된 가치를 내면화한다. 삶에서 자신들의 운명은 불가피하고, 심지어 그래야 마땅하다고 확신하게 되는 것이다.

물론, 매우 똑똑하고 열심히 일하는 사람들이 자신의 재능과 기회를 지렛대삼아 권위 있는 자리에 진입하는 경우들도 많이 있다. 이런 예외들은, 기존의 사회적 피라미드가 공정성을 둘러싼 의혹에 영향을 덜 받도록 만드는 데 일조한다.

능력을 어떻게 평가할지에 대해 사회가 만장일치의 합의에 도달할 수 있다고 할지라도, 여전히 또 다른 심각한 의문점에 직면할 것이다.

다양한 수준의 능력에 연관된 보상을 어떻게 나눌 것인가? 예를 들어, 더 큰 능력에 연관된 지위가 더 높은 명망을 안겨줄 수 있다고 해도, 모든 사람들이 똑같은 소득을 거둘 수도 있다. 대안으로, 높은 책임을 지는 자리에서 효과적으로 일하게 스스로 준비할 수 있도록 사람들을 유도하기 위해서는 뚜렷한 소득 격차가 필요하다고 누군가는 주장할 수 있다. 이런 격차는 적정한 크기에서, 현대 사회에서 발견되는 봉급 수준의 굉장한 차이까지 다양하게 걸쳐 있을 수 있다.

오늘날 미국에서, 보상은 사회에 대한 공헌과 부합하지 않는다는 게 확실하다. 교사와 간호사들이 왜 광고회사 경영자나 주식 중개인들보다 돈을 더 못 버는지에 대해 누가 어떻게 합리적으로 설명할 수 있겠는가?

간단히 말해, 좀 더 세밀히 들여다보면, 자신의 직업 세계에서 꼭대기에 오른 사람들 중 다수는 동료들에 견줘 특별히 더 두드러진 것 같지 않은 게 다반사다. 냉소적인 사람은 최고 악질의 또는 극도로 무원칙한 시민들에 의한 정부를 의미하는 그리스어인, '악덕정치' kakistocracy라는 딱지를 붙일 수 있다. 이런 의견이 지나치게 극단적일 수도 있음에도 불구하고, 프로크루스테스주의가 사회를 불합리하게 왜곡시켰다는 점에서는 논란의 여지가 없다.

분명히, 사회 지도자들은 프로크루스테스에 비교되는 것을 못마땅하게 여길 것이다. 그들 중 다수가 자선 단체에 시간과 돈을 너그럽게 내놓았다며 항변할 것이다. 전부가 그런 것은 아닌 게 확실하지만, 불행히도 이들 단체 중 일부는 불운한 운명의 사람들에게 프로크루스테스적인 가치관을 주입하는 일에 헌신할 뿐이다. 더욱이 성공한 사람들의 기부금 - 대개 요란한 칭찬소리를 듣는 - 은 상당 부분 타인들의 땀에 빚지고 있다. 타인들의 고된 노동이 우리의 부유한 자선가들로 하여금 자기네 자선단체들에 쏟을 수 있는 자유로운 시간을 낼 수 있게 해주는 것이다.

그러한 양심의 표시는 일부 사람들이 자신을 '사람들을 사랑하는 이들'이란 뜻의 자선가로 여기게 할지도 모른다. 하지만 이 사람들이 타인들에게 쏟은 그 사랑은 더 큰 맥락에 비춰볼 때 그리 경탄할 만한 게 못되는 것 같다. 일요일에 상당한 액수의 돈을 기부하는 게 눈길을 잡아끌 수는 있다. 하지만, 별다른 예외 없이 그러한 기부는 통상, 일요일을 뺀 나머지 기간에 타인들의 노동을 통해 축적된 부富 가운데 상대적으로 작은 몫일 뿐이다.

행운아들의 특혜와, 불운한 이들의 달갑지 않은 여건 사이의 어떠한 연결 고리도 성공한 사람들 때문에 사라지고 만다. 하지만, 애덤 스미스의 친구 로드 카메스Lord Kames가 한 때 언급했듯이, "사치가 없다면, 가난도 없을 것이다."7 대중은 부자들을 풍요롭게 만들어 주는 노동을 수행할 뿐 아니라 대중의 낮은 소득은 일부 엘리트들을 위한 경제적인 몫을 더 많이 남겨준다.

유력한 정치인과 기업계 지도자들은 가난에서 떨쳐 일어났다며 자신을 자주 자랑한다. 여기에는 실제적인 것도 있고 가공한 것도 있다. 그들은 대개 별 차이 없이 자신의 성공을 자기 자신의 고된 노력과 결단력의 덕으로 돌린다. 그들이 알기로는 그 같은 특질이 가난한 이들 사이에는 부족하다. 소수의 행운은 다수의 불운에 의존하고 있는 더 거대한 과정의 일부로 자신을 바라보는 일을 그들은 회피한다.

물론, 불리한 환경에서 우뚝 일어선 많은 사람들한테는 엄청나게 고된 노력이 본질적이었다. 비록 그들의 성공이 대개 별 차이 없이 상당부분 커다란 행운 그리고/또는 더 높은 자리로부터 다가온 도움의 손길에 빚지고 있었음에도 불구하고 말이다. 이런 예외들이, 많은 사람들을 특정한 계급에 처하도록 하는 가혹한 힘의 부재를 증명하지는 못한다. 그럼에도 불구하고, 많은 사람들이 강력한 이념적 교훈을 주입하기 위해 그런 사례들을 이용한다. 사회 하류층의 수렁에 빠져 있는 이들은 자신의 운명을 자기 자신의 개인적 결함 탓으로 돌린다. 다수가 프롤레타리아(무산 계급)의 존재를 뛰어 넘어설 자질을 갖추지 못한 것으로 여겨지는 한, 그런 사람들이 그들에게 더 많은 자유를 제공하는 환경 속에 있다고 하더라도 어떻게 효과적으로 제 역할을 수행할 수 있겠는가?

구부러진 목재

영국의 사학자이자 철학자인 이사야 벌린 Isaiah Berlin, 1909~1997 은, 사람들이 너무나 불완전해 규율 없이는 번성할 수 없다고 주장함으로써 프로크루스테스주의자들에게 반짝반짝 빛나는 철학적인 광택을 입혀주려 시도했다. 벌린은, 숲의 비유를 사용했던 독일의 철학자, 임마누엘 칸트 Immanuel Kant, 1724~1804 를 반복적으로 인용했다.

"그것은 숲속의 나무들과 같다. 그들은 각자 공기와 햇빛을 흡수하는 노력을 기울이기 위해 서로를 필요로 한다. 그 속에서 각 나무는 아름답고 곧은 모양을 갖출 수 있다. 반면, 자유로움 속에서 서로 분리된 채 아무렇게나 자라는 나무들은 왜소하고 구부러지고 비틀어진다."[8]

칸트는 이렇게 결론지었다. "구부러진 목재 같은 인간성을 갖고 올바른 일을 이룬 적이 없다." 진정으로, 벌린은 심지어 1991년 에세이 집의 제목을 〈구부러진 목재 같은 인간성〉The Crooked Timber of Humanity 으로 달기까지 했다.

페리 앤더슨Perry Anderson은 칸트의 비유를 무단 도용한 것을 두고 벌린을 맹비난했다.

"반복 사용 – 그것은 〈러시아의 사상가들〉Russian Thinkers에서 한번, 〈시대 조류를 거슬러〉Against the Current에서 두 번, 〈자유에 관한 에세이 넷〉Four Essays on Liberty에서 세 번, 그 표현 자체를 제목으로 한 〈구부러진 목재 같은 인간성〉에서 두 번 이상 – 에 의해 벌린은 이를 사실상 격언으로 만들었다. 인간적인 다원주의를 나타내는, 완벽한 유토피아(이상향)에 대한 거부감을 잘 보여주는 상징적인 표현이 여기 있다. 하지만 그 문장을 담고 있는 이 책들의 실질적인 힘은 무엇이었던가? 〈범세계적인 견해 속의 보편적인 역사를 위한 사상〉The Idea for a Universal History in a Cosmopolitan Perspective은 구축돼야 할 세상의 질서, 그리고 아직 써지지 않은 세계 역사를 위한 간결하고 강렬한 성명서이다."9

러셀 자코비Russell Jacoby는 여기서 한발 더 나아갔다. 칸트가 의미한 바는 벌린의 것과 정반대였다고 지적한 것이다. 칸트는 독일인들이 과학적인 조림으로 알려진 방식을 개척하고 있던 당시 저술 활동을 벌이고 있었다. 당시 독일은 '한 단위 숫자까지 들여다보는 재정적인 렌즈를 통해' 숲이 목재와 땔감을 지닌 잠재적인 수익 기반을 대표하고 있다고 보았다.

"물론, 국가 수익을 위한 잠재력을 별로 또는 전혀 지니지 못하고 있는 잡목, 덤불 그리고 초목들은 모두 사라지고 있었다. 국민들 다수에 유용했을지라도, 그 가치가 국가 재정 수입으로 전환될 수 없었던 그런 나무들은 모두, 심지어 수익성을 띠고 있는 나무들 또한 사라지고 있었다. 여기서 나는 그것의 용도를 가축 사료와 초가지붕용 이엉으로 염두에 두고 있다. 사람과 가축을 위한 음식인 과일도 있다. 잠자리 마련과 울타리 치기, 홉hop 덩굴 받침대, 불쏘시개로 쓰이는 잔가지와 줄기도 있다. 약을 만들거나 불을 피우는데 사용하는 껍질과 뿌리, 합성수지용 수액 등도 있다. 각 종류의 나무-진실로, 개개 종류의 각 부분 또는 각 성장 단계마다-는 독특한 성질과 용도를 지니고 있었다."10

정부의 수목관리원들은 대개 경제적인 견해를 채택해, 더 큰 환경을 무시한다. 그들은 곧지만 건강하지 않은 나무를 키웠다. 숲을 통제하는 이런 시도는 역효과를 낳은 것으로 판명 났다.

"새로운 용어, 발트슈테르벤(독일어 Waldsterben, 영어로는 forest death로 '숲의 죽음'이란 뜻)이 독일어 사전에 올랐다. 최악의 경우를 묘사하는 표현이다. 토지 개량과 양분 흡수 그리고 곰팡이류, 곤충, 포유류, 식물군 사이의 공생 관계를 포함하는 유달리 복잡한 과정-여전히 완전히 이해되지는 않은 상태인-이 명백히 교란돼 심각한 결과를 동반했다. 이런 결과들은 대부분 과학적인 조림의 극단적인 단순화에서 비롯됐을 수 있다."11

예를 들어, 독일의 여성 혁명가 로자 룩셈부르크Rosa Luxemburg, 1871~1919는 자신의 친구 소피 리프크네히트Sophie Liebknecht에게 과학적인 조림의 파괴적인 속성에 관한 편지를 썼다.

"'어제 나는, 독일에서 새들의 노랫소리가 사라진 이유에 관해 읽고 있었어. 과학적인 조림, 원예, 그리고 농업의 확산 탓에 새들이 깃들 장소와 먹이를 찾을 수 없게 된 거지. 현대적인 방식과 더불어 점점 더, 우리는 구멍 난 나무, 황무지, 땔나무, 낙엽들을 치워버리고 있는 중이야. 내 가슴이 찢어질 듯 아파. 사람들이 새 소리의 즐거움을 상실한 것에 대해서는 그리 걱정하지 않고 있었지. 하지만, 무방비 상태의 이 작은 생명들이 눈에 띄지 않는 채 냉혹하게 말살당하고 있다는 생각 때문에 너무 괴로워. 그 생명들의 눈물이 내 눈에 들어왔어."[12]

그와 비슷하게, 프로크루스테스주의자들은 규율을 강화할 수는 있다. 하지만, 거기에는 삶을 개선시킬 수 있는 더 높은 생산적 역량을 옭죄는 비용이 따른다. 존 메이너드 케인스는 때때로 프로크루스테스적인 시스템의 병적인 속성을 파악했던 몇 안 되는 경제학자들 중 한명이었다. 비록 이 책의 견해에서 비롯된 건 아니었지만 말이다.

케인스와 마셜의 그릇된 기대

대공황 와중에 존 메이너드 케인스는 〈우리의 손자들을 위한 경제적인 가능성〉Economic Possibilities for Our Grandchildren 이란 제목의 매력적인 에세이를 펴냈다.[13] 케인스는 상아탑 ivory tower 에 고립된, 비실용적인 그런 지식인이 아니었다. 그는 아마도 세상에서 가장 중요한 전문 경제학 저널의 편집장 editor 이었다. 정부와 재계의 최고위층 사람들이 정기적으로 조언을 듣기 위해 그에게 의지했다. 제2차 세계대전 동안, 영국과 미국의 경제 정책을 조정할 때 케인스는 가장 중요한 영국 정부 대표였다.

어떤 점에서 이 에세이는 케인스의 훗날 논문을 예시했다. 여기서 그는 왜 시장의 힘이 충분한 일자리를 만들어낼 수 없는지, 공황이 어떻게 일어나는지를 설명했다. 하지만, 이 글은 여기서 훨씬 더 나아가 경제학 이론의 심장부를 뒤흔들었다. 이는 결핍의 문제를 어떻게 다룰 것인지에 대한 분석이었다.

케인스는 상대적으로 보수적이었음에도 불구하고, 경제학자로는 혁명적인 태도를 견지해, 프로크루스테스주의에 대한 강력한 공격을 개시했다. 세상이 직면한 최우선적인 문제는 결핍이 아니라 풍요라고 그는 주장했다. 적어도 선진국에서는, 사회가 곧 최소의 노력으로 모든 사람들을 위해 양호한 생활수준을 달성할 수 있는 수준보다 더 많이 소유하게 될 것임을 케인스는 깨달았다. 약 20년 전, 제1차 세계대전의 대대적인 파괴에 뒤이은 국제 협상에서 영국 대표에서 사임한 직후, 케인스는 이미 프로크루스테스주의 이후post-Procrustean의 미래를 위한 그의 희망에 관해 이렇게 추측한 바 있다.

"사람들에게 돌아갈 몫이 마침내 충분해지고, 후세대가 우리의 노동에서 비롯된 결실을 향유할 수 있는 그런 날이 아마도 올 수 있다. 그때쯤이면, 과로와 과밀 거주, 그리고 식량 부족 사태는 종말을 고할 것이다. 그리고 육체적인 안락과 필수조건을 확보한 사람들은 자기 능력을 발휘하는 더 고상한 단계로 나아갈 수 있게 될 것이다."14

케인스는 사실상, 애덤 스미스의 4단계(214쪽) 전망을 넘어서는 가능성을 예상하고 있었다. 다섯 번째 그리고 더 높은 인류의 발전 단계로 나아가고 있었던 것이다. 이 단계에서는 전통적인 통제 방식이 더 이상 타당성을 지니지 못한다. 이 새로운 단계의 시작과 더불어, 현대적인 기술은 최소한의 노력으로 양호한 생활수준을 창출할 수 있게 된다.

동시에, 케인스는 품위 없고 비효율적인 프로크루스테스적인 경제 성장의 기초가 당분간은 계속 남아있을 수밖에 없다는 사실을 받아들인 것 같았다. 〈경제적인 가능성〉을 출간한 지 15년 뒤, 케인스는 영국의 고품격 경제 학술지인, 왕립경제학협회Royal Economic Society의 경제 저널Economic Journal 편집장 자리에서 물러났다. 오랜 재임 끝이었다. 1945년 그의 퇴임에 즈음해, 그 학회는 그를 주빈으로 삼아 만찬회를 열었다. 케인스는 다음과 같은 축배사로 마무리했다. "문명이 아닌, 문명의 가능성을 지키는 신탁관리자인, 경제학자들을 위해."¹⁵ 불행히도, 이 신탁관리는 도덕적 책무를 다하는 수준에 이르지 못했다. 적어도 케인스는, 경제적인 진보를 촉진하는 그런 핵심적인 역할을 수행하는 데 대해 그의 동료 경제학자들을 자랑스러워했음에도, 분별력 또한 갖고 있었다. 당대의 그 진보는 그가 문명이라고 여겼던 것과는 다른 어떤 것임을 깨달았던 것이다. 불행히도, 프로크루스테스주의에 대한 그의 거부감처럼, 문명에 관한 그의 생각은 대체로 '교양에 관련된'cultural 것이었다.

케인스에 훨씬 앞서, 그의 스승 알프레드 마셜은 비슷한 맥락에서 이렇게 썼다. 마셜은 협소하고 정형화된 20세기 초반 경제학의 상당 부분에서 드러나는 분위기를 조성했던 학자이다.

"이제 우리는 마침내, 출생 때부터 다른 사람들에게 세련되고 문화적인 삶을 위한 필수품을 제공하기 위해 고되게 일해야 하는 절대 다수의 불운한 사람들이 있을 필요가 있는지를 진지하게 묻고 있다. 그 사람들 자신은 가난과 고역 탓에 삶에서 약간의 몫이나마 갖지 못해 차단당해 있는 실정이다."¹⁶

케인스와 마셜 둘 다 이 새로운 발전 단계로 말미암아 사람들은 인간적인 역량을 개발할 수 있는 기회를 향유할 것이라고 예상했다. 미래에는 잔인한 프로크루스테스주의가 사라질 것이라고 그들은 기대했다. 그럼에도 그들은 저술 활동을 하고 있던 그 시기에, 사회가 기꺼이 규율을 완화할 것이라는 어떤 암시도 주지 않았다.

케인스가 이런 협소한 견해를 가졌던 건 이해할만하다. 그는 위대한 경제학자였을 뿐 아니라, 고상한 척하는 상류 계급 사람이었다.

대부분의 논문 뿐 아니라 에세이에서도, 케인스는 노동자들의 실질적인 생활, 또는 그들의 선호도에 관해 결코 진정으로 생각한 것 같지 않았다. 케인스는 공식적으로 노동 계급의 물질적인 복지를 다소 세심하게 배려했다. 그럼에도 그는 노동 계급에 일정한 거리를 두며 냉담한 태도를 유지했다. 그는 거만하게 그들을 '천박한' 존재로 간주했다.[17] 그는 한 친구에게 이렇게 편지를 썼다. "난 노동자들과 더불어 차를 마셔 왔네. 그들은 대단히 고결한 친구들이고 그렇게 추잡하지 않다고 생각한다네. 또 케임브리지에 와서 2주 동안 대접을 받은 것에 즐거워한 것으로 나는 생각해. 하지만, 그게 무슨 소용이 있는지 나는 모르겠네."[18] 그의 대학이 소유했던 농장에서 노동자들과 더불어 보낸 짧은 순간을 제외하고, 케인스는 훗날, 임금을 받기 위해 일을 해야만 하는 사람들과 더불어 개인적인 교유를 거의 하지 않았던 것 같다.[19]

다면적인 인류의 번영에 관해 긍정적인 견해 대신, 케인스의 견해는 그의 세상에서 엿볼 수 있는 매력 없는 요소들에 대한 미학적 역겨움을 반영했다. 매우 가까웠던 동료가 기록했듯이, "그는 바보 같다는 이유로 실업을 혐오했고, 추하다는 이유로 가난을 혐오했다."[20]

케인스는 바보 같다는 이유로 실업을 혐오했고, 추하다는 이유로 가난을 혐오했다. 그는 노동 계급과 일정한 거리를 두며 냉담한 태도를 유지하며, 노동자를 천박한 존재로 간주했다. 그는 당대를 대표하는 경제학자였다.

속박 받지 않는 자본주의에서 비롯되는 기업 경영의 어려운 진의(참뜻) 또한 케인스를 역겹게 만들었다. 〈일반이론〉The General Theory 의 결론 부분에서, 케인스는 매우 희박한 근거 위에서만 사기업을 정당화했다. 그 기업 덕에 어쩌면 '위험했을 인간의 성향들'이 '비교적 해롭지 않은 통로로 유도돼야' 한다는 것이었다. "한 사람이 동료 시민들 위에 군림하는 것보다는 은행에 맡겨둔 자신의 돈을 함부로 써버리는 게 더 낫다."[21] 똑같은 심정에서, 그는 "주식거래를, 하찮은 소일거리의 일종이며, (잘 해봐야) 기술적인 노름의 속성을 띠고 있다"고 비하했다.[22] 노동 계급과 자본가들 양쪽 모두의 현재적인 특성으로 간주했던 것에 대한 그의 경멸감에도 불구하고, 마셜처럼 케인스는 더 나은 사회가 더 나은 부류의 사람들 – 적어도 케인스가 더불어 어울리며 즐겼던 그런 부류의 사람들 – 을 만들어낼 수 있다고 믿었다.

케인스가 이 책의 주요 논점에 민감했음을 보여주는 흔적은 전혀 없다. 그 논점이란, 경제 발전에 박차를 가하도록 의도된 경제 정책이 프로크루스테스적인 경제 체제에서 전형적으로 뒤에 방치되는 이들의 잠재력을 이용하는데 실패함으로써 실질적으로는 경제 성장률을 떨어뜨릴 수 있다는 것이다. 비록 케인스는 사람들이 번영을 누릴 수 있게 되는 때를 기대했음에도 불구하고, 번영에 대한 그의 견해는 대개 더 세련된 방식으로 이미 살아가고 있는 이들에 한정돼 있는 것처럼 보였다.

결국, 문화적인 세부 사항들을 훌쩍 뛰어넘어, 인류 번영의 더 광범위한 가능성에 대한 그들의 제한적인 관심에도 불구하고, 케인스나 마셜 누구도 프로크루스테스적인 사고방식에 도전하기 위해 한 일이 별로 없다. 그 대신, 그들은 인류가 그 다음 단계로 나아갈 수 있는 그런 시기를 꿈꾸는데 머물렀다.

케인스는 심지어, 당분간 프로크루스테스적인 경로는 인류의 유일한 선택지이며, 그 경로는 장구할 것이라고 지적하기까지 했다.

"적어도 일백 년 동안 우리는, 우리 자신과 모든 사람들에게 공평한 것은 그른 것이며 그른 것은 공평한 것인 체 했음에 틀림없다. 그른 것은 유리하지만, 공평한 것은 그렇지 않기 때문이다. 탐욕과 고래대금업과 예방조치는 더 긴 평온을 위한 우리의 신들gods이다. 왜냐하면 오직 그것들만이 우리를 경제적인 궁핍의 터널로부터 햇빛 속으로 이끌어줄 수 있기 때문이다."[23]

기존 체제에 대한 도전을 주저하는 것은 그리 놀랍지 않은 일이다. 케인스나 마셜 같은 사람들은 결코 혁명적이지 않았다. 너절한 노동계급과 더불어 공동의 노력을 기울일 생각이 그들에게는 없었다. 케인스와 마셜이 상상했던 새로운 단계의 사회를 환영할 것 같지 않은 안락한 특권층에 의해 배척당하는 위험을 질 생각도 그들에게는 없었다.

특권층의 저항

케인스는, '프로크루스테스주의 이후' 발전 단계로 옮아가는 이행이 뻣뻣한 저항에 직면할 것임을 깨달을 정도로 매우 현실적이었다. 특히 다수를 위한 이행의 가장 바람직한 측면은 힘을 갖춘 소수 – 매우 이상하게도 케인스는 '보통 사람들'이라고 불렀던 – 의 입지를 위협할 게 분명했다. 여기서 케인스의 발언을 길게 인용할 만한 가치가 있다.

"나는 보통 사람한테 배어있는 습관과 본능의 재조정을 두렵게 생각한다. 당사자는 장구한 세월 동안 키워진 그 습관과 본능을 버려야 한다는 요구를 수십 년 동안 받을 수 있다……생애 처음으로 인간은 그의 진정한, 그의 영원한 문제에 직면할 것이다. 현명하고 기분 좋게 잘 살기 위해, 긴급한 경제적 근심으로부터 벗어난 자유를 어떻게 활용하고, 과학과 복리compound interest 덕에 얻게 될 여가 시간을 어떻게 채우는가 하는 것을 말함이다. 하지만, 한 점 두려움도 없이 여가와 풍요의 시대를 기대할 수 있는 나라와 국민은 없다고 나는 생각한다."24

특권층은 그들의 일하는 습관 - 다른 사람들을 장악하는 위신과 권위 - 보다는 그들 자신에게 훨씬 더 중요한 어떤 것을 잃는 것에 저항할 것임을 케인스는 분명히 알았을 것이다. 특권층은 그들의 지위를 조금씩 깎아내리는 평등주의 사회를 환영하지 않을 것이다. 특권층이 현재 향유하고 있는 것과 똑같은 기회를 그 밖의 다른 사람들이 왜 가져야 하는가? 무엇이 보통 사람들에게, 현재 더 나은 부류의 사람들 몫으로 돼 있는 배타적인 영역의 활동에 참여할 수 있는 권리를 부여하는가? 그런 사람들이 어떻게 사회의 높은 지위에 다가갈 수 있는 동등한 권리를 기대할 수 있는가? 여기서 다시, 케인스의 관심사는 '대체로 교양에 관련된'cultural 것이다. '천박한' 대중들의 잠재적인 공헌은 별로 염두에 두지 않는다.

훨씬 더 심각하게, 대중들의 노동 습관에서 나타나는 침범 현상은 특권층에게 중대한 관심사일 것이다. 다른 사람들에게 명령할 수 있는 자기네 권위가 더 이상 존재하지 않게 된다고 상상하는 것이 특권층에게는 마지못해 삼켜야 할 쓰디 쓴 알약이다.

케인스는 그가 예상했던, 계급에 바탕을 둔 저항의 속성에 관해 명시적이지는 않았지만, 새로운 발전 단계에 관한 두려움을 표시했다. 그러나, 이는 가난한 노동 계급 사람들한테 진심으로 들리지 않는다. 행운을 타고 나지 못한 대부분의 사람들은, 케인스가 묘사했던 기회 - 노동 계급을 비롯해 모든 사람들을 위한 더 많은 여가와 더 높은 생활수준 - 에 크게 저항하지 않을 것이다. 그렇기는 하지만, 프로크루스테스주의의 문화적 차원에 관한 케인스의 부정적인 평가는 아마르티아 센(291쪽)보다 실질적으로 훨씬 더 멀리 나아갔다.

"부의 축적이 더 이상 높은 사회적 중요성을 띠지 않게 될 때, 도덕률에 중대한 변화가 일어날 것이다. 우리는, 지난 200년 동안 우리를 괴롭혔던 허위의 도덕적 원칙들 중 상당수에서 벗어날 수 있게 될 것이다. 우리는 그 동안 허위의 그 원칙들로써 인간의 특질 중 매우 혐오스러운 일부를 대단히 고차원적인 미덕의 자리로 승격시켜 왔다. 우리는 화폐동기 money-motive 를 그것의 진정한 가치대로 감히 평가할 수 있게 될 것이다. 돈에 대한 사랑 – 삶의 향유와 실생활을 위한 수단으로서 화폐와 구별되는 – 은 다소 혐오스러운 병적인 상태라고 우리는 깨닫게 될 것이다. 그것은 누군가 정신병 분야의 전문가들에게 공포에 떨며 넘겨주는 준 semi 범죄적인, 준 병적인 성향들 중 하나이다."[25]

"지난 200년 동안 우리를 괴롭혔던 허위의 도덕적 원칙들 중 상당수에서 벗어날 수 있게 될 것이다. 우리는 그 동안 허위의 그 원칙들로써 인간의 특질 중 매우 혐오스러운 일부를 대단히 고차원적인 미덕의 자리로 승격시켜 왔다"는 케인스의 묘사는 내가 봐온 프로크루스테스주의의 문화적 기반을 가장 정확하게 서술한 것이다.

케인스의 견해에 바탕을 둔, 또 그를 만족시킬 미래에 대한 전망은 프로크루스테스주의자들을 두려움에 떨게 만들기에 딱 좋았을 것이다. 특히 케인스는 노동 시간이 극적으로 줄어들 수 있을 것이라고 믿었기 때문이다.

"하루 3시간 근무제 또는 주당 15시간 근무제가 전면에 등장할 수도 있다. 하루 3시간이면 우리들 대부분 속에 숨어있는 원죄 the old Adam 를 채우고도 남을 만큼 충분하기 때문이다!"[26]

기존 국가의 지속을 위한, 일백 년 기간에 걸쳐있는 케인스의 추정은 몹시 낙관적이었던 것으로 판명 났다. 불행히도, 케인스가 책을 쓴 뒤 지나간 한 세기의 1/4 이상 동안에, 사회는 그가 묘사했던 미래로부터 점점 더 멀리 떨어지고 있는 것 같다.

노동 시간은 계속해서 늘고 있고, 부자들을 빼고 사실상 모든 사람들이 생계를 잇기 위해 점점 더 고된 시간을 보내고 있다. 더욱이 지구상의 경제적인 힘은 선진 시장경제 안에 있는 사람들을 점점 더 쓸모없는 존재로 전락시키고 있다. 지구상에서 훨씬 더 가난한 지역 출신의, 훨씬 더 값싼 노동력으로 그들을 대체하고 있는 것이다. 심지어 전문적인 기술을 갖춘 사람들조차도 거센 압박을 받고 있다.

이성의 명령에 따라, 대형 버스의 바퀴 아래로 떨어지고 있는 사람들이 세상에 만연해 있는 프로크루스테스주의에 의문을 제기해야 한다. 하지만, 대개 그들은 자신의 근본적인 문제를 찾아내는 데 아직 성공하지 못했다. 아, 슬프게도 기존의 경제 시스템이 다수의 이득을 위하는 쪽으로 작동하지 않는다는 사실에도 불구하고, 프로크루스테스주의는 이제, 케인스가 상상할 수 있었던 것보다 훨씬 더 단단하게 사회를 틀어쥐고 있다.

케인스가 마음속에 그렸던 이행을 방해하는 근본적인 힘은, 그가 생각했던 것과 달리, 경제적인 필요성 중 하나이기보다는 권력과 계급 시스템이었다. 이는 다수 사람들을, 잠재력의 동원을 가로막는 억눌린 삶에 처하도록 만든다. 사람들이 더 나은 삶의 방식을 창안하거나 인류를 위험에 빠뜨리는 점증하는 도전 과제들에 맞설 수 없도록 묶어두는 것이다.

권력자들이 사회를 속박하는 현재의 계급과 통제 시스템을 기꺼이 포기하지 않는다면, 궁극적으로는 현재의 시스템으로부터 혜택을 입는 것으로 보이는 이들조차도, 평범한 선원의 경고에 주의를 기울이지 않았던 그 불운한 함선의 제독과 똑같은 운명으로 고통을 당할 수 있다(317쪽). 선박이 항로를 벗어나 있다고 보고하는 미래의 비非공인 항해사들을, 당대의 권력자들은 교수형에 처할까?

앞에 놓여있는 어려운 수로를 안내하는 데 필요한 것은 전혀 새로운 어떤 것 - 모든 사람들로 하여금 자신의 재능을 개발할 수 있도록 동등한 기회를 허용하는 사회 질서 - 이다. 너무나 지루한 계급의 한계를 깨뜨려버리는 그런 사회이다. 하지만, 그 대안은 무엇일까?

간주곡

현대적인 경제 체제만큼 복잡한 시스템은 어떤 조정 장치를 필요로 한다. 하지만 경제학은 어떤 외부적인 형태의 조정 없이도 시장이 경제를 조직화하는 가장 효율적인 방법이라고 가르친다. 이와 대조적으로, 경제학은 전반적인 경제 체제 내부에서 복잡한 생산 단위들이 하향식의 관리 통제를 필요로 한다는 점에 사실상 만장일치를 이룬 것처럼 보인다. 이 책은 시장이나 관리 통제 모두 특별히 효율적이지 않고 '협력'이 더 나은 대안을 제공한다는 태도를 갖고 있다.

"협력하는 생산 조직에 대한 요구가 어떤 사람들 귀에는 아무런 희망 없이 이상적으로만 들린다. 지휘자가 연주자들로 하여금 불협화음을 내지 못하도록 방지하는 교향악의 연주는 권위의 필요성을 보여주는 일반적인 비유이다. 저 모든 권력과 통제가 필요한지에 대해 의문을 제기했던 이들은 지금까지 거의 없었다. 심지어 마르크스조차도 지휘자의 필요성을 제기했다.

다수 개인들이 협력하는 모든 노동에서, 그 과정의 상호접촉과 통일성은 불가피하게 지배적인 의지로, 그리고 세부적인 노동보다는 작업장과 전반적인 노동 활동에 관한 기능으로 대표된다. 관현악단의 지휘자와 마찬가지이다."[27]

확실히, 지휘자는 위풍당당한 모습을 보여준다.

"지휘자의 지휘보다 더 명백한 권력의 표현은 없다. 그의 공개적인 행동에 배어있는 모든 세부사항은 권력의 속성을 잘 보여준다. 권력에 관해 아무것도 몰랐던 사람도 지휘자에 대한 주의 깊은 관찰을 통해 권력의 모든 특성들을 하나하나 발견할 수 있다. 이것이 지금까지 행해지지 않았던 이유는 명백하다. 지휘자가 끌어내는 음악만이 가치를 띠는 유일한 것으로 생각되기 때문이다. 사람들은 교향악을 들으려고 연주회에 간다는 사실을 당연하게 여긴다. 또 지휘자 그 자신보다 이를 더 확신하는 이는 아무도 없다. 지휘자의 임무는 음악을 제공하는 것이며 음악을 충실하게 해석하는 것이라고 그는 믿는다."[28]

놀랍게도, 마르크스가 집필 활동을 하던 당시에 지휘자들은 대단히 새로운 혁신적인 존재였다. 불과 10여 년 전만 해도, 지휘봉을 휘두르는 지휘자들이 관현악단을 이끈 게 아니었다. 그 대신, 음악가들 스스로, 대개는 제1바이올리니스트가 연주 기간 동안 그 책임을 떠맡았다. 바흐Johann Sebastian Bach, 1685~1750 와 모차르트Wolfgang Amadeus Mozart, 1756~1791, 베토벤Ludwig van Beethoven, 1770~1827 모두 그들 스스로 자신의 작품을 지휘했다. 때로는 건반으로 지휘할 때도 있었다.

베른음악원Bern's music conservatory 의 상임이사를 지낸 우르스 프라우치거Urs Frauchiger 에 따르면, 작곡가 칼 마리아 폰 베버Carl Maria von Weber, 1826~1876 가 음악가들 앞에 서서 지휘자로 봉사한 첫 번째 인물이었다. 1817년 12월 연주회 때 일이다. 훗날, 루트비히 슈포어Ludwig Spohr,

이고르 스트라빈스키

1784~1859가 연주회를 지휘했다. 멘델스존Felix Mendelssohn, 1809~1847이 곧 뒤를 따랐다.

지휘자의 지휘권 창출이 아무런 저항을 받지 않고 일어난 건 아니었다. 유명한 작곡가 로버트 슈만Robert Schumann, 1810~1856은 지휘자의 지휘봉이 공화주의의 원칙들을 부정한다며 반대했다.29 오래지 않아 공화주의의 원칙들은 곧 잊혀졌고 지휘자는 교향악 연주에서 중심적인 존재로 받아들여지게 됐다.

지휘자의 역할을 드높인 한 요소는 19세기 후반 낭만주의Romanticism의 발전이었다. 이 장르는 때때로 많은 복잡성을 내포했다. 이는 지휘자를 필요로 하는 인식을 강화시켰다. 러시아 태생 미국 작곡가인 이고르 스트라빈스키Igor Stravinsky, 1882~1971는 이렇게 주장했다.

"카펠마이스터KAPELLMEISTER(저명한 음악가, 악장)의 개성을 과도하게 부풀린 것은 낭만주의 음악이었다. 심지어 그의 관심사에 온통 바쳐진 음악에 노력을 쏟도록 하는 자유재량의 권한을 그에게 부여하는 지경에까지 이르렀다. 오늘날 그가, 그 자체로 관심을 그에게 집중시키는 지휘대 위에서 향유하는 위신이 여기에 덧붙여진다. 불가사의한 삼각대tripod 위에 올라서서, 그는 그 자신의 움직임, 그가 지휘하는 작품에 관한 그 자신의 독특한 표현 방식을 강요한다. 또 그는 심지어 순진무구할 정도로 뻔뻔스럽게 그의HIS 전문성에 관해, 그의HIS 5도 음정(음의 높낮이)에 관해, 그의HIS 7도 음정에 관해 이야기하는 지경에 이른다. 요리사가 그 자신이 만든 요리를 자랑하는 바로 그 방식이다. 어떤 사람은 그의 이야기를 들으면서, 자동차 운전자들에게 식사 장소를 추천하는 광고판에 대해 생각한다. '이러저러한 음

식점에 있는, 그의 와인, 그의 특별한 요리.'

과거에는 그런 게 결코 없었다. 우리 시대 뿐 아니라 그 당시에도 악기 연주자나 프리마돈나 모두 수완 좋고 전제군주 같은 거장을 이미 알고 있었음에도 불구하고 말이다. 그 당시는 경쟁과 지휘자들의 과다 탓에 고통을 겪는 일은 없었다. 지휘자들은 음악 위에 군림하는 독재권을 구축하려고 열망하는 사람에 거의 근접해 있었지만 말이다."[30]

스트라빈스키의 지적

낭만주의보다는 덜 낭만적인 어떤 것 또한 영향을 끼쳤다. 남북전쟁 Civil War 기간에 그리고 그 이후 미국에서는, 대량 생산방식이 전통적인 수공예와 농업 경제를 몰아냈다. 그에 따라 특권층이 때때로 매우 의심스러운 윤리로, 거대한 재산을 축적하고 있었다.

그들은 자선을 통해 일정한 수준의 책임을 떠맡았다. 어떤 사람들은 예술 후원자로 변신하는 쪽을 선택했다. 그들의 재산 뿐 아니라 그들의 문화를 널리 알리기 위해서였다. 부유한 이들 '자선가'는 새로운 문화의 전당으로 교향악 연주 시설(심포니 홀)을 세우기 위한 자본을 제공했다. 이는 프로크루스테스주의의 주인과 일반 사람들 사이의 격차를 구분해 표시하는 경계선으로 우뚝 서 있다.

유럽에서 교향악단은, 열렬한 추종자들을 거느리고 있던 오페라에 견줘, 오랫동안 가난한 의붓자식 취급을 받았다.[31] 오늘날과 달리, 부자들은 오페라를 지나치게 대중적인 음악 형식으로 여겼다. 값비싼 악기들을 구입할 만큼 충분한 자금을 갖지 못한 일반 사람들은 그들 스스로 아리아 aria 를 부를 수밖에 없었다.

이보다 불과 수십 년 앞선 1842년, 미국에서는 교향악 또한 대중적인 분위기aura를 풍겼다. 뉴욕 필하모닉 소사이어티Philharmonic Society of New York는 협동 기업cooperative enterprise으로 처음 설립됐다. 음악인들은 지휘자를 선출했고, 레퍼토리를 선곡했으며, 수익을 나누었다.³² 이 새로운 교향악에 자금을 댄 이들은 그러한 민주적인 역할 수행을 부적절한 것으로 여겼다.

이와 대조적으로, 미국 교향악의 후원자들은, 엄격한 위계질서의 부과를 필요로 하는 것처럼 비쳐지는 부가적인 매력을 갖고 있던 '고급 문화'high culture를 증진시키는 것을 원했다. 그들은 "오로지 이 관현악······(아마도) 그 도시의 도덕적인 특성을 반영했던 더 고상한 형태의 예술만을 위한 새로운 신전들을 건립했다."³³

낭만주의 음악은 이 '고급 문화'의 후원자들에게 이상적이었다. 낭만주의의 정신은 대중 위에 우뚝 서 있는 영웅적인 창조자에 배어있는 비민주적인 사상을 고양시켰다. 어떤 점에서, 이런 작곡가의 이미지는 그 훗날 유력한 경제학자 조셉 슘페터의 시각과 비슷하다. 슘페터는 영웅적인 기업가의 이미지를 경제적인 진보에서 중심을 이루는 존재로 널리 퍼뜨렸다. 이들 기업가는 새로운 제품을 만들어내고 효율성을 크게 높임으로써 막대한 가치를 창출한다.³⁴ 슘페터의 사상은 닷컴 붐의 절정기였던 20세기 끝 무렵 즈음에 경제 신문에서 인기를 끌게 됐다.

미국에서는 자본집약적인 생산 시스템에 들어가는 비용 탓에 부유한 자선가들이 영웅적인 존재로 부각됐다. 이 새로운 음악 생산 양식의 상징으로, 지휘자는 엄청난 중요성을 띤 지위를 확보했다.

예를 들어, 1906년 빌헬름 게리크Wilhelm Gericke, 1845~1925가 보스턴 심포니 오케스트라의 음악 상임이사 자리에서 물러났을 때, 클리블랜드의 한 기자는 그 사건의 중대성에 관해 이렇게 논평했다. "보스턴에서 그 관현악단의 지도자는 시장 mayor 보다 훨씬 더 중요한 인물이다." 그로부터 2년 뒤 낭만주의 작곡가 구스타프 말러 Gustav Mahler, 1860~1911 는 빌렘 멩겔베르크 Willem Mengelberg, 1871~1915 에게 똑같은 그 자리를 받아들이라면서 이렇게 충고했다. "보스턴의 그 자리는 음악가에게 상상할 수 있는 최상의 것이라네. 첫 손가락에 꼽히는 오케스트라. 무한한 지배 권력. 유럽에서는 음악가가 획득할 수 없는 그런 사회적인 지위를 갖게 되지."[35] 사실상, 저 무명의 음악가들은, 자본주의 생산 양식에서 나타난 이 새로운 국면의 정당성에 관해 문화적으로 대중들을 가르치면서, 그 지휘자의 숨 막히는 감독 아래에서 자신들의 일을 해내야만 했다.

이런 새로운 환경에서 신성화는 비전문가(아마추어)와 전문가(프로페셔널) 사이의 격차를 넓혔다. 하나에 얽매이지 않는 절충주의적인 연회와 더불어 혼성 음악 장르 및 참여하는 청중으로 인기를 끌었던 '전통적인 관습'은 쓸모없는 구식으로 변했다.[36] 결국, 그 교향악은, 웅장한 문화의 전당에 자신들의 돈을 기부하는 것은 때로는 자기들 이름을 빌려주는 부유한 후원자들의 지지를 향유할 수 있었다. 교향악은 대중들의 입맛에 호소할 필요가 없어졌다. 게다가 이런 종류의 연주회는 일반 청중들이 뒷받침하기에는 너무 비쌌을 것이다.

마르크스조차도, 음악작품을 만들어낼 때 자본가는 불필요한 존재라는 사실을 폭로하는 게 바로 지휘자의 역할이라고 생각했을 정도였다.

"자본주의적 생산은, 감독 업무라는 게 손쉽게 이용 가능하고 자본의 소유권에서 벗어나 완전히 독립을 이루는 상황을 그 스스로 초래했다. 그에 따라 이 감독 업무가 자본가에 의해 수행되는 것은 더 이상 필요하지 않게 됐다. 음악 지휘자는 그의 관현악단에 악기 소유

레온 플라이셔

자가 존재하는 것을 조금도 필요로 하지 않는다. 지휘자가 다른 음악가들의 '급료'를 지불하는 데 관여할 필요도 없다."37

어떤 음악 지도자들은 지휘자의 독재권에 의문을 제기하는 일에 나서고 있다. 유명한 피아니스트이자 지휘자인 레온 플라이셔Leon Fleisher는 이제 초기의 전통으로 돌아가야 한다고 주장한다. 〈이코노미스트〉는 베토벤의 〈영웅〉 협주곡 리허설 동안에 겪은 플라이셔의 경험에 관해 보도한 바 있다. 지휘자 없이 작동하는 오르페우스 실내악단과 공동으로 연주할 당시의 일이었다. 플라이셔는 이렇게 선언했다. "이 부분은 항상 지휘자 탓에 엉망진창으로 변한다. 하지만 우리는 그것을 두 번에 걸쳐 완벽하게 연주했다. 이는 지휘자가 곧바로 자리에 앉아야 한다는 걸 보여주는 증거이다."

그 기사는 오르페우스와 뉴욕 필하모닉 오케스트라 양쪽 모두에 속해있는 첼리스트 에릭 바틀렛Eric Bartlett의 말을 인용한다. 그는 후자 조직(뉴욕 필하모닉)에서 개인적인 열정의 수준이 낮다며 이렇게 묘사했다. "위대한 지휘라고 해도 중요한 모든 의사결정을 내릴 수 있는 권한을 넘겨받을 경우, 음악가들은 훨씬 더 수동적인 방식으로 연주하기 시작한다. 오르페우스는 청중과 음악, 지휘자 그 자신 사이를 가로막는 장벽을 제거해왔다." 그 기사의 결론은 이랬다. "그렇다면 지휘자 없는 오케스트라가 더 많지 않은 이유는 무엇인가? 스타 지휘자들은 협동조직보다 티켓을 더 많이 팔기 때문이다."38

스트라빈스키는 그러한 상업적인 고려가 이 예술적인 독재권을 어떻게 강화시키는지에 관해 이렇게 언급했다.

"몇 년 전 내게 전달된 재담은 지휘자가 음악 세계의 편견 속에서 띠게 된 중요성을 명확히 보여줍니다. 어느 날, 대형 연주단의 재산을 관장하는 사람이 지휘자 없는 저 유명한 오케스트라에 의해 소비에트 연방에서 이뤄진 성공에 관한 이야기를 듣고 있었습니다. 저희는 이미 그 오케스트라에 대해 얘기한 바 있습니다. 문제의 그 사람은 '그건 그리 큰 의미가 없다'라고 선언했습니다. '그리고 그건 제 흥미를 불러일으키지 않는군요. 제가 정말로 관심을 두고 있는 것은 지휘자 없는 오케스트라가 아니라, 오케스트라 없는 지휘자입니다'라고 덧붙였다"[39]

스트라빈스키가 내비쳤듯이, 지휘자의 위신은 적어도 부분적으로는 예술을 누르고 승리를 거둔 시장의 또 다른 한 사례이다. 이는 어지간히 알려져 있는 결과이다.

이와 대조적으로, 오르페우스 오케스트라에 얽힌 플라이셔의 경험은 보통 당연하게 여겨지는 조직의 형태들이 사회를 조직화하는 최선의 방법이 아닐 수 있음을 시사한다. 수세기 전 자본주의가 봉건제 아래에 짓눌려 왔던 부르주아(유산 계급)의 에너지를 해방시켰듯이, 새로운 형태가 현재 프로크루스테스의 침대에 묶여있는 일반 대중들을 그와 똑같이 해방시킬 수 있다.

**베네수엘라
젊은 음악가의 성취**

음악계 내부의 프로크루스테스주의가 음악가들의 창조적인 힘을 도려낸 것처럼, 계급 전선은 교향악의 창조성에 대한 참여를 억제했다. 베네수엘라에서 이뤄진 한 실험은, 그런 장벽들을 부수는 게 창조성의 증진에 상당히 공헌할 수 있음을 보여준다.

베네수엘라에 단지 2개의 교향악단만 있을 때인 1975년, 호세 안토니오 아브레우Jose Antonio Abreu는 베네수엘라 청소년 관현악단Youth Orchestra of Venezuela을 만들었다. 사회적으로 혜택을 받지 못하는 가난한 젊은이들에게 교향악 – 빈곤한 계층의 사람들로선 감상할 수 없는 것으로 여겨졌던 바로 그 장르 – 에 익숙해질 수 있는 기회를 주기 위해서였다. 이들 어린이 가운데 한 명이었던 구스타보 두다멜Gustavo Dudamel이 스물여섯 살이 되었을 때, 〈뉴욕타임스〉는 그를 세상에서 가장 많은 화제를 뿌리는 젊은 음악가로 묘사했다. 베를린 필하모닉의 수석 지휘자인 사이먼 래틀Simon Rattle은 그를 가리켜 '내가 지금까지 만난 이들 가운데 가장 놀랄만한 재능을 가진 지휘자'라고 불렀다. 음반회사들이 관현악단 음반의 발매를 줄이고 있던 시점에서, 두다멜은 도이치 그라모폰의 요청을 받아들여 누구나 탐냈던 계약을 맺고 베토벤과 말러 교향곡을 담은 2개의 CD를 발표했다. 이미 유럽 지역의 연주회장에 자주 참석한 바 있던 그는 2010년 미국에서 자신의 최장 출연 기록을 달성했다. 로스앤젤리스, 샌프란시스코, 보스턴에서 그의 공연이 성황리에 개최됐다. 또 뉴욕에서 처음으로 뉴욕 필하모닉과, 그리고 카네기홀에서 베네수엘라 사이먼 볼리바르 청소년 관현악단과 더불어 연주회를 열었다.

두다멜은 여전히 지휘자이지만, 전혀 다른 부류의 지휘자이다. 현재 정부로부터 재정 지원을 받는 프로그램을 관리하는 사적 재단의 집행 이사인 이고르 란쯔Igor Lanz는 이렇게 설명했다. "가장 중요한 것은 한 가지 공통의 목적 안에서 함께 일하는 것임을 그들은 배우고 있다." 이런 윤리는 두다멜의 동료들

구스타보 두다멜

에게 우연히 떠올랐던 것 같다. 그의 동료 음악가들 중 한 명은 그가 프로크루스테스적인 지휘자의 전통적인 틀을 어떻게 깨뜨렸는지를 이렇게 설명했다.

"관현악단에서 프렌치 호른French horn을 연주하는 두다멜의 절친한 친구인 라파엘 페이아레스Rafael Payares는 '우리는 한 때 지휘자를 두고 늙고 내성적인 사람이라고 여겼다. 하지만 그는 바이올린을 연주하고 파티를 열던, 바로 그 구스타보Gustavo이다. 그는 여전히 똑같은 그 열정적인 인물이다.'"40

두다멜은 2004년 제1회 구스타브 국제 연주 대회 때 베네수엘라 밖에서도 명성을 얻었다. 역설적으로 말러의 교향악들은, 군림하는 지휘자를 필요로 하는 것 같았던 복잡한 교향악들을 만들어내는 낭만주의 운동의 선두에 있었다.

두다멜의 성취는 이 책에서 중심을 이루는 의문을 제기한다. 세계 곳곳의 빈민가에서 시들어 가고 있는 가난한 어린이들 중 상당수가 잠재적인 지휘자, 과학자, 의사 또는 발명가일 수도 있지 않은가? 베네수엘라의 실험은 사람들이 그 질문에 대한 대답을 고려하기 시작해야 함을 암시한다.

누구를 위한 국가인가?

만일 유일한 대안이 프로크루스테주의 국가, 또는 싫든 좋든 모두 '자기 자신의 것을 행하는' 마구잡이식 세상이라면, 이사야 벌린(382쪽)과 더 극단적인 프로크루스테스주의자들은 타당한 점을 띠고 있을 수 있다. 하지만, 사람들이 냉혹한 권위 없이 협력할 수 있는 잠재력을 갖고 있다면, 벌린의 연구는 사람들을 오도하고 있는 것이다.

예를 들어, 수많은 공동체가 자원봉사자들로 구성된 교향악단을 갖고 있다. 그 모든 음악가들이 그 밖의 사람들을 고려하지 않은 채 자기들 뜻대로 자유롭게 연주한다면, 그들의 음악은 그다지 듣기 좋지 않을 것이다. 그 음악가들은 똑같은 악보를 연주하는 데 동의할 뿐 아니라, 그들 또한 일반적으로 지휘자 - 때로는 그들의 연주를 조정하는 일을 돕는 자원봉사자 - 의 지시 아래에서 활동한다. 베네수엘라의 사례에서처럼 지휘자는 또한 교사로서 봉사하기도 한다. 상당수 연주자들이 여전히 자신의 기능을 배우고 있기 때문이다.

오케스트라 단원들은 모두 청중과 음악가들 양쪽 모두를 위해 즐거운 음악적 경험을 만들어내는 동일한 목표를 공유하고 있다. 오케스트라 음악가들이 충분한 연주 기술을 갖추게 됐을 때, 그들은 지휘자 없이도 훌륭히 연주할 수 있다. 그러한 경우에 프로크루스테스는 설 자리를 확실히 잃게 된다.

어떤 공동체는 건물의 낡은 목재를 보호하는 자원봉사자로 구성된 소방서를 두고 있다. 이들 자원봉사자는 임무를 대단히 훌륭하게 수행한다. 비록 시장의 논리가 '합리적인' 사람들로 하여금 참여할 동기가 없어 그 자리를 차지할 다른 사람들을 기다리는 게 낫다는 결론을 내리도록 할 것임에도 불구하고 말이다.

냉혹한 마음의 일부 프로크루스테스주의자들은 그러한 활동이 예외적인 환경 아래에서 가능할 수 있다고 할지도 모른다. 결국 프로크루스테스주의 철학의 핵심은, 이기주의와 자기중심이 인간의 뇌 속에 단단히 뿌리를 내리고 있으며 강력한 규율 없이는 정글의 법칙이 만연할 것이라는 믿음이다. 물론, 인간의 본성에 얽힌 의견들을 뒷받침하는 증명과 반증 모두 불가능하다.

프로크루스테스주의자들은, 모든 사람들이 시장의 법칙을 따름으로써 번영을 누린다는 환상의 세계를 상상함으로써 한발 더 나아간 다. 노동자들에게 끼쳐진 피해는 애써 무시하면서, 시장이 효율적으로 작동한다며 들이대는 증거에 대해서는 의심해볼만하다. 이들 비효율성은 대부분, 강력한 경기 후퇴 또는 그보다 심한 공황의 형태 속에서 이들 상당수가 서로 합쳐질 때까지 무시된 채 지나간다. 프랭클린 루스벨트 대통령은 자신의 두 번째 취임 연설에서 시장의 결함에 관한 때늦은 깨달음을 설명했다. 당시 그는 이렇게 말했다. "부주의한 이기심은 나쁜 윤리임을 우리는 항상 알고 있었습니다. 그것은 나쁜 경제학임을 우리는 이제 알고 있습니다."[41]

시장이 잘 작동하든 않든 상관없이 현대의 시장경제는 애덤 스미스의 생각을 뛰어넘어 큰 인기를 끌어왔다. 스미스의 〈도덕 감정론〉Theory of Moral Sentiments 은 사람들이 일정 수준의 도덕적 자제력을 발휘한다면 시장경제는 제대로 작동할 것이라고 강조했다. 스미스는 사람들이 자신의 명성을 유지하기 위해 그런 방식으로 행동할 것이라고 주장했다.

한 사람의 명성이 작은 공동체에서는 중요할지도 모른다. 그곳에서는 사람들이 다른 사람과 반복적으로 상호작용해야 하기 때문이다. 이와 대조적으로, 사람들이 이리저리 이동할 수 있는 글로벌 경제 체제에서는 공동체의 개념은 별 의미를 지니지 못한다. 실패한 최고경영자들이 수백만 달러의 상여금을 받을 수 있다. 덜 '성공적인' 사람들이 이전 명성을 뒤에 방치해둔 채, 자신의 다른 모습을 반복적으로 보여줄 수 있다. 굴욕을 당한 기업체들은, 대중들이 과거의 자기네 악행들을 곧 잊어버릴 것이라는 기대감에 따라 새로운 이름을 채택할 수 있다. 결과적으로, 한 사람의 명성을 보호하는 것은 스미스가 한 때 상상했던 것에 견줘 별 의미를 띠지 못한다.

여기서 우리는 '비틀린 목재'Crooked Timber 라는 견해의 핵심적인 역설에 이르게 된다. 프로크루스테스주의자들이 규율의 필요성에 관해 걱정할 때, 그들의 관심사는 계급 전선을 넘어서까지 일관되지는 않다. 그렇다. 보통 사람들은 제약을 당해야 하지만, 부자와 권력자들은 틀림없이 그들 뜻대로 자유롭게 행동한다. 부담스러운 규율은 경제를 해칠 것이다.

금융에 얽힌 스캔들이 터져 나올 때, 우리는 몇몇 '썩은 사과'가 연루돼 있었다는 이야기를 듣는다. 상류층 사회 내부에는 단지 몇 개의 썩은 사과들만 존재하는 반면, 아무런 문제를 일으키지 않은 나머지 대다수 사람들은 엄중한 규율을 필요로 한다는 주장을 세상의 어느 누가 왜 믿어야 하는가?

스캔들이 백주 대낮의 빛 아래 훤히 드러난 데 따라, 피상적인 규제 장치들이 마련돼 시행될 것이다. 하지만, 단기간에 그칠 뿐이다. 빗발치는 선전선동에 따라 대중들은 그러한 규제가 역효과를 낳는다고 확신하게 될 것이다. '일자리, 일자리, 일자리'라는 고함 소리가 울려 퍼지기 시작할 것이다. 규제가 완화되지 않는다면, 일자리가 없어질 게 확실하다는 것이다.

2000년 노벨경제학상 수상자인 대니얼 맥패든Daniel McFadden 은 미국경제학협회를 대상으로 한 회장 연설에서, 왜곡된 시장근본주의에 대항해 이렇게 경고했다. "경제적 우파의 낭만주의는 권위의 축소와 열반 상태의 자립정신을 끌어안으면서, 이기적인 소비자와 자유로운 시장의 개념을 극단적인 수준으로 몰아간다."[42] 물론, 그 권위는 기업에 관여할 수 있는 국가의 권위이다. 프로크루스테스주의적인 국가는 자본과 더불어 자신의 권위를 보호하기 위해 손상되지 않는 채로 남아있을 것이다.

노동이란 정확히 무엇인가?

경제 체제를 변화시키기 위한 잠재력을 이해하기 위해, 드넓은 일단의 상상력을 그다지 필요로 하지 않는 단순한 사례를 고려해보자. 임금을 받기 위한 농장 노동과, 취미로 하는 원예 사이의 뚜렷한 대비를 생각해보라. 농장 노동이 미국에서는 매우 혐오스러운 것으로 여겨진다. 그 때문에 외국 태생의 노동자들만이 기꺼이 그 일을 수행하려고 할 뿐이라는 이야기를 우리는 자주 듣는다. 아마도, 미국의 상류층 시민들은 열악한 임금을 받는 농장 노동자의 삶을 결코 떠맡으려 하지 않을 것이다.

농장 노동은 우리(미국) 사회에서 가장 어렵고, 가장 위험한 일로 여겨지는 반면, 원예는 즐거운 기분전환으로 취급된다. 연합 농장 노동자 조합United Farm Workers Union이 일반적으로 혹사당하는 노동자들을 대표하는 반면, 상당수 부자들은 귀족 혈통의 가든 클럽들을 한데 묶은 자랑스러운 연합체이다. 그들이 자기네 정원에서 보내는 시간에 덧붙여, 많은 정원사들은 더 나은 정원사로 변신하기 위해 대화를 나누거나 책을 읽는데 상당한 시간을 쏟아 붓는다. 게다가 많은 정원사들은 자기네 정원에서 사용하는 장비 및 보급품을 마련하기 위해 상당한 자금을 기꺼이 지출한다.

그렇다면, 농장 노동과 원예 사이의 근본적인 차이는 무엇일까? 농장 노동은 전형적으로 힘든 육체노동을 수반한다. 하지만, 다수의 정원사들 또한 자기네 정원에서 스스로 분투한다. 그 차이는 원예의 맥락 속에 숨어 있다. 노동 노동자들과 달리 정원사들은 그 일을 자유롭게 선택한다. 그들이 자기네 정원에서 일하는 동안, 그들은 원해서 정원을 가꾼다. 그들에게 무엇을 하도록 말하는 사람은 아무도 없다. 정원사들은 그들의 노동으로부터 혜택을 입게 될 타인을 위해서

라기보다는 자기 자신을 위해 생산하고 있다.

심리학자 존 뉴링거 John Neulinger 는 이렇게 말했다. "해야만 하는 일을 하는 것과, 하고 싶어서 하는 일 사이의 차이는 모든 사람들이 알고 있다."[43] 우리는 또한 사회가 정원사들을 존경한다는 사실을 명심해야 한다. 신문들은 정원사들에 대한 관심을 담은 특집 기사들을 주기적으로 찍어낸다. 어떤 신문들은 심지어 부유한 원예 독자들에게 호소하는 특정 섹션을 마련해두고 있기도 하다. 그러는 동안, 농장 노동자들의 삶은 사실상 방치된 채 지나간다. 우리 사회에서 농장 노동은 결코 '존경할만한' 일이 아니다. 부유한 가족들은 자기네 아이들이 농장 노동자로 일하게 되는 것에 동의하지 않을 것이다.

물론, 정원사들은 자신의 변덕스런 기분에 따른다는 점에서 전적으로 자유롭지는 않다. 계절의 순환과, 갑작스러운 기후의 변화는 정원사들이 할 일의 일부에 영향을 끼친다. 하지만, 정원사들은 일반적으로 사전에 미리 이런 사정들을 감수한다.

원예의 즐거움이 최근에 발견된 것은 아니다. 예를 들어 애덤 스미스는 농장 노동자들의 낮은 소득을 정당화하려는 시도를 한 바 있다. 스미스에 따르면, 농장 노동은 매우 즐거운 것이어서 너무나 많은 사람들이 서둘러 그러한 일을 시작함에 따라 임금을 떨어뜨린다. 그는 다음과 같은 글을 썼다.

"시골 지역 사회에서 거주하는 사람들에게 가장 중요한 놀이였던 사냥과 낚시는 이제 선진국에서 가장 즐거운 오락으로 변했다. 그리고 사람들은 그들이 한 때 절실한 필요 때문에 한 때 추종했던 것을 단순히 재미삼아 추구한다. 따라서 선진국 사회에서 그들은 모두, 남들이 취미삼아 추구하는 일을 사업으로 추종하는 대단히 가난한 사람들이다."44

원예가 매력적일 수 있는 육체노동의 유일한 예는 아니다. 어떤 부유한 경영자들은 낡은 골동품 자동차를 복원하거나, 포도원을 운영하거나, 고품질의 가구를 만든다. 최근에 〈월스트리트저널〉은 '목수 일에서 내적인 평화를 찾는' 경영자들에 관한 기사를 게재했다. 이런 부류의 사람들 중 한 명은 2,700달러짜리 파워매틱 테이블 톱의 요란한 소리만큼 즐거운 게 없다고 말한 바 있다.45

만약 농장 노동자들에게 월스트리트에서 일하는 애널리스트가 받는 만큼의 급여를 지불하고 그들에게 대학 교수들이 누리는 품위를 부여하더라도, 부모들은 여전히, 잠재적으로 치명적인 독소에 자주 노출된다는 이유로 자신의 아이들로 하여금 농장 노동에서 벗어나도록 유도하는 시도를 계속할 것이다. 하지만, 그런 뒤 사회가 농장 노동자들을 존경했다면, 그들의 고용주들은 그들에게 불순물을 뿌리지도 않을 것이고, 뿌릴 수도 없을 것이다.

누군가 하룻밤사이에 농장 노동자를 정원사로, 또는 최고경영자를 목수로 바꿀 수는 없다. 어떤 일은 본래부터 불쾌하다. 품위 있는 사회를 만들어내는 방법은 책에서 발견되지 않을 것이다.

이런 논의에서 드러나는 중요성은 사회적인 위계질서의 파괴적인 영향을 잘 보여준다는 점이다. 그 위계질서가 자본주의 생산 시스템의 공적인 산물이든 아니든 마찬가지다. 심지어 사회주의 공화국을 세운 이후에도, 훌륭한 사회를 조직하는 과정에서는 엄청난 투쟁을 필요로 할 것이다.

**권위 속에 빠져
있는 미치광이들**

앞에서 이미 내비쳤듯이, 프로크루스테스주의의 덫에서 핵심은 육체적인 힘의 위협이 아니다. 그보다는 오히려 강요된 현재의 상황 밖의 어떤 것을 상상하지 못하는 '무능력'이다. 마거릿 대처의 터무니없는 주장 – "대안이 없다"There is no alternative – 을 진지하게 받아들이는 자발성은 이런 정신 상태를 더할 나위 없이 잘 설명해준다.

블룸버그닷컴의 한 기자는 파괴를 일삼았던 대처의 프로크루스테스주의적인 성공에 대해 이렇게 회고했다.

"물론, 사회를 바꿔 글로벌 경제의 단일 지배 체제로 끌어넣는 것은 가능하다. 대처 여사는 그 방법을 다음과 같이 보여주었다.

공동체를 깨뜨리고 사람들로 하여금 세상에서 약간 더 외로움을 느끼게 만들어라. 사회적 안전망에 몇 개의 구멍을 뚫어라. 돈 버는 행위의 위상을 높이고, 다른 모든 활동의 위상을 낮춰라. 예술가들에게 기사의 작위를 수여하는 것을 중단하고, 그 작위를 백화점 재벌들에게 수여하는 일을 시작하라. 지식인들의 말을 경청하는 것을 중단하고, 기업가와 금융업자들의 말을 경청하기 시작하라.

충분히 긴 계획에 집착하라. 그러면 돈을 잘 버는 사람들은 거액을, 그리고 그와 더불어 권력을 획득한다. 이윽고 그들은 그 문화에서 지배적인 목소리를 갖게 된다. 그리고 사람들은 그것을 얻기 위해 당신을 사랑하게 된다."[46]

대처의 계획은 실제로 작동했다. 그녀의 시종들은 너무나 확신에 찬 나머지 그녀 주장의 머리글자 'TINA'There Is No Alternative 의 그 단순한 언급이 회의감에 얽힌 어떠한 토론조차도 차단하기에 충분한 것 같았다. 그 과정에서, 막대한 부富가 소수의 손아귀로 흘러들어간 반면, 영국 경제의 장기적인 성공 가망성은 크게 낮아졌다. 침입자 로마 군대의 승전에 관해 초창기 영국의 지도자가 한 발언을 떠올리게 된다. "그들은 황폐함을 초래해놓고는, 그것을 평화라고 부른다."[47]

대처는 한 가지 측면에서 예외적인 프로크루스테스주의자였다. 그녀의 확실성은 의식적으로 경제학 이론을 깊이 받아들였다. 자주, 사람들은 무의식적으로 자신의 경제적 사고방식을 흡수한다. 존 메이너드 케인스는 대단히 유명한 자신의 저서에서 이렇게 썼다.

"자신을 어떤 지적인 영향권으로부터 완전히 벗어나 있다고 믿는 현실의 사람들은 대개, 현존하지 않는 경제학자의 노예들이다. 공중에서 들려오는 목소리를 듣는, 권위 속에 빠져 있는 미치광이들은 몇 년 전의 일부 삼류 학자로부터 자신들의 광기를 추출하고 있다. 기득권의 힘은 점진적인 사상의 침해에 견줘 엄청나게 과장돼 있다고 나는 확신한다. 진실로, 즉각적이지는 않지만, 일정한 간격을 둔 뒤에는 그렇다."[48]

하지만, 경제학자들의 사상을 행복하게 되뇌는 그 사람들도 이들 이론의 근거인 비현실적인 가정 따위에는 거의 관심을 기울이지 않는다.

케인스는, 어느 편인가 하면, 경제학의 영향에 관해 어떤 측면에서는 너무나 보수적이었다. 심지어 정교한 금융시장 내부에서 일하는 숙련된 전문가들조차도 대부분 경제학 이론의 주술 아래에 빠질 수 있다. 예를 들어 사회학자 도널드 맥켄지Donald MacKenzie는 현대 금융시장의 공진화co-evolution(상호 영향을 주면서 진화하는)에 관한 심오한 연구서를 발간했다. 또한 무수한 가정들을 조건으로 하는 추상적인 세계에서 투기자들이 어떻게 행동할 것인지를 분석한 학술 논문을 펴냈다.

투기자들은 성공을 위한 공식이 되는 신흥 이론 모델을 상대적으로 빨리 받아들였다. 그들은 그 모델의 원리에 바탕을 둔 투자 전략을 개발하기 시작했다. 그러면서 금융시장을 그 모델에 맞게 사실상 변형시켰다. 애석하게도 그 모델은 현실 세계를 반영하는 전적으로 정확한 대표가 아니었기 때문에, 그것은 투기자들을 잘못 인도해, 마침내 1987년의 주식시장 대폭락을 초래하고 말았다.[49]

투기자들 뿐 아니라 경제학자들 자신도 자기네 이론의 희생양으로 전락했다. 이런 맥락에서 현대 경제학자들은 생산적인 것이면 무엇이나 자본으로 분류하는 경향을 띠고 있다. 인적자본의 개념은 그에 딱 들어맞는 사례이다.

인적자본의 막다른 길

일부 초창기 경제학자들은 노동자들의 생산적인 역량에 숨어있는 중요성을 이해했다. 애덤 스미스는 그 나라 고정자본의 종류들을 열거할 때, 기계, 상업적 목적에 쓰이는 건물, 토지의 개량, 그리고 최종적으로 다음과 같은 것을 포함시켰다.

"그 사회의 모든 거주자들 또는 구성원들이 획득한 그리고 유용한 능력, 자신의 교육, 학습, 또는 견습 기간에 이뤄지는 재능의 획득은 항상 실질적인 비용을 필요로 한다. 그 비용은 말하자면, 그 사람 개인에게 고정된 그리고 실현된 자본이다. 이들 재능은 그 사람의 재산에서 일부를 구성한다. 그와 마찬가지로 그가 속한 사회의 재산이기도 한다. 똑같은 견지에서 개선된 노동자의 재주는, 노동을 용이하게 하고 줄여주는 사업용 기계 또는 기구처럼 간주될 수 있다. 이는 일정한 비용을 필요로 하지만, 이윤으로 그 비용을 되갚는다."[50]

그 밖에, 스미스는 그 노동자를 '살아있는 도구'로 정의하고 교육받은 노동자들을 '비싼 기계'에 비유했다. 이는 노동자와 일하는 가축을 같은 존재로 본 사람에게서 따왔을지도 모른다.[51] 이런 언급들은 무심코 지나가는 말로 이뤄졌고 스미스 이론의 핵심에 별 영향을 끼치지 못했다.

1세기 이상, 노동자들의 생산적인 역량을 살펴보려고 시도했던 이들 경제학자는 스미스의 안내를 따랐다. 노동력의 질이 국가의 생산 역량을 어떻게 늘렸는지에 관해 모호한 추측을 넘어서지 않았던 것이다. 때때로 경제학자들은 노동력에 얽힌 인종적이고 민족적인 유산을 둘러싸고 대강 추측하는 식으로 논의의 틀을 짜곤 했다.

총 합계 속에서, 개별 노동자들의 잠재적인 능력에 관한 고려는 어디에서도 찾을 수 없다. 1960년대까지는, 자본과 노동의 증가에 의한 국내총생산GDP 성장을 설명하고 있던 통계적인 모형은 일종의 조정을 필요로 했다. 경제학자들은 교육 대책을 인적자본의 반영으로 사용하기 시작했다.

이른바 '미국 인적자본의 가치를 추정한 가장 광범위한 노력'에서,[52] 경제학자 데일 조겐슨Dale Jorgensen과 바버라 프로메니Babara Fraumeni는 인적자본이 전체 미국 자본의 70% 이상을 차지한다고 추산했다.[53]

하지만, 이 인적자본 – 인간 존재와 생명 없는 물체를 합쳐놓은 것 같은 용어 – 이란 게 무엇인가? 경제학자들은 우리에게 "인적자본은 그 나라 경제에서 소득을 창출하는 주체들의 생산적인 역량을 의미한다"고 말한다.[54]

물론 인적자본은 측정 불가능하다. 이와 비슷한 측정의 어려움은 경제학자들이 노동과 노동자, 노동 조건의 주제를 회피하는 이유의 일부이기도 하다. 경제학자들은 사람들이 인적자본을 학교에서 축적한다고 가정함으로써 측정의 문제에 맞서지 않고 돌아가는 길을 찾아냈다.

노동자들의 역량을 평가하는 잣대로는 매우 거칠고 오도하는 것이긴 해도, 학교 교육의 햇수가 편리한 양적 측정치를 제공한다. 인적자본을 계산하는 이런 방식은 노동 현장에 진입하기 전의 노동자들에-대개 수동적으로-이미 일어났던 일을 강조한다. 사람들이 더 많은 인적자본-예를 들어 교육 프로그램을 따름으로써-을 축적했을지도 모른다. 하지만 경제학자가 그 나라 경제를 바라보는 바로 그 순간에, 개인의 인적자본은 고정돼 있다. 교육을 받지 않아 힘들고 단조로운 일을 할 수밖에 없는 처지에 빠진 한 사람의 운명을 생각해보라. 인적자본의 부족은 그 사람이 차지하고 있는 자리의 적정성을 확정짓는 것 같다. 교육이라는 게 대체로 인종, 계급 그리고 (최근까지는) 능력보다 성gender에 의해 할당되고 있음에도 불구하고 말이다.

인적자본을 측정하는 이런 접근 방식은 또한 노동과 노동자, 노동 조건을 무시하는 관행을 강화한다. 그 직무에 관한 학습은 화면에 들어오지 않기 때문이다. 인적자본의 개념은 사실상 인간성을 말살시킨다. 또 그 밖의 모든 것을 공장의 작업 현장에서 발견될 수도 있는 일종의 불활성 자본재에 흡사한 것으로 함몰시킨다. 사람들이 오직 인적자본으로 존재하는 한, 자신의 노동에서 요구되는 것들에 단순히 적응해야만 한다.

인적자본에서 '자본'보다는 '인적'을 강조하는 게 노동자들은 단순히 수동적인 기구가 아님을 인정하는 것이다. 그렇게 하는 것이 노동자들을, 희망과 욕구를 가진 인간 존재로, 단순히 명령을 받는 것을 넘어 멀리 나아갈 수 있는 역량을 가진 인간 존재로 이해함을 뜻할 것이다. 그런 깨달음은, 노동과 노동자, 노동 조건을 살펴보는 일을 의도적으로 회피해온 수세기에 걸친 경제학 이론을 훼손시킬 것이다.

인적자본에 관한 개인주의적 견해는 이런 개념을 훨씬 더 많은 결함을 띤 것으로 만든다. 우선, 교실에 들어가는 젊은 사람들은 수동적인 그릇이 아니다. 그들은 다른 학생, 가족, 친구들, 그리고 전체 세계를 포함하는 더 큰 공동체의 일부이다. 이런 관계맺음들은 한 사람이 받는 교육을 습관화하는 쪽으로 오래간다. 더욱이 개인주의적인 견해가 교육 제공의 방식을 익숙하게 만드는 한, 그것은 생산적인 잠재력의 잣대로는 그리 적합하지 않다. 노동은 일반적으로 집단적인 활동이기 때문이다.

벼룩, 토끼 그리고 코끼리

놀랍게도, 대단히 보수적인 분석에 관해 앞서 언급된 로버트 루카스(356쪽)는 인적자본 형성의 사회적인 속성을 주제로 날카로운 글을 쓴 바 있다. "내가 거듭 반복해서 강조할 일반적인 사실이 있다. 인적자본의 축적은, 어떤 면에서 물리적 자본의 축적에서는 대응되는 짝을 갖지 못한 사람들의 집단을 포함해 사회적인 활동이라는 점이다."[55] 불행히도, 루카스는 인적자본에 관한 중요한 점을 밝히려고 의도하고 있던 게 아니었다. 그는 단지, 각 세대가 이전 세대에 의해 축적된 인적자본의 혜택을 볼 수 있는 어떤 추상적인 모형을 정당화하려 했을 뿐이다.

자신의 발언이 의미했던 것의 중요성을 루카스가 깨달았더라면,

프로크루스테스주의에서 벗어난 일터가 인간 계발human development 의 원천으로 얼마나 귀중한지를 이해했을 것이다. 여러 다른 혜택들 중 인간 계발은 특히, 경제를 훨씬 더 생산적인 것으로 만들 것이다. 그와 달리 인적자본의 개념은 사람들을 단순히 또 하나의 자본 형태로 축소시킨다.

인적자본 외에, 경제학자와 일부 다른 사회과학자들은 삶의 많은 다른 부분들을 자본의 형태로 축소시킴으로써, 그것들의 의미를 비워냈다. 심지어 한 논문은 '자본의 과잉'에 관해 불평을 늘어놓기까지 했다.[56] 또 다른 한 조사 작업은 익숙한 경제적 용어-금융, 실질, 공적, 모험(벤처), 인적, 사회적 자본-외에 16개의 다른 자본-종교, 지식, 디지털, 언어, 감정, 정치, 가족 등등-을 찾아냈다.[57] 노벨 경제학상을 받은 보수적인 두 경제학자 개리 베커Gary Becker 와 조지 스티글러는 더 생산적인 형태의 소비에 관여하는 소비자들의 역량을 나타내기 위해 '소비자본'이란 용어를 사용해왔다.[58]

자본주의 사회는 개인의 사회적 지위를 이해하는 지배적인 방식으로 투자 관용구를 사용해야 한다는 사실에 어느 누구도 놀랄 필요는 없다. 개성과 재능은 '인적자본'으로 변했다. 집, 가족, 그리고 공동체는 '사회적 자본'이 됐다.[59] 영국의 소설가 버지니아 울프Virginia Woolf, 1882~1941 가 케인스의 집에서 열린 만찬회 뒤 일기장에, 그녀의 '감정적 자본'을 어떻게 투자해야 할지 몰랐다고 고백했던 것은 그리 이상하지 않다.[60]

인간 존재의 모든 차원을 자본으로 축소시키려 시도하는 이런 경향은 대처의 TINA를 강화시키는데 도움을 준다. 어떤 것이 시장의 논리에 부합하지 않는다면, 아무런 의미를 띠는 못한다.

예를 들어 제2장에서 언급된 빌 왓슨(45쪽)의 동료들은 인적자본으로 별 쓸모가 없다. 적어도 경제학자들이 그것을 개념화는 방식에서는 그렇다. 그들에게는 아마도 앞서 언급한 10여 가지 다른 자본들 또한 부족했다. 하지만, 그들은 생산되고 있는 제품들에 관해 경영진보다 더 많이 알았다. 경영진은 그 자동차 회사를 망쳐놓고 있었다. 불행히도, 경영진은 그들에게 약간의 품위조차 인정하지 않았다. 또 그들의 잠재적인 공헌에서 비롯될 혜택이 회사에 돌아가는 것을 막았다.

그에 맞서, 노동자들은 짓궂게 굴며 경영진을 괴롭혔다. 비록 그러한 행동이 그들의 고용주들에게는 단지 미성숙한 것으로 비쳤을지 몰라도, 그것은 십중팔구 그들의 인간성의 표현이었다. 이런 방식으로 그들의 창조성을 표현함으로써, 그들은 인적자본보다 훨씬 귀한 존재임을 단호하게 밝히고 있었다.

왓슨의 고용주들이 자기네 종업원의 인간성을 존중하기보다는 경계선을 그은 것처럼, 제본스(94쪽)로부터 제기된 비난의 시대 이후 경제학자들은 노동자들의 주관적인 관심사를 포함한 노동 과정의 내적인 작업들에 관한 연구를 중단했다.

조립 라인을 폐쇄했음에도 불구하고 왓슨과 그 지지자들이 취했던 그 방식은 선량한 프로크루스테스주의자들을 오싹하게 했을지도 모른다. 자본주의 그 자체는 훨씬 더 광범위한 형태의 폐쇄에 바탕을 두고 있다. 폐쇄 이외에 무엇이 음악의 공유를 방해하는가? 음악가들은 자신의 노동에서 비롯된 열매를 향유할 가치를 지니고 있다. 하지만, 그러한 보상이 상업화된 예술의 형태로 다가오는 게 자연의 법칙인가?

미국 중앙은행인 연준은 인간에게 처참한 결과와 더불어 실업을 조장함으로써 훨씬 더 파괴적인 형태의 폐쇄를 실행한다. 이런 부류의 폐쇄는 왓슨의 짓궂은 장난을 하찮은 일로 축소시킨다.

애석하게도, 프로크루스테스주의적인 시스템은 막대한 양의 인간 잠재력을 차단하고 만다. 경제학자 자로슬라브 반에크 Jaroslav Vanek 는 한 때 시장 시스템에 대한 간섭 탓에 빚어지는 손실, 실업에서 비롯되는 손실, 협력 생산 시스템에 대한 방해 탓에 생겨나는 훨씬 더 큰 손실을 각각 벼룩, 토끼, 코끼리에 비유했다.[61] 사실상, 반에크는 프로크루스테스주의가 어떤 점에서는 세상을 벼룩 생산 제작소로 격하시키면서 토끼와 코끼리를 학살한다고 말했다.

'품위 자본'이라는 농담

생산적인 모든 것을 자본으로 간주하는 경제적 관행에 따라, 이 책은 '품위 자본' dignity capital, 또는 주요 생산 요소로서 지니는 품위 - 모든 것을 자본의 형태로 축소시키는 것에 대한 부자연스러운 경제학적 특수 용어를 채택한 - 를 인정해야 한다고 농담조로 주장한다.

경제학자들의 전통적인 생산 요소들 - 토지, 노동, 자본 - 과 대조적으로, 품위는 개개 사람들을 시장 활동에 관여하는 추상적인 주체로 취급하기보다는 사회의 일부로서 지니는 그들의 가치를 강조한다. 품위는 프로크루스테스주의적인 경제의 좁은 족쇄를 깨뜨린다는 것을 뜻한다.

물론, 품위는 실질적으로 자본이 아니다. 진정으로, 품위는 자본의 반대 - 반 anti 자본의 형태 - 개념일 수도 있다. 품위와 달리 자본은 자연스럽게 부족해진다. 석탄 1톤을 태우면, 그 석탄은 더 이상 사용 불가능해진다. 그와 반대로, 품위는 전염성을 띨 수 있다. 내가 자존감을 갖고 있다면, 상대방을 비하할 필요가 없어진다. 그 대신, 품위를 갖고 상대방을 다룰 수 있다. 더욱이 자존감은 사람들에게 힘을 불어넣어 시장의 요구에 저항할 수 있게 해준다.

사람들의 품위를 인정하는 것은 아마도 사회의 생산적인 잠재력을 늘리는 쪽으로 난 위대한 길로 이어질 것이라는 측면에서 품위는 자본과 더불어 어떤 공통점을 지니고 있다. 왓슨의 고용주들은 더 많이 배웠어야 했다.

품위의 개념이 꼭 경제학에만 새로운 건 아니다. 애덤 스미스는 시장에 의한 봉건 경제의 퇴장을 품위의 증가 때문이라고 생각했다. 비록 그가 그 용어를 사용하지는 않았음에도 불구하고 말이다. 확실히, 스미스는 자기 주변에서 보았던 봉건 경제의 카스트 같은 위계질서의 잔재들에 대항해 맞섰다. 그는, 가난하지만 대단히 귀중한 사람들을 옥죄고 있는 제한 장치들을 깨뜨리기 위해 시장의 잠재력을 찬양했다. 스미스는 분명히, 자신을 그토록 방해했던 도시의 군중 속에 있는 사람들 같은 그리 칭찬받을만하지 않은 이들이 마침내 시장 시스템을 수용하고 또 그 시스템에 수용되는 것을 희망했다. 만일 그렇다면, 스미스의 희망은 완전히 충족되지는 않았다.

스미스의 시장이 봉건사회를 붕괴시키는데 성공한 것과 똑같이, 새로운 파열 - 시장경제에 의해 창안된, 인간 존재에 대한 새로운 족쇄들을 깨뜨릴 어떤 것 - 을 위한 시간이 다가왔다. 봉건주의의 붕괴는 인류의 생산적인 활동들을 고양시켜 '온갖 곳에 퍼져있는 힘들고 단조로운 일'을 '고된 노동'으로 바꿔놓았다고 경제학자들은 이야기한다. 인류의 발전에서 그 다음 단계는 노동을 기쁨 - 과학자들이 새로운 발견을 할 때 즐기는 기쁨 또는 운동선수나 예술가들이 위대한 성공 뒤에 느끼는 흥분 따위 - 으로 고양시키는 쪽으로 가능한 한 멀리 나아갈 것이다.

1백여 년 전, 영국의 소설가 웰스H.G. Wells, 1866~1946는 프로크루스테스주의의 기술적 결함들을 포착하는 동안 지나치게 과장해서 말했다. 그는 다음과 같은 점을 제기했다.

"우리의 정치적이고 사회적인, 그리고 도덕적인 장치들 또한 자동 식자기linotype machine, 소독 처리돼 청결한 운영 공장, 또는 전기 자동차처럼 그 목적에 맞게 고안돼 있다면, 거기에는 세상에서 일어나는 엄청난 고역은 물론이고, 현재 인생의 가치를 너무나 의심스럽게 만드는 고통과 공포, 그리고 불안의 최소 부분마저도 필요하지 않을 것이다."62

웰스는 그 문제를 기술적인 것-기업가 계급이 인간관계에 대해 배워서 알 수 있게 되는 어떤 것-으로 생각했던 것 같다. 인생은 항상 일정한 수준의 고된 노동, 그리고 심지어 힘들고 단순한 일도 포함할 것이다. 하지만, 현대적인 기술은 이 두 가지의 필요량을 급격하게 줄이고 있다. 이런 감소세는, 불필요한 프로크루스테스주의의 덫을 두지 않는 더 합리적인 사회에서 훨씬 더 가파를 것이다.

프로크루스테스주의를 넘어선 더 정교한 사회는 일을 노동자들의 필요에 더 적합하도록 만들 것이다. 오늘날의 표준은 그 반대이다. 자유와 창의성은 폭발적인 생산성을 촉발시킬 수 있다. 이는 힘들고 단조로운 일의 필요성을 실질적으로 줄일 수 있다.

동화 같은 마무리는 없다

프로크루스테스 이야기 같은 신화적인 은유는 현실을 명확히 파악하지 못한 상태에서 한 사회를 이해하는 데 특히 적절하다. 노동하는 사람들의 운명은 '프로크루스테스주의적'이라고 이 책은 주장해왔다. 그들은 자신을 희생시켜 노동하도록 강제되고 있다. 시장이 그들에게 물질을 제공할 수 있도록 하기 위해서다. 시장은 이런 방식으로 그들의 필요를 채워줄 것이라고 가정된다. 하지만, 현실에서 노동하는 사람들은 그 자신 속에 있는 목적보다는 어떤 목적(인적자본)의 수단으로 기능할 뿐이다.

프로크루스테스주의의 비유는 한 가지 점에서 대단히 미흡하다. 현재의 경제 체제는 확실히 가난한 이들을 강철 침대에 맞도록 잡아늘린다. 동시에 부자들은 확실히 프로크루스테스주의적이지 않은 편안한 침대에 비스듬히 기댈 수 있다. 앞서 논의된 마태 효과에 따르면, 부자들의 사지를 잘라 옥죄는 강철 침대에 맞추는 대신, 이 경제 체제는 훨씬 더 많은 보상을 그들에게 쏟아 붓는다.

프로크루스테스주의 경제의 한 가지 장점은 아마도 노동과 자원을 효율적으로 이동시킬 수 있는 역량인 듯하다. 그 대신, 프로크루스테스주의 경제는 그 측면에서, 특히 그 일을 하는 사람들의 온전한 역량을 이용할 수 있는 능력 면에서 애석하게 실패한다는 사례가 이 책에 나와 있다.

프로크루스테스주의 이후 경제는 삶의 질을 고양시키는 소유물들만 귀중하게 여길 것이다. 삶의 질을 개선할 수단을 시장이 적절하게 공급할 것이라는 환상 아래에서 시달리는 사람이라면 누구나 텔레비전 수상기에만 의존하면 된다. 사람들을 드높이고 계몽하는 역량을 지닌 기술이 여기 있지만, 그것은 소비를 촉진시키는 수단에 불과할 뿐, 우리의 주의를 딴 데로 돌리고 잘못된 정보를 제공한다.

우리가 어떻게 하면 실제로 사람들을 수용할 수 있는 비非프로크루스테스주의 경제 체제를 만들 수 있을까? 그러한 경제 체제에서는 새로운 기술이 사람들을 실업 또는 임금 감소로 위협하지 않을 것이다. 그 대신, 사람들에게 더 많은 여가 또는 최소한 더 나은 노동 조건을 위한 기회를 제공할 것이다. 더 심오한 차원에서, 비프로크루스테스주의 경제는 사람들이 해당 직무에서 충만함을 찾는 기회를 갖도록 조정될 것이다. 그 충만함은 상사의 명령을 추종한 데 대한 금전적인 보상으로 스스로 만족해지는 것에만 머물지 않는다. 즐거움과 성취감을 실제로 제공한다는 점에서 창조적으로 행동하는 기회를 제공하는 것이다.

프로크루스테스가 그 시골지역을 황야로 바꿔놓았던 것처럼, 현대의 프로크루스테스주의자들은 경제에 막대한 해악을 끼치고 있다. 이는 역설적으로 그들의 자랑이자 기쁨이다. 그렇게 프로크루스테스주의자들이 그 경제 체제가 그들에게 제공하는 사치품에 파묻혀 따뜻한 햇볕을 즐기고 있는 동안, 그들은 궁극적으로 그들을 뒷받침하는 그 경제 체제의 실질적인 밑바탕 – 노동을 하는 사람들과, 그들의 삶을 둘러싸고 있는 환경 – 을 유지하기 위한 일을 아무 것도 하지 않는다. 그 결과, 서서히 진행되는 불황은 근 40여 년 동안, 미국 대중들의 몫을 점점 더 많이 집어삼키고 있다.

대공황의 충격과는 대조적으로, 점진적인 침체는 사람들을 고분고분하게 만든다. 물의 온도가 끓는 지점까지 서서히 오를 때는 반응을 하지 못하는 속담 속의 개구리와 같다. 어떤 경우든, 그 이야기는 프로크루스테스 신화처럼 끝나는 일은 결코 없을 것이다. 응징을 해줄 영웅적인 젊은 왕은 없다. 각고의 노력을 기울이고, 용기와 상상력을 가질 때만이 사람들은 괴물을 물리치고 건전한 삶의 방식을 창안하는 일을 시작할 수 있을 것이다.

더 나은 삶의 방식을 창안하려는 어떠한 노력이든, 현재 부와 특혜의 부절적한 몫을 향유하는 사람들로부터 엄청난 저항을 받게 될 것이다. 프로크루스테스의 윤리에 대한 지지는 부와 권력을 쥔 사람들한테서만 나오는 게 아니다. 새로운 체제에서 엄청난 혜택을 입게 될 가난한 사람들의 상당수도 어떤 혜택에 관한 확신을 갖지 못한 채 주저하거나, 심지어 변화를 두려워하기까지 한다.

하지만, 충분한 인내와 헌신으로 변화는 가능하다. 더 공정한 사회가 실질적으로 우리의 육체적인 그리고 정신적인 건강을 개선시킬 것임을 우리는 보기 시작할 것이다. 그렇지 않고서도 사회적 피라미드의 꼭대기 근방에 서 있었을 사람들한테도 마찬가지다. 사실상, 프로크루스테스 이후 경제에서는, 계급 전선 – 경제학은 이를 유지시키기 위해 열심히 노력해왔다 – 이 마침내 사라질 것이다.

에필로그

이 책은 경제학과, 시장 관계 양쪽을 모두 비판한다. 노동과 노동자, 노동 조건이라는 현안을 제쳐두기 때문에 경제학과 시장 관계 양쪽 모두 사회의 생산성, 즉 잠재력 뿐 아니라 인간의 발전을 가로막는다는 게 이 책의 메시지이다.

경제학자들은 자기네 학문에 관해 '다르게 사용될 수 있는 대체 용도를 지닌 희소한 수단과 목적 사이의 관계맺음에서 드러나는 인간의 행동을 연구하는 학문'이라는 리오넬 로빈스 Lionel Robbins 의 정의를 대체로 수용한다.[63] 경제학자들은 쥐를 대상으로 한 자기네 실험 속의 이런 접근방식에서 확증을 찾는다. 하지만, 인간 또는 쥐에 대한 그들의 연구는 인간의 행동을 들여다보는 별다른 통찰력을 제공해주지 못한다. 그 대신, 대부분의 경제학자들은 제한적인 자기네 견해의 함정을 알아차리는 데 실패하고 만다.[64]

경제학자들은 인간의 삶을 연구하기보다는 '호모이코노미쿠스'라는 허구적인 개념을 창안해왔다. 그 개념 속에서는 상업 활동이 삶의 나머지로부터 분리돼 존재한다. 허구는 때때로, 사람들로 하여금 복잡한 주제를 파악할 수 있게 도와주기 위해 필요한 추상적 개념이다. 하지만, 단순화가 본질적인 측면을 배제하는 대가를 치른 결과여서는 안 된다. 이 책은 오직 한 가지 문제에 집중했다. 노동과 노동자, 노동 조건의 부재absence가 그것이다.

경제의 개념은 현실을 모호하게 만드는 단순화의 또 다른 사례이다. 이 대목에서 프랑스의 역사가 페르낭드 브로델Fernand Braudel의 글을 인용하는 게 가장 적절한 듯하다.

"모든 것 중 최악의 오류는 자본주의가 단순히 '경제 시스템'이라고 가정하는 것이다. 사실상 그것은 적대자 또는 공범자로서 국가와 더불어 밀접한 관계를 맺고 있으면서, 대개 사회적인 질서에 의지해 명맥을 유지하고 있는 까닭이다. 그것은 지금까지 항상 그랬듯이 지금도 거대한 힘이며, 세상을 가득 채우고 있다. 자본주의는 또한 사회조직을 탄탄하게 굳히기 위해 문화의 뒷받침이라는 혜택을 입는다."[65]

노동자를 위해 집에서 요리를 하는 사람은 공장 노동자와 똑같이 확실하게 생산적인 활동에 이바지한다. 아이를 양육하는 부모는 미래의 생산에 투자하고 있는 것이다. 새로운 한 장비에 투자하기를 결정하는 경영자와 마찬가지이다. 노동자들을 더 온전한 사람으로 만드는 여가 시간 또한 생산적이다.

물론, 음식 준비 또는 아이 양육 같은 비상업적인 활동은 경제적인 생산 행위 이상의 것이다. 하지만, 그들의 공헌을 배제하는 것은 경제적인 분석을 심하게 오염시킨다.

경제학자들은 사람들이 자기네 접근 방식에 의문을 제기할 때 자주 화를 낸다. 회의론자들을 사실상 바보나 과학의 적으로 취급한다. 이런 태도는 내게 인도의 우화를 떠올리게 한다. 코끼리의 각기 다른 부분들을 감지하는 일군의 맹인들은 그 우화에서 각각 그 동물은 전적으로 다른 어떤 것 - 뱀, 밧줄, 나무 - 이라고 확신한다. 그들은 코끼리의 일부를 '느꼈을 뿐'임에도 불구하고, 자기 혼자만 코끼리를 이해한다고 확신한다. 자신의 육체적인 한계를 인지했어야만 하는 맹인들과 달리, 경제학자들은 객관적인 과학자로서 주제넘게 나선다. 그들은 자기네 엄격함을 제대로 인식하지 못하는 사람들에 대해서도 인내심을 갖고 관계를 맺을 필요성을 발견하지 못한다. 이는 때때로 사체 경직$^{rigor\ mortis}$을 닮았다.

경제학의 맹목성은 고통을 가한다. 많은 경제학자들은 매우 뛰어나다. 많은 경제학자들은 또한 따뜻하고, 관대하며, 사회적으로 의식 있는 존재이다. 하지만, 규율이, 그것의 경계를 좁게 정의하는 제한적인 분석 틀을 부과함으로써 규율 그 자체를 불구로 만든다.

기업(비즈니스)의 맹목성은 다소 다르다. 기업은 근시안적인 관행 탓에 테이블 위의 돈을 그대로 내버려두는 수가 많다. 하지만, 나는 문제가 더 심각하다고 생각한다. 시장은 자체 유전자^{DNA} 속에 깊이 박힌 전제군주 같은 특성을 지니고 있다.

시장의 맹목성은 훨씬 더 많은 문제를 일으킨다. 현대 세계는 지구 온난화 같은 긴급한 과제들에 직면해 있다. 해법을 찾기 위해서는 개인주의적인, 이윤 극대화 행동에 의존하는 것보다 더 나은 사회조직 시스템이 필요할 것이다.

환경운동가들은 경제학자들이 값을 물지 않는 데 따른 외부성^{extrenality}인, 환경에 부정적인 결과들을 대단치 않게 생각했던 그 방식에 오랫동안 움츠러들어 있었다. 남녀 평등주의자들은 여성들의

(그리고 남성들의) 비상업적 활동을 경제적인 분석에서 뺀 것에 분노를 표시해왔다. 똑같은 마음으로, 이 책은 노동과 노동자, 노동 조건을 의도적으로 배제한 것을 비판해왔다. 이는 우리에게, 마르크스가 깨달았던 것처럼, 부르주아 생산의 비밀은 그게 교환 가치의 지배를 받았다는 사실을 떠올리게 해준다.[66] 해법은, 사람과 환경 양쪽 모두를 키우면서 장기적인 견해를 취할 수 있는 협력 체제의 창조에 달려 있다. 이 순간, 나는 미켈란젤로의 조각 작품 '수염 난 노예'를 돌이켜 생각한다. 그러면서, 프로크루스테스주의는 오늘날의 세상에 닥친 긴급한 문제들을 해결하는 쪽으로 나아가는 것을 막는 위험한 장벽임을 깨닫는 데 이 책이 공헌했기를 나는 바란다. 이 책의 메시지가 경제학을 다시 생각해보고, 경직된 이념의 족쇄에서 그것을 풀어주는 일에 이바지했을지도 모른다는 희망을 품을 따름이다.

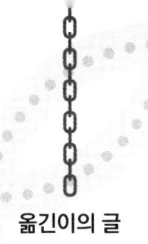

옮긴이의 글

이 책을 처음 접한 건 미국의 대표적인 진보 저널 〈먼슬리 리뷰〉 Monthly Review 인터넷 홈페이지에서였다. 미국 연수중이던 2011년 7월, 미국을 대표하는 진보 지식인 리오 휴버먼Leo Huberman의 저서 〈휴버먼의 자본론〉원제: The Truth About Socialism을 막 번역 출간한 직후였다. '자본주의 이행 논쟁'의 한 당사자였던 저명한 경제학자 폴 스위지Paul M. Sweezy와 함께 1949년 〈먼슬리 리뷰〉를 창간한 주인공이 바로 휴버먼이었다. 번역 과정에서 휴버먼의 글에 매료됐던 터여서 자연스레 〈먼슬리 리뷰〉로도 눈길이 가 닿았고, 인터넷 홈페이지를 통해서라도 지금까지 이어지는 활동상을 엿보고 싶었다. 홈페이지에 실린 글 몇 편을 훑어보면서 창간 60년을 넘긴 상황에서도 여전히 건재하다는 인상을 받았다. 보수 색채 일색의 미국 사회에서 선명한 진보를 표방하면서 꿋꿋하게 활동해오고 있는 모습에 경외감마저 느껴졌다.

지금도 그렇지만, 당시 홈페이지에도 화면 오른 쪽에 자체적으로 출간하는 책 몇 권이 소개돼 있었다. 이 책이 그 중 단연 내 눈길을 끌었던 것은 감각적으로 비쳐지는 제목 때문이었다. 'The Invisible Handcuffs of Capitalism'. 자본주의 시장경제를 상징하는 '보이지 않는 손'Invisible Hand을 비튼 표현이 흥미를 자극했다. 자본주의 비판서를 번역한 뒤끝이었던데다, 글로벌 금융위기의 파장이 여전히 남아있던 시대 분위기도 눈길을 주게 된 요인이었던 듯하다.

인터넷을 통한 간략한 소개글에 이끌려 아마존닷컴을 통해 책을 주문했다. 때마침 연수 기간이 거의 끝나 곧 귀국을 해야 할 처지여서 제 때 도착하지 않으면 어쩌나 싶어 조바심을 냈는데, 주문 며칠 뒤 집 대문 앞에 얌전하게 놓여 있는 모습을 볼 수 있었다. 반가운 마음에 곧바로 집어 들어 읽기 시작했다. 술술 읽힐 정도로 쉽지는 않았어도 내용의 알참은 기대 이상이었다.

제목에서 짐작할 수 있듯 이 책은 시장 기능을 맹신하는 자본주의에 대한 통렬한 비판서이다. 비판의 열쇳말(키워드)은 그리스 신화에 나오는 노상강도 '프로크루스테스'이다. 프로크루스테스가 길 가던 나그네를 잡아와 강철침대 길이에 억지로 짜 맞추는 것처럼 자본에 경도된 획일적 시장주의가 노동자들을 옥죄고 있는 게 지금의 현실이라는 진단이다. 노동을 옥죄는 프로크루스테스적인 획일주의는 노동자들의 잠재력을 훼손하고, 끝내 자본주의 자체의 활력까지 떨어뜨려 위기를 조장한다고 이 책의 지은이 마이클 페럴먼 교수는 주장한다.

이 책은 자본주의 비판이라는 딱딱한 주제를 다루면서도 예화와 인문학 지식을 동원하는 방식으로 독자들을 배려하고 있다. 그리스 신화 뿐 아니라 미켈란젤로의 조각품이 글감으로 활용되고, 지배와 통제의 문제를 다루는 부분에서는 오케스트라에 지휘자가 등장한 시대적 배경을 삽입해 흥미를 끈다. 미국 중앙은행인 연방준비제도

(연준)가 왜 의도적으로 실업을 조장해 왔는지 등의 비화를 읽는 재미도 쏠쏠하다. 애덤 스미스에 뿌리를 둔 전통적인 주류 경제학과 경제학자들에 대한 신랄한 비판도 눈여겨볼만한 대목이다.

번역 작업은 2012년 상반기에 끝냈음에도 출간은 한참 늦춰졌다. 그 바람에 책 내용은 물론이고, 책의 존재마저 까맣게 잊고 지낼 정도였다. 책을 출간하겠다는 출판사의 연락을 얼마 전 받은 뒤 교정 작업을 위해 최종 원고를 받아 보니 감회가 새로웠다. 책 후반부에 등장하는 '규제 완화'를 실마리로 삼은 대목은 한국 사회의 현재적인 맥락으로 읽혀 출간의 지연이 오히려 더 잘된 것이라는 생각이 한편으로 들기도 했다. 규제를 풀어야 투자가 늘고, 그에 따라 일자리도 많이 생겨난다는 자본 쪽의 공세적 주장에 얽힌 속내와 허구성은 한국과 미국 두 나라 사이에서 별 차이가 없다는 사실을 새삼 확인하게 된다.

익히 알려져 있는 대로 프로크루스테스는 아테네의 영웅 테세우스에 의해 자신이 저지르던 악행과 똑같은 방식으로 죽임을 당한다. 획일적 시장주의가 노동 쪽을 질식시키고, 끝내는 자기 자신마저 비운에 빠뜨릴 수 있다는 가느다란 실마리를 글로벌 금융위기 사태에서 이미 우리는 보았다. 노동에 대한 지나친 통제를 멈춰 노동자들의 자율성을 키워 잠재력을 발휘하도록 하는 게 경제의 활력을 키우는 데 유리하다는 펠럴먼 교수의 제안에 지금 한국 사회도 귀를 기울일 만해 보인다.

2014년 4월
옮긴이 김영배

참고문헌

PROLOGUE

1. Jacob August Riis, *The Making of an American* (New York: Macmillan, 1922), 253.
2. Paul Krugman and Robin Wells, *Macroeconomics*, 2nd ed. (New York: Macmillan, 2009), 488.

CHAPTER 1.

1. Robert Harris, "How Kinnock Could Ruin the Lady's Waltz, Labour's Challenge," *The Times* (London), May 7, 1989.
2. Charles Darwin, *The Descent of Man and Selection in Relation to Sex* (1871; Princeton: Princeton University Press, 1981), 3.
3. Edmund Burke, *Thoughts and Details on Scarcity*, in *The Writings and Speeches of Edmund Burke, The Revolutionary War, 1794-1797, and Ireland*, Vol. 9, ed. R. B. McDowell and Paul Langford (1795; Oxford: Oxford University Press, 1992), 137.
4. Howard E. Fischer, *Arizona Star*, December 8, 1999, quoted in John E. Schwarz, *Freedom Reclaimed: Rediscovering the American Vision* (Baltimore: Johns Hopkins University Press, 2005), 6.
5. Frederick Winslow Taylor, *The Principles of Scientific Management* (1911; New York: W. W. Norton, 1967), 7.
6. Max Weber, *Economy and Society: An Outline of Interpretive Sociology*, 3 vols., eds. Guenther Roth and Claus Wittich (1921; New York: Bedminster Press, 1968), 636-37.
7. Max Weber, *The Protestant Ethic and the Spirit of Capitalism and Other Writings* (1904-5; New York: Penguin Classics, 2002), 121, 13.
8. Albert O. Hirschman, *The Passions and the Interests: Political Arguments for Capitalism Before Its Triumph* (Princeton: Princeton University Press, 1977).
9. Adam Smith, *An Inquiry into the Nature and Causes of the Wealth of Nations*, 2 vols., eds. R. H. Campbell and A. S. Skinner (1789; New York: Oxford University Press, 1976), I.ii.2, 26-27 [Note that the *Wealth of Nations* references are to book, section, and paragraph].
10. John Maynard Keynes, *The General Theory of Employment, Interest and Money* (London: Macmillan, 1936), 374.
11. F. Y. Edgeworth, *Mathematical Psychics: An Essay on the Application of Mathematics to the Moral Sciences* (London: Kegan Paul, 1881), 16-17.
12. See Michael Perelman, *The Invention of Capitalism: The Secret History of Primitive*

Accumulation (Durham, N.C.: Duke University Press, 2000).

13. Thomas Robert Malthus, *An Essay on the Principle of Population: Text, Sources and Background, Criticism*, ed. Philip Appleman (1798; New York: Norton, 1967), 100.
14. Lawrence A. Weschler, *A Miracle, A Universe: Settling Accounts with Torturers* (New York: Pantheon Books, 1990), 147; also cited in Naomi Klein, *The Shock Doctrine: The Rise of Disaster Capitalism* (New York: Henry Holt, 2007), 116.

CHAPTER 2.

1. Greg LeRoy, *The Great American Jobs Scam: Corporate Tax Dodging and the Myth of Job Creation* (San Francisco: Berrett-Koehler, 2005).
2. Sarah Anderson and John Cavanagh, *The Top 200: The Rise of Global Corporate Power* (Washington, D.C.: Institute for Policy Studies, 2000).
3. LeRoy, *The Great American Jobs Scam*.
4. Greg LeRoy, *No More Candy Store: States and Cities Making Job Subsidies Accountable* (Chicago and Washington D.C.: Federation for Industrial Retention and Renewal, 1994); Robert Guskind, "Dead before Arrival," *National Journal*, Vol. 25, No. 20 (May 15, 1993): 1171-75.
5. "Northwest Advised Workers to See Treasure in Trash," *Reuters*, August 15, 2006.
6. Abigail Goldman and Nancy Cleeland, "The Wal-Mart Effect" (first of three-part series), *Los Angeles Times*, November 23, 2003; cited in Holly Sklar and Paul Sherry, *A Just Minimum Wage: Good for Workers, Business and Our Future* (American Friends Service Committee/National Council of Churches, 2005).
7. George Miller, "Everyday Low Wages: The Hidden Price We All Pay for Wal-Mart's Labor Record," Committee on Education and the Workforce, U.S. House of Representatives, February 16, 2004.
8. President of the United States, *Economic Report of the President* (Washington, D.C.: U.S. Government Printing Office, 2008), Table B-47, 282.
9. G. Pascal Zachary, "Study Predicts Rising Global Joblessness," *Wall Street Journal*, February 22, 1995, A 2; see also William Bridges, *Job Shift: How to Prosper in a Workplace without Jobs* (New York: Addison-Wesley, 1994); and "The End of the Job," *Fortune*, September 19, 1994.
10. Edmund L. Andrews, "Don't Go Away Mad, Just Go Away; Can AT&T Be the Nice Guy as It Cuts 40,000 Jobs?," *New York Times*, February 13, 1996, D 1.
11. Cited in Keith Thomas, "Work and Leisure," *Past and Present*, No. 29 (December 1964): 63; see also H. Wilensky, "The Uneven Distribution of Leisure: The Impact of Economic Growth on 'Free Time'," *Social Problems*, Vol. 9 (1961): 35-56.
12. Karl Kautsky, *The Agrarian Question*, tr. Pete Burgess (1899; London: Zwan, 1988), 107.
13. Bill Watson, "Counter-Planning on the Shop Floor," *Radical America*, Vol.

14. 5, No. 3 (May-June 1971): 76-77, http://www.zabalaza.net/pdfs/varpams/counterplanningontheshopfloor.pdf.
14. Ibid., 80.
15. Ibid., 80-81.
16. James P. Womack, Daniel T. Jones, and Daniel Roos, *The Machine that Changed the World: The Story of Lean Production* (New York: Harper Perennial, 1990), 57.
17. Niccolo Machiavelli, *The Prince,* ed. Peter Bondanella (New York: Oxford University Press, 1984), 59.
18. Martin Mayer, *The Bankers* (New York: Ballantine, 1976), 410-11.
19. See Joseph Stiglitz, *The Roaring Nineties: A New History of the World's Most Prosperous Decade* (New York: W. W. Norton, 2004), 81.
20. Bob Woodward, *Maestro: Greenspan's Fed and the American Boom* (New York: Simon & Schuster, 2000).
21. Paul Volcker, Chairman of the Board of Governors of the Federal Reserve System, "Testimony before the Committee on Banking, Finance and Urban Affairs of the U.S. House of Representatives, 21 July 1981," *Federal Reserve Bulletin,* Vol. 67, No. 8 (August 1981): 614; and "Testimony before the Joint Economic Committee, 26 January 1982," *Federal Reserve Bulletin,* Vol. 68, No. 2 (February 1982): 89.
22. Herbert Stein, *Presidential Economics: The Making of Economic Policy from Roosevelt to Reagan and Beyond* (New York: Simon and Schuster, 1984), 149; also cited in Ann May and Randy Grant, "Class Conflict, Corporate Power, and Macroeconomic Policy: The Impact of Inflation in the Postwar Period," *Journal of Economic Issues,* Vol. 25, No. 2 (June 1991): 373.
23. David Ricardo, "Letter to the Editor," *Morning Chronicle,* September 6, 1810; reprinted in ed. Piero Sraffa, *The Works and Correspondence of David Ricardo,* Vol. 3, *Pamphlets and Papers, 1809-1811* (Cambridge: Cambridge University Press, 1951), 136.
24. George Akerlof, William Dickens, and George Perry, "The Macroeconomics of Low Inflation," *Brookings Papers on Economic Activity,* No. 1 (1996): 1-60.
25. See May and Grant, "Class Conflict, Corporate Power, and Macroeconomic Policy."
26. Edwin Dickens, "The Great Inflation and U.S. Monetary Policy in the Late 1960s: A Political Economy Approach," *Social Concept,* Vol. 9, No. 1 (July 1995): 49-82; and "The Federal Reserve's Tight Monetary Policy During the 1973-75 Recession: A Survey of Possible Interpretations," *The Review of Radical Political Economics,* Vol. 29, No. 3 (Summer 1997): 79-91.
27. James K. Galbraith, Olivier Giovannoni, and Ann J. Russo, "The Fed's Real Reaction Function: Monetary Policy, Inflation, Unemployment, Inequality, and Presidential Politics," Levy Economics Institute Working Paper, No. 511 (August 2007), http://www.levy.org/pubs/wp_511.pdf.
28. Valerie Cerra and Sweta Chaman Saxena, "Growth Dynamics: The Myth of Economic Recovery," *American Economic Review,* Vol. 98, No. 1 (March 2008): 439-57.

29. John Maynard Keynes, "The Economic Consequences of Mr. Churchill," in *The Collected Works of John Maynard Keynes*, Vol. 9, *Essays in Persuasion*, ed. Donald Moggridge (London: Macmillan, 1972), 218.
30. Ibid., 211.
31. Ibid., 218.
32. *Wall Street Journal*, October 9, 1979.
33. George Melloan, "Some Reflections on My 32 Years with Bartley," *Wall Street Journal*, December 16, 2003.
34. William Greider, *Secrets of the Temple* (New York: Simon and Schuster, 1987), 429.
35. Michael Mussa, "U.S. Monetary Policy in the 1980s" in ed. Martin Feldstein, *American Economic Policy in the 1980s* (Chicago: University of Chicago Press, 1994), 81, 112.
36. Louis Uchitelle, "Advocate of Paying Chiefs Well Revises Thinking," *New York Times*, September 28, 2007.
37. Warren Buffett, "Annual Letter to the Shareholders of Berkshire Hathaway Inc." (2005), http://www.berkshirehathaway.com/letters/2005ltr.pdf.
38. Walter Hamilton and Kathy M. Kristof, "Merrill Lynch Chief Resigns," *Los Angeles Times*, October 31, 2007.
39. Harry G. Johnson, "Problems of Efficiency in Monetary Management," *Journal of Political Economy*, Vol. 76, No. 5 (September 1968): 986.
40. Andrew Clark and James Oswald, "Unhappiness and Unemployment," *The Economic Journal*, Vol. 104, No. 424 (May 1994): 658.
41. Richard Layard, *Lessons from a New Science* (New York: Penguin Press 2005), 67.
42. George Orwell, "Looking Back on the Spanish War," in *The Collected Essays, Journalism and Letters*, Vol. 2, *My Country Right or Left, 1940-1943* (New York: Harcourt Brace and World, 1968), 265.
43. Woodward, *Maestro*, 163.
44. Alan Greenspan, "Testimony Before the Subcommittee on Domestic and International Monetary Policy of the Committee on Banking and Financial Services House of Representatives," March 5, 1997, http://commdocs.house.gov/committees/bank/hba38677.000/hba38677_0f.htm.
45. Ibid., 254.
46. Greenspan, "The Interaction of Education and Economic Change: Address to the 81st Annual Meeting of the American Council on Education," Washington, D.C., February 16, 1999.
47. Governor Edward W. Kelley, Jr., "Federal Open Market Committee Meeting Transcripts," August 22, 1995, http://www.federalreserve.gov/FOMC/transcripts/1995/950822Meeting.pdf.
48. Paul Samuelson and William D. Nordhaus, *Macroeconomics*, 16th ed. (New York: McGraw Hill, 1998), 36.
49. United States Department of Labor, Bureau of Labor Statistics, *Major Work*

Stoppages in 2007, http://www.bls.gov/news.release/pdf/wkstp.pdf.

50. Derek Rucker and Adam Galinsky, "Desire to Acquire: Powerlessness and Compensatory Consumption," *Journal of Consumer Research,* Vol. 35, No. 2 (August 2008): 257.
51. Jared Bernstein, *All Together Now: Common Sense for a Fair Economy* (San Francisco, CA: Berrett-Koehler, 2006).
52. Audrey Laporte, "Do Economic Cycles Have a Permanent Effect on Population Health? Revisiting the Brenner Hypothesis," *Health Economics,* Vol. 13 (August 2004): 767-79.
53. Daniel Sullivan and von Wachter, "Mortality, Mass-Layoffs, and Career Outcomes: An Analysis Using Administrative Data," National Bureau of Economic Research, Working Paper No. 13626, 2007.
54. Richard G. Wilkinson, *Unhealthy Societies: The Afflictions of Inequality* (London: Routledge, 1997).
55. Robert Sanders, "EEGs Show Brain Differences Between Poor and Rich Kids," December 2008, http://www.berkeley.edu/news/media/releases/2008/12/02_cortex.shtml; Mark M. Kishiyama et al., "Socioeconomic Disparities Affect Prefrontal Function in Children," *Journal of Cognitive Neuroscience,* Vol. 21, No. 6 (June 2009): 1106-1115.
56. Greg Ip, "His Legacy Tarnished, Greenspan Goes on Defensive," *Wall Street Journal,* April 8, 2008.
57. Karl Marx, *Capital,* Vol. 1 (New York: Vintage, 1977), 896ff.

CHAPTER 3.

1. Lionel Charles Robbins, *An Essay on the Nature and Significance of Economic Science,* 2nd ed. (London, Macmillan, 1969), 1, 65.
2. Frank Knight, "Cost of Production and Price Over Long and Short Periods," *Journal of Political Economy,* Vol. 29, No. 4 (April 1921): 73.
3. Marc Linder, *Labor Statistics and Class Struggle* (New York: International Publishers 1994), 57; citing United States House of Representatives, *Occupational Safety and Health Act of 1969: Hearings before the Select Subcommittee on Labor of the House Committee on Education and Labor,* 91st Congress, 1st Session, 1969, 112.
4. Centers for Disease Control, "Nonfatal Occupational Injuries and Illnesses among Workers Treated in Hospital Emergency Departments-United States, 2003," April 28, 2006, http://www.cdc.gov/mmwr/preview/mmwrhtml/mm5516a2.htm; "Workers' Memorial Day," April 28, 2008, http://www.cdc.gov/Features/WorkersMemorialDay.
5. Centers for Disease Control, "Workers' Memorial Day"; J Paul Leigh et al., "Occupational Injury and Illness in the United States: Estimates of Costs, Morbidity and Mortality," *Archives of Internal Medicine,* Vol. 167 (July 1997): 1557-68.

6. Kris Maher, "Black Lung on Rise in Mines, Reversing Trend," *Wall Street Journal*, December 15, 2009, A 5.
7. Philip J. Landrigan, "Commentary: Environmental Disease—A Preventable Epidemic," *American Journal of Public Health*, Vol. 82, No. 7 (July 1992): 941-43.
8. Centers for Occupational and Environmental Health, *Green Chemistry: Cornerstone to a Sustainable California*, University of California, 2008, http://coeh.berkeley.edu/docs/news/green_chem_brief.pdf.
9. David Barstow, "U.S. Rarely Seeks Charges for Deaths in Workplace," *New York Times*, December 22, 2003.
10. David Uhlmann, "The Working Wounded," *New York Times*, May 27, 2008.
11. David Barstow and Lowell Bergman, "At a Texas Foundry, an Indifference to Life," *New York Times*, January 8, 2003.
12. Kenneth D. Rosenman et al., "How Much Work-Related Injury and Illness Is Missed by the Current National Surveillance System?," *Journal of Occupational and Environmental Medicine*. Vol. 48, No. 4 (April 2006): 357-65.
13. Christopher J. Ruhm, "Are Recessions Good for Your Health?," *Quarterly Journal of Economics*, Vol. 115, No. 2 (May 2000): 617-650.
14. Ken Ward, Jr., "Congressional Report: Bayer Blast 'Could Have Eclipsed' Bhopal," *The Charleston Gazette*, April 21, 2009.
15. Chesley B. Sullenberger, "Statement before the Subcommittee on Aviation Committee on Transportation and Infrastructure," United States House of Representatives, February 24, 2009, http://transportation.house.gov/Media/file/Aviation/20090224/Sullenberger.pdf.
16. Andy Pasztor, "Crash Probe Examines Pilot Fatigue," *Wall Street Journal*, May 14, 2009, A 1.
17. Andy Pasztor, "Captain's Training Faulted in Air Crash that Killed 50," *Wall Street Journal*, May 11, 2009, A 1.
18. Sholnn Freeman, "Colgan Air Pilots Faced Long Commutes, Low Pay, Second Jobs," *Washington Post*, May 13, 2009.
19. Adam Smith, *An Inquiry into the Nature and Causes of the Wealth of Nations*, 2 vols., eds. R. H. Campbell and A. S. Skinner (1789; New York: Oxford University Press, 1976), II.ii.7, 287, II.v. 12, 363.
20. Sir William Petty, *Treatise of Taxes and Contributions* (1662) in *The Writings of Sir William Petty*, Vol. 1, ed. C. H. Hull (Cambridge: Cambridge University Press, 1899; New York: Augustus M. Kelley, 1963), 44-45.
21. Smith, *An Inquiry into the Nature and Causes of the Wealth of Nations*, I.v.2, 47.
22. Ibid., I.viii.44, 99.
23. Robert H. Wiebe, *The Search for Order, 1877-1920* (New York: Hill and Wang, 1967), xiii.
24. Arthur Twining Hadley, *Railroad Transportation: Its History and Its Laws*, 10th ed. (New York: G. P. Putnam's and Sons, 1903), 65.

25. Stanley Lebergott, *The Americans: An Economic Record* (New York: Norton, 1984), 131.
26. David Nasaw, *Andrew Carnegie* (New York: Penguin, 2006), 99.
27. Henry Adams, *The Education of Henry Adams* (1918; Boston: Houghton Mifflin, 1961), 249-50.
28. Anthony Patrick O'Brien, "Factory Size, Economies of Scale, and the Great Merger Wave of 1898-1902," *Journal of Economic History*, Vol. 48, No. 3 (September 1988): 639-49.
29. Francis Wheen, *Karl Marx: A Life* (New York: Norton 2000), 330-35.
30. John Rae, "The Socialism of Karl Marx and the Young Hegelians," *Contemporary Review*, Vol. 40 (October 1881): 585.
31. Alfred Marshall, "Letter to Herbert Somerton Foxwell" (October 6, 1903), in ed. John K. Whitaker, *The Correspondence of Alfred Marshall*, Vol. 3, *Towards the Close, 1903-1924* (Cambridge: Cambridge University Press, 1996), 61-63.
32. Senator George Hoar, "Speech on Wages and Hours of Labor: United States Congress," *The Congressional Globe*, December 13, 1879, Vol. 27, Part 2, 102.
33. Arthur Twining Hadley, "Letter to E. D. Worcester" (July 29, 1879); cited in Hadley, Morris, *Arthur Twining Hadley* (New Haven: Yale University Press, 1948), 32.
34. See Michael Perelman, *Railroading Economics: The Creation of the Free Market Mythology* (New York: Monthly Review Press, 2006), 98-99.
35. Ronald L. Meek, "Marginalism and Marxism," *History of Political Economy*, Vol. 4 (1972): 499-511; reprinted in Ronald Meek, *Smith, Marx, and After: Ten Essays in the Development of Economic Thought* (New York: Wiley, 1977): 165-75.
36. William Stanley Jevons, *The Theory of Political Economy* (1871; Baltimore: Penguin, 1970), 86.
37. William Stanley Jevons, "The Mathematical Theory of Political Economy," *Journal of the Statistical Society of London*, Vol. 37, No. 4 (December 1874): 485.
38. William Stanley Jevons, *The State in Relation to Labour* (New York: A. M. Kelley, 1968), 100-101.
39. Armen A. Alchian and Harold Demsetz, "Production, Information Costs, and Economic Organization," *American Economic Review*, Vol. 62, No. 5 (December 1972): 777.
40. Gregory Clark, "Factory Discipline," *Journal of Economic History*, Vol. 54, No. 1 (March 1994): 128.
41. Clark Nardinelli, "Corporal Punishment and Children's Wages in 19th Century Britain," *Explorations in Economic History*, Vol. 19, No. 3 (July 1982): 289.
42. Steven Cheung, "The Contractual Nature of the Firm," *Journal of Law and Economics*, Vol. 26, No. 1 (April 1983): 5.
43. Abba Lerner, "The Economics of Politics and Consumer Sovereignty," *American Economic Review*, Vol. 62, No. 2 (May 1972): 259.
44. William Stanley Jevons, "Opening Address as President of Section F (Economic

Science and Statistics) of the British Association for the Advancement of Science," *Methods of Social Reform and Other Papers* (London: Macmillan and Co., 1883), 195.

45. Walter Bagehot, *The Postulates of English Political Economy* (New York and London: G. P. Putnam, 1885), 4.
46. Henry Varnum Poor, *Money and Its Laws, Embracing a History of Monetary Theories and a History of the Currencies of the United States* (London: C. Kegan Paul and Co., 1877), 392.
47. Robert Solow, "What Do We Know that Amasa Walker Didn't?" *History of Political Economy*, vol. 19, No. 2 (Summer 1987); 183-89.
48. Francis Amasa Walker, "The Present Standing of Political Economy," *Sunday Afternoon* (May): 432-41.
49. John Maloney, *Marshall, Orthodoxy and the Professionalisation of Economics* (Cambridge: Cambridge University Press, 1985), 9; citing Leslie Stephen, *The Life of Henry Fawcett* (London: Smith, Elder & Co., 1885), 123.
50. Peter D. Groenewegen, *A Soaring Eagle: Alfred Marshall, 1842-1924* (Brookfield, VT: Edgar Elgar, 1995), 532-34.
51. Ibid., 129.
52. H. S. Foxwell, "The Economic Movement in England," *Quarterly Journal of Economics*, Vol. 2, No. 1 (October 1887): 92.
53. Alfred Marshall and Mary Paley Marshall, *The Economics of Industry* (London: Macmillan 1879), 2.
54. See Maloney, *Marshall, Orthodoxy and the Professionalisation of Economics,* 130-33.
55. Joseph A. Schumpeter, *History of Economic Analysis* (New York: Oxford University Press, 1954), 1115.
56. Henry Dunning Macleod, *On the Modern Science of Economics* (London: John Heywood, 1887), 111.
57. Henry Dunning Macleod, *An Address to the Board of Electors to the Professorship of Political Economy in the University of Cambridge* (London, 1884), 12; cited in Timothy Alborn, "Review of Philip Mirowski's *More Heat than Light: Economics as Social Physics, Physics as Nature's Economics*," *Isis*, Vol. 82, No. 2 (June 1991): 354.
58. Philip Mirowski, *More Heat than Light: Economics as Social Physics, Physics as Nature's Economics* (Cambridge: Cambridge University Press, 1989), 217.
59. Ibid., 31.
60. Ibid., 241-49.
61. Alfred Marshall, *Principles of Economics: An Introductory Volume*, 8th ed. (London: Macmillan & Co., 1920), 1.
62. Groenewegen, *A Soaring Eagle,* 323 and ch. 15.
63. Maloney, *Marshall, Orthodoxy and the Professionalisation of Economics*, 24.
64. Joan Robinson, *Economic Philosophy* (Chicago: Aldine, 1962), 74.
65. Mirowski, *More Heat than Light,* 264.
66. Alfred Marshall, "Fragment," reprinted in Alfred C. Pigou, ed., *Memorials of Alfred*

Marshall (New York: Kelley and Millman, 1956; 1st ed., 1925), 366-67.
67. Groenewegen, *A Soaring Eagle,* 729.
68. Martin S. Feldstein, "Reducing Poverty Not Inequality," *Public Interest* (Fall 1999): 34.
69. Richard A. Lester, "Notes of Wages and Labor Costs," *Southern Economic Journal,* Vol. 10, No. 3 (January 1944): 235-38.
70. Thomas Sowell, "A Student's Eye View of George Stigler," *Journal of Political Economy,* Vol. 101, No. 5 (October 1993): 787.
71. Craig Freedman, "The Economist as Mythmaker—Stigler's Kinky Transformation," *The Journal of Economic Issues,* Vol. 29, No. 1 (1995): 194.
72. George J. Stigler, *The Theory of Price,* 4th ed. (New York: Macmillan, 1987), 99.
73. George J. Stigler, *The Citizen and the State: Essays on Regulation* (Chicago: University of Chicago Press, 1975), x.
74. George J. Stigler, "Do Economists Matter?," *Southern Economic Journal,* Vol. 42, No. 3, (1976): 347-54; reprinted in *The Economist as Preacher* (Oxford: Basil Blackwell, 1982): 54-67.
75. David Card and Alan B. Krueger, "Minimum Wages and Employment: A Case Study of the Fast-Food Industry in New Jersey and Pennsylvania," *American Economic Review,* Vol. 84, No. 4 (September 1994): 772-93.
76. Douglas Clement, "Interview with David Card," *The Region* (a publication of the Federal Reserve Bank of Minneapolis): December 2006.
77. Merton Miller, "Commentary on the Minimum Wage," *Wall Street Journal,* April 25, 1996, A 20.
78. James M. Buchanan, "Commentary on the Minimum Wage," *Wall Street Journal,* April 25, 1996, A 20.
79. Clement, "Interview with David Card."
80. Cited in Paul Diesing, "Hypothesis Testing and Data Interpretation: The Case of Milton Friedman," *Research in the History of Economic Thought and Methodology,* Vol. 3 (Greenwich, CT: JAI Press, 1985), 61.
81. Craig Freedman, personal communication, August 18, 2008.
82. Donald N. McCloskey, *The Rhetoric of Economics* (Madison: The University of Wisconsin Press, 1985), 140.
83. Melvin W. Reder, "Chicago Economics: Permanence and Change," *Journal of Economic Literature,* Vol. 20, No. 1 (March 1982): 13, 18, 19.
84. Charles Kindleberger, *Manias, Panics, and Crashes* (New York: Basic Books, 2000), 235.
85. George J. Stigler, "Charles Babbage (1791 + 200 = 1991)," *Journal of Economic Literature,* Vol. 29, No. 3 (September 1991): 1149.
86. Charles Babbage, *On the Economy of Machinery and Manufactures* (1835; New York: Augustus M. Kelley, 1971), 156; cited in Stigler, "Charles Babbage (1791 + 200 = 1991)," 1150.

87. Research Center for Behavioral Economics and Decision-Making, Federal Reserve Bank of Boston, "Implications of Behavioral Economics for Economic Policy," Conference, September 27-28, 2007, http://www.bos.frb.org/economic/conf/BehavioralPolicy2007/index.htm.
88. "The Perils of Prosperity: Can You Be Too Rich?," *The Economist*, April 27, 2006.
89. Martin S. Feldstein, "Structural Reform of Social Security," *The Journal of Economic Perspectives*, Vol. 19, No. 2 (Spring 2005): 36.
90. Frank H. Knight, "Ethics and Economic Reform," *Economica*, Vol. 6, No. 21 (February 1939): 21.
91. Norman Joseph Ware, *The Industrial Worker, 1840-1860* (Boston: Houghton-Mifflin, 1924), 76-77.
92. Kenneth Warren, *Industrial Genius: The Working Life of Charles Michael Schwab* (Pittsburgh: University of Pittsburgh Press, 2007), 77.
93. Michael J. Piore, "The Impact of the Labor Market upon the Design and Selection of Productive Techniques within the Manufacturing Plant," *Quarterly Journal of Economics*, Vol. 82, No. 4 (November 1968): 610.
94. J. Cox, "The Evolution of Tomato Canning Machinery"; quoted in Peter Phillips and Martin Brown, "The Historical Origin of Job Ladders on the U.S. Canning Industry and Their Effects on the Gender Division of Labour," *Cambridge Journal of Economics*, Vol. 10, No. 2 (June 1986): 134.
95. Frederick Winslow Taylor, *The Principles of Scientific Management* (1911; New York: W. W. Norton & Co., 1967), 7, 65-67.
96. Robert Kanigel, *The One Best Way: Frederick Winslow Taylor and the Enigma of Efficiency* (New York: Viking, 1997).
97. William Stanley Jevons, "On the Natural Laws of Muscular Exertion," *Nature*, Vol. 2 (June 30, 1870): 158-60; see also Harro Maas, *William Stanley Jevons and the Making of Modern Economics* (Cambridge: Cambridge University Press, 2005), 200.
98. Jevons, *The Theory of Political Economy*, 189.
99. See Michael V. White, "In the Lobby of the Energy Hotel: Jevons's Formulation of the Postclassical 'Economic Problem'," *History of Political Economy*, Vol. 36, No. 2 (Summer 2004): 227-71.
100. Anson Rabinbach, *The Human Motor: Energy, Fatigue, and the Origins of Modernity* (New York: Basic Books, 1990), 46.
101. Alfred Marshall, "Letter to Francis Ysidro Edgeworth" (August 28, 1892), in ed. John K. Whitaker, *The Correspondence of Alfred Marshall*, Vol. 2, *At the Summit, 1891-1902* (Cambridge: Cambridge University Press, 1996): 71-72.
102. David Spencer, *The Political Economy of Work* (London: Routledge, 2009), ch. 5.
103. Karl Marx, *Capital*, Vol. 1 (New York: Vintage, 1977), 279.
104. Arnold C. Harberger, "Monopoly and Resource Allocation," *American Economic Review*, Vol. 44, No. 2 (May 1954): 77.
105. Arnold C. Harberger, "Using the Resources at Hand More Effectively," *American*

Economic Review, Vol. 49, No. 2 (May 1959): 134-46.
106. Harberger, "Monopoly and Resource Allocation," 87.
107. Robert Mundell, "Book Review: L. H. Janssen, "Free Trade, Protection and Customs Union," *American Economic Review,* Vol. 52, No. 3 (June 1962): 622.
108. Harvey Leibenstein, "Allocative Efficiency vs. 'X-Efficiency'," *American Economic Review*, Vol. 56, No. 3 (June 1966): 392-415.
109. Leo Tolstoy, *War and Peace* (New York: Modern Library, 2004), Part XIV, II.
110. John R. Hicks, "Annual Survey of Economic Theory: The Theory of Monopoly," *Econometrica*, Vol. 3, No. 1 (January 1935): 8; and *Value and Capital* (Oxford: Clarendon Press, 1935), 265.
111. Mark Perlman and J. W. Dean, "Harvey Leibenstein as a Pioneer of Our Time," *The Economic Journal*, Vol. 108, No. 446 (January 1998): 141.
112. George J. Stigler, "The Xistence of X-Efficiency," *American Economic Review*, Vol. 66, No. 1 (1976): 213.
113. Michael Perelman, *The Confiscation of American Prosperity: From Right-Wing Extremism and Economic Ideology to the Next Great Depression*(New York: Palgrave, 2007), 9.
114. George J. Stigler, "The Xistence of X-Efficiency," 216.
115. Arnold C. Harberger, "A Vision of the Growth Process," *American Economic Review*, Vol. 88, No. 1 (March 1998): 1.
116. Ibid., 3.
117. Ibid., 4.
118. Leo Ernest Durocher, *Nice Guys Finish Last* (New York: Simon & Schuster, 1975), 13.
119. Richard Thaler, "Mortgages Made Simpler," *New York Times*, July 5, 2009.
120. See Richard Thaler and Sherwin Rosen, "The Value of Saving a Life: Evidence from the Labor Market," in ed. N. Terleckyj, *Household Production and Consumption* (New York: Columbia University Press, 1976), 265-98.
121. Centers for Disease Control and Prevention, *Morbidity and Mortality Weekly Report,* June 6, 2008, "Work-Related Injury Deaths among Hispanics-United States, 1992-2006," http://www.cdc.gov/mmwr/preview/mmwrhtml/mm5722a1.htm.
122. Roger Lowenstein, "Exuberance Is Rational or at Least Human," *New York Times Magazine*, February 11, 2001.
123. See Michael Perelman, *Manufacturing Discontent: The Trap of Individualism in a Corporate Society* (London: Pluto, 2005), 123-29, 163-67.
124. See Seth Borenstein, "How to Value Life? EPA Devalues Its Estimate," *Sacramento Bee,* July 13, 2008, D 1.
125. John D. Graham, *Comparing Opportunities to Reduce Health Risks: Toxin Control, Medicine and Injury Prevention* (Dallas: National Center For Policy Analysis, 1995).
126. Richard Thaler and Cass R. Sunstein, *Nudge: Improving Decisions about Health, Wealth, and Happiness* (New Haven, CT: Yale University Press, 2008).
127. Upton Sinclair, *American Outpost: A Book of Reminiscences* (1932; Port Washington,

New York: Kennikat Press, 1969), 175.
128. Eric Schlosser, *Fast Food Nation: The Dark Side of the All-American Meal*(Boston: Houghton Mifflin, 2001), 172.
129. Conference Board, "U.S Job Satisfaction Declines, the Conference Board Reports," February 23, 2007.
130. Burt Helm, "It's Not A McJob, It's A McCalling," *Business Week*, June 4, 2007, 13.
131. Conference Board, "U.S Job Satisfaction Declines, the Conference Board Reports."
132. Roddy Boyd, "N.Y. Exec Knew of Problems: Ex-Honcho," *New York Post*, January 5, 2006.
133. Charles Babbage, *On the Economy of Machinery and Manufactures* (1835; New York: Augustus M. Kelley, 1971), 54.
134. Amanda Schaffer, "Fighting Bedsores with a Team Approach," *New York Times*, February 19, 2008.

CHAPTER 4.

1. Frank H. Knight, "Cost of Production and Price over Long and Short Periods," *Journal of Political Economy*, Vol. 29, No. 4 (April 1921): 313.
2. See Robert E. Lucas, Jr., *Models of Business Cycles. The Yjiro Jannson Lectures* (Oxford: Basil Blackwell, 1987), 54.
3. Simon Nelson Patten, *The New Basis of Civilization* (Cambridge, MA: Belknap Press, 1968), 141 and 137.
4. United States Census Bureau, *Statistical Abstract of the United States, 2007* (Washington, D.C.: United States Census Bureau, 2007), Table 587.
5. Lawrence Mishel, Jared Bernstein, and Sylvia Allegretto, *The State of Working America, 2006/2007* (Ithaca, New York: Cornell University Press, 2007), 38.
6. Edward C. Prescott, "Why Do Americans Work So Much More than Europeans?," *Federal Reserve Bank of Minneapolis Quarterly Review*, Vol. 28, No. 1 (July 2004): 2-13.
7. Adam Smith, *Early Draft of The Wealth of Nations* in *Lectures on Jurisprudence*, eds. R. L. Meek, D. D. Raphael, and P. G. Stein (1758; Oxford: Clarendon Press, 1978), IV.i.9, 183.
8. Ibid., IV.i.6, 180.
9. Ibid., IV.i.8, 181.
10. Ibid.
11. Ibid., 182.
12. Adam Smith, *An Inquiry into the Nature and Causes of the Wealth of Nations*, 2 vols., eds. R. H. Campbell and A. S. Skinner (1789; New York: Oxford University Press, 1976), I.x.b.26, 124.
13. Mark Twain, *The Autobiography of Mark Twain* (New York: Harper Perennial

Modern Classics, 2000), 32.

14. Robert Whaples, "Winning the Eight-Hour Day, 1909-1919," *Journal of Economic History*, Vol. 50, No. 2 (June 1990): 393; see also Daniel T. Rogers, *The Work Ethic in Industrial America, 1850-1920* (Chicago: University of Chicago Press, 1978), 157 ff.

15. John Kenneth Galbraith, The *New Industrial State* (1967; Princeton, New Jersey: Princeton, 2007), 334.

16. Daniel T. Rogers, *The Work Ethic in Industrial America, 1850-1920*(Chicago: University of Chicago Press, 1978), 156; citing the Ohio Bureau of Labor Statistics, *Second Annual Report* (Columbus, 1879), 281.

17. David Montgomery, *Beyond Equality* (New York: Knopf, 1967), 236; citing the Massachusetts Bureau of Statistics of Labor, *Annual Report* (Boston, 1870), 221.

18. James Warren Prothro, *The Dollar Decade: Business Ideas in the 1920's* (Baton Rouge: Louisiana State University Press, 1954), 6-7.

19. Janny Scott, "Cities Shed Middle Class, and Are Richer and Poorer for It," *New York Times*, July 23, 2006.

20. William Temple, *Essay on Trade and Commerce* (London, 1770), 266; see also Edgar Furniss, *The Position of the Laborer in a System of Nationalism* (New York: Augustus M. Kelley, 1965), 14-15.

21. Maurice Cranston, *John Locke: A Biography* (New York: Macmillan, 1957), 425.

22. See John Brown, *A Memoir of Robert Blincoe, An Orphan Boy, Sent from the Workhouse at St. Pancras, London at Seven Years of Age to Endure the Horrors of a Cotton Mill* (Manchester: J. Doherty, 1832).

23. See Michael Perelman, *The Invention of Capitalism: The Secret History of Primitive Accumulation* (Durham: Duke University Press, 2000), 64.

24. Gary M. Anderson and Robert D. Tollison, "Ideology, Interest Groups, and the Repeal of the Corn Laws," *Zeitschrift für die gesamte Staatswissenschaft*, Vol. 141, No. 2 (June 1985): 197-212; Friederich Engels, "The English Ten Hours' Bill," *Neue Rheinische Zeitung Politischökonomische Revue*, No. 4, March 1850 in Karl Marx and Friederich Engels, *Collected Works*, Vol. 10, September 1849-June 1851 (New York: International Publishers, 1978), 288-300.

25. Paul Glader, "At 78, Bonnie Rooks Likes a 'Dirty Old Job' in an Ohio Steel Mill: Great-Grandmother Enjoys a Paycheck, Younger Pals; Paying a Child's Mortgage," *Wall Street Journal*, August 10, 2005, A 1.

26. Mitra Toossie, "Labor Force Projections to 2016: More Workers in Their Golden Years," *Monthly Labor Review*, Vol. 130, No. 11 (November 2007): 33-52.

27. Quoted in Susan George and Fabrizio Sabelli, *Faith and Credit: The World Bank's Secular Empire* (Boulder, CO: Westview Press, 1994), 106.

28. Nassau Senior, "Letter to Charles Poulett Thompson" (March 28, 1837), in *Letters on the Factory Act, As it Affects the Cotton Manufactures* reprinted in Nassau Senior, *Selected Writings on Economics, a Volume of Pamphlets, 1827-1852* (New York:

Augustus M. Kelley, 1966), 12.
29. Karl Marx, *Capital.* Vol. 1 (New York: Vintage, 1977), ch. 9.
30. Hans Staehle, "Technology, Utilization and Production," *Bulletin de l'Institut Internationale de Statistique*, Vol. 34, Part 4 (1955): 127, 133.
31. Michael Perelman, *The Pathology of the U.S. Economy Revisited: The Intractable Contradictions of Economic Policy* (New York: Palgrave, 2001), 117-19.
32. Joseph A. Schumpeter, *Business Cycles: A Theoretical, Historical, and Statistical Analysis of the Capitalist System*, 2 vols. (New York: McGraw Hill, 1939), v.
33. "The Treaty of Detroit," *Fortune*, Vol. 62, No. 1, July 1950; see also William Serrin, *The Company and the Union* (New York: Vintage, 1974), 170.
34. George Fitzhugh, *Cannibals All! Or, Slaves Without Masters*, ed. C. Vann Woodward (1857; Cambridge, MA: Belknap Press, 1980).
35. Robert K. Merton, "The Matthew Effect in Science," *Science*, Vol. 159, No. 3810 (January 5, 1968): 58; quoting Matthew 25:29.
36. Milton Friedman, "Introduction," in Frederick A. Hayek, *The Road to Serfdom*, 50th anniversary edition (Chicago, IL: University of Chicago Press, 1994); reprinted in *The Road to Serfdom: Text and Documents—The Definitive Edition*, ed. Bruce Caldwell (Chicago, IL: University of Chicago Press, 2007).
37. Quoted in Randall Parker, *The Economics of the Great Depression: A Twenty-first Century Look Back at the Economics of the Interwar Era* (Cheltenham: Edward Elgar, 2007), 10.
38. Quoted in Eric Foner, *Free Soil, Free Labor, Free Men: The Ideology of the Republican Party before the Civil War* (New York: Oxford University Press, 1970), 25.
39. Anatole France, *The Red Lily*, tr. Winifred Stephens (1894; New York: Dodd, Mead and Co., 1925), 91.

CHAPTER 5.

1. "Venezuela: The Busy Bs," *Time,* September 21, 1953.
2. Adam Smith, *An Inquiry into the Nature and Causes of the Wealth of Nations*, 2 vols., eds. R. H. Campbell and A. S. Skinner (1789; New York: Oxford University Press, 1976), III.iv.17, 422.
3. Sol Tax, *Penny Capitalism: A Guatemalan Indian Economy* (Smithsonian Institution Institute of Social Anthropology, Publication No. 16, Washington, D.C.: U.S. Government Printing Office; reprinted New York: Octagon Books, 1972).
4. Thomas Friedman, *The Lexus and the Olive Tree* (New York: Farrar Straus & Giroux, 1999), 86-87.
5. Ibid., 90-91, 115.
6. Walter B. Wriston, *The Twilight of Sovereignty: How the Information Revolution Is Transforming Our World* (New York: Scribner, 1992), 8-9, 61-62.

7. See William Darity, Jr., and Bobbie L. Horn, *The Loan Pushers: The Role of Commercial Banks in the International Debt Crisis* (Cambridge, MA: Ballinger, 1988).
8. Phillip L. Zweig, *Wriston: Walter Wriston, Citibank, and the Rise and Fall of American Financial Supremacy* (New York: Crown Publishers, 1995), 867, 872.
9. Bob Woodward, *Maestro: Greenspan's Fed and the American Boom* (New York: Simon & Schuster, 2000), 73.
10. Thomas Friedman, "A Race to the Top," *New York Times*, June 3, 2005.

CHAPTER 6.

1. Jacob Viner, "Adam Smith and Laissez Faire," *Journal of Political Economy*, Vol. 35, No. 2 (April 1927): 189-232; reprinted in *The Long View and the Short* (Glencoe, IL: The Free Press, 1958).
2. Adam Smith, *An Inquiry into the Nature and Causes of the Wealth of Nations*, 2 vols., eds. R. H. Campbell and A. S. Skinner (1789; New York: Oxford University Press, 1976), I.viii.13, 84.
3. Ibid., IV.i.32, 448.
4. Anthony Waterman, personal communication, 1998.
5. Salim Rashid, "Charles James Fox and *The Wealth of Nations*," *History of Political Economy*, Vol. 24, No. 2 (Summer 1992): 493.
6. John Rae, *The Life of Adam Smith* (1895; New York: Augustus M. Kelley, 1965), 291.
7. Anthony Waterman, "Reappraisal of 'Malthus the Economist,' 1933-1997," *History of Political Economy*, Vol. 30, No. 2 (Summer 1998): 295.
8. Emma Rothschild, "Adam Smith and Conservative Economics," *Economic History Review*, Vol. 45, No. 1 (February 1992): 74.
9. Quoted in Francis Horner, *Memoirs and Correspondence of Francis Horner, M.P.*, 2 vols., ed. Leonard Horner (London: John Murray, 1843), 1: 229.
10. Jeffrey Young, "Accounting for Adam Smith," Summer Institute for the Preservation of the Study of the History of Economics, George Mason University, June 4, 2007.
11. Adam Smith, *The Theory of Moral Sentiments* (1759), V.I.25, http://www.econlib.org/library/Smith/smMS5.html.
12. George J. Stigler, *Five Lectures on Economic Problems* (London: Longmans, Green and Co., 1949), 4.
13. From a lost manuscript of 1749, quoted in Dugald Stewart, "Account of the Life and Writings of Adam Smith, L.L.D," in *The Works of Dugald Stewart*, Vol. 5 (London: T. Caddell and W. Davies, 1811), 400-552; reprinted in *Adam Smith, Essays on Philosophical Subjects*, ed. W. P. D. Wightman and J. C. Bryce (Oxford: Clarendon Press, 1980), 269-352.
14. Arnold Toynbee, *Lectures on the Industrial Revolution of the Eighteenth Century in England: Popular Addresses, Notes, and Other Fragments* (London: Rivingtons,

1884), 8.
15. John Ramsay McCulloch, *Treatise on the Rate of Wages and the Condition of the Labouring Classes* (1826; New York: Kelley, 1967), 16-17.
16. See Michael Perelman, *Transcending the Economy: On the Potential of Passionate Labor and the Wastes of the Market* (New York: St. Martin's Press, 2000), 201; Adam Smith, *Lectures on Jurisprudence*, eds. R. L. Meek, D. D. Raphael, and P. G. Stein (1762-1766; Oxford: Clarendon Press, 1978), 563.
17. Frederick Law Olmsted, *A Journey in the Seaboard Slave States in the Years 1853-1854* (New York: Dix and Edwards, 1856), 46-47.
18. Rae, *The Life of Adam Smith*, 8.
19. T. S. Ashton, *The Industrial Revolution, 1760-1830* (London: Oxford University Press, 1948), 47.
20. Ibid., 15.
21. Roy Hutcheson Campbell, *Carron Company* (Edinburgh: Oliver and Boyd, 1961), 18.
22. John Roebuck, "Letter to Adam Smith" (November 1, 1775), in *The Correspondence of Adam Smith*, eds. Ernest Campbell Mossner and Ian Simpson Ross (Oxford: Clarendon Press, 1977), 182-84.
23. Richard L. Hills, *Power from Steam: A History of the Stationary Steam Engine* (Cambridge: Cambridge University Press, 1989), 55.
24. David Hume, "Letter to Adam Smith" (June 27, 1772), in *The Correspondence of Adam Smith*, eds. Mossner and Ross, 161-63.
25. Adam Smith, *An Inquiry into the Nature and Causes of the Wealth of Nations*, 2 vols., eds. R. H. Campbell and A. S. Skinner (1789; New York: Oxford University Press, 1976), I.viii, 94.
26. John H. Clapham, "Review of Werner Sombart. *Luxus und Capitalismus. Krieg und Capitalismus*," *The Economic Journal*, Vol. 23, No. 91 (September 1913): 401.
27. James Boswell, *Boswell's Life of Johnson*, Vol. 5, *The Life, 1780-1784* (Oxford: Oxford University Press, 1934-64), 188.
28. Jonathan Williams, Jr., *Journal of Jonathan Williams, Jr., of His Tour with Franklin and Others through Northern England, May 28, 1771*, in Benjamin Franklin, *The Papers of Benjamin Franklin*, Vol. 18, eds. Leonard W. Larabee and William B. Wilcox (New Haven: Yale University Press, 1959), 114-16.
29. Adam Smith, *An Inquiry into the Nature and Causes of the Wealth of Nations*, I.i.5, 17.
30. A. W. Coats, "Adam Smith: The Modern Appraisal," *Renaissance and Modern Studies*, Vol. 6 (1962): 47; see also E. R. A. Seligman, "Introduction" in Adam Smith, *An Inquiry into the Nature and Causes of the Wealth of Nations* (London: Everyman's Edition, 1910), xi.
31. Richard Koebner, "Adam Smith and the Industrial Revolution," *Economic History Review*, 2nd series, Vol. 11, No. 3 (1959): 381-91.
32. Charles Kindleberger, "The Historical Background: Adam Smith and the Industrial Revolution" in *The Market and the State: Essays in Honour of Adam Smith*, eds.

Thomas Wilson and Andrew S. Skinner (Oxford: Clarendon Press, 1976), 1-25.
33. Smith, *Lectures on Jurisprudence*, 338.
34. Ibid., 339.
35. Ibid., 340-41.
36. Ibid., 341.
37. Ibid., 351.
38. Smith, *An Inquiry into the Nature and Causes of the Wealth of Nations*, I.i.3, 14-15.
39. Smith, *Lectures on Jurisprudence*, vi.34, 343; and *An Inquiry into the Nature and Causes of the Wealth of Nations*, I.i.3, 14-15.
40. Jean-Louis Peaucelle, "Adam Smith's Use of Multiple References for His Pin Making Example," *European Journal of the History of Economic Thought*, Vol. 13, No. 4 (December 2006): 494; Smith, *An Inquiry into the Nature and Causes of the Wealth of Nations*, I.i.3, z. 14-15.
41. Adam Smith, *Early Draft of The Wealth of Nations* in *Lectures on Jurisprudence*, eds. R. L. Meek, D. D. Raphael, and P. G. Stein (Oxford: Clarendon Press, 1978), 564.
42. Adam Ferguson, *An Essay on the History of Civil Society*, ed. Duncan Forbes (1793; Edinburgh: Edinburgh University Press, 1966).
43. Alexander Carlyle, *Autobiography of the Rev. Dr. Alexander Carlyle* (Boston: Ticknor and Fields, 1861), 231.
44. Rae, *The Life of Adam Smith*, 264.
45. Ferguson, *An Essay on the History of Civil Society*, 181.
46. Ibid., 186.
47. Ibid., 218.
48. Ibid., 230.
49. Campbell, *Carron Company*, 79.
50. Ibid., 80-81.
51. Henri-Louis Duhamel du Monceau, *Art de l'e'pinglier* (Paris: Saillant et Noyon, 1761); tr. in Peaucelle 2006, "Adam Smith's Use of Multiple References for His Pin Making Example," 502.
52. Henry Hamilton, *English Brass and Copper Industries to 1880* (New York: Augustus M. Kelley, 1967), 103.
53. Kirk Willis, "The Role in Parliament of the Economic Ideas of Adam Smith, 1776-1800," *History of Political Economy*, Vol. 11, No. 4 (Summer 1979): 505-44.
54. Arthur Young, *A Six Months Tour through the Southern Counties of England and Wales*, 3rd ed. (London: W. Straham, 1772), 170-74.
55. Robert C. Allen, *The British Industrial Revolution in Global Perspective* (Cambridge: Cambridge University Press, 2009), 147.
56. Smith, *An Inquiry into the Nature and Causes of the Wealth of Nations* (Oxford University Press, 1976), IV.viii.42, 658.
57. Ibid., I.i.9, 20-21.
58. Smith, *An Inquiry into the Nature and Causes of the Wealth of Nations* (Modern

Library, 1937), n. 10.
59. Smith, *Lectures on Jurisprudence,* 1762-1766, 343-47.
60. Smith, *Early Draft of The Wealth of Nations* in *Lectures on Jurisprudence,* 567-9.
61. Smith, "Letter to Lord Carlisle" (November 8, 1779) in *The Correspondence of Adam Smith*, eds. Ernest Campbell Mossner and Ian Simpson Ross (Oxford: Clarendon Press, 1977), 242-43.
62. Ibid., 240-42.
63. See Jacob Viner, *The Role of Providence in the Social Order: An Essay in Intellectual History* (Philadelphia: American Philosophical Library, 1972), 80.
64. Smith, *The Theory of Moral Sentiments*, eds. D. D. Raphael and A. L. Macfie (Oxford: Clarendon Press, 1976), ii, II, 3, 2, 86; see also Smith, *Lectures on Jurisprudence,* 539.
65. Smith, *An Inquiry into the Nature and Causes of the Wealth of Nations* (Oxford University Press, 1976), I.iii.1, 31.
66. Ibid., I.iv.1, 37.
67. Sarah Jordon, *The Anxieties of Idleness: Idleness in Eighteenth-Century British Literature and Culture* (Lewisburg, PA: Bucknell University Press, 2003), 55.
68. Smith, *An Inquiry into the Nature and Causes of the Wealth of Nations* (Oxford University Press, 1976), I.x.c.27, 145.
69. Freeman Dyson, *Disturbing the Universe* (New York: Harper Colophon, 1979), 51.

CHAPTER 7.

1. Adam Smith, *Lectures on Jurisprudence*, eds. R. L. Meek, D. D. Raphael, and P. G. Stein (1762-1766; Oxford: Clarendon Press, 1978), 205 and 487.
2. Edward Thompson, "The Moral Economy of the English Crowd in the Eighteenth Century," *Past and Present*, Vol. 50 (February 1971): 76-136.
3. Smith, *Lectures on Jurisprudence,* iii, 143, 197; and Smith, *An Inquiry into the Nature and Causes of the Wealth of Nations*, 2 vols., eds. R. H. Campbell and A. S. Skinner (1789; New York: Oxford University Press, 1976), IV.v.b.8, 527. See also David Hume, "An Inquiry Concerning the Principles of Morals" in *The Philosophical Works of David Hume*, Vol. 4, eds. T. H. Green and T. H. Gross (New York: Scientia Verlag, 1964), book 3, para. 147.
4. Martin J. Sklar, *The Corporate Reconstruction of American Capitalism: 1890-1916* (Cambridge: Cambridge University Press, 1988), 103.
5. Smith, *An Inquiry into the Nature and Causes of the Wealth of Nations,* IV.v.b.26, 534.
6. Ibid., IV.v.a.3, 524.
7. Ibid, I.x.c.24, 144.
8. Smith, *Lectures on Jurisprudence*, 539.
9. Smith, *An Inquiry into the Nature and Causes of the Wealth of Nations*, V.i.f.51, 783; almost repeated verbatim at V.i.f.61, 788.

10. Smith, *Lectures on Jurisprudence,* V.i.f.61, 788.
11. Ibid., V.i.g.12, 795.
12. Smith, *An Inquiry into the Nature and Causes of the Wealth of Nations*, V.i.b.2, 709-10.
13. Ibid., I.vii.27, 78-79.
14. Ibid., I.viii.44, 99.
15. Ibid., IV.ii.30: 464-65.
16. Smith, *Lectures on Jurisprudence,* 189, 202.
17. Smith, *An Inquiry into the Nature and Causes of the Wealth of Nations*, V.i.f.49, 781.
18. Ibid., V.i.f.50, 781-82.
19. Ibid., V.i.a.21, 699.
20. Ibid., V.i.a.14, 697.
21. Ibid., V.i.f.53, 784-85; V.i.a.15, 697.
22. Ibid., V.i.f.57, 786.
23. Ibid., V.i.f.58, 786.
24. Leonidas Montes, "Adam Smith and the Militia Debate in Context," History of Economics Society Annual Meeting, June 29, 2008; see also R. B. Sher, "Adam Ferguson, Adam Smith, and the Problem of National Defense," *The Journal of Modern History*, vol. 61, No. 1 (June 1989): 240-68.
25. Adam Smith, *The Correspondence of Adam Smith*, eds. Ernest Campbell Mossner and Ian Simpson Ross (Oxford: Clarendon Press, 1977), n. 22.
26. Ibid., 21-22.
27. Smith, *An Inquiry into the Nature and Causes of the Wealth of Nations,* V.i.g.14, 796.
28. See Gary M. Anderson, "Mr. Smith and the Preachers: The Economics of Religion in the *Wealth of Nations*," *Journal of Political Economy*, Vol. 96, No. 5 (October 1988): 1066-88. See also Charles and Patrick Raines, "Adam Smith on Competitive Religious Markets," *History of Political Economy*, Vol. 24, No. 2 (Summer 1992): 499-513; and "The 'Protective State' Approach to the 'Productive State' in *The Wealth of Nations*: The Odd Case of Lay Patronage," *Journal of the History of Economic Thought*, Vol. 24, No. 4 (December 2002): 427-41.
29. Smith, 1759, 3.5.8, 166.
30. Jacob Viner, "Adam Smith and Laissez Faire," *Journal of Political Economy*, Vol. 35, No. 2 (April 1927): 189-232; reprinted in *The Long View and the Short* (Glencoe, IL: The Free Press, 1958).
31. Smith, *An Inquiry into the Nature and Causes of the Wealth of Nations*, III.iv.10, 419.
32. Ibid., V.i.f-g.61, 788.
33. Adam Ferguson, *An Essay on the History of Civil Society,* ed. Duncan Forbes (1793; Edinburgh: Edinburgh University Press, 1966), 182-83.
34. Smith, *An Inquiry into the Nature and Causes of the Wealth of Nations*, I.5.2, 47.
35. Ibid., I.v.7, 50.
36. Ibid., V.i.f.7, 760.
37. Ibid., Book 1, Chapter 10, Part 2.

38. Samuel Read, *The Political Economy* (Edinburgh: Oliver & Boyd, 1829), xxix-xxxiv.
39. David Ricardo, *On Protection to Agriculture* in eds. Piero Sraffa and Maurice Dobb, *Pamphlets and Papers, The Works and Correspondence of David Ricardo*, Vol. 4 (Cambridge: Cambridge University Press), 235, 237.
40. Smith, *An Inquiry into the Nature and Causes of the Wealth of Nations*, I.viii.36, 96.
41. Smith, "The Principles which Lead and Direct Philosophical Enquiries; Illustrated by the History of Astronomy," in *Essays on Philosophical Subjects*, eds. W. P. D. Wightman and J. C. Bryce (New York: Clarendon Press, 1980), 105.
42. Margaret C. Jacob and Larry Stewart, *Practical Matter: Newton's Science in the Service of Industry and Empire, 1687-1851* (Cambridge: Harvard University Press, 2004).
43. Elie Halévy, *The Growth of Philosophical Radicalism*, tr. Mary Morris (London: Faber and Faber, 1928), 3.
44. Stephen Edelston Toulmin, *Return to Reason* (Cambridge, MA: Harvard University Press, 2001).
45. Alberto Alesina and George-Marios Angeletos, "Fairness and Redistribution," *American Economic Review*, Vol. 95, No. 4 (September 2005): 960-80.
46. Smith, *An Inquiry into the Nature and Causes of the Wealth of Nations*, II.iii.2, 331.

CHAPTER 8.

1. Guy Routh, *The Origin of Economic Ideas* (New York: Vintage, 1977), 45.
2. Carol S. Carson, "The History of the United States National Income and Product Accounts: The Development of an Analytical Tool," *The Review of Income and Wealth* (June 1975): 153-81.
3. See Clifford Cobb, Ted Halstead, and Jonathan Rowe, "If the GDP Is Up, Why Is America Down?," *Atlantic Monthly*, October 1995; and Jonathan Rowe, "Rethinking the Gross Domestic Product as a Measurement of National Strength," Testimony before the United States Senate Committee on Commerce, Science and Transportation, Subcommittee on Interstate Commerce, March 12, 2008.
4. United States Department of Commerce, *National Income: 1929-32*, Senate Doc. 124, 73rd Congress, 2nd Session, 1934, 5-6.
5. Ibid., 6-7.
6. Mark Perelman, "Political Purpose and the National Accounts" in eds. William Alonso and Paul Starr, *The Politics of Numbers* (New York: Russell Sage Foundation, 1987), 144.
7. Robert W. Fogel, "Academic Economics and the Triumph of the Welfare State," Association of American Universities Centennial Meeting, April 17, 2000.
8. Simon Kuznets, *National Income and Its Composition, 1919-1935*, 2 vols. (New York: National Bureau of Economic Research, 1941), 10.

9. Simon Kuznets, *National Product in Wartime* (New York: National Bureau of Economic Research, 1945), 26.
10. Paul A. Samuelson and William D. Nordhaus, *Macroeconomics*, 16th ed. (New York: McGraw Hill, 1998), 390.
11. Stanley Lebergott, *Manpower in Economic Growth: The American Record since 1800* (New York: McGraw-Hill, 1964), 31.
12. Arthur Cecil Pigou, *Economics of Welfare* (London: Macmillan, 1920), 32.
13. See Scott Burns, *Household, Inc.* (New York: Doubleday, 1976), 22; Tibor Scitovsky, *The Joyless Economy: An Inquiry into Human Satisfaction* (New York: Oxford University Press, 1976), 86-89; and Robert Eisner, "Total Income, Total Investment and Growth," paper presented at the annual meetings of American Economic Association, December 29, 1979.
14. Robert Eisner, "Extended Accounts for National Income and Product," *Journal of Economic Literature*, Vol. 26, No. 4 (December 1988): 1161-84.
15. Lena Graber and John Miller, "Wages for Housework: The Movement and the Numbers," *Dollars and Sense* (September/October 2002): 45-46.
16. United States Department of Labor, Bureau of Labor Statistics, *Occupational Outlook Handbook,* 2009, http://www.bls.gov/oco/.
17. See Barbara R. Bergman, *The Economic Emergence of Women* (New York: Palgrave Macmillan, 2005), ch. 9.
18. William Nordhaus and James Tobin, "Is Growth Obsolete?" in *The Measurement of Economic and Social Performance*, National Bureau of Economic Research, *Studies in Income and Wealth*, No. 38, ed. Milton Moss (New York: Columbia University Press, 1972), 518.
19. Katheryn E. Walker and Margaret E. Woods, *Time Use: A Measure of Household Production of Family Goods and Services* (Washington, D.C.: Center for the Family of the American Home Economics Association, 1976).
20. Michael Aglietta, *A Theory of Capitalist Exploitation: The U.S. Experience*, tr. David Fernbach (London: New Left Books, 1979), 158; Andre Gorz, *Strategy for Labor* (Boston: Beacon Press, 1968), 88 ff.
21. Eisner, "Extended Accounts for National Income and Product."
22. See the introduction in Anwar Shaikh and Ertugrul Ahmet Tonak, *Measuring the Wealth of Nations: The Political Economy of National Accounts* (Cambridge: Cambridge University Press, 1994).
23. On the "Genuine Progress Indicator" see http://www.rprogress.org/sustainability_indicators/genuine_progress_indicator.htm.
24. Jane Spencer, "Why Beijing Is Trying to Tally the Hidden Costs of Pollution as China's Economy Booms," *Wall Street Journal,* October 2, 2006, A 2.
25. Luigino Bruni, "The 'Technology of Happiness' and the Tradition of Economic Science," *Journal of the History of Economic Thought*, 26: 1 (March, 2004): 19-44.
26. Earlene Craver, "Patronage and the Direction of Research in Economics," *Minerva*,

Vol. 24, No. 2-3 (Summer-Autumn 1986): 214.

27. Anon., *The Character and Qualifications of an Honest Loyal Merchant* (London: Robert Roberts, 1686), 11.

28. Bruni, "The 'Technology of Happiness' and the Tradition of Economic Science," 25.

29. Anson Rabinbach, *The Human Motor: Energy, Fatigue, and the Origins of Modernity* (New York: Basic Books, 1990), 203.

30. Marc Linder and Ingrid Nygaard, *Void Where Prohibited: Rest Breaks and the Right to Urinate on Company Time* (Ithaca, New York: ILR Press, 1998), 21.

31. Charles Barzillai Spahr, *America's Working People* (London: Longmans and Green, 1900), 177.

32. Amartya K. Sen, "Mortality as an Indicator of Economic Success and Failure," *The Economic Journal*, Vol. 108, No. 446 (January 1998): 9.

33. Amartya K. Sen, *Development as Freedom* (New York: Knopf, 1999), 75.

34. David P. Levine and S. Abu Turab Rizvi, *Poverty, Work and Freedom: Political Economy and the Moral Order* (Cambridge: Cambridge University Press, 2005), 47.

35. See http://www.bhutanstudies.org.bt/publications/gnh/gnh.htm.

36. Cathy Scott-Clark and Adrian Levy, "Fast Forward into Trouble," *Guardian*, June 14, 2003, http://www.guardian.co.uk/weekend/story/0,3605,975769,00.html; Ross McDonald, "Television, Materialism and Culture: An Exploration of Imported Media and its Implications for GNH," *Journal of Bhutan Studies*, Vol. 11, No. 4 (Winter 2004): 68-88.

37. United Nations Development Programme, *United Nations Human Development Report, 2004: Cultural Liberty in Today's Diverse World* (New York: Oxford University Press, 2004), 139.

38. World Bank, Development Committee Press Conference, April 30, 2001, http://web.worldbank.org/WBSITE/EXTERNAL/NEWS/0,,contentMDK:20025769~pagePK:64257043~piPK:437376~theSitePK:4607,00.html.

39. Richard Layard, *Happiness: Has Social Science a Clue?*, Lionel Robbins Memorial Lectures 2002/3, Lecture 1: "What Is happiness? Are We Getting Happier?," http://www.stoa.org.uk/topics/happiness/Happiness%20-%20Has%20Social%20Science%20A%20Clue.pdf. See also Bruno S. Frey and Alois Stutzer, *Happiness and Economics: How the Economy and Institutions Affect Well-Being* (Princeton: Princeton University Press, 2002), 8; and Richard A. Easterlin, "Will Raising the Incomes of All Increase the Happiness of All?," *Journal of Economic Behavior and Organization*, Vol. 27, No. 1 (June 1995): 1-34.

40. Robert H. Frank, *Choosing the Right Pond: Human Behavior and the Quest for Status* (New York: Oxford University Press, 1985), 31.

41. Henry Louis Mencken, *A Mencken Chrestomathy* (1949; New York: A. A. Knopf, 1956).

42. Juliet Schor, *The Overspent American: Upscaling, Downshifting, and the New Consumer* (New York: Basic Books, 1998), 14; Alois Stutzer, "The Role of

Income Aspirations in Individual Happiness," *Journal of Economic Behavior and Organization*, Vol. 54, No. 1 (May 2004): 89-109.
43. Daniel Defoe, *Robinson Crusoe: An Authoritative Text, Contexts, Criticism*, ed. Michael Shinagel (1719; New York: Norton, 1994), 121.
44. Daniel Kahneman and Alan B. Krueger, "Developments in the Measurement of Subjective Well-Being," *The Journal of Economic Perspectives*, Vol. 20, No. 1 (Winter 2006): 3.
45. Daniel Kahneman, Alan B. Krueger et al., "Toward National Well-Being Accounts," *American Economic Review*, 94: 2 (May 2004): 429-34.
46. Ibid., 432.

CHAPTER 9.

1. David Noble, *Forces of Production: A Social History of Industrial Automation* (New York: Oxford University Press, 1984).
2. Andrew Pickering, *The Mangle of Practice* (Chicago: University of Chicago Press, 1995), 160.
3. Babbage, *On the Economy of Machinery and Manufactures* (1835; New York: Augustus M. Kelley, 1971), 250.
4. Alfred Marshall, *Principles of Economics: An Introductory Volume* (London: Macmillan & Co., 1920), 284.
5. Stephen Hymer, "The Multinational Corporation and the Law of Uneven Development," in Jagdish Bhagwati, *Economics and the World Order* (New York: Macmillan), 122, 124.
6. Patrick Wright, *On a Clear Day You Can See General Motors: John Z. DeLorean's Look Inside the Automotive Giant* (New York: Avon, 1979), 137.
7. Ibid., 7.
8. David Kiley, "The New Heat on Ford," *Business Week*, June 4, 2007, 33-38.
9. Steven Rattner, "The Auto Bailout: How We Did It," *Fortune*, Vol. 160, No. 9, November 9, 2009.
10. Peter Huber, "The Unbundling of America," *Forbes*, April 13, 1992, 118.
11. Lawrence H. Summers and Victoria P. Summers, "When Financial Markets Work too Well: A Cautious Case for a Securities Transactions Tax," *Journal of Financial Services Research*, Vol. 3, Nos. 2 and 3 (December 1989): 271.
12. Steven Mufson, "Breaking Own Record, Exxon Sets Highest U.S. Profit Ever; Second-Quarter Earnings Total $11.68 Billion," *Washington Post*, August 1, 2008, D 1.
13. Leonhardt, "3,400 Layoffs Send a Message to Millions," *New York Times*, April 4, 2007, C 1.
14. Darius Mehri, *Notes From Toyota-Land: An American Engineer in Japan* (Ithaca: Cornell University/ILR Press, 2005).

15. James Surowiecki, "The Open Secret of Success: Toyota Turns the Concept of Innovation on Its Head, Shares It and Still Wins," *The New Yorker*, May 12, 2008.
16. Teri Evans, "Entrepreneurs Seek to Elicit Workers' Ideas," *Wall Street Journal*, December 22, 2009, B 8.
17. Jim B. Bushnell and Catherine D. Wolfram, "The Guy at the Controls: Labor Quality and Power Plant Efficiency," University of California Energy Institute, Center for the Study of Energy Markets, Paper CSEMWP-168, 2007, http://repositories.cdlib.org/cgi/viewcontent.cgi?article=1071&context=ucei/csem.
18. Michael L., Dertouzos et al., *Made in America: Regaining the Productive Edge* (Cambridge, MA: The MIT Press, 1989), 82.
19. Shoshana Zuboff, *In the Age of the Smart Machines: The Future of Work and Power* (New York: Basic Books, 1988), 255-67.
20. Jeffrey Pfeffer, "Human Resources from an Organizational Behavior Perspective: Some Paradoxes Explained," *Journal of Economic Perspectives*, Vol. 21, No. 4 (Fall 2007): 123.
21. Richard Sennett, *The Culture of the New Capitalism* (New Haven: Yale University Press, 2005), 67.
22. Todd Bishop, "Microsoft Adds a Record 11,200 Employees," *Seattle Post Intelligencer*, June 20, 2008, http://seattlepi.nwsource.com/business/367743_msftemploy20.html.
23. Stephen H. Wildstrom, "Firefox Keeps Nipping at Microsoft," *Business Week*, June 23, 2008, 78; "Mozilla Message Card," Mozilla Foundation, 2009, http://www.spreadfirefox.com/node/238.
24. Pfeffer, "Human Resources from an Organizational Behavior Perspective: Some Paradoxes Explained," 115.
25. Pfeffer, *Competitive Advantage through People: Unleashing the Power of the Work Force* (Boston: Harvard Business School Press, 1994), 110.
26. Ibid.,111.
27. Tore Ellingsen and Magnus Johannesson, "Paying Respect," *Journal of Economic Perspectives*, Vol. 21, No. 4 (Fall 2007): 144.
28. Edward P. Lazear and Kathryn L. Shaw, "Personnel Economics: The Economist's View of Human Resources," *Journal of Economic Perspectives*, Vol. 21, No. 4 (Fall 2007): 110.
29. Ibid.
30. Lazear, "The Future of Personnel Economics," *Economic Journal*, Vol. 110 (2000): 611.
31. Leo Panitch, "Ralph Miliband: Socialist Intellectual, 1924-1994" in *Socialist Register 1995: Why Not Capitalism?* (New York: Monthly Review Press, 1995), 4.
32. David Packard, *The HP Way* (New York: HarperCollins, 1995), 135.
33. Stanley Mathewson, *Restriction of Output among Unorganized Workers* (1939; Carbondale: Southern Illinois University Press, 1969), 125.

34. Harrison Emerson, *The Twelve Principles of Scientific Management* (New York: Engineering Company, 1912), 67; cited in Bryan Palmer, "Class, Conception and Conflict: The Thrust for Efficiency, Managerial Views of Labor and the Working Class Rebellion, 1903-22," *Review of Radical Political Economy*, Vol. 7, No. 2 (Summer 1975): 37.
35. Seymour Hersh, "The Next Act," *The New Yorker*, November 27, 2006.
36. Pam Galpern, "Working to Rule Builds Pressure from Within," *Labor Notes*, December 2005.
37. Ibid.
38. Harley Shaiken, *Work Transformed: Automation and Labor in the Computer Age* (New York: Holt, Rinehart & Winston, 1985), 19-20.
39. Joan Greenbaum, *Windows on the Workplace: Computers, Jobs, and the Organization of Office Work in the Late Twentieth Century* (New York: Monthly Review Press, 1995), 4; citing, Juliet Webster, *Office Automation: The Labour Process and Women's Work in Britain*(London: Harvester Wheatsheaf, 1990), 118.
40. Sennett, *The Culture of the New Capitalism*, 34.
41. Frank Bruni, "Bush Promotes Education, and in a Calculated Forum," *New York Times*, August 2, 2001, A 14.
42. U.S. Department of Labor, Bureau of Labor Statistics, Current Population Survey, 2009, Table 2: "Families by presence and relationship of employed members and family type, 2005-06 annual averages," http://www.bls.gov/news.release/famee.t02.htm.
43. Harold Hotelling, "Stability in Competition," *Economic Journal*, Vol. 39, No. 153 (March 1929): 41-57.
44. U.S. Department of Labor, Bureau of Labor Statistics, Current Population Survey, 2009.
45. James O'Connor, "Productive and Unproductive Labor," *Politics and Society*, Vol. 5, No. 3 (1975): 303.
46. Samuel Bowles and Arjun Jayadev, "Garrison America," *The Economists' Voice*, Vol. 4, Issue 2, Article 3 (2007): 1.
47. Wolfgang Saxon, "John S. Morrison, Scholar, 87, Rebuilt a Lost Greek Warship," *New York Times*, November 12, 2000.
48. Samuel Bowles and Arjun Jayadev, "Guard Labor," *Journal of Development Economics*, Vol. 79, No. 2 (April 2006): 337, Table 1.
49. Ibid., 338, Table 2.
50. Ibid., 341, Figure 1.
51. Frederic Natusch Maude, *War and the World's Life* (London: Smith, Elder, and Co., 1907), 13, 92.
52. Mehri, *Notes From Toyota-Land*, 31-32.
53. Samuel Gompers, *Seventy Years of Life and Labour: An Autobiography*, 2 vols. (1925; New York: Kelley, 1967), 45.

54. Samuel Gompers, "Testimony" (1883) in ed. John A. Garraty, *Labor and Capital in the Gilded Age: Testimony Taken by the Senate Committee upon the Relations between Labor and Capital* (Boston: Little, Brown, 1968), 16.
55. Lynn Bauer and Steven Owens, *Justice Expenditure and Employment Statistics* (Washington, D.C.: U.S. Department of Justice, Bureau of Justice Statistics, 2006), 1.
56. U.S. Department of Justice, Office of Justice Programs, Bureau of Justice Statistics, 2006, http://www.ojp.usdoj.gov/bjs.
57. Marc Mauer, *Comparative International Rates of Incarceration: An Examination of Causes and Trends Presented to the U.S. Commission on Civil Rights* (Washington, D.C.: The Sentencing Project, 2003).
58. Peter Pae, "Aerospace Legend Looks Back at the Time He Wasted—in Meetings," *Los Angeles Times*, November 6, 2005.
59. Alexandra Luong and Steven G. Rogelberg, "Meetings and More Meetings: The Relationship between Meeting Load and the Daily Well-Being of Employees," *Group Dynamics: Theory, Research, and Practice*, Vol. 9, No. 1 (2005): 58.
60. Ibid.
61. Charles T. Munger, "Academic Economics: Strengths and Faults After Considering Interdisciplinary Needs," Herb Kay Undergraduate Lecture, University of California, Santa Barbara Economics Department, October 3, 2003, http://www.tilsonfunds.com/MungerUCSBspeech.pdf.
62. John Huston and Nipoli Kamdar, "$9.99: Can 'Just-Below' Pricing Be Reconciled with Rationality?," *Eastern Economic Journal*, Vol. 22, No. 2 (Spring 1996): 137-38.
63. Robert H. Frank, *The Economic Naturalist: In Search of Explanations for Everyday Enigmas* (New York: Basic Books, 2007), 61.
64. Raymond E. Lombra, "Eliminating the Penny from the U.S. Coinage System: An Economic Analysis," *Eastern Economic Journal*, 2001, Vol. 27, Issue 4 (Fall 2001): 433-42.
65. Milton Friedman and Anna Jacobson Schwartz, *A Monetary History of the United States, 1867-1960* (1963; Princeton: Princeton University Press, 1971), 240.
66. Milton Friedman, "The Fed Has No Clothes," *Wall Street Journal*, April 15, 1988, 15.
67. Milton Friedman, "The Fed's Thermostat," *Wall Street Journal*, August, 19, 2003.
68. John Maynard Keynes, *The General Theory of Employment, Interest and Money* (London: Macmillan, 1936).
69. Robert E. Lucas, Jr., "The Death of Keynesian Economics," *Issues and Ideas* (Winter 1980).
70. Justin Fox, "The Comeback of Keynes," *Time*, October 23, 2008, http://www.time.com/time/printout/0,8816,1853302,00.html.
71. Lawrence H. White, "The Federal Reserve System's Influence on Research in Monetary Economics," *Econ Journal Watch*, Vol. 2, No. 2 (August 2005): 325-54, http://www.econjournalwatch.org/pdf/WhiteInvestigatingAugust2005.pdf; Robert D. Auerbach, *Deception and Abuse at the Fed: Henry B. Gonzalez Battles Alan*

Greenspan's Bank (Austin, TX: University of Texas Press, 2008), 141.
72. Alan Greenspan, "Opening Remarks," *Rethinking Stabilization Policy: A Symposium Sponsored by the Federal Reserve Bank of Kansas City, Jackson Hole, Wyoming* (Kansas City, MO: Federal Reserve Bank of Kansas City, 2002), 4-5, http://www.kansascityfed.org/publicat/Sympos/2002/sym02prg.htm.
73. Alan Greenspan, *The Age of Turbulence: Adventures in a New World* (New York: Penguin Press, 2007), 202.
74. Kevin P. Phillips, *Wealth and Democracy: A Political History of the American Rich* (New York: Broadway Books, 2002), 236.
75. Adam Smith, *An Inquiry into the Nature and Causes of the Wealth of Nations*, 2 vols., eds. R. H. Campbell and A. S. Skinner (1789; New York: Oxford University Press, 1976), I.xi,10, 267.
76. Ibid., V.i.e.18, 741.
77. See John M. Barry, *The Great Influenza: The Epic Story of the Deadliest Plague in History* (New York: Viking, 2004).

CHAPTER 10.

1. Fredric Jameson, "Future City," *New Left Review*, Vol. 21 (May-June 2003), http://www.newleftreview.org/?view=2449.
2. John Adams, "Letter to Thomas Jefferson" (February 2, 1816) in *The Writings of Thomas Jefferson* (Washington, D.C., Thomas Jefferson Memorial Association of the United States, 1907), 426-67.
3. Harriet Lerner, *Fear and Other Uninvited Guests* (New York: HarperCollins Publishers, 2004), 161.
4. Ibid.
5. Michael Dunlop Young, "Down with Meritocracy," *The Guardian*, June 29, 2001.
6. Jerome Karabel, *The Chosen: The Hidden History of Admission and Exclusion at Harvard, Yale, and Princeton* (Boston: Houghton Mifflin, 2005).
7. Henry Home Kames, *Introduction to the Art of Thinking* (Edinburgh: W. Creech and T. Caddell, 1789), 57.
8. Russell Jacoby, *Picture Imperfect: Utopian Thought for an Anti-Utopian Age* (New York: Columbia University Press, 2005), 65.
9. Perry Anderson, *Zone of Engagement* (London: Verso, 2002), 232.
10. James C. Scott, *Seeing like a State: How Certain Schemes to Improve the Human Condition Have Failed* (New Haven: Yale University Press, 1998), 12.
11. Ibid., 20.
12. Rosa Luxemburg, "Letter to Sophie Liebknecht" (May 2, 1917), http://www.marxists.org/archive/luxemburg/1917/05/02.htm.
13. John Maynard Keynes, "Economic Possibilities for Our Grandchildren," *Nation and*

Athenaeum, October 11 & 18, 1930; reprinted in Keynes, *Essays in Persuasion* (New York: W. W. Norton, 1963), .358-73.
14. Keynes, *The Economic Consequences of the Peace* (1919) in *The Collected Works of John Maynard Keynes*, Vol. 2, ed. Donald Moggridge (London: Macmillan, 1971), 12.
15. Roy F. Harrod, *The Life of John Maynard Keynes* (New York: Harcourt, Brace & Co., 1951), 194.
16. Alfred Marshall, *Principles of Economics* (London: Macmillan, 1890), 3.
17. Keynes, "A Short View of Russia," *Nation and Athenaeum*, October 10, 17 and 25, in *Essays in Persuasion* (1931); republished as *The Collected Works of John Maynard Keynes*, Vol. 9, ed. Donald Moggridge (London: Macmillan, 1972), 297-311.
18. Keynes to Duncan Grant, July 31, 1908; quoted in Robert Skidelsky, *John Maynard Keynes: Hopes Betrayed* (New York: Viking, 1986), 195.
19. George Rylands, "The Kingsman" in ed. Milo Keynes, *Essays on John Maynard Keynes* (Cambridge: Cambridge University Press, 1975), 47.
20. Joan Robinson, "What Has Become of the Keynesian Revolution?" in Milo Keynes, *Essays on John Maynard Keynes*, 128.
21. John Maynard Keynes, *The General Theory of Employment, Interest and Money* (London: Macmillan, 1936), 374.
22. Keynes, "Memorandum for the Estates Committee, King's College, Cambridge, May 8, 1938," *Collected Writings*, Vol. 12 (London: Macmillan), 109.
23. Keynes, "Economic Possibilities for Our Grandchildren" in *Essays In Persuasion*, 372.
24. Ibid., 366.
25. Ibid., 369.
26. Ibid.
27. Karl Marx, *Capital*, Vol. 3 (New York: Vintage, 1981), 507.
28. Elias Canetti, *Crowds and Power*, tr. Carol Stewart (New York: The Viking Press, 1962), 395.
29. Urs Frauchiger, *Was zum Teufel ist mit der Musik los* (Bern: Zyglogge, 1982), 69.
30. Igor Stravinsky, *Poetics of Music in the Form of Six Lessons*, tr. Arthur Knodel and Ingolf Dahl (Cambridge: Harvard University Press, 1947), 167-69.
31. José Antonio Bowen and David Mermelstein, "The American Tradition" in *The Cambridge Companion to Conducting*, ed. José Antonio Bowen (Cambridge: Cambridge University Press, 2003), 164.
32. Lawrence W. Levine, *Highbrow/Lowbrow: The Emergence of Cultural Hierarchy in America* (Cambridge, MA: Harvard University Press, 1988), 129.
33. Bowen and Mermelstein, *The Cambridge Companion to Conducting*, 164.
34. Joseph Schumpeter, *Capitalism, Socialism and Democracy* (New York: Harper & Row, 1950).
35. H. Earle Johnson, *Symphony Hall, Boston* (Boston: Little, Brown, 1950), 52, 47.
36. Levine, *Highbrow/Lowbrow*, 134, 139.
37. Marx, *Capital*, Vol. 3, 511.

38. "Headless," *The Economist*, August 3.
39. Stravinsky, *Poetics of Music in the Form of Six Lessons*, 169.
40. Arthur Lubow, "Conductor of the People," *New York Times*, October 28, 2007.
41. Franklin D. Roosevelt, *Second Inaugural Address*, 1937, http://avalon.law.yale.edu/20th_century/froos2.asp.
42. Daniel McFadden, "Free Markets and Fettered Consumers," *American Economic Review*, Vol. 96, No. 1 (March 2006): 6.
43. John Neulinger, *The Psychology of Leisure*, 2nd ed. (Springfield, IL: Charles C. Thomas, 1981), 15.
44. Adam Smith, *An Inquiry into the Nature and Causes of the Wealth of Nations*, 2 vols., eds. R. H. Campbell and A. S. Skinner (1789; New York: Oxford University Press, 1976), I.x.b.3., 117-8.
45. George Anders, "Cutting-Edge Executives: Top Managers Find Inner Peace in Carpentry; A $700 Sander that Eats Its Own Dust," *Wall Street Journal*, August 10, 2007.
46. Michael Lewis, "Sarkozy Forces the French to Join the 1980s," *Bloomberg*, August 6, 2008, http://www.bloomberg.com/apps/news?pid=20601039&refer=columnist_lewis&sid=azEdlWcgsj5M.
47. Cornelius Tacitus, *The Agricola and The Germania*, tr. H. Mattingly (New York: Penguin Books, 1970), ch. 30, 81.
48. Keynes, *The General Theory of Employment, Interest and Money*, 383.
49. Donald A. MacKenzie, *An Engine, Not a Camera* (Cambridge: MIT Press, 2006).
50. Smith, *An Inquiry into the Nature and Causes of the Wealth of Nations*, II.i.17, 282.
51. Ibid., IV.viii. 44, 659, and I.x.b.6, z 118.
52. Robert H. Haveman, Andrew Bershadker, and Jonathan A. Schwabish, *Human Capital in the United States from 1975 to 2000: Patterns of Growth and Utilization* (Kalamazoo, MI: W.E. Upjohn Institute for Employment Research, 2003), 68.
53. Dale Jorgenson and Barbara Fraumeni, *The Accumulation of Human and Non-Human Capital, 1948-84* (Cambridge: Harvard University Press, 1987).
54. Sherwin Rosen, "Human Capital," *The New Palgrave: A Dictionary of Economics*, vol. 2 (New York: Palgrave Macmillan, 1987), 681-90.
55. Robert E. Lucas, Jr., "On the Mechanics of Economic Development," *Journal of Monetary Economics*, Vol. 22, No. 1 (July 1988): 19.
56. James N. Baron and Michael T. Hannan, "The Impact of Economics on Contemporary Sociology," *Journal of Economic Literature*, Vol. 32, No. 3 (September 1994): 112.
57. Gunnar Lind Haase Svendsen and Gert Tinggaard Svendsen, "On the Wealth of Nations: Bourdieuconomics and Social Capital," *Theory and Society*, Vol. 32, No. 5/6 (December 2003): 627.
58. Gary Becker and George J. Stigler, "De Gustibus Non Est Disputandum," *American Economic Review*, Vol. 67, No. 2 (March 1977): 78.
59. Gerald Fredrick Davis, *Managed by the Markets: How Finance Reshaped America*

(Oxford: Oxford University Press, 2009), 6.
60. Virginia Woolf, *The Diary of Virginia Woolf,* Vol. 2, 1920-1924, eds. Anne Olivier Bell and Andrew McNeillie (New York: Harcourt Brace Jovanovich, 1978), 231.
61. Jaroslav Vanek, *Crisis and Reform: East and West* (Ithaca, New York: Cornell University Press, 1989), 93.
62. H. G. Wells, *A Modern Utopia* (New York: Charles Scribner's Sons, 1905), 102.
63. Lionel Charles Robbins, *An Essay on the Nature and Significance of Economic Science*, 2nd ed. (London: Macmillan, 1969), 16.
64. See J. Kagel, "Economics According to the Rats (and Pigeons Too): What Have We Learned and What Can We Hope to Learn?" in ed. A. Roth, *Laboratory Experimentation in Economics: Six Points of View* (Cambridge: Cambridge University Press, 1987), 99-130.
65. Fernand Braudel, *The Perspective of the World,* Vol. 3, *Civilization and Capitalism: 15th-18th Century* (New York: Harper and Row, 1982).
66. Karl Marx, *Contribution to the Critique of Political Economy* (New York: International Publishers, 1970), 158.

인명 색인

ㄱ

가이 루스 Guy Routh	274
개리 베커 Gary Becker	416
고어 비달 Gore Vidal	296
구스타보 두다멜 Gustavo Dudamel	402
구스타프 말러 Gustav Mahler	399

ㄴ

낫소 시니어 Nassau Senior	177

ㄷ

대니얼 맥패든 Daniel McFadden	406
대니얼 카너먼 Daniel Kahneman	014, 298
데이비드 노블 David Noble	303
데이비드 리카도 David Ricardo	055, 084, 264
데이비드 모리스 David Morris	293
데이비드 카드 David Card	111, 130
데이비드 팩커드 David Packard	331
데이비드 흄 David Hume	223
데일 조젠슨 Dale Jorgenson	413
도널드 맥켄지 Donald MacKenzie	411
디어드리 맥클로스키 Deirdre McCloskey	113

ㄹ

라이트 팻맨 Wright Patman	051
라파엘 페이아레스 Rafael Payares	403
랄프 밀리밴드 Ralph Miliband	329
랜스도운 후작 Marquess of Lansdowne	209
러셀 자코비 Russell Jacoby	383
레오 듀로셔 Leo Durocher	143
레오 톨스토이 Leo Tolstoy	138
레온 플라이셔 Leon Fleisher	400

로널드 레이건 Ronald Reagan	028, 184
로드 카메스 Lord Kames	381
로렌스 서머스 Lawrence Summers	177
로버트 나단 Robert Nathan	276
로버트 루카스 Robert Lucas	357
로버트 머튼 Robert Carhart Merton	184
로버트 블링코 Robert Blincoe	173, 183
로버트 솔로우 Robert Solow	100
로버트 슈만 Robert Schumann	396
로버트 아이스너 Robert Eisner	280, 286
로버트 코우츠 Robert Coats	224
로버트 포겔 Robert Fogel	277
로스 페로 Ross Perot	200
로자 룩셈부르크 Rosa Luxemburg	384
루이지노 브루니 Luigino Bruni	289
루트비히 슈포어 Ludwig Spohr	395
리오넬 로빈스 Lionel Robbins	075, 423
리처드 닉슨 Richard Nixon	055, 182
리처드 레스터 Richard Lester	109, 130
리처드 레이어드 Richard Layard	063
리처드 세넷 Richard Sennett	322, 337
리처드 윌킨슨 Richard Wilkinson	071
리처드 체니 Richard Cheney	333
리처드 탈러 Richard Thaler	144

ㅁ

마가렛 대처 Margaret Thatcher	027, 177, 196
마이클 무사 Michael Mussa	060
마이클 영 Michael Young	376
마이클 젠센 Michael Jensen	061
마이클 콕스 W. Michael Cox	170
마이클 피오르 Michael Piore	126

마크 트웨인 Mark Twain	167		샌디 리에버 Sandy Lieber	040
마크 필즈 Mark Fields	309		셀리그먼 E.R.A. Seligman	224
마키아벨리 Niccolo Machiavelli	050		셔윈 로젠 Sherwin Rosen	113, 145
마틴 메이어 Martin Mayer	051		소스타인 베블런 Thorstein Veblen	014
마틴 펠드스타인 Martin Feldstein	108, 119		소피 리프크네히트 Sophie Liebknecht	384
막스 베버 Max Weber	030		솔 택스 Sol Tax	195
머튼 밀러 Merton Miller	112, 148		쇼샤나 주보프 Shoshana Zuboff	321
멘델스존 Felix Mendelssohn	396		스키너 Burrhus F. Skinner	172
멩켄 H.L. Mencken	296		스탠리 레버고트 Stanley Lebergott	279
멜빈 레더 Melvin Reder	113		스탠리 매튜슨 Stanley Mathewson	332
모차르트 Wolfgang Amadeus Mozart	395		스테펀 하이머 Stephen Hymer	306
미켈란젤로 Michaelangelo Buonarroti	012		스티븐 래트너 Steven Rattner	309
밀턴 프리드먼 Milton Friedman	112, 185, 355		스티븐 체웅 Steven Cheung	096
			시어도어 슐츠 Theodore Schultz	195

ㅂ

ㅇ

바버라 프로메니 Babara Fraumeni	413		아나톨 프랑스 Anatole France	186
바흐 Johann Sebastian Bach	395		아놀드 하버거 Arnold Harberger	136
버지니아 울프 Virginia Woolf	416		아리스토텔레스 Aristotle	211, 288
베토벤 Ludwig van Beethoven	395		아마르티아 센 Amartya Sen	291
벤저민 스트롱 Benjamin Strong	358		아바 러너 Abba Lerner	097
벤저민 프랭클린 Benjamin Franklin	223		아서 세실 피구 Arthur Cecil Pigou	279
보니 러블레트 룩스 Bonnie Lovelette Rooks	175		아서 영 Arthur Young	233
빌렘 멩겔베르크 Willem Mengelberg	399		아서 트위닝 해들리 Arthur Twining Hadley	087, 092
빌 왓슨 Bill Watson	046, 130, 180, 323		아이작 뉴턴 Issac Newton	267
빌 클린턴 Bill Clinton	182		안와르 샤이크 Anwar Shaikh	286
빌헬름 게리크 Wilhelm Gericke	398		알렉산더 웨더번 Alexander Wedderburn	209
			알렉산더 칼라일 Rev. Dr. Alexander Carlyle	229

ㅅ

사디 카르노 Sadi Carnot	337		알왈리드 빈 탈랄 알사우든 Alwaleed Bin Talal Alsaudn	200
사이먼 라모 Simon Ramo	351		알프레드 마셜 Alfred Marshall	
사이먼 래틀 Simon Rattle	402			091, 101, 134, 212, 306, 387
사이먼 쿠즈네츠 Simon Kuznets	274		애나 슈워츠	355
사이먼 패튼 Simon Patten	163, 265		애덤 스미스 Adam Smith	005, 031, 073, 085, 165,
새뮤얼 곰퍼스 Samuel Gompers	348			194, 205, 243, 364, 408, 412, 419
새뮤얼 리드 Samuel Read	264		애덤 퍼거슨 Adam Ferguson	229
새뮤얼 존슨 Samuel Johnson	223		애쉬톤 T.S. Ashton	220

앨런 그린스펀 Alan Greenspan	015, 064, 355
앨런 크루거 Alan Krueger	111, 299
업튼 싱클레어 Upton Sinclair	151
에두아르도 갈레아노 Eduardo Galeano	035
에드먼드 버크 Edmund Burke	015, 028
에드워드 라지어 Edward P. Lazear	326
에드워드 켈리 Edward W. Kelley Jr.	067
에드워드 톰슨 Edward P. Thompson	244
에드워드 프레스코트 Edward Prescott	164
에드윈 디킨스 Edwin Dickens	056
에드윈 캐넌 Edwin Cannan	235
에디 스탠키 Eddie Stanky	144
에르투그룰 아흐메트 토나크 Ertugrul Ahmet Tonak	286
에릭 바틀렛 Eric Bartlett	400
에릭 쉴로서 Eric Schlosser	152
엠마 로스차일드 Emma Rothschild	209
우르스 프라우치거 Urs Frauchiger	395
워렌 버핏 Warren Buffett	061
월터 리스턴 Walter Wriston	198
월터 배젓 Walter Bagehot	099
웰스 H.G. Wells	420
윌리엄 노드하우스 William Nordhaus	278, 281
윌리엄 맥치즈니 마틴 William McChesney Martin	068
윌리엄 블레이크 William Blake	043
윌리엄 스탠리 제본스 William Stanley Jevons	093, 131
윌리엄 템플 William Temple	172
윌리엄 페티 William Petty	084, 273, 305
윌리엄 포크너 William Faulkner	006
이고르 란쯔 Igor Lanz	402
이고르 스트라빈스키 Igor Stravinsky	396
이사야 벌린 Isaiah Berlin	382
임마누엘 칸트 Immanuel Kant	382

ㅈ

자로슬라브 반에크 Jaroslav Vanek	418
자로슬라브 하세크 Jaroslav Hasek	330

제러미 벤담 Jeremy Bentham	240
제이콥 리스 Jacob Riis	012, 323
제이콥 바이너 Jacob Viner	205
제임스 그랜트 James Grant	293
제임스 메도우스 James Meadows	042
제임스 오코너 James O'Conner	342
제임스 와트 James Watt	221, 235
제임스 울펀슨 James Wolfensohn	294
제임스 콕스 James D. Cox	128
제임스 클러크 맥스웰 James Clerk Maxwell	104
제임스 토빈 James Tobin	281
제프리 페퍼 Jeffrey Pfeffer	322
조너선 스위프트 Jonathan Swift	274
조셉 슘페터 Joseph Alois Schumpeter	076, 180, 398
조앤 그린바움 Joan Greenbaum	336
조앤 더스크 Joan Thirsk	044
조지 W. 부시 George W. Bush	015, 028, 338
조지 슐츠 George Schultz	077
조지 스티글러 George Stigler	110, 115, 140, 212, 416
조지 오웰 George Orwell	065
존 그레이엄 John D. Graham	147
존 뉴링거 John Neulinger	408
존 들로리언 John DeLorean	308
존 딘겔 John Dingell	200
존 램지 맥컬럭 John Ramsay McCulloch	213
존 로버트 실리 John Robert Seeley	102
존 로벅 John Roebuck	221
존 로크 John Locke	172
존 메이너드 케인스 John Maynard Keynes	
	031, 058, 212, 356, 385, 411
존 베이츠 클라크 John Bates Clark	111
존 스튜어트 밀 John Stuart Mill	110
존 윌킨슨 John Wilkinson	221
존 케네스 갤브레이스 John Kenneth Galbraith	168, 277
존 클래팜 John H. Clapham	223
존 힉스 John R. Hicks	139

줄리언 스튜트밴트 Julian M. Stutevant 103

ㅊ

찰스 다윈 Charles Darwin 028
찰스 멍거 Charles Munger 353
찰스 배비지 Charles Babbage 115, 155, 305
찰스 슈와브 Chales Schwab 122
찰스 제임스 폭스 Charles James Fox 209
찰스 킨들버거 Charles Kindleberger 114, 224
체슬리 슐렌버거 3세 Chesley B. Sullenberger III 081

ㅋ

카네기 Andrew Carnegie 122, 168
칼 마르크스 Karl Marx 090, 135, 178, 303
칼 마리아 폰 베버 Carl Maria von Weber 395
캐스 선스타인 Cass Sunstein 148
클라우드슬리 쇼벨 Cloudesley Shovell 318
클라크 나르디넬리 Clark Nardinelli 096

ㅌ

토마스 프리드먼 Thomas Friedman 196
토마스 로버트 맬서스 Thomas Robert Malthus 033, 209
토마스 소웰 Thomas Sowell 110
토마스 제퍼슨 Thomas Jefferson 370
토마스 톰슨 Thomas Thomson 210

ㅍ

패트릭 케네디 Patrick Kennedy 066
페르낭 브로델 Fernand Braudel 424
페리 앤더슨 Perry Anderson 383
폴 볼커 Paul Volcker 055, 058, 355
폴 새뮤얼슨 Paul Samuelson 067, 278
폴 크루그먼 Paul Krugman 014
프랜시스 골턴 Francis Galton 101
프랜시스 애머사 워커 Francis Amasa Walker 100
프랜시스 에지워스 Francis Ysidro Edgeworth 032

프랜시스 호너 Francis Horner 210
프랭크 나이트 Frank Knight 076, 121, 161
프랭클린 루스벨트 Franklin Roosevelt 356, 405
프레드릭 내투쉬 모드 Frederick Natusch Maude 347
프레드릭 로 옴스테드 Frederick Law Olmsted 216, 324
프레드릭 윈슬로우 테일러 Frederick Winslow Taylor
  029, 128, 155, 290, 337
프레드릭 제임슨 Frederic Jameson 369
프리먼 다이슨 Freeman Dyson 241
플라톤 Plato 211
피터 후버 Peter Huber 310

ㅎ

하비 라이벤스타인 Harvey Leibenstein 137
할리 샤이컨 Harley Shaiken 335
해리엇 러너 Harriet Lerner 373
해리 존슨 Harry Johnson 062
해링턴 에머슨 Harrington Emerson 333
허버트 스타인 Herbert Stein 055
헨리 던다스 Henry Dundas 236
헨리 매클레오드 Henry Dunning Macleod 103
헨리 바늄 푸어 Henri Varnum Poor 099
헨리 애덤스 Henry Adams 088
헬름홀츠 Hermann Ludwig Ferdinand von Helmholtz 133
호세 안토니오 아브레우 Jose Antonio Abreu 402

무엇이 우리를 무능하게 만드는가

초판 1쇄 발행 | 2014년 5월 7일

지은이 | 마이클 페럴먼 Michael Perelman
옮긴이 | 김영배
발행인 | 정숙경
기획·편집 | 이원범, 김은숙
마케팅 | 안오영
표지디자인 | 강선욱
본문디자인 | 김수미

펴낸곳 | 어바웃어북 about a book
출판등록 | 2010년 12월 24일 제313-2010-377호
주소 | 서울시 마포구 서교동 394-25 동양한강트레벨 1507호
전화 | (편집팀) 070-4232-6071 (영업팀) 070-4233-6070
팩스 | 02-335-6078

ⓒ 마이클 패럴먼, 2014

ISBN | 978-89-97382-27-9   13300

* 잘못된 책은 구입하신 서점에서 바꾸어 드립니다.
* 책값은 뒤표지에 있습니다.